田伏隆　主编

湖南历史图典（二）

湖湘文库编辑出版委员会
湖南美术出版社

湖湘文库
乙编

出版说明

湖湘文化源远流长，博大精深，是中华文化中独具地域特色的重要一脉。特别是近代以来，一批又一批三湘英杰，以其文韬武略，叱咤风云，谱写了辉煌灿烂的历史篇章，使湖湘文化更为绚丽多彩，影响深远。为弘扬湖湘文化、砥砺湖湘后人，中共湖南省委、湖南省人民政府决定编纂出版《湖湘文库》大型丛书。

《湖湘文库》编辑出版以“整理、传承、研究、创新”为基本方针，分甲、乙两编，其内容涵盖古今，编纂工作繁难复杂，兹将有关事宜略述如次：

一、甲编为湖湘文献，系前人著述。主要为湘籍人士著作和湖南地区的出土文献，同时酌收历代寓湘人物在湘作品，以及晚清至民国时期的部分报刊。

二、乙编为湖湘研究，系今人撰编。包括研究、介绍湖湘人物、历史、风物的学术著作和资料汇编等。

三、乙编中的通史、专题史，下限断至1949年。

四、甲编文献以点校后排印、据原本影印及数据光盘三种方式出版。

五、除少数图书以外，一律采用简体汉字横排。

六、每种图书均由今人撰写前言一篇。甲编图书前言，主要简述原作者生平、该书主要内容、学术文化价值及版本源流、所用底本、参校本等。乙编图书前言，则重在阐释该研究课题的研究视角和主要学术观点等。

七、对文献的整理，只据底本与参校本、参校资料等进行校勘标点，对底本文字的讹、夺、衍、倒作正、补、删、乙，有需要说明的问题，则作出校记，一般不作注释。

八、甲编民国文献中的用语、数字、标点等，除特殊情况外，一般不作改动。乙编图书中的标点、数字用法、参考文献著录规则等均按现行出版有关规定使用和处理。

《湖湘文库》卷帙浩繁，难免出现缺失疏漏，热望社会各界批评指正。

《湖湘文库》编辑出版委员会

目　录

湖南历史图典(二)

第六章 湖南近代历史的开端

(1840年至1894年)

从19世纪中叶开始，中国历史发生了剧烈的变化。延续了两千多年的封建社会日趋衰落。1840年，英国发动了侵略中国的鸦片战争，并迫使中国签订了不平等的《南京条约》，清政府被迫割地赔款，开放通商口岸，随之是各种外国商品倾销、传教士大量涌入。古老的中国从此进入半殖民地半封建社会。

湖南社会也随着这一趋势在发生变化，经济领域、社会政治和阶级关系出现了新的因素，社会矛盾进一步激化。1851年初太平天国运动爆发，随后进军湖南，得到湖南人民的欢迎和支持。各反清秘密会社与广大农民群众纷纷加入太平军，推进了太平天国农民运动的胜利发展。此一期间，太平军在湖南四进四出，与湖南人民的反封建斗争紧密结合，沉重打击了湖南的封建统治和地主阶级势力。

在这一时期，以曾国藩为代表的湖南地主阶级势力创建湘军，展开了与太平天国长达十多年的战争，最终扑灭了以太平天国起义为中心的全国农民大起义，使湖南成为维护封建法统、支撑清王朝统治的顽固堡垒。也是在这一时期，湖南经邦济世的人才不断涌现，士风民气一扫委靡不振而勃然向上，成为全国举足轻重的省份，出现了“湘运之兴”的气象。同时，由于绅权势力的发展，湖南又成为全国最为保守的省份，各种矛盾的冲突也异常激烈。随着西方教会势力的不断深入，湖南的反洋教斗争也不断发生，并在全国产生了一定的影响。经历了风风雨雨的重重冲击，湖南开启了走向近代化的行程。

第一节　鸦片战争前后的湖南

鸦片战争前夕，湖南的社会矛盾已趋于日益激化的状态，各地不断爆发农民起义，预示着一场新的社会变革的到来。湖南由于处于中外贸易的中转孔道，鸦片的走私、贩卖与吸食都十分严重，给社会造成极大的危害。湖广总督林则徐率先在湖南、湖北禁烟，得到了朝廷与民众的大力支持，揭开了全国性禁烟运动的序幕。

中国禁烟运动触动了英国资产阶级的利益，他们悍然发动侵略中国的鸦片战争。遭受侵略的中国军民进行了英勇抵抗，湖南营兵也奉调赴广东和东南沿海作战，给侵略者以沉重打击，并付出了巨大的牺牲。湖南广大爱国人士也通过各种形式，表达了他们的爱国热情。鸦片战争以清政府的失败而告终，中国被迫割地赔款，从此进入半封建半殖民地社会。

一、鸦片战争爆发与湖南营兵入粤抗英

林则徐严禁鸦片，断绝中英贸易。英国政府为了扩大对中国的经济掠夺，维护可耻的鸦片贸易，派军队来华进行武装威胁。林则徐在广东沿海积极备战，英军引兵北上，攻陷定海，震动清廷，道光皇帝将林则徐革职拿问，中英战事在广东爆发，湖南提督杨芳率湖南营兵增援广州，英勇作战，打击了侵略者的嚣张气焰。

19世纪上半叶，英国为弥补对华贸易逆差向中国增加鸦片输入，使中国各阶层吸食鸦片者日众。图为当时流入湖南的玉质鸦片枪。

鸦片毒害了中国各阶层人民，人们深恶痛绝。图为当时讽刺“鸦片鬼”的漫画。

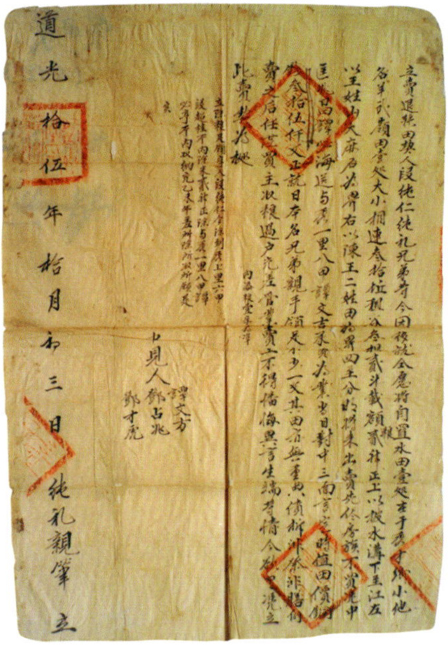

由于湖南农村土地集中加剧，阶级矛盾激化，加上鸦片的危害，农民普遍倾家荡产。这是道光十五年（1835）湖南永州农民段纯仁兄弟的卖田契。

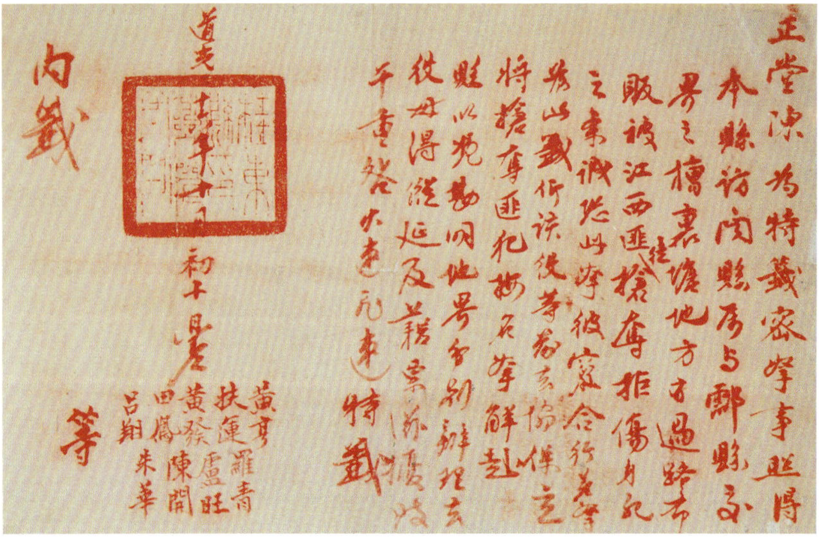

道光十六年（1836），桂东知县缉拿匪徒的密缄。

湖广总督林则徐坚决主张严禁鸦片，并在两湖地区采取了严厉的措施。图为林则徐画像。

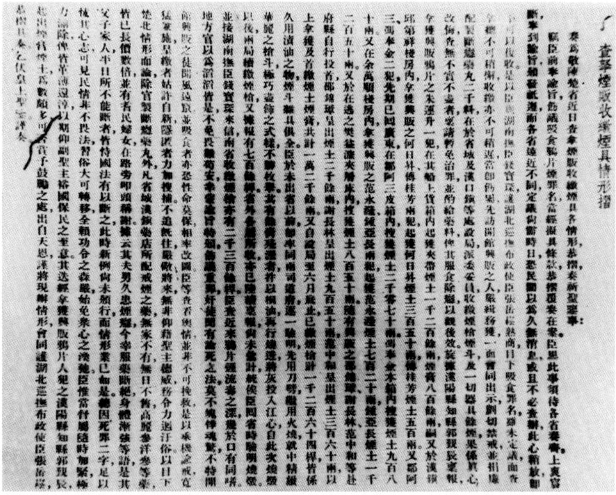
查拿煙販收繳煙具情形摺

林则徐在湖南、湖北境内开展禁烟运动，大见成效，这是道光十八年（1838）他上奏朝廷的《查拿烟贩收缴烟具情形折》。

禁烟运动在湖南省大举展开，这是时人所绘官兵在鞭挞吸食鸦片者的图画。

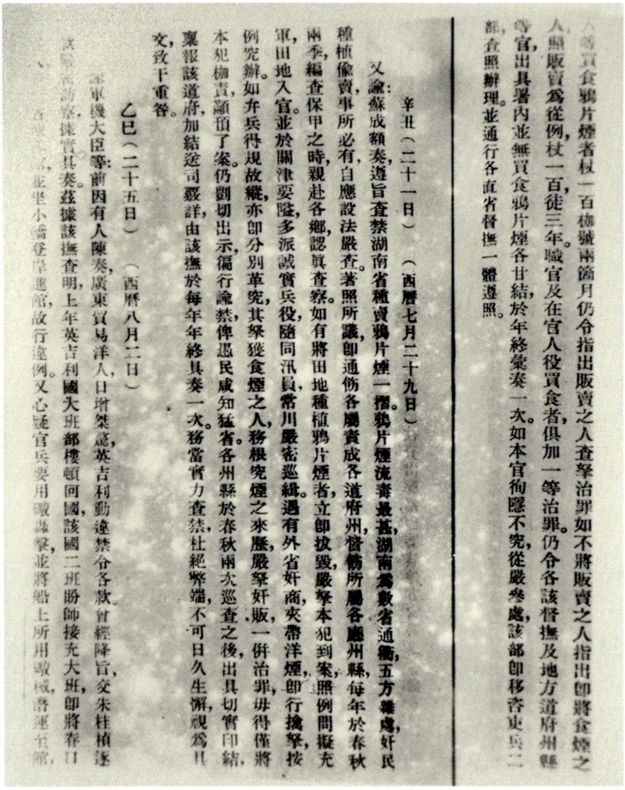
人爲買食鴉片煙者杖一百，枷號兩箇月，仍令指出販賣之人查拏治罪，如不將販賣之人指出，即將食煙之人照販賣爲從例，杖一百，徒三年。職官及在官人役買食者，俱加一等治罪。仍令各該督撫及地方道府州縣爲官，出具署內並無買食鴉片煙各甘結，於年終彙奏一次。如本官徇隱不究，從嚴參處，該部即移咨吏兵二部，查照辦理。並通行各直省督撫一體遵照。

辛丑（二十一日）（西曆七月二十九日）

又諭：蘇成額奏，遵旨查禁湖南省種賣鴉片煙一摺。鴉片煙流毒最甚，湖南爲數省通衢，五方雜處，奸民種植偷賣，事所必有，自應設法嚴查。著照所議，即通飭各屬責成各道府州，督飭所屬各廳州縣，每年於春秋兩季，編查保甲之時，親赴各鄉，認眞查察。如有將田地種植鴉片煙者，立即拔毀，嚴拏本犯到案，照例問擬充軍，田地入官。並於關津要隘，多派誠實兵役，隨同汛員，常川嚴密巡緝。遇有外省奸商，夾帶洋煙，即行擒拏，按例究辦。如弁兵得規故縱，亦即分別革究，其拏獲食煙之人，務根究煙之來歷，嚴拏奸販，一併治罪，毋得僅將本犯枷責，藉頂了案。仍剴切出示，徧行諭禁，俾愚民咸知猛省。各州縣於春秋兩次巡查之後，出具切實印結，稟報該道府，加結送司覈詳，由該撫於每年年終具奏一次。務當實力查禁，杜絕弊端，不可日久生懈，視爲具文，致干重咎。

乙巳（二十五日）（西曆八月二日）

諭軍機大臣等：前因有人陳奏，廣東貿易洋人，日增桀驁，英吉利動違禁令各款，曾經降旨，交朱桂楨逐款確切訪察，據實具奏。茲據該撫查明，上年英吉利國大班部樓頓回國，該國二班盼師接充大班，即將春日入[illegible]省城，並坐小轎登岸進館，故行違例。又心疑官兵要用礮轟擊，並將船上所用礮械，潛運至館，

湖南省禁烟运动措施得力，成效显著，受到道光皇帝褒扬。这是清廷《邸报》上刊载的上谕。

林则徐的专集《林文忠公政书》。

道光十九年（1839）三月，清政府任命林则徐为钦差大臣，赴广州禁烟。1840年英国悍然挑起战争，第一次鸦片战争爆发。图为清军水师与英国海军在虎门一带激战。

道光二十一年（1841）八月，英军进攻浙江沿海，定海镇总兵葛云飞与赶来支援的安徽寿春镇总兵王锡朋、浙江处州镇总兵郑国鸿一起，率部英勇抵抗，壮烈殉国，史称“定海三总兵”。图为湖南凤凰人郑国鸿的画像。

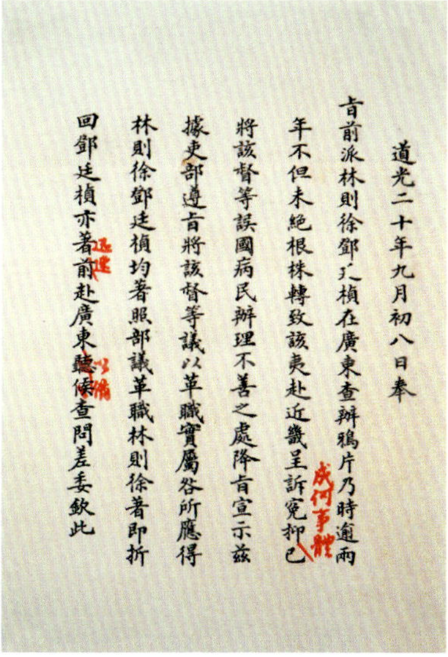

道光二十年九月初八日奉
旨前派林則徐鄧廷楨在廣東查辦鴉片乃時逾兩
年不但未絕根株轉致該夷赴近畿呈訴冤抑已成何事體
將該督等誤國病民辦理不善之處降旨宣示茲
據吏部遵旨將該督等議以革職實屬咎所應得
林則徐鄧廷楨均著照部議革職林則徐著即折
回鄧廷楨亦著迅速前赴廣東以備聽候查問差委欽此

英军在广东海面无功而返，于是北上进逼天津，清廷震动。这是道光皇帝将林则徐、邓廷桢等人革职的谕旨。

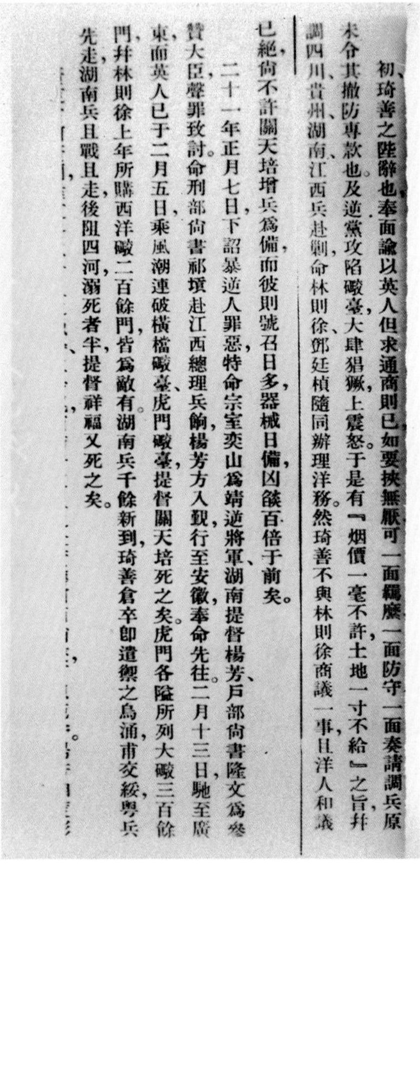

初、琦善之陛辭也，奉面諭以英人但求通商則已，如要挾無厭，可一面羈縻，一面防守，一面奏請調兵原未令其撤防專款也。及逆黨攻陷礮臺，大肆猖獗，上震怒。于是有『烟價一毫不許，土地一寸不給』之旨，并調四川、貴州、湖南、江西兵赴剿，命林則徐、鄧廷楨隨同辦理洋務。然琦善不與林則徐商議一事，且洋人和議已絕，尚不許關天培增兵爲備，而彼則號召日多，器械日備，凶燄百倍于前矣。

二十一年正月七日，下詔暴逆人罪惡，特命宗室奕山爲靖逆將軍，湖南提督楊芳、戸部尚書隆文爲參贊大臣，聲罪致討。命刑部尚書祁墳赴江西總理兵餉，楊芳入覲，行至安徽，奉命先往。二月十三日，馳至廣東，而英人已于二月五日，乘風潮連破橫檔礮臺、虎門礮臺，提督關天培死之矣。虎門各隘所列大礮三百餘門，并林則徐上年所購西洋礮二百餘門，皆爲敵有。湖南兵千餘新到，琦善倉卒即遣禦之烏涌，甫交綏，粵兵先走，湖南兵且戰且走，後阻四河，溺死者半，提督祥福又死之矣。

清道光二十一年（1841）二月，提督衔湖南镇筸镇总兵祥福奉调率1000余营兵入粤，在虎门乌涌台一战中，奋勇杀敌，阵亡500余人，祥福牺牲。为了纪念阵亡官兵，清政府在附近牛山山麓建起了一座“祥镇军祠”。图为清代《英夷入粤纪略》中的记载。

三湘子弟抗英图（孔宪明绘）。

二、爱国经世思潮的兴起

鸦片战争的失败，知识界由传统的儒家经世意识迅速向近代爱国经世思想发展，湖南是这一思潮的发端地之一。以魏源的改革思想和“师夷长技以制夷”主张为代表，以陶澍、贺长龄为中心，结合与他们有相同经世主张的岳麓书院诸师友，形成了强大的湘系经世派。他们具有鲜明的爱国主义思想和强烈的经世主张，并积极倡行改革，极具湖湘地域特色，在全国产生了巨大影响。

道光十一年（1831），湖南巡抚吴荣光于今岳麓书院船山祠处创办湘水校经堂，由贺熙龄主讲。以研习汉学为主，培养通经史、识时务的经世致用人才，号称“湘系经世派”的摇篮。

欧阳厚均于嘉庆二十三年（1818）出任岳麓书院山长，掌教27年，左宗棠、江忠源、曾国藩、郭嵩焘皆出其门下。他把教育归结为“培植人才为有体有用之学”，成为清代中期湖湘地区最有创新精神的教育家和推动湖湘传统教育承先启后、向近代教育过渡的人物。图为岳麓书院复原的欧阳厚均的书房。

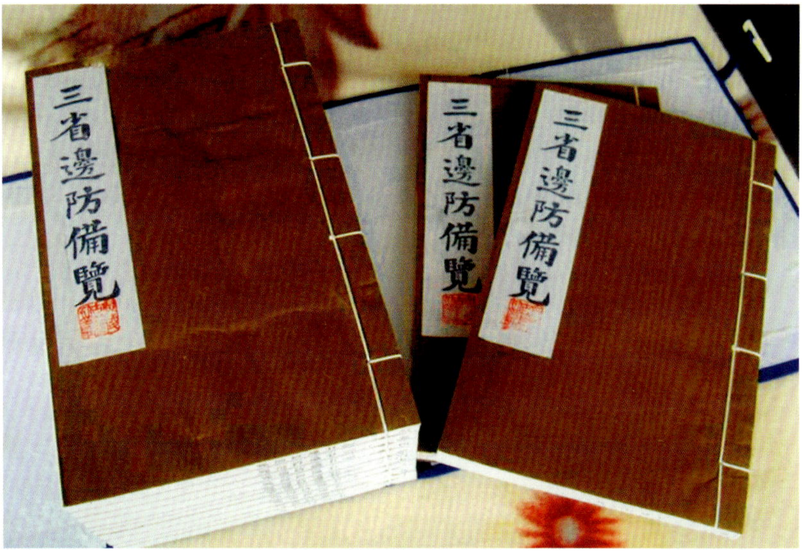

清乾嘉之际的一部分学者开始关注经世之学，湖南溆浦人严如熤即为其代表之一。他的思想言行，对当时的学术思想界特别是魏源、陶澍等人，产生了十分重要的影响。图为严如熤编撰的《三省边防备览》。

贺长龄（1785—1848），善化人，是湘系经世派的杰出代表，他关注民生，是当时著名的经世派官僚。

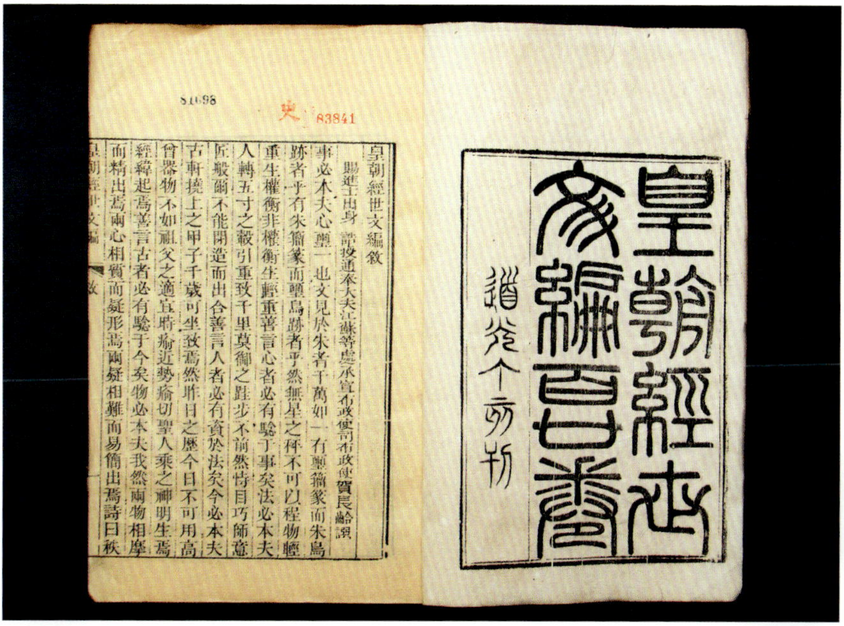

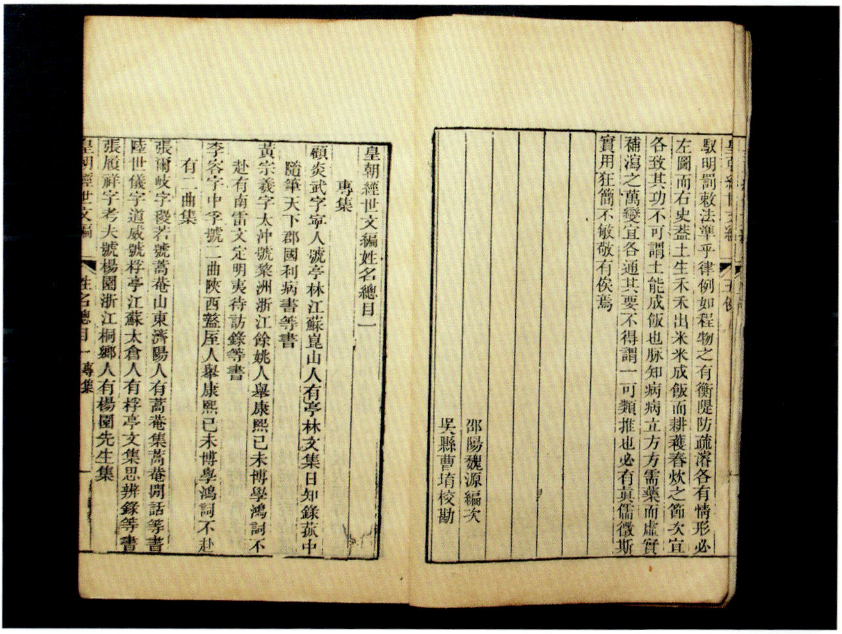

1825年，贺长龄在江苏布政使任内组织魏源主持编纂《皇朝经世文编》，选取清代200多年间的论学、论治文献2000多篇，编成120卷。此书发行后，数十年间风行海内，学者们几乎家有其书。

陶澍（1778—1839）被称为嘉道年间“湘系经世派柱石”，为官期间，兴修水利、整顿财政、治理漕运、倡办海运、革新盐政、兴办教育、培养人才，其显赫的政绩使其成为清中期地主阶级改革派的代表人物。

安化文澜塔道光十六年（1836）由陶澍回乡捐资所建。塔高 21 米，八方七层，第一层汉白玉石匾额上刻着，道光皇帝御书“印心石屋”。

鸦片战争前后，湘系经世派的影响在全国逐步扩大，他们具有鲜明的爱国主义思想、强烈的经世主张，并积极倡行改革，其中最典型、最具影响的是魏源（1794—1857）。（画像据1920年上海商务印书馆印行，叶衔兰编《清代学者像传》）

道光二十四年（1844），魏源中进士，以知州用，分发江苏，任东台、兴化知县，期间改革盐政、筑堤治水。图为《兴化县志》咸丰二年刊本中的魏源官服像。

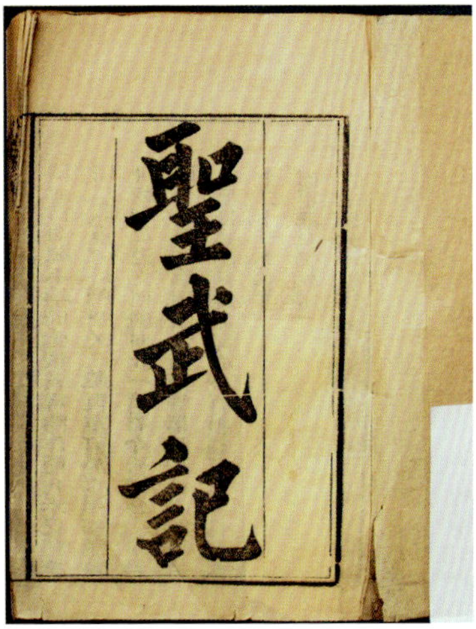

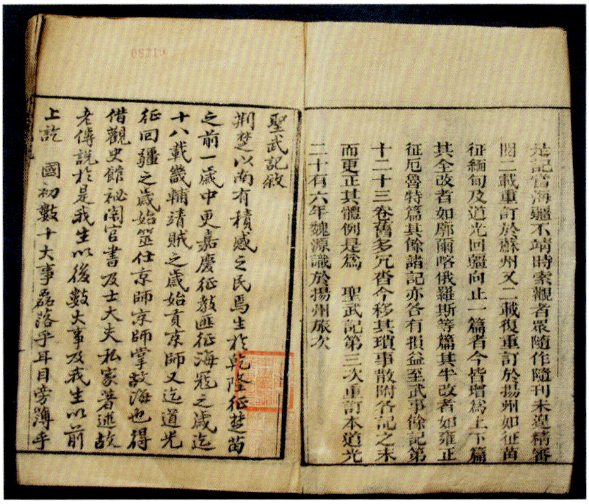

道光二十三年（1843）魏源完成了《圣武记》，叙述了清初到道光年间的军事历史与军事制度。图为道光二十六年（1846）三次重订的《圣武记》。

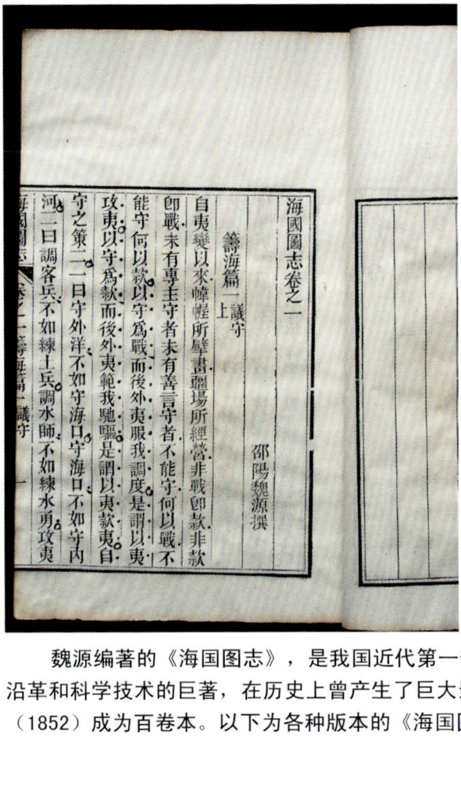

魏源编著的《海国图志》，是我国近代第一部系统地介绍世界各国人情风俗、地理概况、历史沿革和科学技术的巨著，在历史上曾产生了巨大影响。初为50卷本，后经修订、增补，至咸丰二年（1852）成为百卷本。以下为各种版本的《海国图志》。

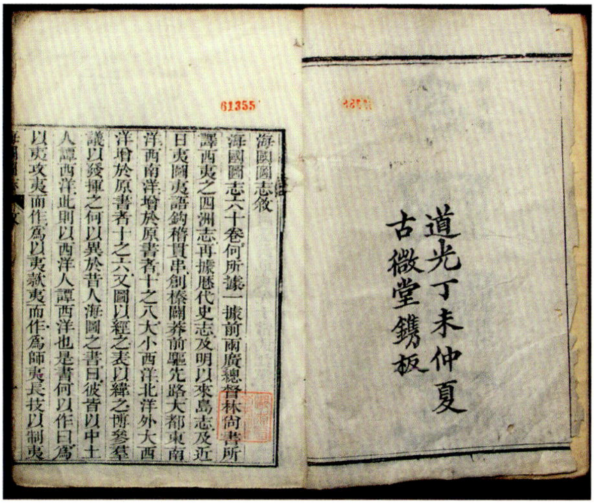

海國圖志敘

海國圖志六十卷何所據一據前兩廣總督林尚書所譯西夷之四洲志再據歷代史志及明以來島志及近日夷圖夷語鉤稽貫串創榛闢莽前驅先路大都東南洋西南洋增於原書者十之八大小西洋北洋外大西洋增於原書者十之六又圖以經之表以緯之博參羣議以發揮之何以異於昔人海圖之書曰彼皆以中土人譚西洋此則以西洋人譚西洋也是書何以作曰爲以夷攻夷而作爲以夷款夷而作爲師夷長技以制夷

道光丁未仲夏
古微堂鐫板

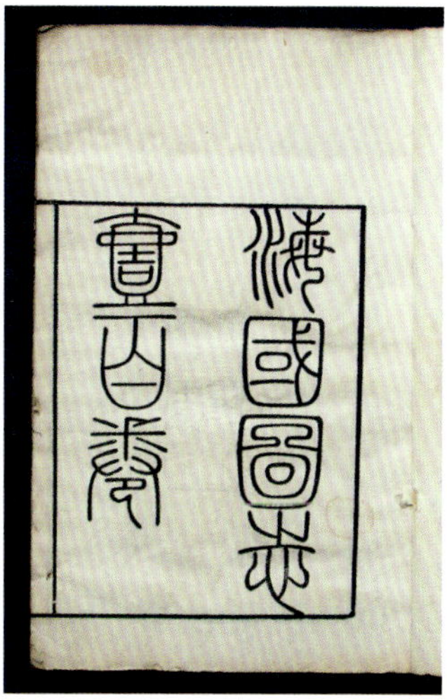

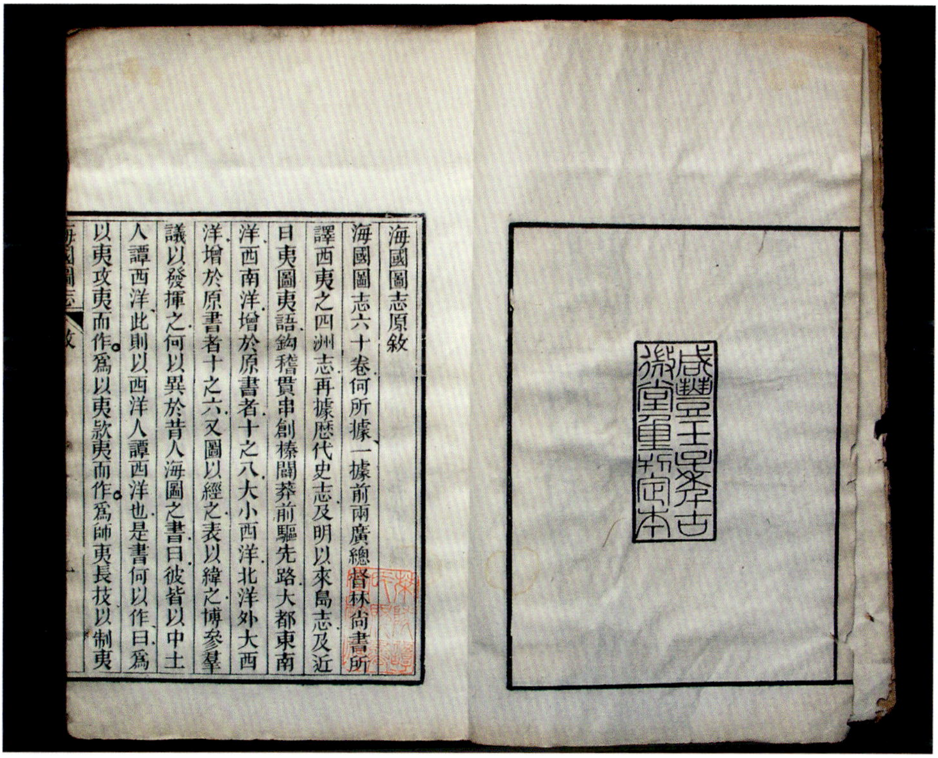
海國圖志原敘

海國圖志六十卷何所據一據前兩廣總督林尚書所譯西夷之四洲志再據歷代史志及明以來島志及近日夷圖夷語鉤稽貫串創榛闢莽前驅先路大都東南洋西南洋增於原書者十之八大小西洋北洋外大西洋增於原書者十之六又圖以經之表以緯之博參羣議以發揮之何以異於昔人海圖之書曰彼皆以中土人譚西洋此則以西洋人譚西洋也是書何以作曰爲以夷攻夷而作爲以夷款夷而作爲師夷長技以制夷

咸豐壬子秋古
微堂重刊定本

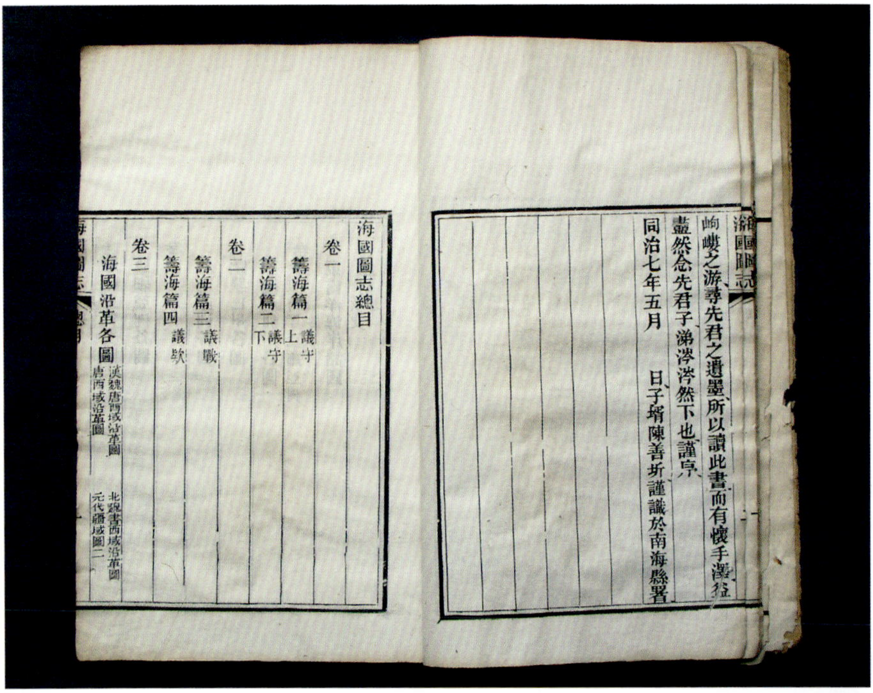
海國圖志總目
卷一
籌海篇一 議守上
籌海篇二 議守下
卷二
籌海篇三 議戰
籌海篇四 議款
卷三
海國沿革各圖
嶼嶁之游尋先君之遺墨所以讀此書而有懷手澤彌
盡然念先君子涕滂滂然下也謹序
同治七年五月
日子壻陳善圻謹識於南海縣署

海國圖志
續集
海國圖志一百卷
錢塘洪福榮書
於海上

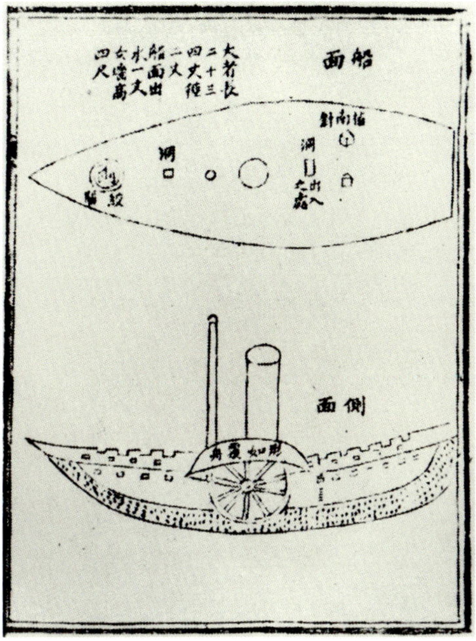

魏源在《海国图志·序》中，阐述他编写此书的目的："为师夷长技以制夷而作。"图为书中关于西洋铁船的记载。

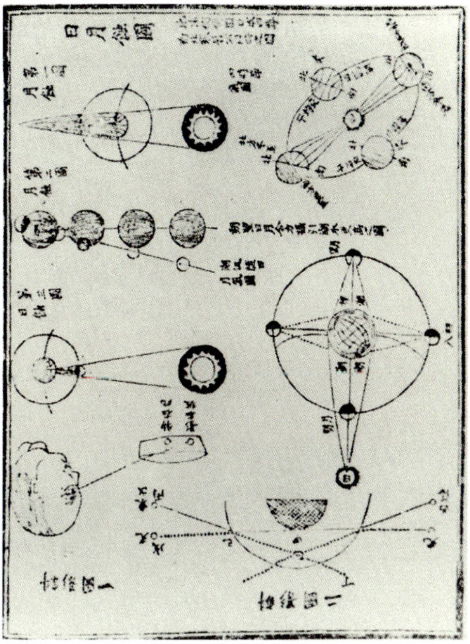

《海国图志》中记载的西洋天文学中关于一年四季及日月蚀形成图。

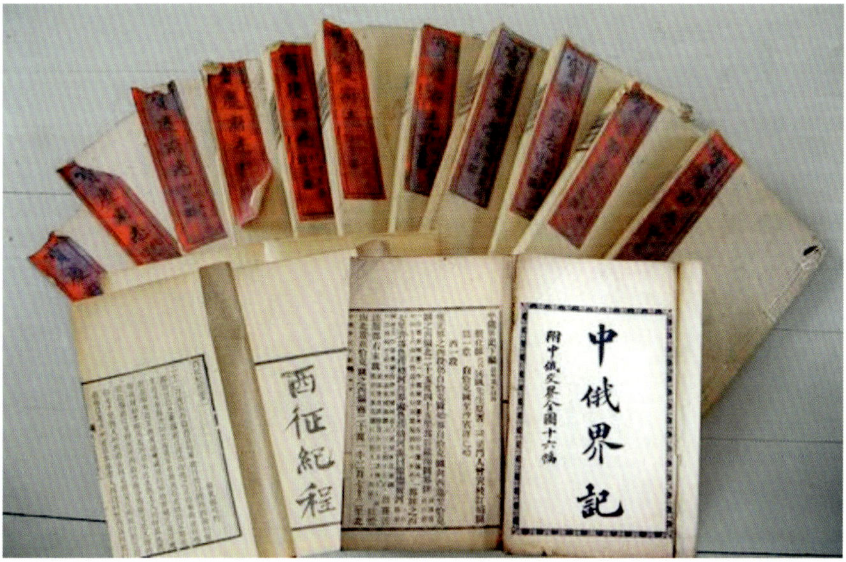

邹汉勋是我国近代史上杰出的舆地学家，中国近代舆地学奠基人，一生著述丰富，主要有《五均论》、《读书偶识》、《水经移注》等30余种，共460余卷，多毁于战火，后人刊有《邹叔子遗书》七种传世。图为邹汉勋及其子邹代钧的部分著述。

唐鉴是晚清著名的理学家，一生严守程朱道统，讲求“义理”、“修身”，同时倡导“义理”与“经世”相结合。道光年间他写给贺熙龄的信中已表现出强烈的“经世”意识。

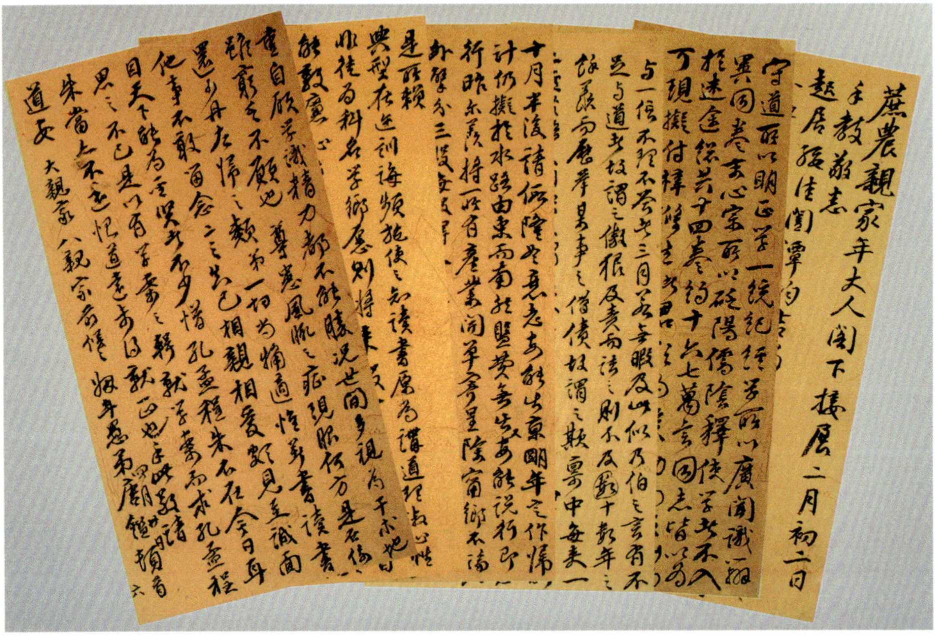

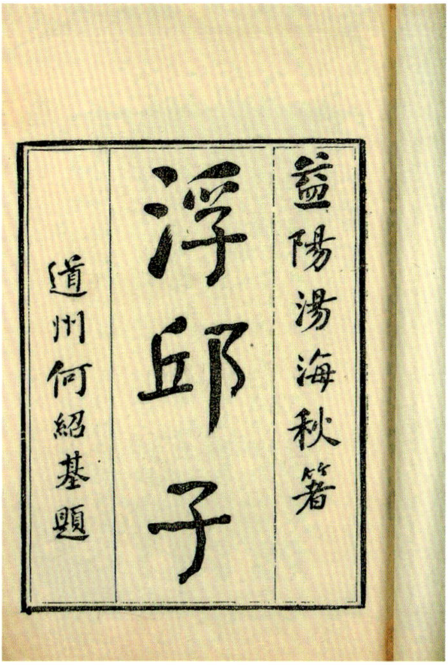

益陽湯海秋箸

浮邱子

道州何紹基題

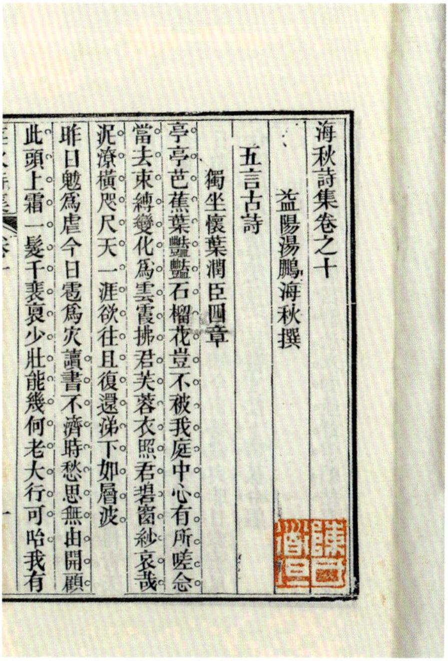

海秋詩集卷之十

益陽湯鵬海秋撰

五言古詩

獨坐懷葉潤臣四章

亭亭芭蕉葉豔豔石榴花豈不被我庭中心有所嗟念當去束縛變化爲雲霞拂君芙蓉衣照君碧窗紗哀哉泥潦橫咫尺天一涯欲往且復還涕下如層波

昨日魃爲虐今日雹爲灾讀書不濟時愁思無由開顧此頭上霜一髮千丈衰少壯能幾何老大行可咍我有

汤鹏是湘系经世派的代表人物之一，主要成就表现在文学方面，有《浮邱子》、《七经营补疏》、《明林》、《海秋制艺》、《海秋诗集》、《信笔初稿》等著作传世。

贺熙龄（1788—1846）为官清正，坚持济世救民，对咸丰年间湘系经世派有很大影响。

三、鸦片战争后湖南阶级矛盾的激化

鸦片战争失败后，割地、赔款、开埠，鸦片流毒全国，白银大量外流，湖南也是受害深重的省份之一，湖南农村土地兼并进一步加剧，人民的负担日益加重，阶级矛盾进一步激化，各族人民的反抗斗争时有发生，直至爆发大规模的农民起义。

清中期，银锭和铜币是市场流通的主要货币。图为衡阳县、湘潭县道光年间（1820—1850）铸造的银锭。

银大量外流导致银少钱多、银贵钱贱。图为湖南铸造的“当百咸丰元宝”铜钱。

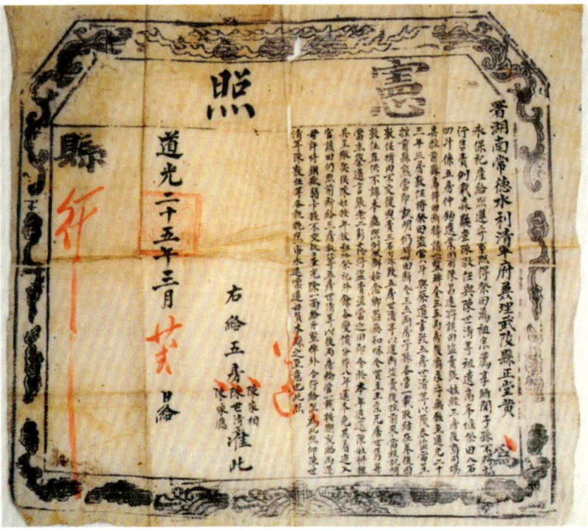

常德武陵知县给陈家相等永保祀产的宪照。

宝庆府魏氏家族“跑马占山”强占农民土地，又强买强卖，进一步敛财，其子孙修建“皇恩光德”牌坊以示炫耀。

代表封建宗族权力的祠堂——隆回魏氏宗祠。

道光二十一年（1841）建成的宁远九嶷黄家大院，布局紧凑，装饰华丽，体现了当时的建筑风格和湖南农村聚族而居的特点。

衡阳富商程商霖于道光二十六年（1846）修建的豪华公馆。

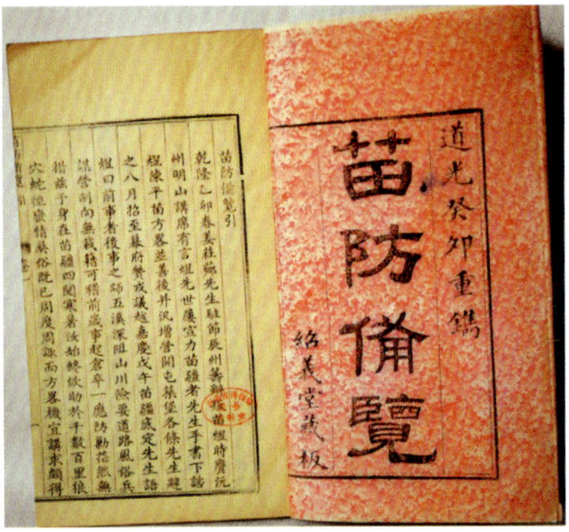

《苗防备览》全面反映了道光年间镇压湘、鄂、黔苗民的情况。

道光十六年（1836），新宁瑶族监生蓝正樽利用民间流传的“斋教”组织瑶民起义，多次攻打新宁、武冈县城。图为蓝正樽在新宁麻林峒的住屋。

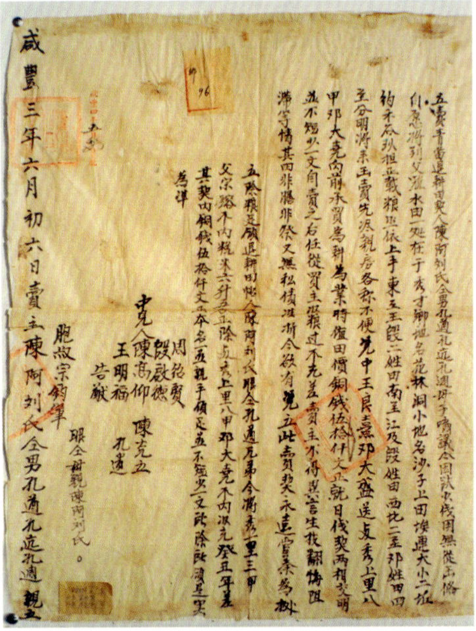

清咸丰三年（1853）湖南农民陈阿刘氏一年辛苦，收获的大部分交了租税，只好卖青苗换取救命的口粮。

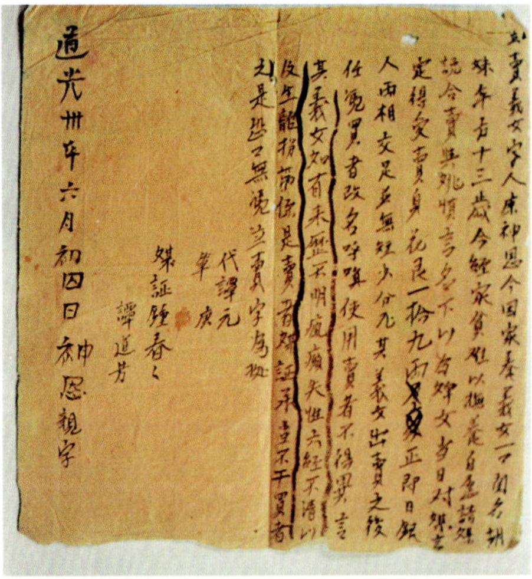

失去土地的农民生活困苦，被迫卖儿卖女，这是道光三十年（1850）湖南衡阳农民康神恩卖女的字据。

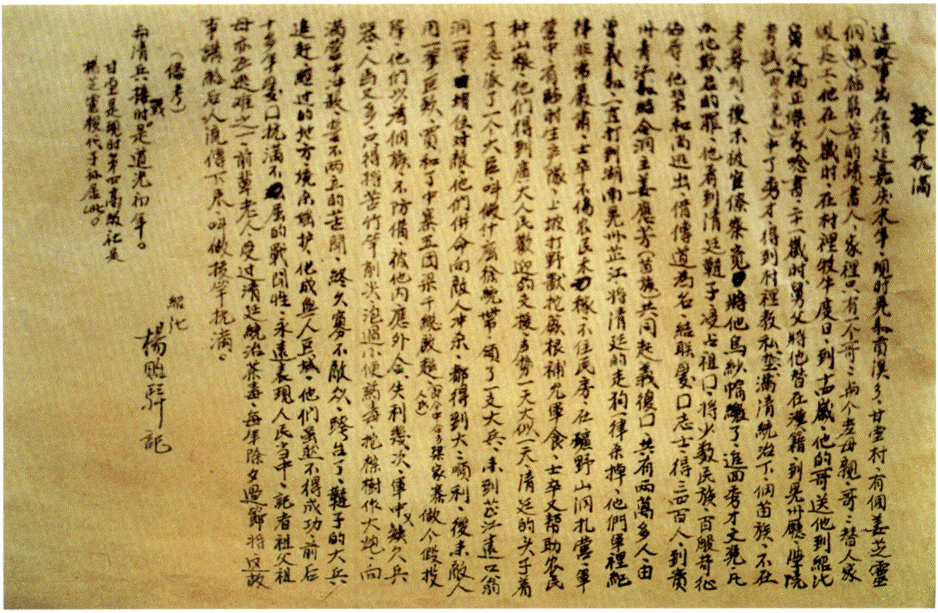

拔竿抗滿

這段事出在清廷嘉庆末年，现时晃和前溪乡甘堂村，有個姜芝靈（個族），杨家寨的读書人，家裡只有一个哥哥、两个老母親，哥哥替人家做长工。他在八歲时，在村裡放牛度日，到十四歲，他的哥哥送他到绥沁的父親正傑家唸書，十八歲时，舅父將他替在漢籍，到晃州廳学院考試，中了秀才，得到村裡教私塾。滿清統治下，侗苗族，不在考举列，後來被官條察覺，將他烏紗帽撤了，追回秀才文憑。凡和他較名的罪，他看到清廷韃子凌占祖国，將少数民族，百般奇侮的事，他等和尚逃出，借傳道為名，結聯复国志士，得三四百人，到贵州青溪縣的金洞主姜應芳（苗族）共同起義復国，共有兩萬多人，由當義旗，直打到湖南晃州芷江，將清廷的走狗一律杀掉，他們军裡紀律非常嚴肅，士卒不傷农民一根一縷，不住民房，在曠野山洞扎营，军营中有的射生为保，上山打野獸，挖蕨根補充军食，士卒又帮助农民耕山種，他們得到廣大人民歡迎的支援，声势一天大似一天，清廷的头子着了急，派了一个大臣叫做什么徐晓带，领了一支大兵，来到芷江遠口翁洞一带，■增援对敌，他们拼命向敌人冲杀，都得到大大顺利，後来敌人用一手巨款，買和了中寨王团梁千總敵趙，梁家寨做个假投降，他们以為個族不防備，被他内應外合，失利幾次，军中又缺久兵器，人数又多，只得將苦竹竿削尖，泡過小便药毒，把條樹作大炮，向滿营中冲殺，寡不兩立的苦鬭，終久寡不敵众，發生了，韃子的大兵追赶，經过的地方境内織护，化成無人区域，他们虽延不得成功，前后十多年发口抗满不■屈的戰鬪性，永遠表现人民当中，祝者祖父祖母亦迭遇难之一，前輩老人受过清廷統治荼毒，每年除夕過節將这段事講給后人流傳下來，叫做拔竿抗滿。

（備考）

我和清兵拚时是道光初年。

甘堂是现时第四高敢社是

拔芝灵根代子孙居此。

绥沁

楊胜轩 記

清政府的残酷统治激起各少数民族的反抗。这是记述道光年间湖南苗民揭竿而起反抗清朝统治的《拔竿抗满》一文。

武冈南门外之牛屎街，蓝正樽起义军曾驻扎于此。图中为水南桥，蓝军在桥上曾遭清军炮击，起义失败。

瑶民起义失败后，清政府在八峒（瑶民聚居区）往新宁县城主要通道五里洲驻军，严加守卫。

鱼洞口是八峒出入要道，清政府在此驻军，不许瑶民随意出入。

道光二十七年（1847）秋，新宁瑶民雷再浩率各族人民举行起义，于12月初被清政府镇压下去，雷再浩被俘后在长沙就义。（画照）

道光二十九年（1849）十一月，新宁县又爆发李沅发领导的大规模起义。起义军迅速攻破新宁县城，给清兵以沉重打击。（画照）

雷再浩起义失败后，其旧部李沅发准备再次起义，曾多次在新宁水头村罗山冲这一岩洞中开会。

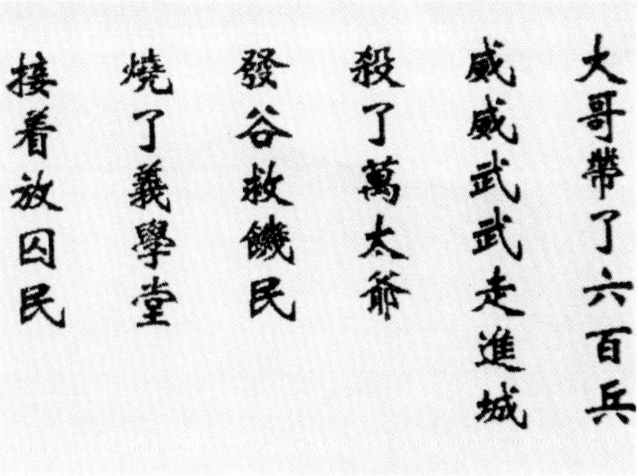

大哥帶了六百兵
威威武武走進城
殺了萬太爺
發谷救饑民
燒了義學堂
接着放囚民

李沅发攻下新宁县城后编的《李沅发破城歌》。

清政府派湖广总督裕泰率兵进剿瑶山，李沅发突破重重包围，转战湖南、广西边境地区，道光三十年（1850）五月打回新宁，受困于鸡笼山一带。图为曾作为李沅发的指挥部金凤庵。

道光三十年（1850）六月十五日，李沅发在鸡笼山受伤被俘，图中最高峰金峰岭即为他被捕之地，九月二十二日，李沅发就义于北京。

第二节　席卷湖南的太平天国起义

太平天国金田起义爆发后，在广西转战一年多，于咸丰二年（1852）六月进军湖南，连克道州、永明、江华、嘉禾、桂阳、郴州等地，直奔长沙。湖南天地会等反清团体和穷苦百姓大批加入太平军，使其由不足1万人发展到15万人。由于太平军久攻长沙不下，伤亡日益扩大，不得不撤围北上，攻克岳州，连克武汉、安庆、南京，改南京为天京并定都于此。咸丰四年（1854）初，太平天国西征军入湘作战，于靖港之役大败曾国藩新组建的湘军，但湘潭之战却遭惨败。在此过程中，响应太平军的起义由湘南发展到湘北。湖南的地主阶级为求自保，组织团练，创建湘军，对全省各地农民起义进行围剿，镇压了湘境和邻省的起义军，巩固了湖南的封建统治。1859年和1861年，石达开两次率太平军入湘作战，也在一定程度上打击了清朝统治。

一、太平天国在湖南的胜利进军

太平军乘胜利攻取广西全州的气势，水陆并进，进军湖南。蓑衣渡遭湖南团练伏击，改道攻取道州、江华、永明等地，在道州休整两个月，颁布文告，号召人民起来推翻满清的统治，获得当地民众的大力支持，实力大增。两个月后太平军一路进袭，攻城略地，但在长沙遇挫，转道攻占益阳、岳阳，并正式建立水营。尔后太平军出洞庭、克武昌，所向披靡，直指金陵。

位于广州花都洪秀全故里的太平天国农民起义领袖洪秀全的雕像。

道光三十年十二月初十日（1851 年 1 月 11 日），震惊中外的太平天国农民起义在广西桂平县金田村爆发（画照）。

1851年9月25日，太平军攻克永安州（今广西蒙山），驻屯数月，整顿军纪，建立制度，洪秀全还下了封王诏令，为太平天国发展打下了政治基础。（画照）

1852年6月3日，太平军攻克湘桂边境重镇全州，随即挥师向湖南挺进。图为时人所绘太平军与清军在全州城头激战的图画。

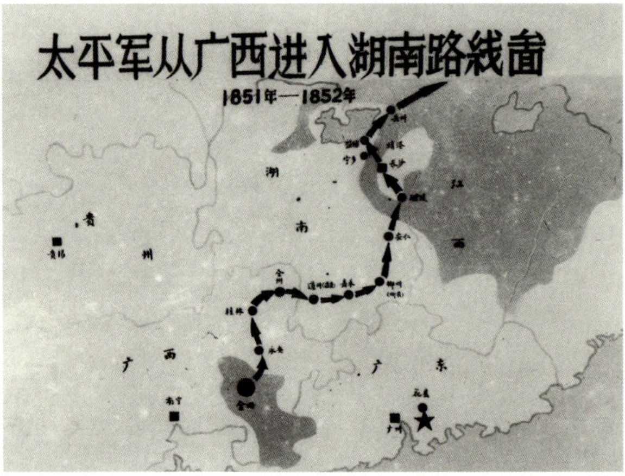

太平军从广西进入湖南路线图。

太平军起义后，清廷派赛尚阿前往广西围剿。湖南新宁人江忠源（图）奉调募集乡兵，时称楚勇。1852年6月，江忠源率楚勇设伏蓑衣渡，伐木塞河，致太平天国南王冯云山战死。

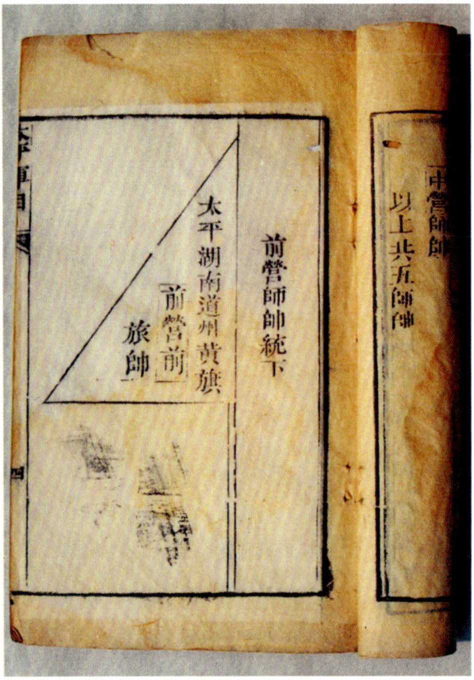

湖南的天地会等秘密反清团体纷纷奉檄而动，有三万多人加入太平军。《太平军目》一书中记载了主要由挖煤工人组成的特殊兵种“土营”（道州黄旗营）。

太平天国“兴汉灭满”旗。

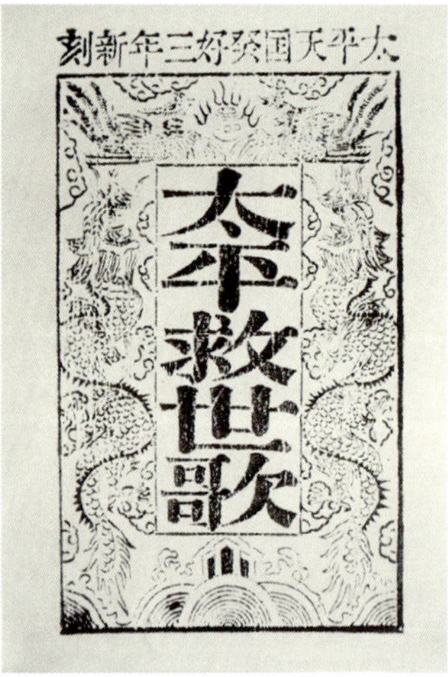

太平天国的宣传资料。

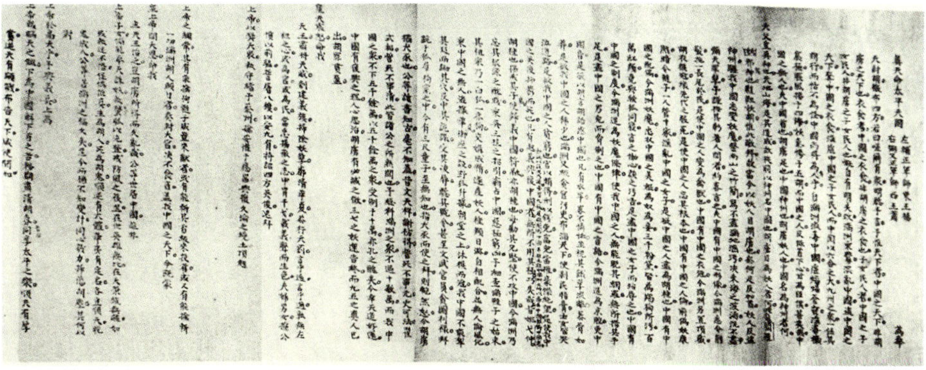

1852年6月12日，太平军占领道州，休整近两个月，颁布了《奉天讨胡檄布四方谕》等重要文告，号召人民起来参加起义，推翻满清王朝的统治。

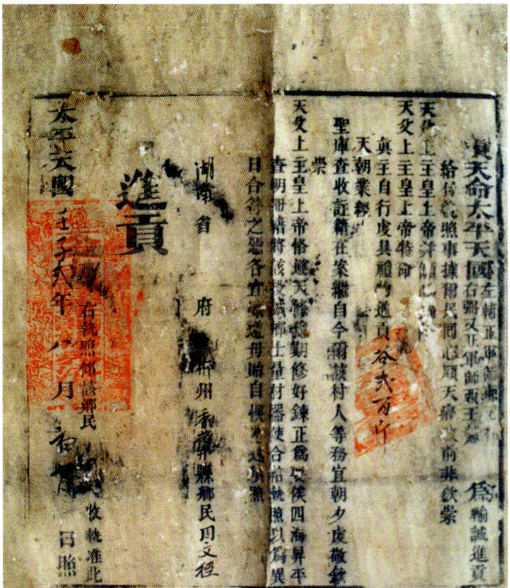

1852 年 8 月 17 日，太平军攻克郴州，斩知州孙恩葆，休整月余，扩军三万多人，并积蓄不少粮草器械。图为杨秀清、萧朝贵发给郴州农民周文径的贡谷执照。

8 月 28 日，太平天国西王萧朝贵偏师间道飞袭长沙。9 月 12 日，太平军猛攻长沙天心阁一带。图为晚晴时期的天心阁。

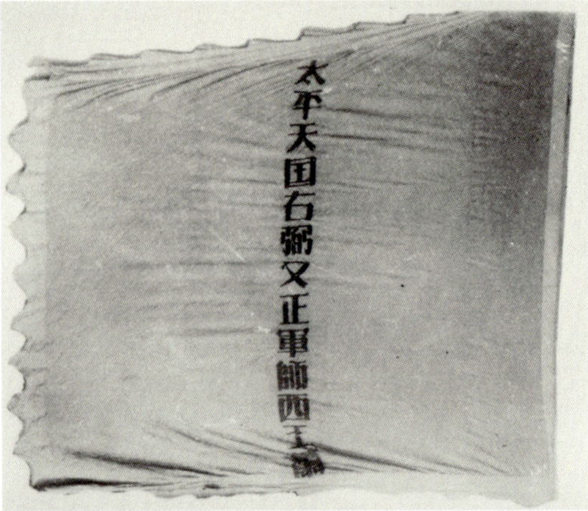

萧朝贵的王旗。

张亮基由署理云贵总督调任湖南巡抚，率绿营兵在长沙城头抵抗太平军的进攻。

9月18日，太平军发动猛攻，萧朝贵身先士卒，在妙高峰中炮牺牲，攻城受挫，图为天心阁城楼前萧朝贵与太平军的雕像。

太平军攻打长沙两个多月，歼灭清军2000余人。图为其时长沙安葬阵亡官兵的墓地。

太平军使用过的铜炮。

太平军行军中使用的雨具。

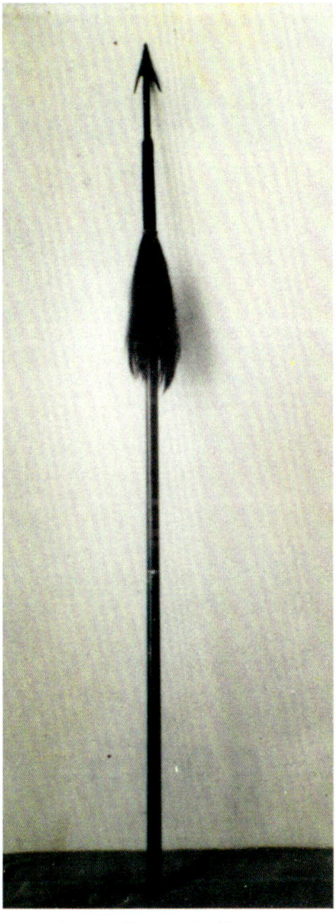

太平军使用过的长矛。

太平军久攻长沙不克，遂突破清军包围，直取岳州城。（画照）

1853年1月12日，太平军道州土营用炸药轰开武昌城墙，迅速占领武昌。（画照）

1853年3月19日，太平军攻占南京（画照），改名为天京并定都于此。

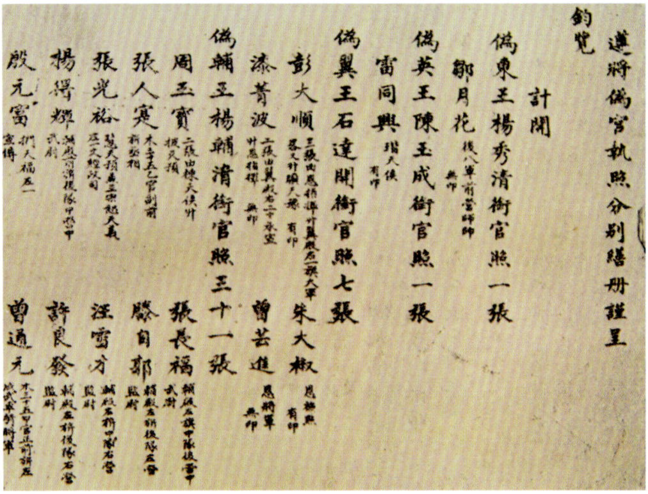

遵將偽官執照分別繕册謹呈
鈞覽
計開
偽東王楊秀清銜官照一張
鄧月花
偽英王陳玉成銜官照一張
雷同興
偽翼王石達開銜官照七張
彭大順　朱大椒
漆菁波　曾芸進
偽輔王楊輔清銜官照三十一張
周玉寶　張長福
張人寬　滕自郭
張光裕　汪雪方
楊得耀　許良發
殷元富　曾通元

太平天国建立了从中央到基层军政合一的各级政权机构。这是太平天国失败后清政府编印的《太平天国伪官执照清册》。

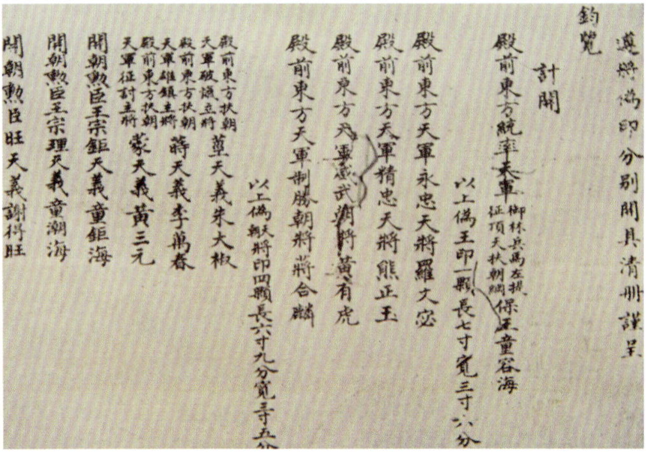

遵將偽印分別開具清册謹呈
鈞覽
計開
殿前東方統率天軍御林兵馬左提征頂天扶朝綱保王童容海
以上偽王印一顆長七寸寬三寸六分
殿前東方天軍永忠天將羅大宓
殿前東方天軍精忠天將熊正玉
殿前東方天軍威武朝將黃有虎
殿前東方天軍制勝朝將蔣合麟
以上偽天將朝將印四顆長六寸九分寬三寸五分
殿前東方扶朝天軍破逆主將莫天義朱大椒
殿前東方扶朝天軍雄鎮主將蔣天義李萬春
殿前東方扶朝天軍征討主將蒙天義黃三元
開朝勲臣王宗鉅天義童鉅海
開朝勲臣王宗理天義童潮海
開朝勲臣旺天義謝將旺

《太平天国伪官执照清册》之一。

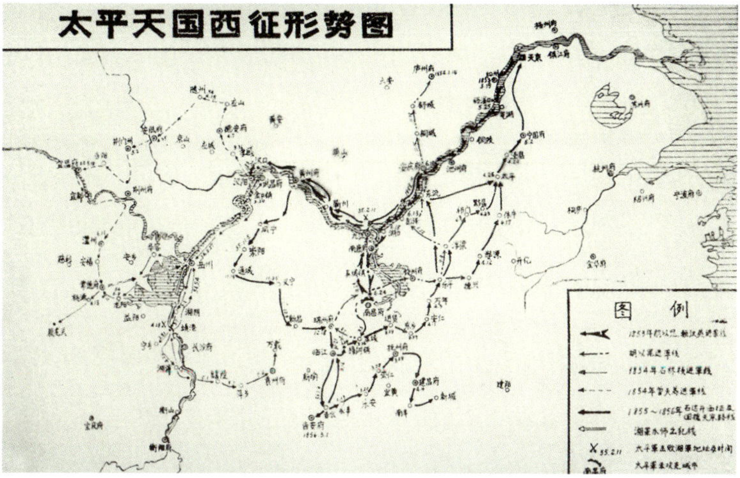

1853年6月，太平军发动西征，进军湖北、湖南等地。

封赏有功将士的太平天国圣宝（大花钱）。

太平天国癸好三年新镌

天朝田畝制度

1853年，太平天国颁布的一个以解决土地问题为中心全面的农民斗争纲领和社会改革方案——《天朝田亩制度》。

转战湖南的太平军遗留的太平天国货币。

二、湖南人民的积极响应和支援

在太平天国起义的影响下，湖南人民积极响应，纷纷起义。太平军向湖南进军，激发了湖南的秘密会社和广大农民群众大批加入太平军，并积极响应和支持，为太平军胜利进军金陵创造了条件。湖南地主团练武装对人民的反抗进行镇压，先后将巴陵晏仲武和浏阳征义堂两支较大的反清武装剿灭，使湖南成为镇压太平军最重要的堡垒。

天地会又称洪门，是清初成立的秘密反清团体，湖南是其主要活动区域。图为洪门会场图。

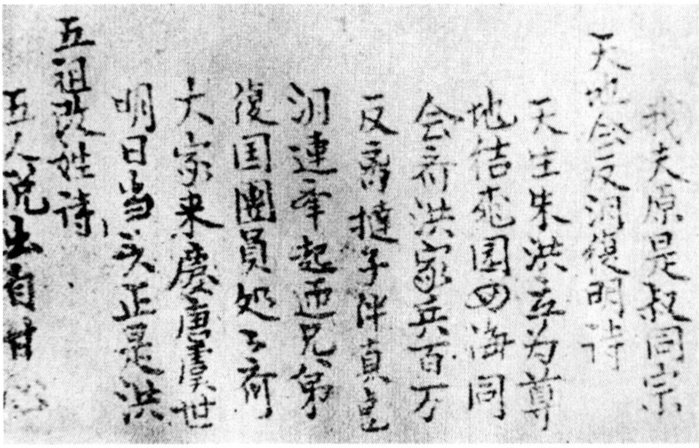

天地会的反清复明诗。

太平天国起义之初，湖南天地会即与之发生了联系，后在永安被俘的“天德王”洪大全即是湖南天地会招军堂的龙头。

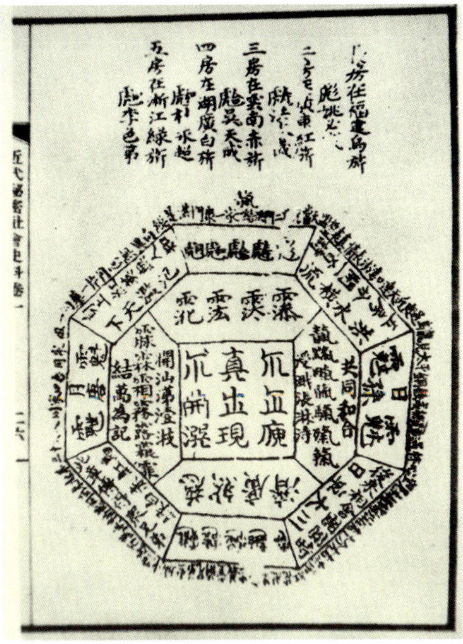

天地会组织严密，在江南一带都有分部。

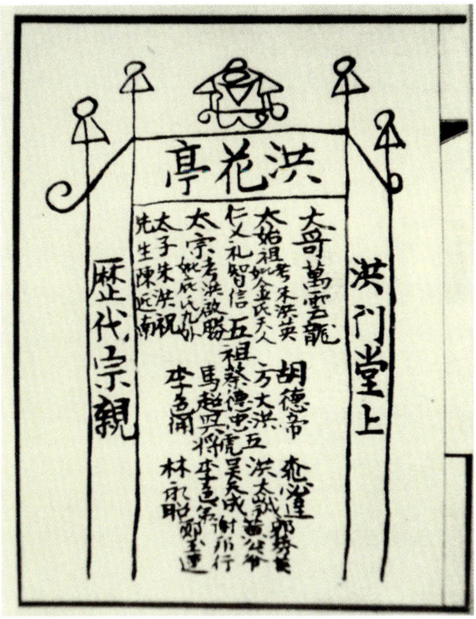

鸦片战争后天地会出现大量分支，以致各地山堂林立。图为天地会洪花亭牌。

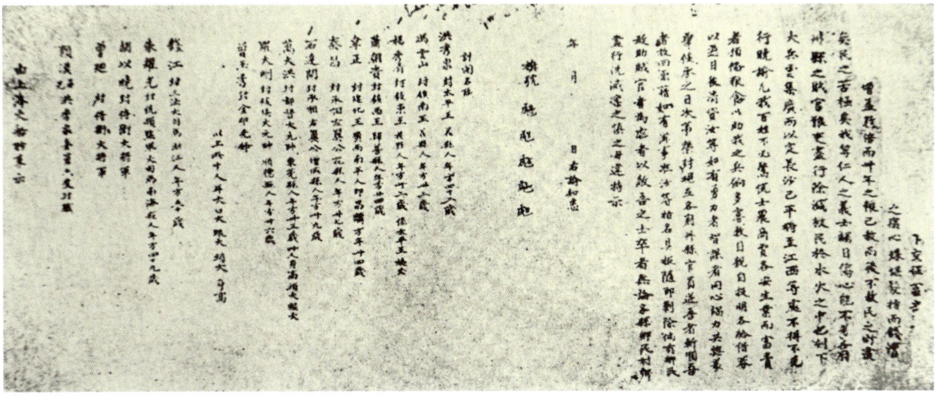

湖南天地会为响应太平天国起义发布的万大洪告示。

天地会响应太平天国起义，与太平军建立了直接联系。这是湘南天地会首领朱洪英与何禄奉太平天王名义的发令号旗。

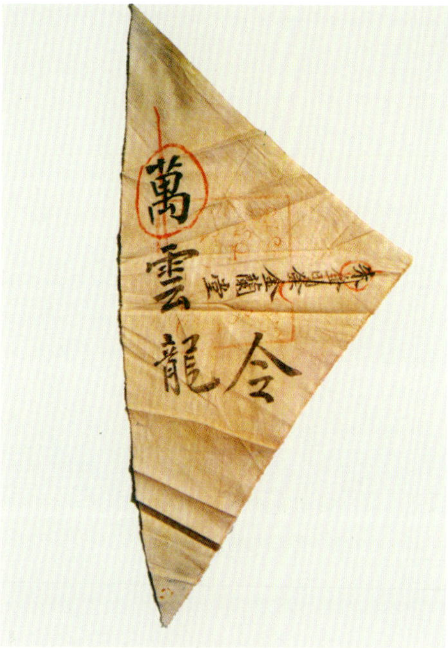

天地会“万云龙”令旗。

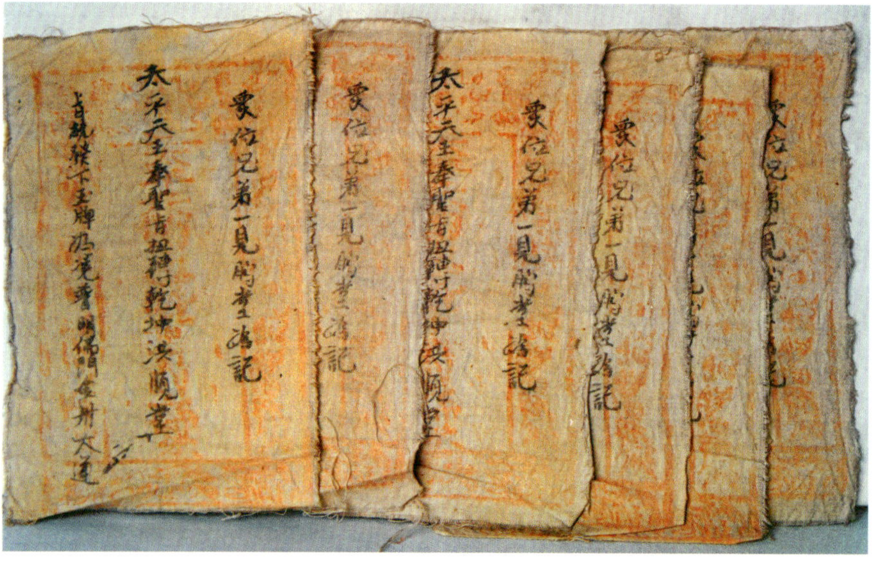

天地会会员玉牌。

天地会票布（凭证）。

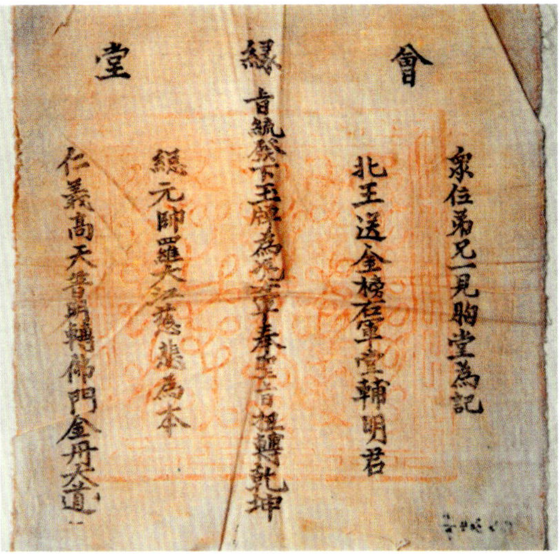

天地会“会缘堂”玉牌。

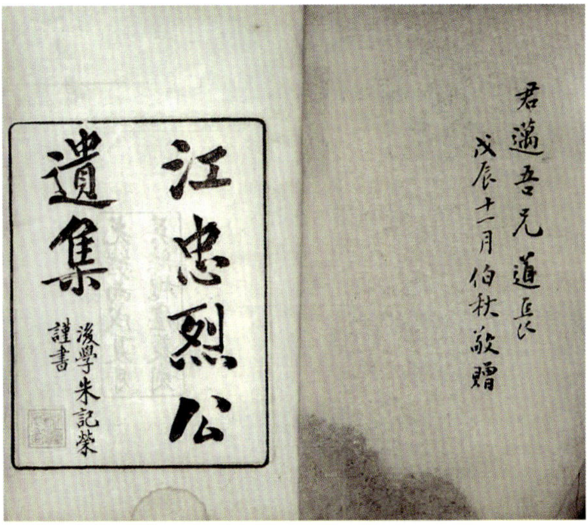

巴陵县的晏仲武起义军有力地支援了太平军的作战。后被江忠源率楚勇镇压。《江忠烈公遗集》一书中详细反映了这一过程。

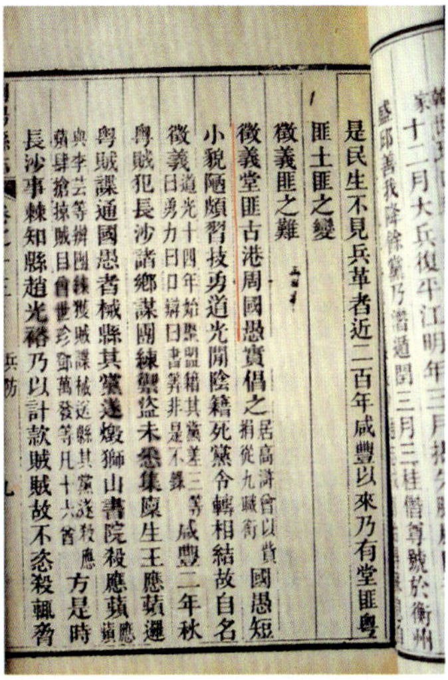

1852年爆发的浏阳征义堂起义随后也被湖南的地主武装血腥镇压，其领导人周国愚、邓万发先后在汉阳和澧州被捕遇难。这是清代编纂的《浏阳县志》的有关记载。

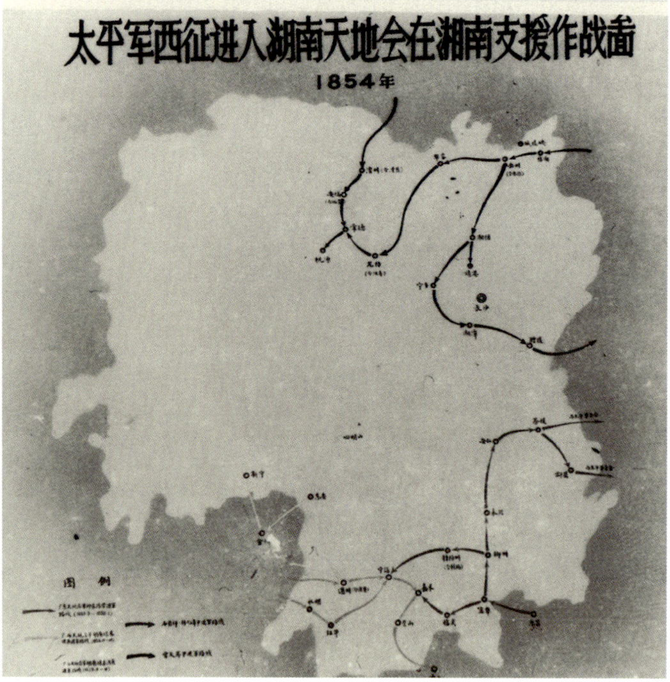

1854 年秋到 1856 年夏，会党和农民群众反清起义在湘南地区形成高潮，支援了太平军西征作战。

三、石达开率部转战湖南

太平天国“天京内讧”，石达开脱离天朝，率部转战皖、赣、浙、闽，并突入湘军的大本营湖南，与湖南境内的清军和湘军发生多次激战，取得多次胜利。后形势日渐紧迫，率部经龙山进入四川，直至兵败大渡河。

战斗在大江南北的太平军。（出自加入太平军的英国人哈利《太平天国革命亲历记》）

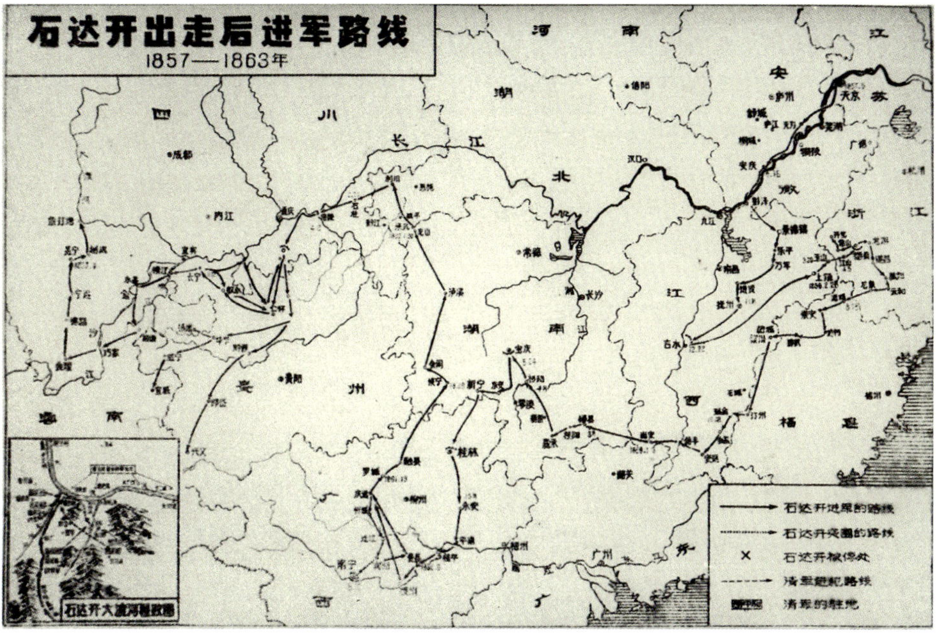

1856 年 9 月，太平天国发生“天京内讧”，翼王石达开脱离天朝，转战江南，1859 年 2 月由西突入湘南。

位于广西贵港石达开故里的太平天国翼王雕像。

太平天国翼王石达开王旗。

1859年7月，石达开率部攻打宝庆（今邵阳），清政府布重兵与之决战。图为曾发生激战的邵阳白沙州。

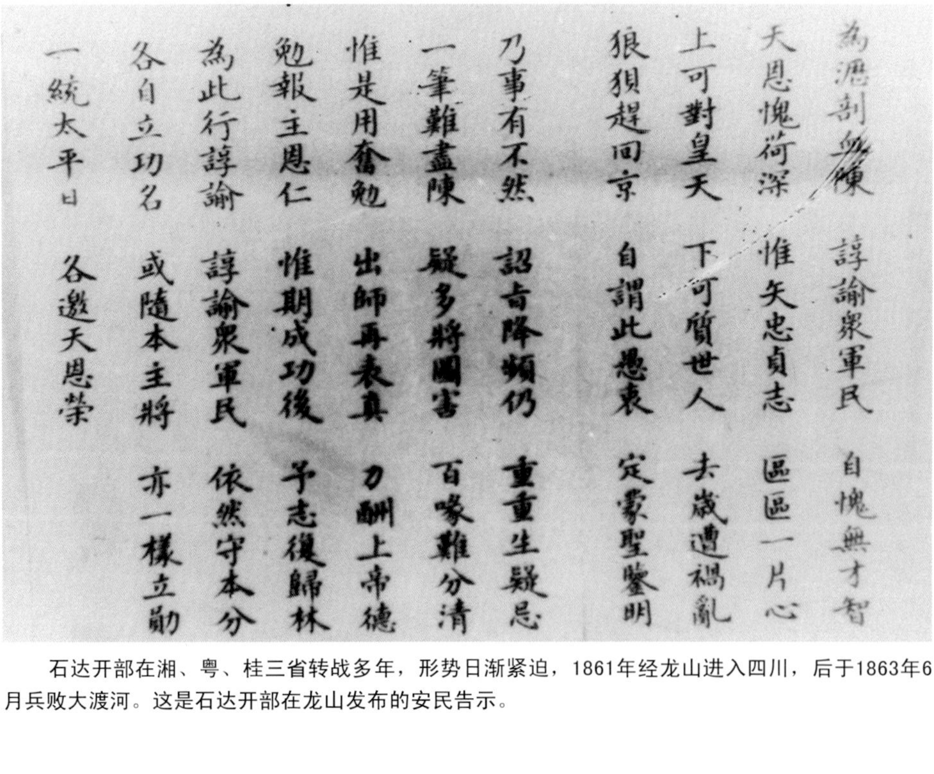

為瀝剖無陳　諄諭眾軍民　自愧無才智
天恩愧荷深　惟矢忠貞志　區區一片心
上可對皇天　下可質世人　去歲遭禍亂
狼狽趕回京　自謂此愚衷　定蒙聖鑒明
乃事有不然　詔旨降頻仍　重重生疑忌
一筆難盡陳　疑多將圖害　百喙難分清
惟是用奮勉　出師再表真　力酬上帝德
勉報主恩仁　惟期成功後　予志復歸林
為此行諄諭　諄諭眾軍民　依然守本分
各自立功名　或隨本主將　亦一樣立勛
一統太平日　各邀天恩榮

石达开部在湘、粤、桂三省转战多年，形势日渐紧迫，1861年经龙山进入四川，后于1863年6月兵败大渡河。这是石达开部在龙山发布的安民告示。

第三节 湘军与“湘运之兴”

咸丰二年（1852），当太平军进军湖南，兵临武昌时，清政府诏令曾国藩为帮办湖南团练大臣，作为镇压太平军的补充力量。从1854年2月至1864年，湘军与太平军进行了长达十年的战争，表现了地主武装的阶级特色和凶悍气焰，成为镇压太平军的一支劲旅，并最终将轰轰烈烈的农民大起义镇压下去。在这期间，以曾国藩、胡林翼、左宗棠为首的湘军集团在清政府中扮演着重要的角色，湖南也由一默默无闻之地一跃成为全国著名的省份，出现了“湘运之兴”的局面。湘军的兴起，从根本上改变了汉族地主阶级的地位，对于晚清的政治、军事等各方面都产生了深刻的影响。

一、湘军的兴起

曾国藩在湖南各地兴办团练的基础上创办了湘军。湘军采取独特的军事制度，从招募、训练、营制及战略战术方面区别于已经崩溃的清朝绿营军队，并获得湖南官方的有力支持，使湖南成为湘军的后方。湘军的陆营和水师编练成军以后，立即展开镇压太平天国运动和湖南人民起义的活动，并最终将其剿灭。

咸丰二年十一月（1853年1月），咸丰皇帝任命因母丧丁忧在籍礼部侍郎曾国藩（图）为帮办湖南团练大臣。

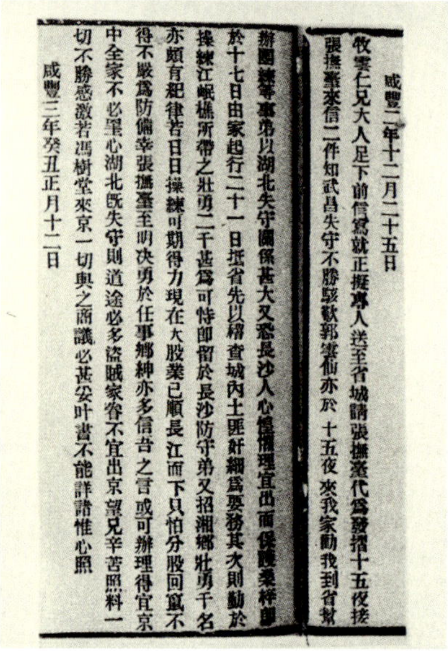

咸豐二年十二月二十五日
牧雲仁兄大人足下前信甫就正擬專人送至省城請張撫臺代爲發摺十五夜接張撫臺來信二件知武昌失守不勝駭歎郭筠仙亦於十五夜來我家勸我到省幫辦團練等事弟以湖北失守關係甚大又恐長沙人心惶惶理宜出而保護桑梓即於十七日由家起行二十一日抵省先以稽查城內土匪奸細爲要務其次則勤於操練江岷樵所帶之壯勇二千甚爲可恃即留於長沙防守弟又招湘鄉壯勇千名亦頗有紀律若日日操練可期得力現在大股業已順長江而下只怕分股回竄不得不嚴爲防備幸張撫臺至明決勇於任事鄉紳亦多信吾之言或可辦理得宜京中全家不必罣心湖北既失守則道途必多盜賊家眷不宜出京望兄辛苦照料一切不勝感激若馮樹堂來京一切與之商議必甚妥叶書不能詳諸惟心照
咸豐三年癸丑正月十二日

曾国藩奉旨以后，在给京中好友袁牧云的信中讲述心中的疑虑，后在郭嵩焘等的规劝下，于1月29日到长沙任职。

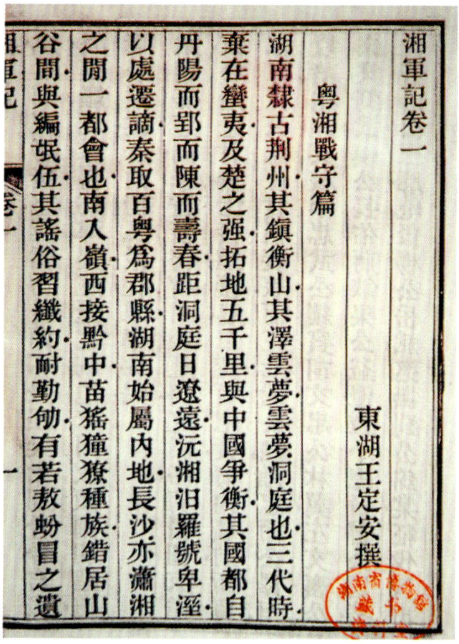

湘軍記卷一
粵湘戰守篇
東湖王定安撰
湖南隸古荆州其鎮衡山其澤雲夢雲夢洞庭也三代時棄在蠻夷及楚之強拓地五千里與中國爭衡其國都自丹陽而郢而陳而壽春距洞庭日遼遠沅湘汨羅號卑溼以處遷謫秦取百粵爲郡縣湖南始屬內地長沙亦藩湘之間一都會也南入嶺西接黔中苗猺獞獠種族錯居山谷間與編氓伍其謠俗習纖約耐勤劬有若敖蚡冒之遺

《湘军记》卷一较为详细地记录了曾国藩创建湘军时的背景。

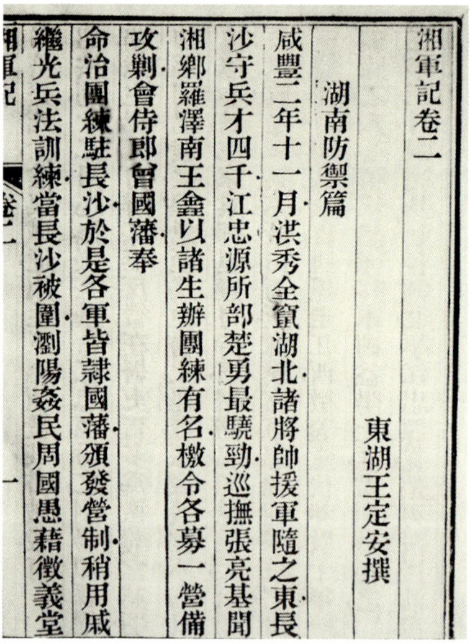

湘軍記卷二
湖南防禦篇
東湖王定安撰
咸豐二年十一月洪秀全竄湖北諸將帥援軍隨之東長沙守兵才四千江忠源所部楚勇最驍勁巡撫張亮基聞湘鄉羅澤南王鑫以諸生辦團練有名檄令各募一營備攻剿會侍郎曾國藩奉
命治團練駐長沙於是各軍皆隸國藩頒發營制稍用戚繼光兵法訓練當長沙被圍瀏陽姦民周國愚藉徵義堂

《湘军记》卷二记录了湘军创建前太平军在湖南活动的情况。

曾国藩的家乡湘乡县是举办团练较早的地方。图为湘乡县团练骨干人物罗泽南（画像）。

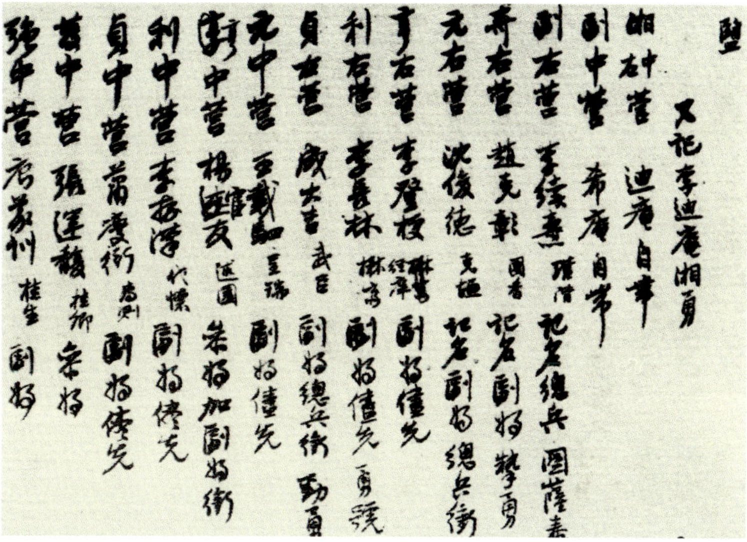

湘军实行的是不同于绿营的募兵制，并制订了《湘军营制》，其统兵将帅以书生为主。

曾国藩在长沙创办湘军，遭到湖南军政当局的疑忌，但得到绿营都司塔齐布的支持。后塔齐布得到曾国藩的举荐，官至提督，成为湘军重要将领。这是塔齐布的画像。（清吴有如画《满清将臣图》）

湖南巡抚骆秉章（1793—1867）在人力、物力上给以湘军有力支持，使湖南成为湘军的大后方。（清 吴有如画《满清将臣图》）

湖南官方铸造的铜炮。

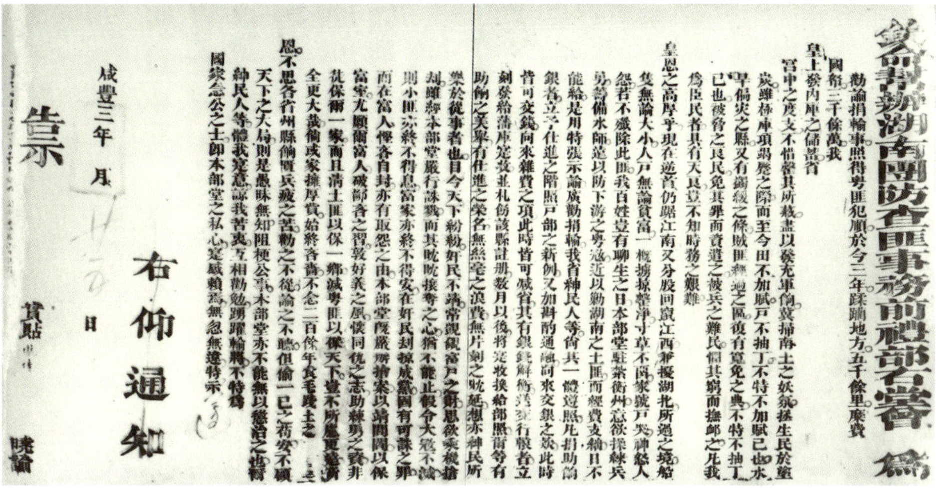

欽命幫辦湖南團防查匪事務前禮部右營

勸諭捐輸事照得粤匪犯順於今三年蹂躪地方五千餘里糜費

國帑二千餘萬我

皇上發內庫之儲叠沛

宮中之度支不惜罄其所積盡以發充軍餉冀掃蕩妖氛拯生民於塗炭雖棒庫項竭蹶之際而至今田不加賦戶不抽丁不特不加賦已也水旱偏災之縣又有蠲緩之條賊匪經過之區復有寬免之典不特不抽丁已也被脅之良民免其罪而資遣之被兵之難民憫其窮而撫郵之凡我爲臣民者具有天良豈不知時務之艱難

皇恩之高厚乎現在逆首仍踞江南又分股回竄江西并擾湖北所過之境焚隻無論大小人戶無論貧富一概擄掠磬淨寸草不留家號戶哭神怒人怨若不殲除此匪我百姓豈有聊生之日本部堂駐紮衡州意欲操練兵勇籌備水師進以防下游之粤逆近以勦湖南之土匪而經費支絀且不能給是用特張示諭廣勸捐輸我省紳民人等倘共一體遵照凡捐助餉銀者立予仕進之階照戶部之新例又加斟酌通融酌來交銀之欵此時皆可交錢向來雜費之項此時皆可減省其有銀錢解衙者[illegible]行糧者立刻發給藩庫寔收並札飭該縣註册數月以後將寔收換給部照爾等有助餉之美舉有仕進之榮名無絲毫之浪費無片刻之耽延想亦紳民所樂於從事者也目今天下紛紛奸民不法常覬覦富戶之財思欲乘機搶刧雖經本部堂嚴行誅戮而其眈眈接奪之心猶不能止假令大寇不滅則小匪亦終不得息富家亦終不得安在奸民封掠成羣固有可誅之罪而在富人慳吝自封亦有取怨之由本部堂防嚴辦案以靖閭閻以保富室尤願爾富人破鄙吝之習敦好義之風愾同仇之志助隸勇之資非孔保衛一家而且滿土匪以保一鄉滅粤匪以保天下豈不所全更爲全更大哉倘或家擁厚貲始終吝嗇不念二百餘年食毛踐土之

恩不思各省州縣倫遭兵燹之苦勸之不從諭之不聽但偷一已之苟安不顧天下之大局則是愚昧無知阻梗公事本部堂亦不能無以懲治之也爾紳民人等體我寔意諒我苦衷互相勸勉踴躍輸將不特爲

國家急公之士即本部堂之私心寔感賴焉無忽無違特示

咸豐三年 月 日

右仰通知

實貼 曉諭

示

曾国藩在衡州练兵时为筹措军饷的《劝谕捐输》告示。

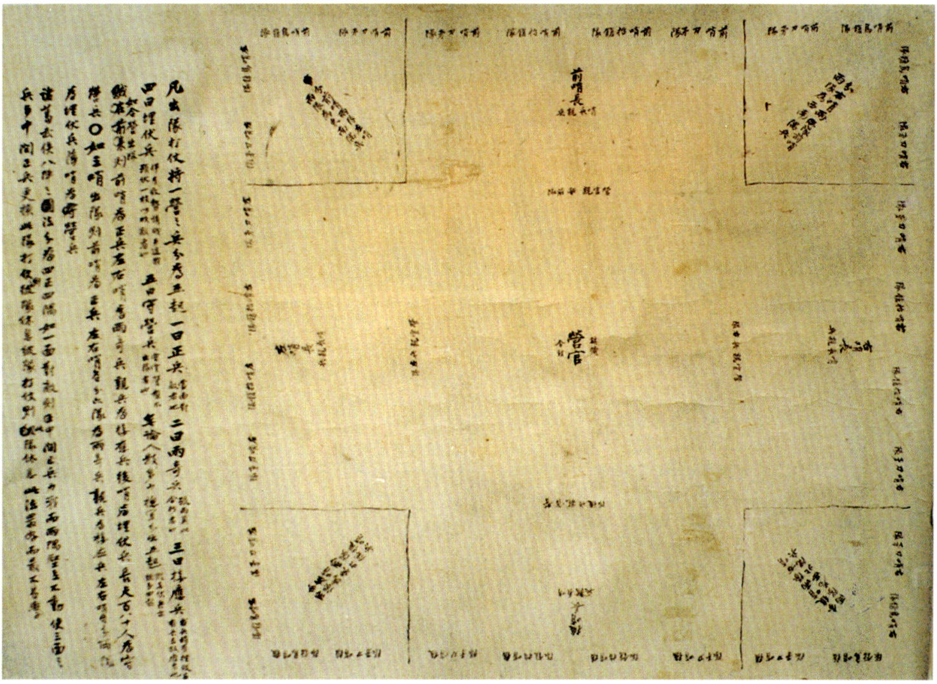

曾国藩亲手所绘的湘军行营布阵图。

曾国藩编练的湘军正在进行训练。

1853年9月，曾国藩移驻衡州，编练湘军水师共十营五千人。图为湘军水师主要将领彭玉麟。（清吴有如画《满清将臣图》）

湘军水师主要将领杨载福（后避同治帝讳改名岳斌）。（清吴有如画《满清将臣图》）

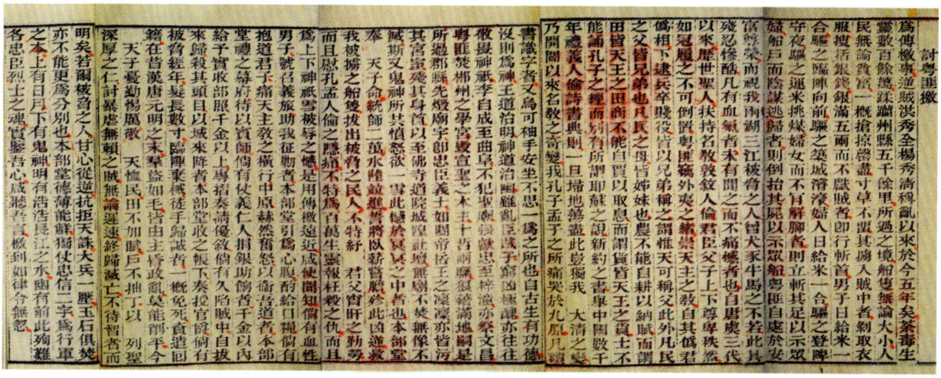
討粵匪檄
爲傳檄事逆賊洪秀全楊秀清稱亂以來於今五年矣荼毒生靈數百餘萬蹂躪州縣五千餘里所過之境船隻無論大小人民無論貧富一概搶掠罄盡寸草不畱其擄入賊中者剝取衣服搜括銀錢銀滿五兩而不獻賊者即行斬首男子日給米一合驅之臨陣向前驅之築城濬濠婦人日給米一合驅之登陴守夜驅之運米挑煤婦女而不肯解脚者則立斬其足以示衆婦船戶而陰謀逃歸者則倒抬其屍以示衆船粵匪自處於安富尊榮而視我兩湖三江被脅之人曾犬豕牛馬之不若此其殘忍慘酷凡有血氣者未有聞之而不痛憾者也自唐虞三代以來歷世聖人扶持名教敦敘人倫君臣父子上下尊卑秩然如冠履之不可倒置粵匪竊外夷之緒崇天主之教自其僞君僞相下逮兵卒賤役皆以兄弟稱之謂惟天可稱父此外凡民之父皆兄弟也凡民之母皆姊妹也農不能自耕以納賦而謂田皆天王之田商不能自賈以取息而謂貨皆天王之貨士不能誦孔子之經而別有所謂耶穌之說新約之書舉中國數千年禮義人倫詩書典則一旦掃地蕩盡此豈獨我 大清之變乃開闢以來名教之奇變我孔子孟子之所痛哭於九原凡讀書識字者又烏可袖手安坐不思一爲之所也自古生有功德沒則爲神王道治明神道治幽雖亂臣賊子窮凶極醜亦往往敬畏神祇李自成至曲阜不犯聖廟張獻忠至梓潼亦祭文昌粵匪焚郴州之學宮毀宣聖之木主十哲兩廡狼藉滿地嗣是所過郡縣先毀廟宇即忠臣義士如關帝岳王之凜凜亦皆污其宮室殘其身首以至佛寺道院城隍社壇無廟不焚無像不滅斯又鬼神所共憤怒欲一雪此憾於冥冥之中者也本部堂奉 天子命統師二萬水陸並進誓將臥薪嘗膽殄此凶逆救我被擄之船隻拔出被脅之民人不特紓 君父宵旰之勤勞而且慰孔孟人倫之隱痛不特爲百萬生靈報枉殺之仇而且爲上下神祇雪被辱之憾是用傳檄遠近咸使聞知倘有血性男子號召義旅助我征剿者本部堂引爲心腹酌給口糧倘有抱道君子痛天主教之橫行中原赫然奮怒以衛吾道者本部堂禮之幕府待以賓師倘有仗義仁人捐銀助餉者千金以內給予實收部照千金以上專摺奏請優敘倘有久陷賊中自拔來歸殺其頭目以城來降者本部堂收之帳下奏授官爵倘有被脅經年髮長數寸臨陣棄械徒手歸誠者一概免死資遣回籍在昔漢唐元明之末羣盜如毛皆由主昏政亂莫能削平今 天子憂勤惕厲 敬天恤民田不加賦戶不抽丁以 列聖深厚之仁討暴虐無賴之賊無論遲速終歸滅亡不待智者而明矣若爾被脅之人甘心從逆抗拒天誅大兵一壓玉石俱焚亦不能更爲分別也本部堂德薄能鮮獨仗忠信二字爲行軍之本上有日月下有鬼神明有浩浩長江之水幽有前此殉難各忠臣烈士之魂實鑒吾心咸聽吾言檄到如律令無忽

1854年2月，曾国藩率湘军水陆两师17000余人出师衡州时发表的《讨粤匪檄》。

正在扬帆东下的湘军水师。

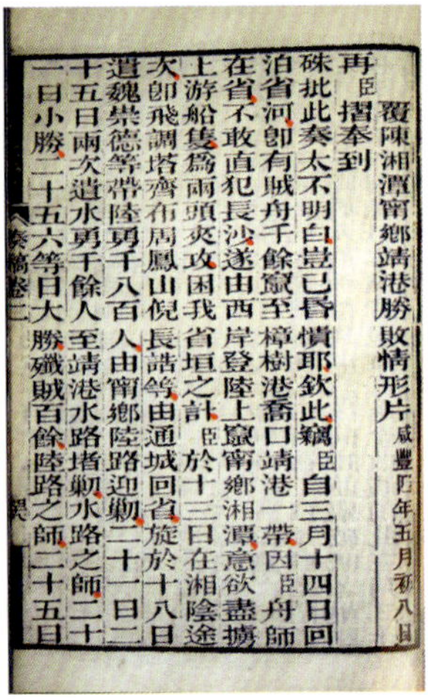

覆陳湘潭甯鄉靖港勝敗情形片 咸豐四年五月初八日
再 臣 摺奏到
硃批此奏太不明白豈已昏憒耶欽此竊 臣 自三月十四日回
泊省河即有賊舟千餘竄至樟樹港喬口靖港一帶因 臣 舟師
在省不敢直犯長沙遂由西岸登陸上竄甯鄉湘潭意欲盡擄
上游船隻為兩頭夾攻困我省垣之計 臣 於十三日在湘陰途
次即飛調塔齊布周鳳山倪長詰等由通城回省旋於十八日
遣魏崇德等帶陸勇千八百人由甯鄉陸路迎剿二十一日二
十五日兩次遣水勇千餘人至靖港水路堵剿水路之師二十
一日小勝二十五六等日大勝殲賊百餘陸路之師二十五日

奏稿卷二

1854年2月，太平军西征入湘，与湘军先后发生湘潭、靖港两次战役。靖港之役，太平军大败湘军，曾国藩曾投水自尽；湘潭之役，湘军则打败太平军。图为曾国藩的奏折。

1855年1月，太平军在江西湖口大败湘军水师，使曾国藩被困于江西不得转机。图为曾国藩（左二）惊闻湖口战败的失措之状。（画照）

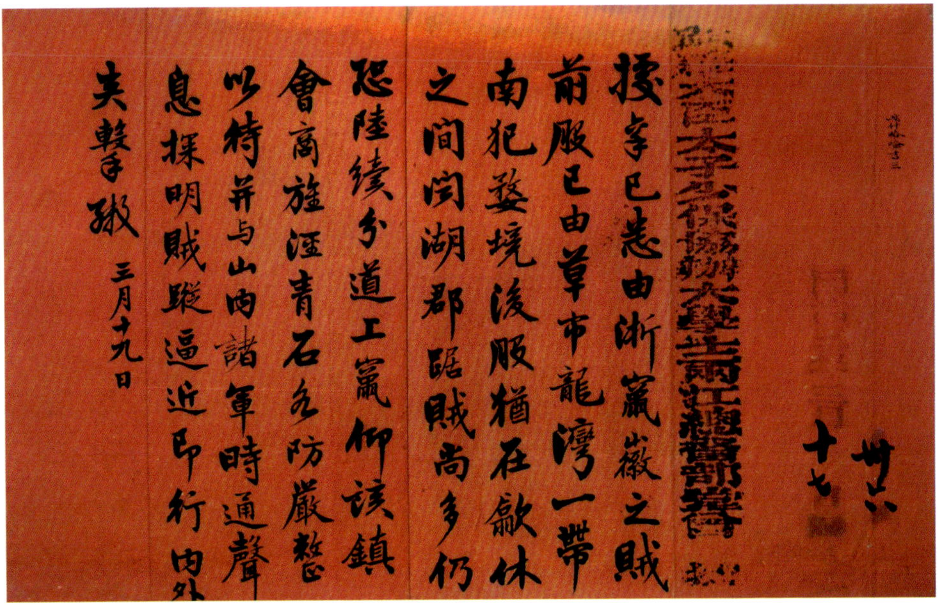

廿六 十七
太子少保協辦大學士兩江總督部堂
接寄已悉由浙竄徽之賊
前股已由草市龍灣一帶
南犯婺境後股猶在歙休
之間闕湖郡距賊尚多仍
恐陸續分道上竄仰該鎮
會商旌涇青石各防嚴整
以待並與山內諸軍時通聲
息探明賊蹤逼近即行內外
夾擊[illegible] 三月十九日

曾国藩关于战役布置的批札。

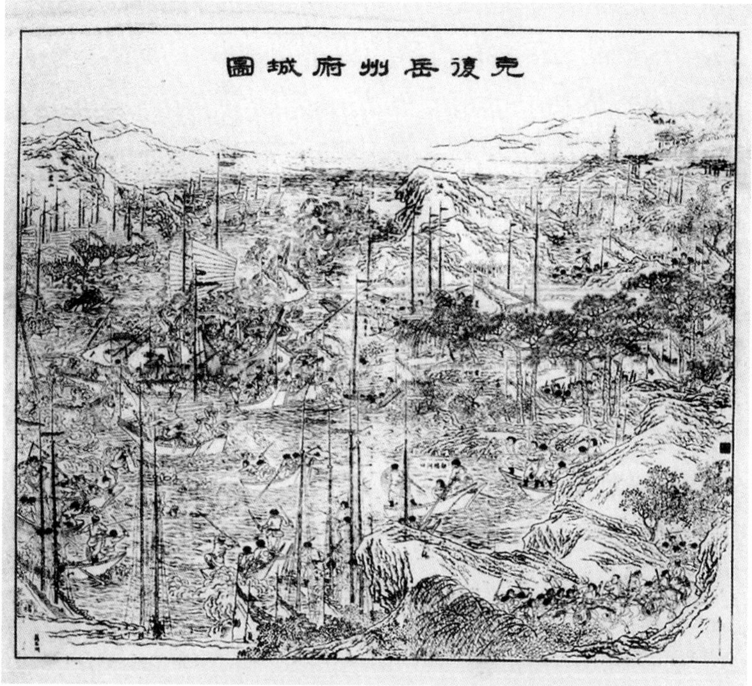

1854年7月25日，曾国藩率湘军与太平军在岳州大战，攻克岳州，图为时人所绘《克复岳州府城图》。

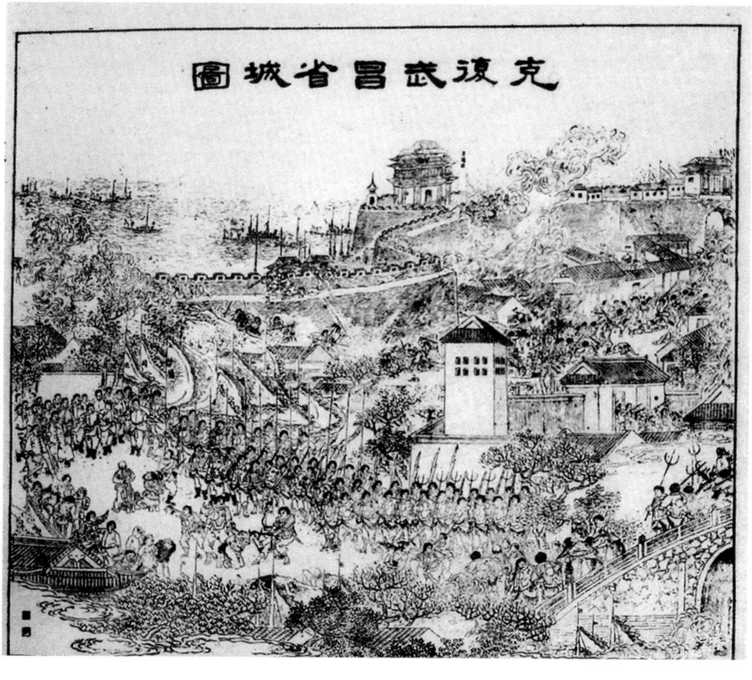

1854年10月，湘军攻克武昌及汉口、汉阳三镇。图为时人所绘《克复武昌省城图》。

二、“湘运之兴”

湘军的兴起和胜利提高了湖南的地位，以曾国藩、胡林翼、左宗棠为代表的一大批湘军将领进入清朝统治集团，担任朝廷的重要职务，时人称这一现象为“湘运之兴”，由此湖南名动一时，并最终影响了晚清的政治、经济、军事局势。

胡林翼（1812—1861）是湘军重要首领之一，并于1855年署湖北巡抚，给曾国藩在军事上、经济上以有力的支持。

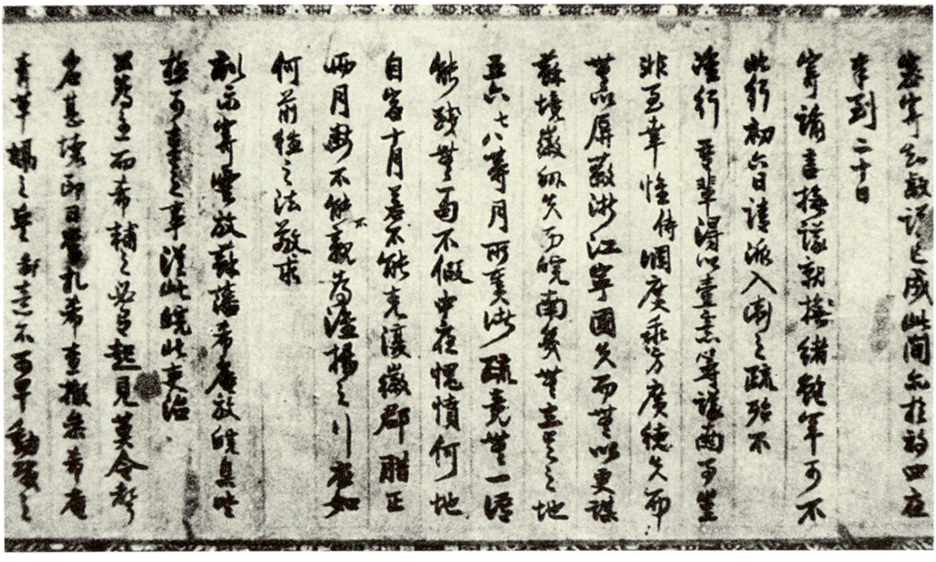

曾国藩在对太平军作战期间写给胡林翼的信。

咸丰五年（1855）湖南实行地丁、漕粮改革，减轻了地主和农民的负担，解决了财政收入问题，改善了湖南政治状况。《湘潭县志》光绪十五年（1889）刻本中对此有详细记载。

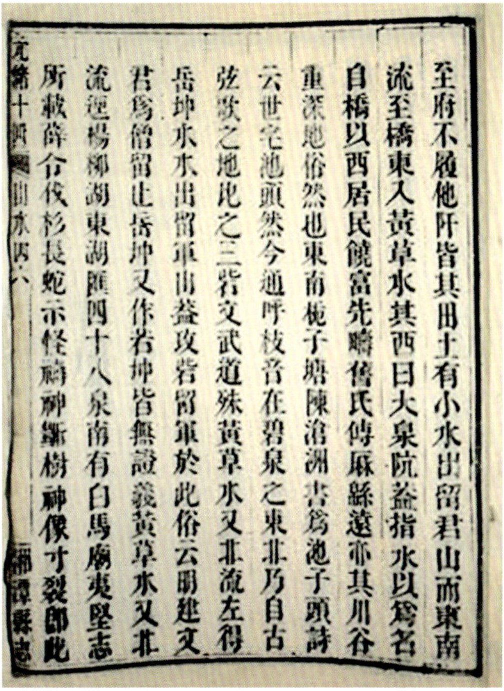

至府不履他阡皆其田土有小水出留君山而東南
流至橋東入黃草水其西曰大泉院益指水以為名
自橋以西居民饒富先疇舊氏傳麻縣遠命其川谷
重潔地俗然也東南梔子塘陳滄洲書為池子頭詩
云世宅池頭然今通呼枝音在碧泉之東北乃自古
弦歌之地也之三比若文武道殊黃草水又北流左得
岳坤水水出留軍山登攻砦留軍於此俗云朋趾交
君為留止砦坤又作若坤皆無證義黃草水又北
流迎楊柳湖東湖匯四十八泉南有白馬廟東堅志
所載薛介伐杉長蛇示怪祠神斷樹神像寸裂即此

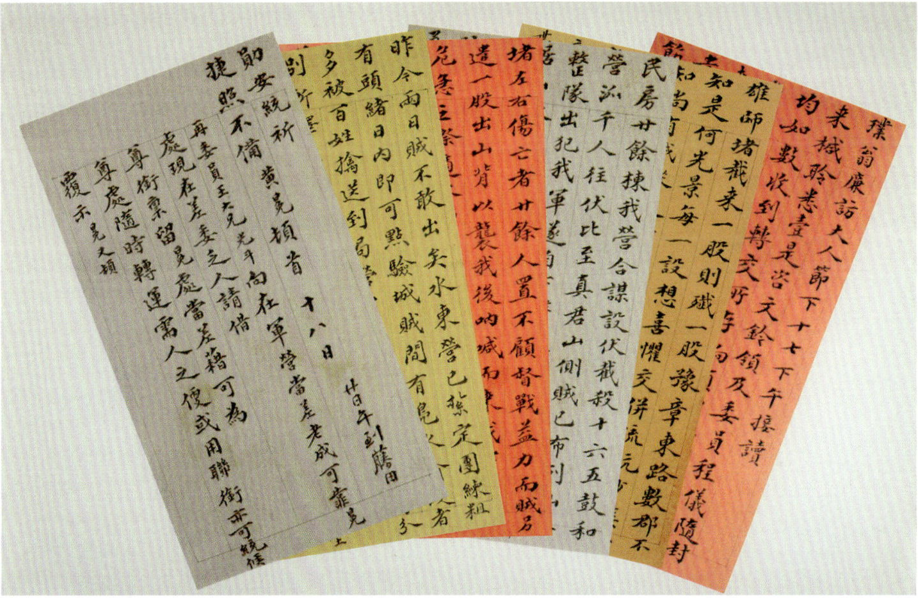

1855年黄冕在常德私设厘局， 5月在长沙设立厘金总局。 五年后黄冕又主持东征局，增抽厘金，专供曾国藩湘军，为湘军提供了有力的后勤保障。图为咸丰年间他写给王鑫的信中涉及厘金局的作用。

咸丰七年(1857)二月，曾国藩因父亲去世，从江西奔丧返家，在家乡筑思云馆。次年六月，他第二次出山重掌湘军。图为思云馆。

同治三年六月（1864年7月），湘军曾国荃部攻陷天京，镇压了轰轰烈烈的太平天国运动。图为时人所绘《克复金陵第一图》。

太平军水师与湘军水师在长江激战。（选自加入太平军的英国人哈利《太平天国革命亲历记》）。

湘军攻陷南京以后，清朝廷封曾国藩为一等毅勇侯。这是曾国藩家人在家乡修建的“毅勇侯第”。

“毅勇侯第”的藏书楼。

左宗棠（1812—1885）是湘军的主要首领之一，他在湖南巡抚幕中即给湘军以有力支持。1860年更是独募一军，号称楚军，转战浙江、福建、广东，围剿太平军。

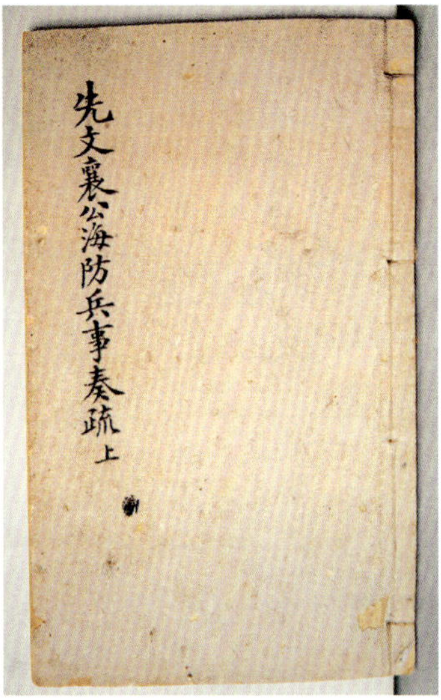

左宗棠在闽浙总督任上因关心海防兵事多次上奏朝廷的奏疏抄本。

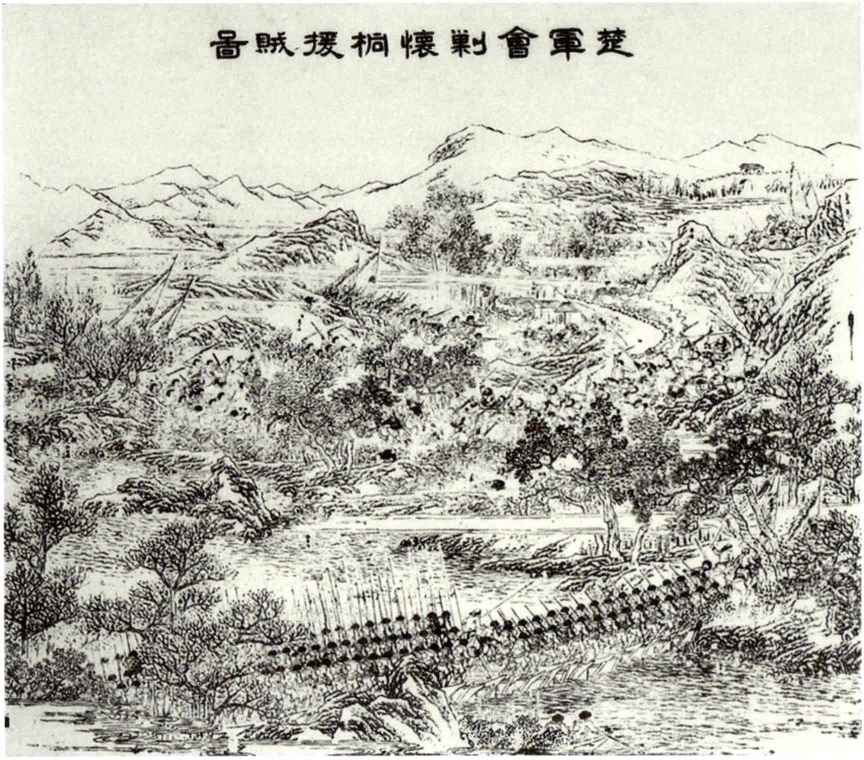

图为时人所绘《楚军会剿怀桐援贼图》。

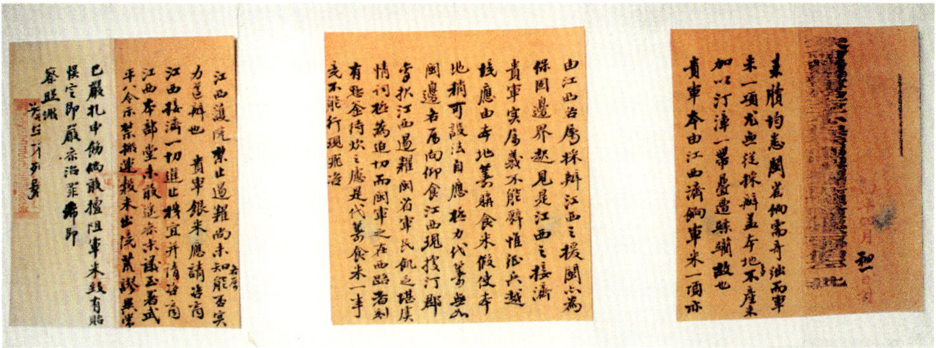

左宗棠后来在任陕甘总督时进军新疆，平定阿古柏匪帮，粉碎了英国和沙俄分裂中国的企图，成为中国近代史上湘军中最具代表性人物之一。图为左宗棠的批札。

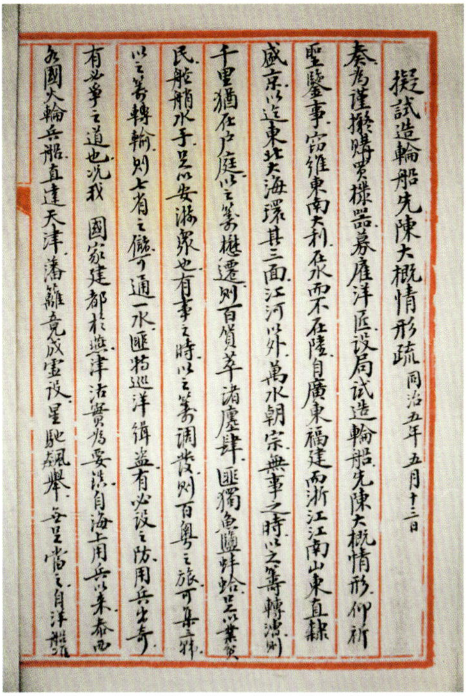

擬試造輪船先陳大概情形疏 同治五年五月十三日

奏為謹擬購買機器募雇洋匠設局試造輪船先陳大概情形仰祈
聖鑒事竊維東南大利在水而不在陸自廣東福建而浙江江南山東直隸
盛京以迄東北大海環其三面江河以外萬水朝宗無事之時以之籌轉漕則
千里猶在戶庭以之籌懋遷則百貨萃諸廛肆匪獨魚鹽蚌蛤足以業貧
民舵艄水手足以安游衆也有事之時以之籌調發則百粵之旅可集京師
以之籌轉輸則七省之儲可通一水匪特巡洋緝盜有必設之防用兵出奇
有必爭之道也況我 國家建都於燕津沽實為要隘自海上用兵以來泰西
各國火輪兵船直達天津藩籬竟成虛設星馳飆舉無足當之自洋船

时人誊录与左宗棠有关的《先文襄公海防兵事奏疏》首篇，提出了自造轮船的主张。

曾国荃（1824—1890）作为湘军的主要将领，历任湖北巡抚、山西巡抚、两广总督。光绪十年（1884年）任两江总督。

曾国藩部以外，湘军其他各部也在镇压太平天国起义和其他各地的农民起义中发挥了重要作用。湘军刘长佑部先入江西与太平军作战，后回湘追击石达开部，镇压两广天地会，后升直隶总督。

刘坤一早年随江忠源、刘长佑创建楚军，后率部转战湘、赣、桂与太平军作战，先后任江西巡抚、两广总督、两江总督。

刘锦棠率老湘军与捻军、回民起义军作战，后统领老湘军随左宗棠西征，收复新疆，新疆建省后担任首任巡抚。

魏光焘投身湘军后，先与太平军作战，后随左宗棠赴陕甘镇压回民起义。甲午战争爆发，参加海城、牛庄战役，重创日军，任陕西巡抚、陕甘总督。八国联军侵华，率兵勤王，后历任云贵、两江、闽浙总督。

刘典（中）是左宗棠麾下将领，任陕西巡抚，领军至新疆，于1879年逝于甘肃任内。

黄少春，原为太平军，后降清加入左宗棠部，任浙江提督、长江水师提督、福建陆路提督。庚子事变时曾率军勤王，在河北获鹿一带抵御八国联军。

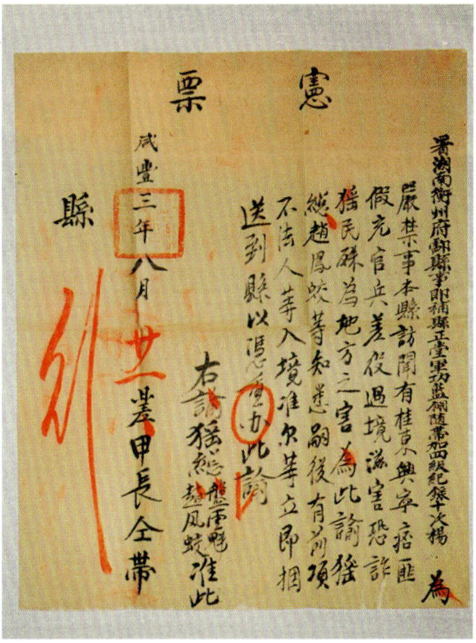

憲

票

署湖南衡州府酃縣事即補縣正堂軍功藍翎隨帶加四級紀錄十次楊 為

嚴禁事本縣訪聞有桂東興寧掐匪

假充官兵差役過境滋害恐詐

猺民殊為地方之害為此諭猺

總趙鳳蛟等知悉嗣後有前項

不法人等入境准爾等立即捆

送到縣以憑重辦此諭

右諭猺總趙鳳蛟 准此

咸豐三年八月廿二日

差甲長全帶

縣

咸丰三年（1853）八月衡州府酃县知县发出的关于剿匪的宪票。

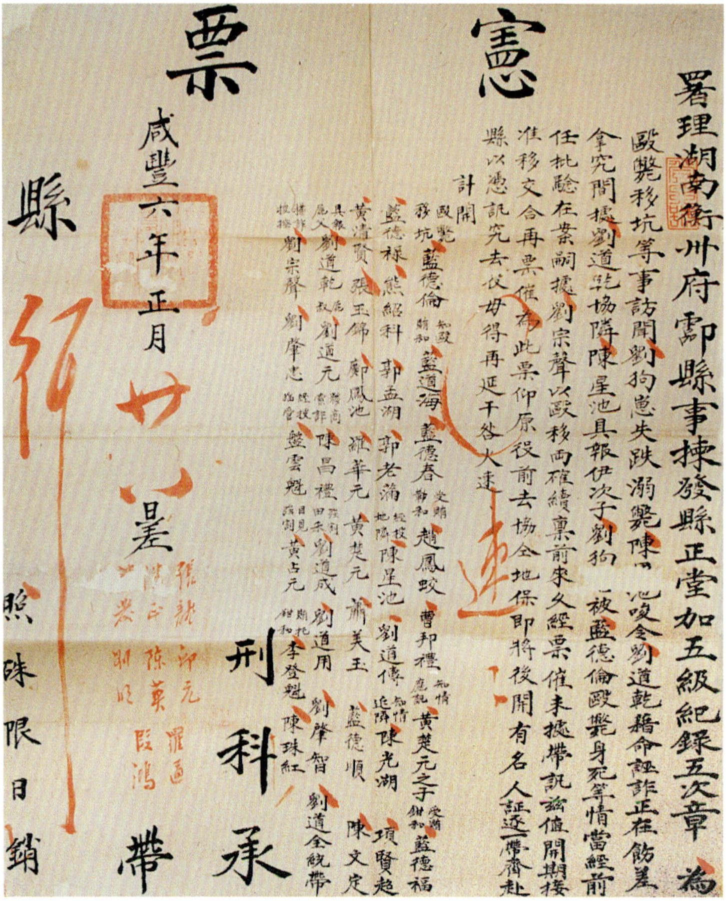
署理湖南衡州府酃縣事揀發縣正堂加五級紀錄五次章 為
毆斃移坑等事訪聞劉狗崽失跌溺斃陳星池唆令劉道乾藉命誣詐正在飭差
拿究間據劉道乾協鄰陳星池具報伊次子劉狗崽被藍德倫毆斃身死等情當經前
任批驗在案嗣據劉宗聲以毆移西碓續禀前來久經票催未據帶訊茲值開期接
准移文合再票催為此票仰原役前去協全地保即將後開有名人証逐一帶齎赴
縣以憑訊究去役毋得再延干咎 大速
計開
憲票
咸豐六年正月 廿 日差
刑科承
縣 行
照 硃 限 日 銷

咸丰六年（1856）正月酃县知县发出的处理农民殴毙地主的宪票。

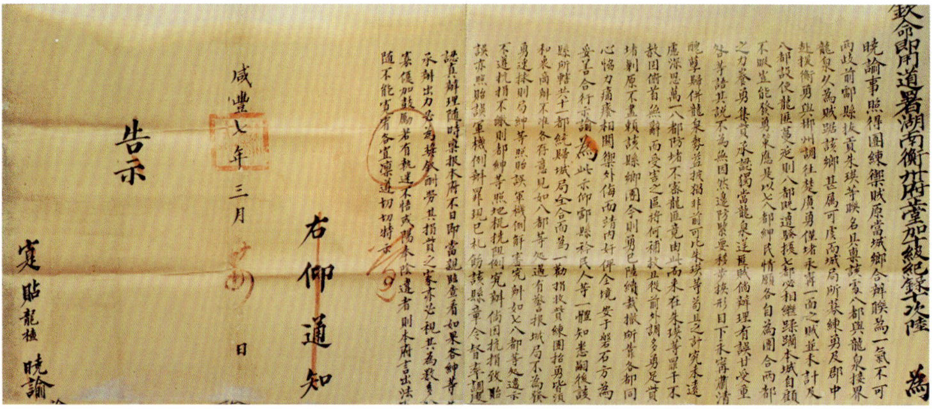
欽命即用道署湖南衡州府正堂加□級紀錄十次陸 為
曉諭事
告示
咸豐七年三月 日
右仰通知
實貼 曉諭

咸丰七年（1857）三月衡州府知府发出的关于加强城乡团练，抵御太平军的告示。

驻防省城长沙的湘军官兵。

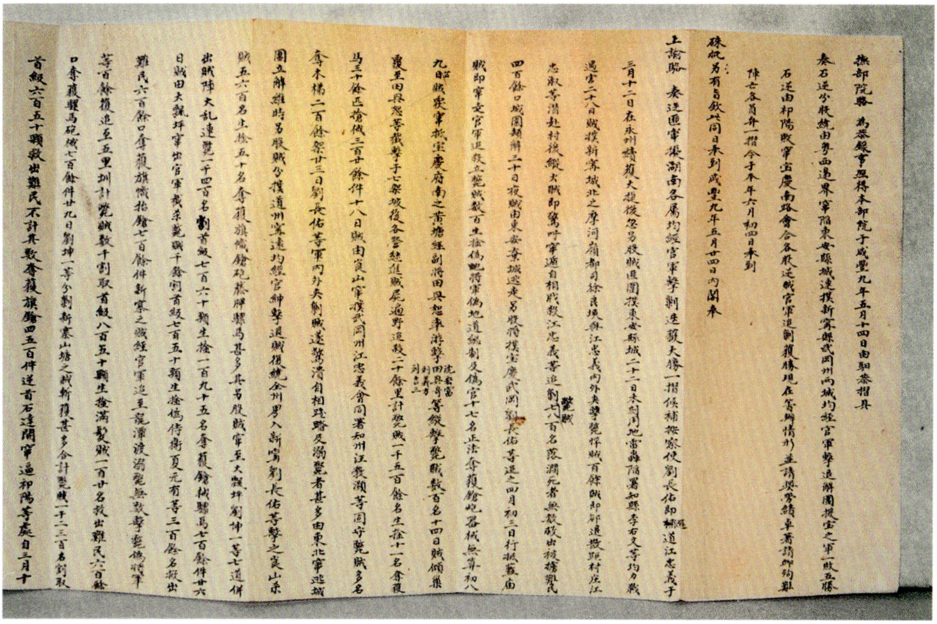

撫部院駱　為恭錄事照得本部院于咸豐九年五月十四日由驛恭摺具
奏石逆分股竄由粵西邊界窜陷東安縣城迭撲新寧縣武岡州兩城均經官軍擊退解圍援宝之軍一敗五勝
石逆由祁陽敗窜宝慶南路會合各股逆賊官軍追剿獲勝現在籌辦情形並請獎勞績卓著請卹殉難
陣亡各員弁一摺今于本年六月初四日奉到
硃批另有旨欽此同日奉到咸豐九年五月廿四日內閣奉
上諭駱　奏逆匪窜擾湖南各屬均經官軍擊剿迭獲大勝一摺候補按察使劉長佑即補道江忠義于
三月十二日在永州迭獲大捷後忽另股賊匪圍撲東安縣城二十二日未刻用地雷轟陷署知縣李右文等均力戰
遇害二十八日賊撲新寧城北之庫河衛都司徐良境與江忠義內外夾擊斃悍賊百餘賊即卻退撤距村莊江
忠淑等潛赴村後縱火賊即驚呼窜遁自相戕殺江忠義等追剿斃賊七八百名落淵死者無數救出被擄難民
四百餘口城圍頓解二十日夜賊由東安棄城逃走另股猖撲宝慶武岡劉長佑等追之四月初三日行抵蔴甸
賊即窜走官軍追殺立斃賊數百生擒偽地將軍偽地道総制及偽官十七名正法奪獲鎗炮器械無算初八
九日賊聚窜抵宝慶府南之黃塘經副將田興恕率游擊田興奇等縱擊斃賊數百名十四日賊傾巢
復至田興恕等截擊于七架坡後各營總進賊屍遍野追殺二十餘里計斃賊一千五百餘名生擒十一名奪獲
馬三十餘匹槍械三百廿餘件十八日賊由崀山窜撲武岡州江忠義會同署知州江積源等固守斃賊多名
奪木梯二百餘架廿三日劉長佑等軍內外夾剿賊遂驚潰自相踐踏及溺斃者甚多由東北窜逃城
圍立解維時另股賊分撲道州寧遠均經官紳擊退賊復竄全州界入新寧劉長佑等擊之崀山斃
賊五六百名生擒五十名奪獲旗幟鎗砲騾馬甚多其另股賊窜至大鼓坪劉坤一等七道併
出賊陣大亂連斃一千四百名割首級七百六十顆生擒一百九十五名奪獲鎗械騾馬七百餘件廿六
日賊由大鼓坪窜出官軍截殺斃賊千餘割首級七百五十顆生擒偽侍衛夏元有等三百餘名救出
難民六百餘口奪獲旗幟槍砲七百餘件新寧之賊經官軍追至龍潭渡溺斃無數擊斃偽將軍
等百餘獲追至五里圳計斃賊數千割取首級八百五十顆生擒滿髮賊一百廿名救出難民六百餘
口奪獲騾馬砲械七百餘件廿九日劉坤一等分剿新寨山塘之賊斬獲甚多合計斃賊一千二三百名割取
首級六百五十顆救出難民不計其數奪獲旗鎗四五百件逆首石達開窜逼祁陽等處自三月十

咸丰九年（1859），骆秉章指挥湘军在取得宝庆决战胜利后的奏折。

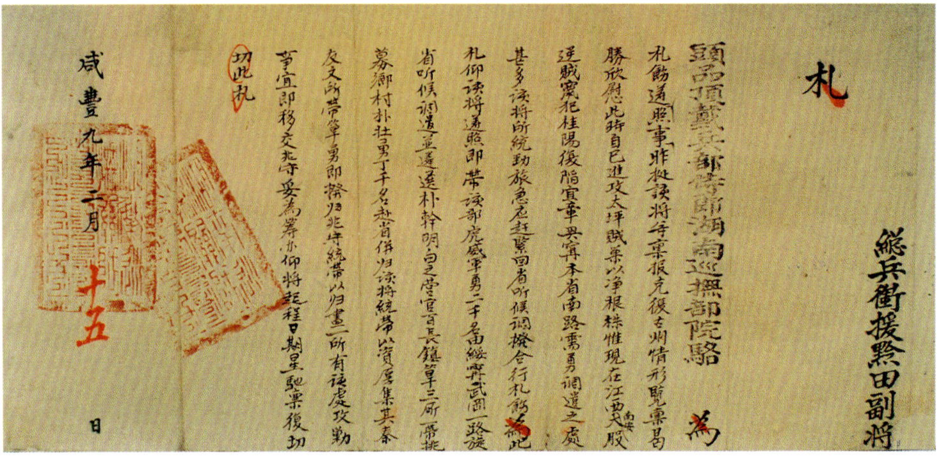
總兵銜援黔田副將

頭品頂戴兵部侍郎湖南巡撫部院駱　為

札

切切此札

咸豐九年二月十五日

咸丰九年（1859）太平军石达开部退出湖南后，骆秉章即命时为副将的田兴恕率所部湘军进援贵州，镇压苗民起义。图为田兴恕给骆秉章的手札。

田心恕先后任贵州提督、巡抚，后因“开州教案”处死法国传教士被革职发配新疆。

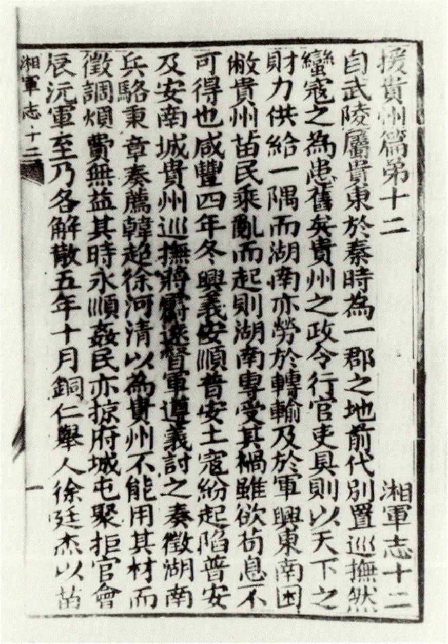
湘軍志十二

援貴州篇第十二

自武陵屬黔東於秦時為一郡之地前代別置巡撫然蠻寇之為患舊矣貴州之政令行官吏具則以天下之財力供給一隅而湖南亦勞於轉輸及於軍興東南困敝貴州苗民乘亂而起則湖南專受其禍雖欲苟息不可得也咸豐四年冬興義安順普安土寇紛起陷普安及安南城貴州巡撫蔣霨遠督軍遵義討之奏徵湖南兵駱秉章奏薦韓超徐河清以為貴州不能用其材而徵調煩費無益其時永順姦民亦掠府城屯聚拒官會辰沅軍至乃各解散五年十月銅仁舉人徐廷杰以苗

湘軍志十二

太平天国革命失败后，清廷派湘军大举入黔，镇压苗民起义。图为《湘军志》中的《援贵州篇》。

第四节 19 世纪下半叶的湖南社会

湘军兴起后，湖南士绅势力获得极大发展，并以守旧、排外闻名中外。直至 19 世纪末，湖南尚未开辟通商口岸，社会经济基本上按传统社会轨迹继续运行，传统手工业和商业继续发展，行会组织进一步恢复和发展，构成了 19 世纪后期湖南社会经济封闭落后的状况。以书院为特色的教育和文化事业得到快速发展，洋务思潮在有识之士中进一步兴起，但在湖南遇到极大的阻力。在此时期，外国资本主义进一步扩大了在中国的特权，加紧了对中国的宗教和文化侵略。湖南对外来侵略表现出顽强的抵抗力，形成了连绵于 19 世纪后期湖南人民以反洋教为主的爱国斗争热潮。

一、绅权势力的加强

绅权势力在近代中国迅速发展，因湘军的兴起，湖南的士绅势力尤甚。士绅与官僚相互依托，又相互掣肘，以守旧和封闭而闻名，影响了湖南乃至近代中国的政治格局。

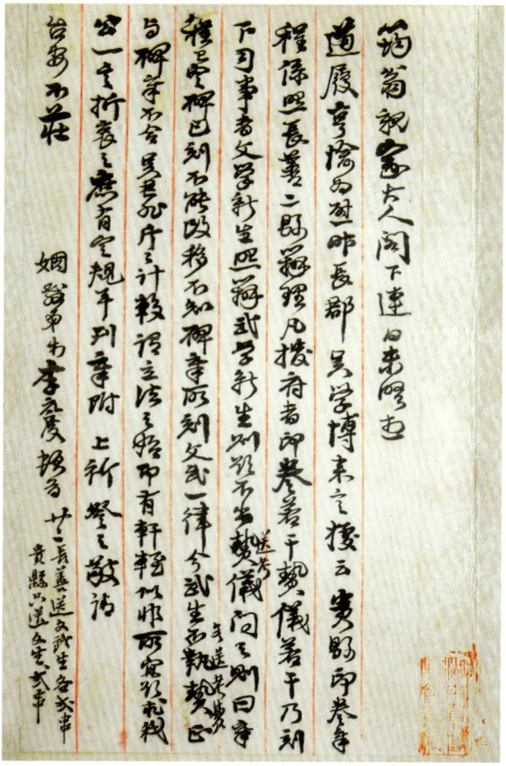

湘军将领李元度革职回籍后，在他写给郭嵩焘的书信中可以看出来，仍权倾一时，控制着地方财政。

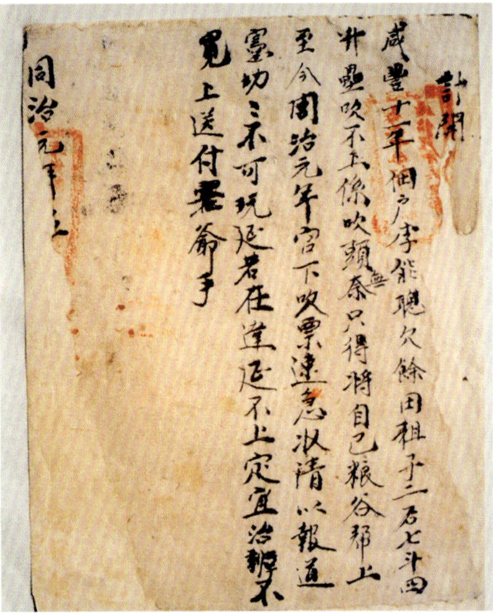

太平天国战争期间，湖南的统治阶级发展了他们在农村的统治秩序。图为清同治元年（1862）地主迫佃户李龙陪交租的催票。

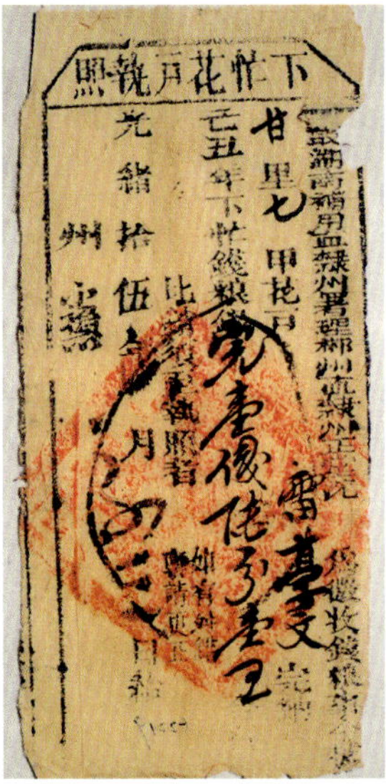

清政府向农民征收的包括正额田赋和折耗浮收，有时浮收占正额的50%还多，大大加重了农民的负担。图为清光绪十五年（1889）郴州直隶州知州给花户雷亭文的下忙钱粮征收凭证。

光绪十六年（1890）永兴县衙给花户裕信言上忙地丁正耗银的执照。

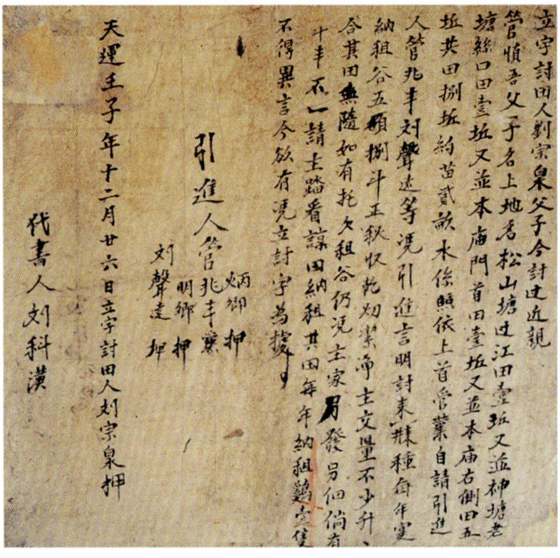

失地的农民沦为佃户，承担超额地租，地主对佃农还可随时夺佃。图为清同治四年（1865）佃户刘宗泉父子与地主管慎吾签订的佃约。

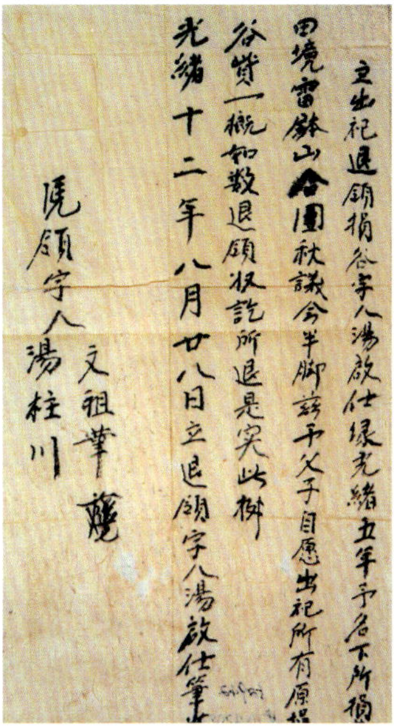
立出祀退領捐谷字人湯啟仕緣光緒五年予名下所捐
田境雷鉢山合圍秋議谷半脚兹予父子自愿出祀所有原捐
谷貲一概如數退領收訖所退是实此据
光緒十二年八月廿八日立退領字人湯啟仕筆
凭領字人湯柱川
文祖筆麓

农民还要承受地方、乡里一些额外的负担。图为农民汤启仕退领原交祭祀捐谷的凭证。

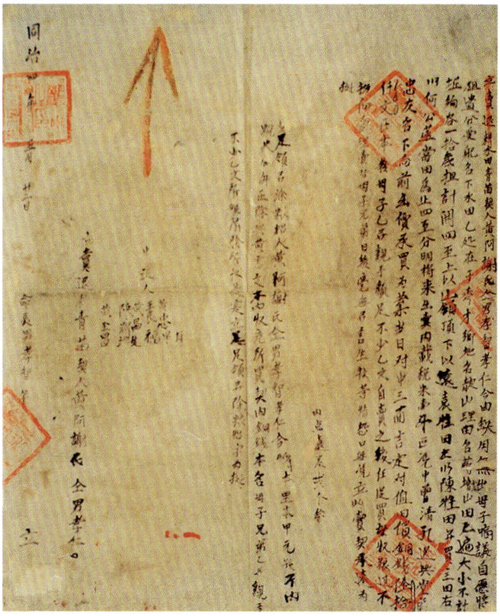

同治四年（1865）五月，贫苦农民黄阿谢因生活所迫出卖青苗的契据。

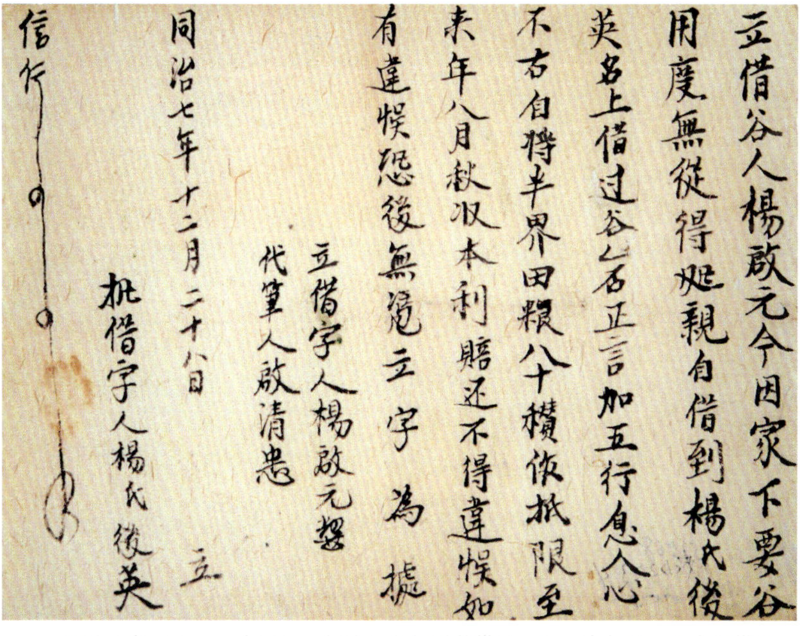
立借谷人楊啟元今因家下要谷
用度無從得處親自借到楊氏後
英名上借过谷乙石正言加五行息入心
不古自將手界田粮八十積依抵限至
来年八月秋收本利賠还不得違悮如
有違悮恐後無憑立字為據
立借字人楊啟元
代筆人啟清忠
同治七年十二月二十八日 立
批借字人楊氏後英
信行

同治七年（1868）十二月，杨启元向杨后英借谷一石，来年还一石半的借据。

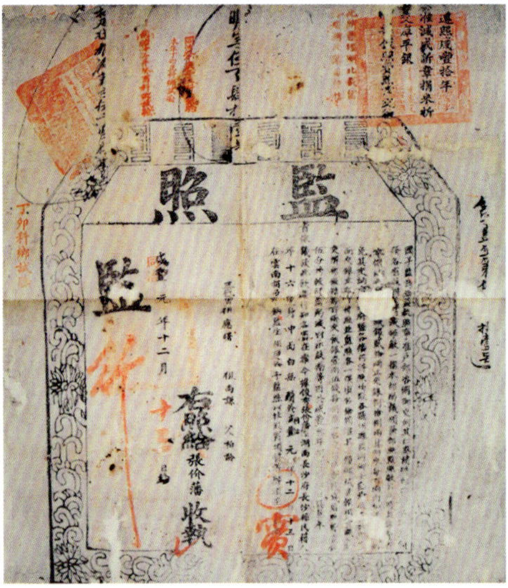

清朝政府为筹集镇压农民起义的巨额军饷，举办各种捐输。图为同治年间收取长沙张价藩捐款后发给的监生执照。

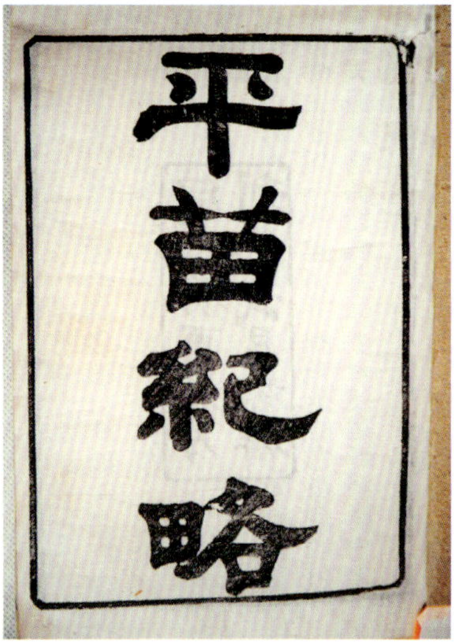

湖南当局还用重兵镇压湘西、贵东的苗民起义，同治十二年（1873）修订的《平苗纪略》中记述了这一过程。

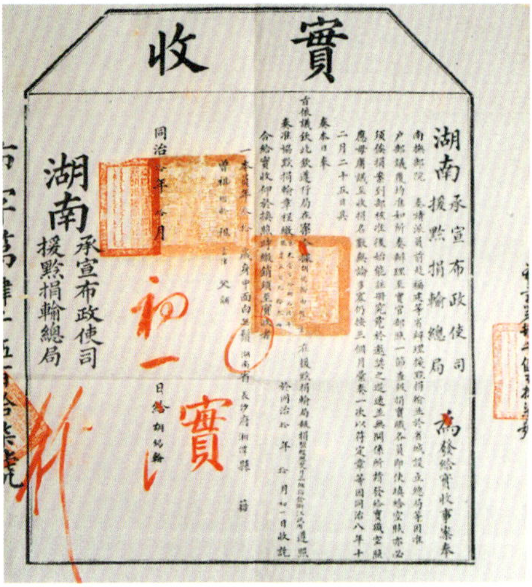

湖南援黔捐输总局的户部捐官执照。

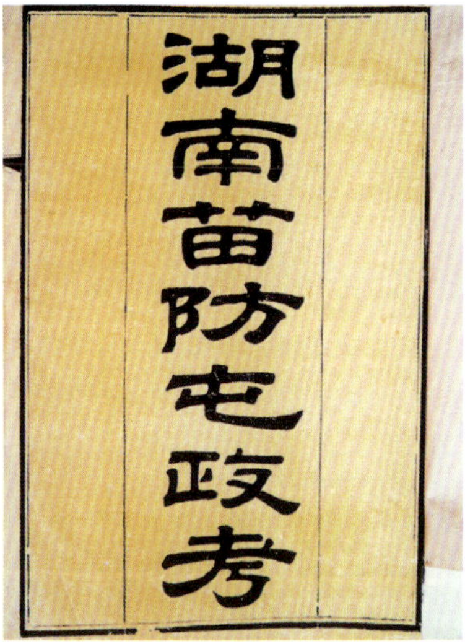

为便于对苗民进行统治，湖南当局设立屯务处，将苗民进行集中管理。图为清光绪十年（1884）修订的《湖南苗防屯政考》。其中所记载的“苗防屯政”和“屯租”政策即是套在苗民身上的百年枷锁。

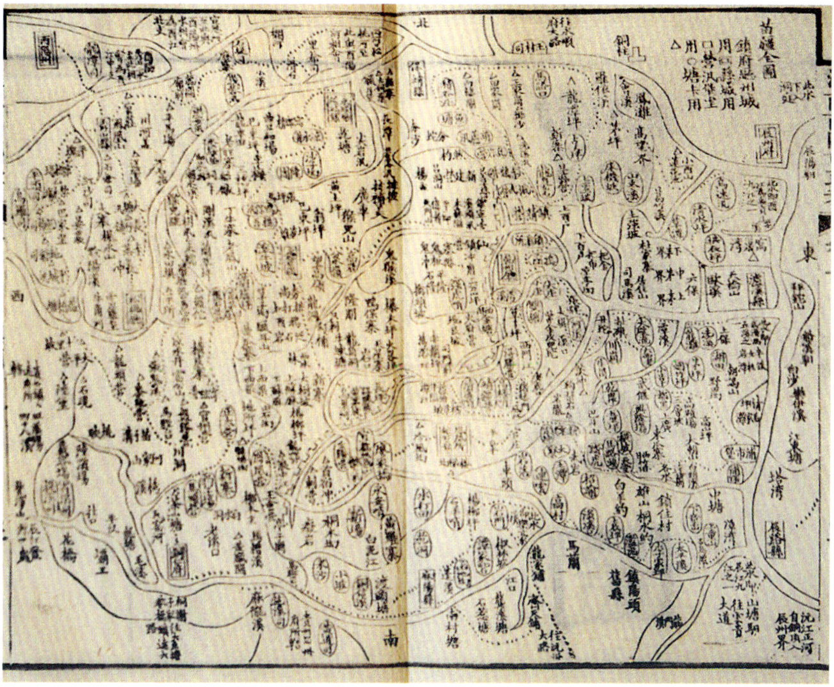

《湖南苗防屯政考》中“苗疆全图”，包括湘西及贵东。

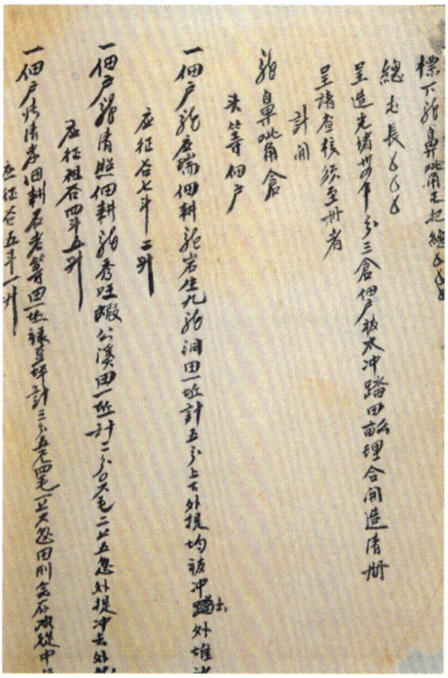
呈請查核須至冊者
計開

湖南屯务处在苗疆的收租簿。

光绪十八年（1892），吴大澂升任湖南巡抚。甲午战争爆发后，吴大澂自请率湘军出战。光绪二十一年（1895）吴大澂率湘军出关，会诸军规复海城。

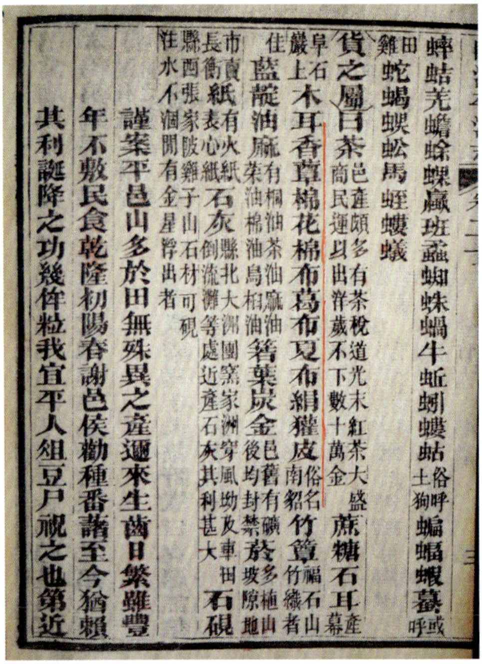

蚱蜢羌蟷蜍蝶蠃斑蝥蜘蛛蝸牛蚯蚓螻蛄（俗呼土狗）蝙蝠蝦蟆（或呼田雞）蛇蝎蜈蚣馬蛭蟢蟻

貨之屬曰茶（邑產頗多有茶稅道光末紅茶大盛商民運以出洋歲不下數十萬金）蔗糖石耳（產幕阜石巖上）木耳香蕈棉花棉布葛布夏布絹獾皮（俗名南貂）竹簟（福石山竹織者往往）藍靛油麻（有桐油茶油麻油菜油棉油烏桕油）箬葉炭金（邑舊有礦後均封禁）菸（多植山坡隙地）紙（市貢長衡有火紙表心紙）石灰（縣北大洲團窯家洲穿風坳及車田倒流灘等處近產石灰其利甚大）石硯（縣西張家陂雞子山石材可硯注水不涸間有金星脊出者）

謹案平邑山多於田無殊異之產邇來生齒日繁雖豐年不敷民食乾隆初陽春謝邑侯勸種番藷至今猶賴其利誕降之功幾侔粒我宜平人俎豆尸祝之也第近

第二次鸦片战争后，由于国际市场需要，湖南茶业在 19 世纪 60 至 90 年代经历了一段发达的勃兴期，红茶是主要出口产品。《平江县志》中记述了作为红茶主产区平江的情形。

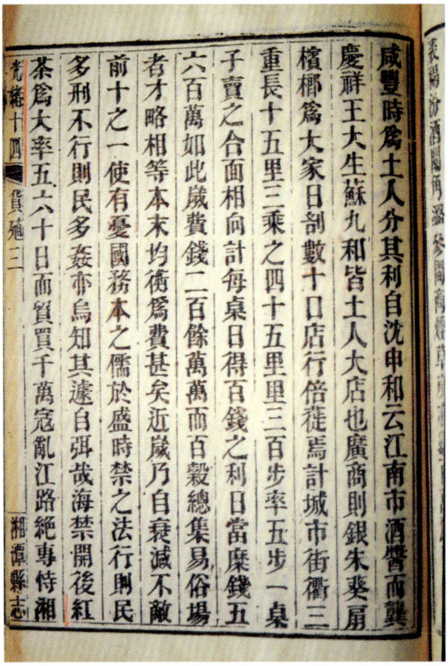

咸豐時爲土人分其利自沈申和云江南市酒醬而嬰慶祥王大生蘇九和皆土人大店也廣商則銀朱葵扇檳榔爲大家日剖數十口店行倍蓰焉計城市街衢三重長十五里三乘之四十五里里三百步率五步一桌子賣之合面相向計每桌日得百錢之利日當糜錢五六百萬如此歲費錢二百餘萬萬而百穀總集易俗場者才略相等本末均衡爲費甚矣近歲乃自衰減不敵前十之一使有憂國務本之儒於盛時禁之法行則民多刑不行則民多姦亦烏知其遽自弭哉海禁開後紅茶爲大宰五六十日而貿買千萬寇亂江路絕專恃湘

光緒十四 貨殖三 湘潭縣志

湘潭也是红茶主产区之一。

这一时期外国资本主义对湖南的商品输出远逊于沿海各省，但仍有一部分外国商品通过各开放通商口岸转口而来。

二、西方教会势力的渗透

第二次鸦片战争以后，西方宗教势力在湖南得到前所未有的发展。西方教会在传播宗教与西方文明的同时，还纵容教徒为非作歹，强占土地，干预地方行政事务，湖南各地各阶层反洋教斗争因此日趋激烈，在全国产生了重要影响。

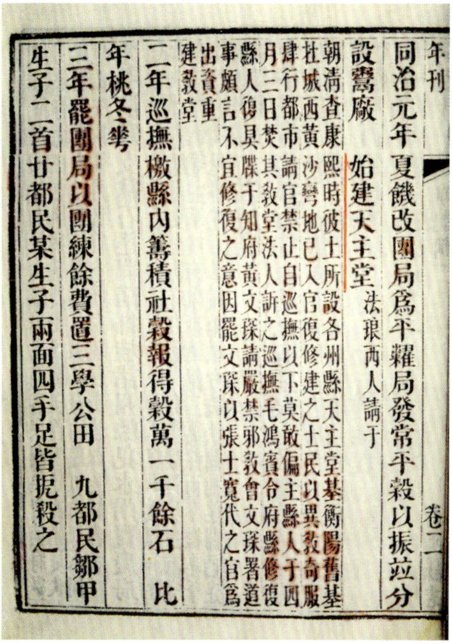
年刊 卷二

同治元年夏饑改團局爲平糴局發常平穀以振竝分設鬻廠 始建天主堂法琅西人請于朝淸査康熙時彼土所設各州縣天主堂基衡陽舊基在城西黄沙灣地已入官復修建之士民以異教奇服肆行都市請官禁止自巡撫以下莫敢偏主縣人于四月三日焚其教堂法人訴之巡撫毛鴻賓令府縣修復縣人役具牒于知府黄文琛請嚴禁邪教會文琛署道事頗言不宜修復之意因罷文琛以張士寬代之官爲出資重建教堂

二年巡撫檄縣内籌積社穀報得穀萬一千餘石 比年桃冬華

三年罷團局以團練餘費置三學公田 九都民鄒甲生子二首廿都民某生子兩面四手足皆扼殺之

同治元年（1862），衡阳黄沙湾地方因“给还旧址”纠纷发生教案，结果“官为出资重建教堂”。此为《北京条约》签订后湖南重建的第一所教堂。

1856年，罗马教廷将湖南升为独立教区，1881年，湖南划分为南境和北境两个独立的教区，并在各地大建教堂，招人入教。图为沅陵天主教堂永生堂。

教会除建教堂外，还设有医院和育婴堂等机构。图为沅陵天主教医院。

长沙天主堂内景。

建于清光绪二十一年（1905）的长沙天主堂。

长沙天主堂宿舍。

这一期间湖南人民的反洋教斗争也日趋激烈。图为撰刊于19世纪60年代初并流传全国的著名反洋教宣传品《湖南阖省公檄》。

由宁乡人崔暕编撰于咸丰十一年（1861）的《辟邪纪实》，是另一件反洋教斗争的著名宣传品，其中所提出的一些主张，在当时产生了重要影响。

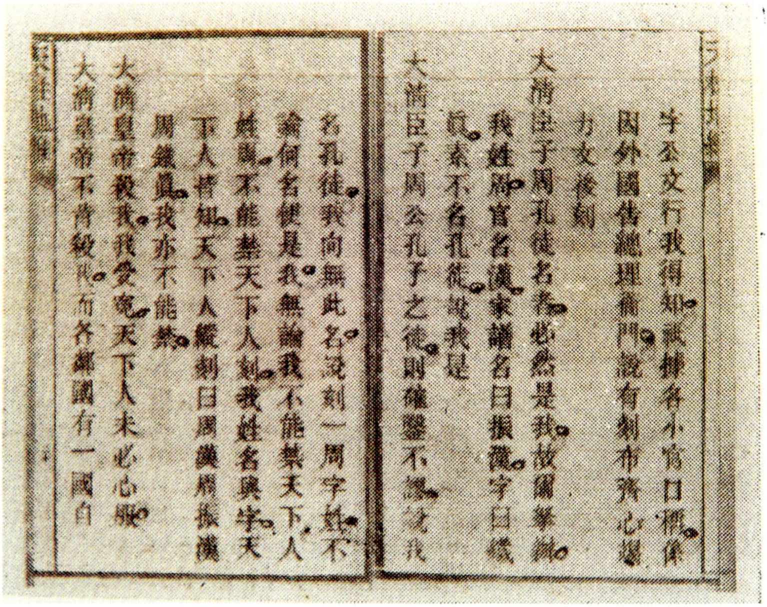

天柱地維

學公文行我得知此排各小官口稱係
因外國傳總理衙門說有制布齊心還
力文後刻
大清臣子周孔徒名各必然是我故爾筆伸
我姓周官名漢家譜名曰振漢字曰鐵
真素不名孔徒說我是
大清臣子周公孔子之徒則確鑿不誣說我

天柱地維

名孔徒我向無此名說刻一周字如不
論何名便是我無論我不能禁天下人
姓周不能禁天下人刻我姓名與字天
下人皆知天下人縱刻曰周漢稱振漢
周鐵真我亦不能禁
大清皇帝殺我我受冤天下人未必心服
大清皇帝不肯殺我而各鄰國有一國自

湖南各地反洋教斗争风起云涌，至19世纪90年代初，发生了震惊中外的周汉反洋教案。图为周汉被捕后的“供词”《天柱地维》，实为仍在坚持反洋教宣传。

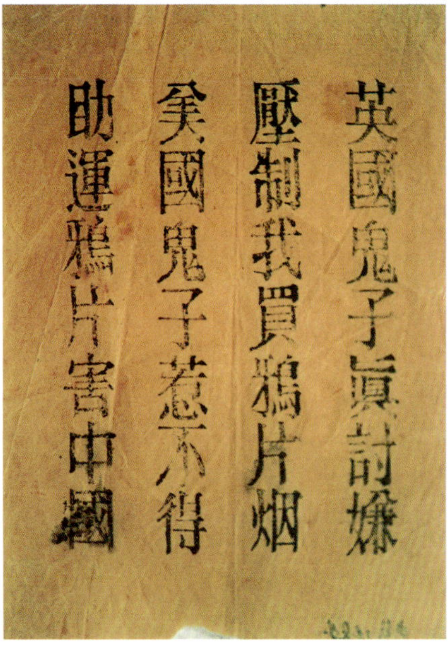

英國鬼子眞討嫌
壓制我買鴉片烟
美國鬼子惹不得
助運鴉片害中國

流行于长沙等地的反洋教宣传传单。

三、洋务思潮兴起与阻碍

湘军的兴起，不平等条约的签订，各种外来思潮的冲击，湖南的官僚及士绅阶层的民族意识与洋务思潮逐渐兴起，同时，全国闻名湖南的守旧势力也对洋务派进行攻击，极力阻扰各种洋务活动在湖南开展。

光绪二年（1876）郭嵩焘（1818—1891）作为中国第一任外交使节出使英国，其爱国意识和洋务思想颇具特色，产生了深远的影响。

1871年，王文韶（1830—1908）授湖南巡抚，在任积极为左宗棠进兵新疆筹集协款，1875年开办湖南机器局，是近代湖南最早的洋务企业。

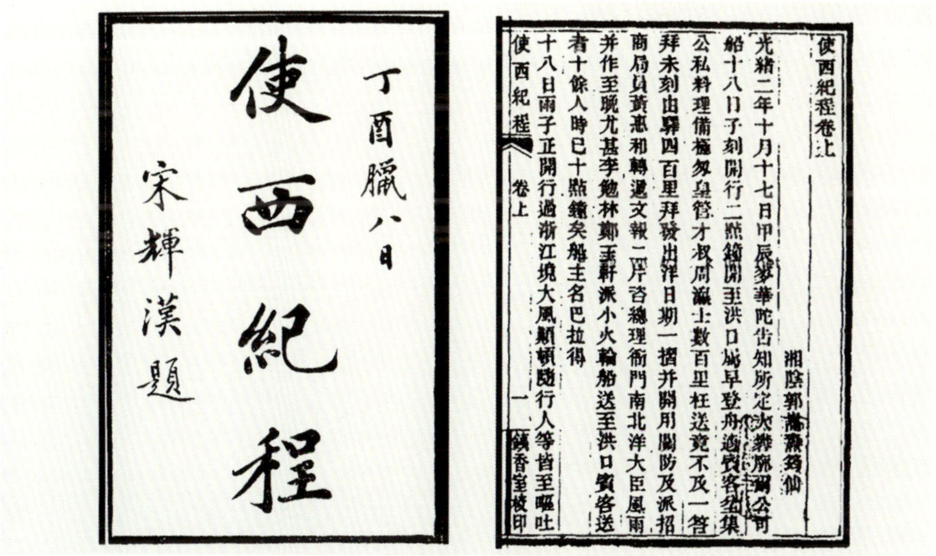

丁酉臘八日
使西紀程
宋輝漢題

使西紀程卷上
湘陰郭嵩燾筠仙
光緒二年十月十七日甲辰[illegible]告知所定[illegible]公司
船十八日子刻開行二點鐘開至洪口埠早登舟[illegible]客[illegible]集
公私料理備極匆皇管才叔周瀛士數百里枉送竟不及一答
拜未刻由驛四百里拜發出洋日期一摺并瞬用關防及派招
商局員黃惠和轉遞文報二片咨總理衙門南北洋大臣風雨
并作至晚尤甚李勉林鄭玉軒派小火輪船送至洪口賓客送
者十餘人時已十點鐘矣船主名巴拉得
十八日丙子正開行過浙江境大風顛頓隨行人等皆至嘔吐
使西紀程 卷上 一 鐵香室校印

1877年，郭嵩焘将记载出使西方的见闻和感想的日记寄回总理衙门，被编印成《使西纪程》一书，带动了洋务思潮的发展，却引起国内尤其是湖南守旧派的攻击与谩骂。

湖南守旧官绅对郭嵩焘出使西方极其反感，以焚烧郭嵩焘捐修的长沙上林寺来泄愤。此事在《郭嵩焘日记》中有详细记载。

曾国藩长子曾纪泽（1839—1890），作为继郭嵩焘之后的中国第二位驻外公使，出使英、法、俄共计八年，对国际局势有较多的了解，对中国丧失独立、积贫积弱的现状，其论文《中国先睡后醒论》有较清醒的认识。

湖南自光绪十六年（1890）奏准安设电线，次年由盛宣怀监督动工架线，但在澧州境内遇守旧士绅率群众阻扰，焚毁电杆和物料，致工程终止，直到1896年才又重新开工。此事在《盛宣怀日记》中有详细记载。

盛宣怀像。

四、文化教育的发展

湖南的学风在这一时期更加浓厚，各地的书院蓬勃发展，书院教学开始改革，步入近代教育的轨道。文风日趋鼎盛，名人辈出。湖湘学子以经世致用为处事原则，推崇王船山的爱国思想和开明的政治主张，探索强国富民的道路，对往后历史发展的不同时期，产生了积极的影响。

光绪七年（1881）郭嵩焘在长沙曾文正公祠（1914年后改为船山学社）开设思贤讲舍，后又联合一部分绅士成立禁烟公社，利用集会演讲，刊刻、散发《禁烟公社条规》，启发民智，促进了当时社会风气的开化和民众禁烟意识的增强。

思贤讲舍。

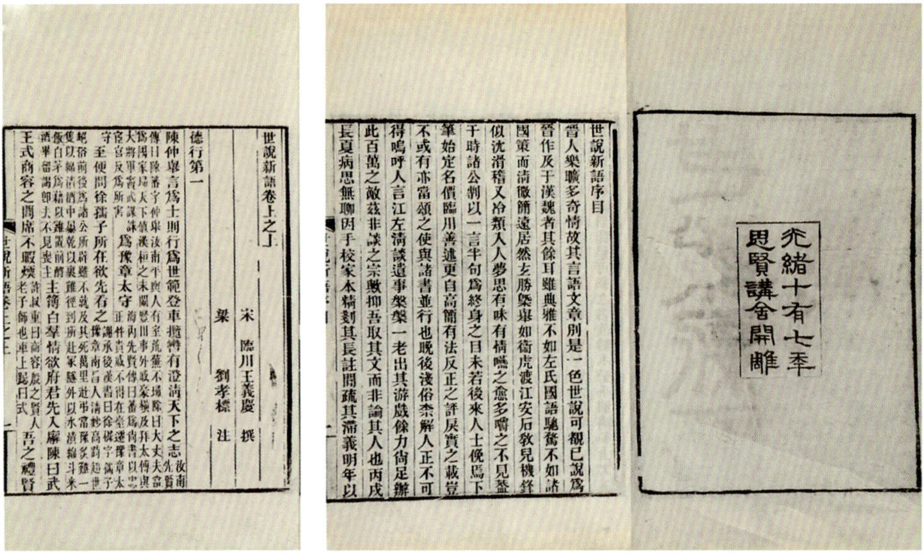

思贤讲舍刊定的课本《世说新语》。

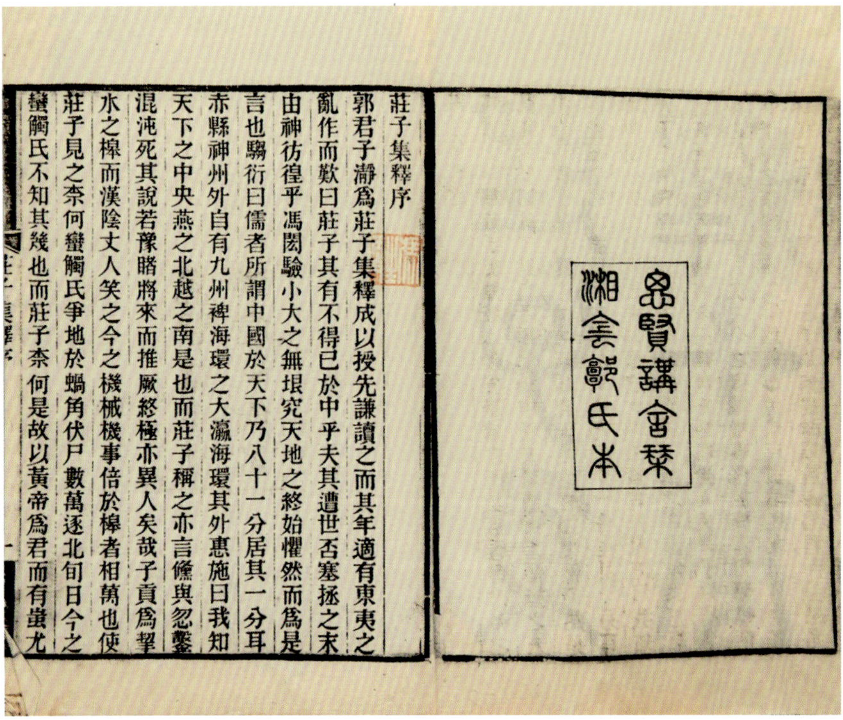

思贤讲舍刊定的课本《庄子集释》。

据光绪十一年（1885）《湖南通志》记载，其时湖南共有书院277所，居全国前列。益阳箴言书院始建于清咸丰三年(1853)，由胡林翼捐建。

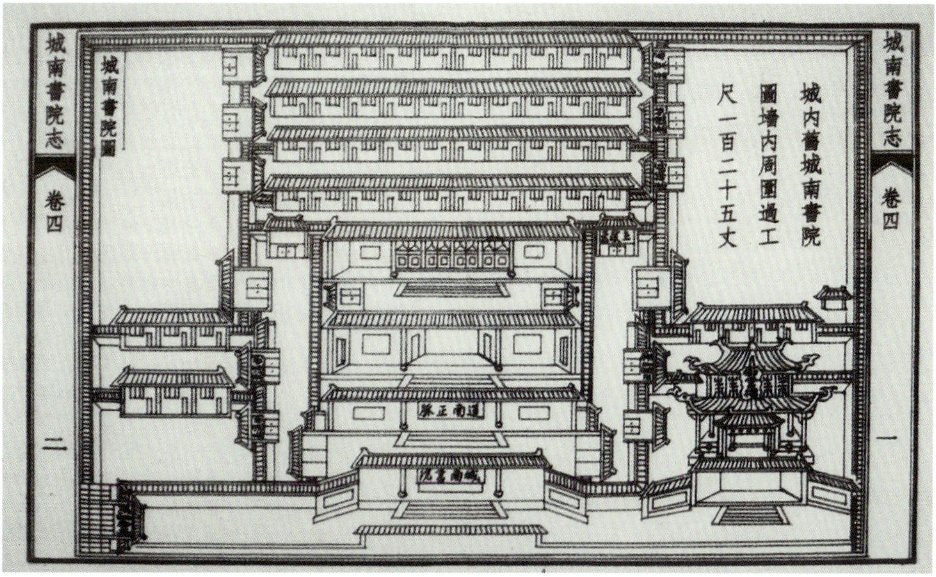

清晚期，“省城三大书院”之一城南书院，开始进入近代改革传统书院制度的轨道。此为《城南书院志》插图。

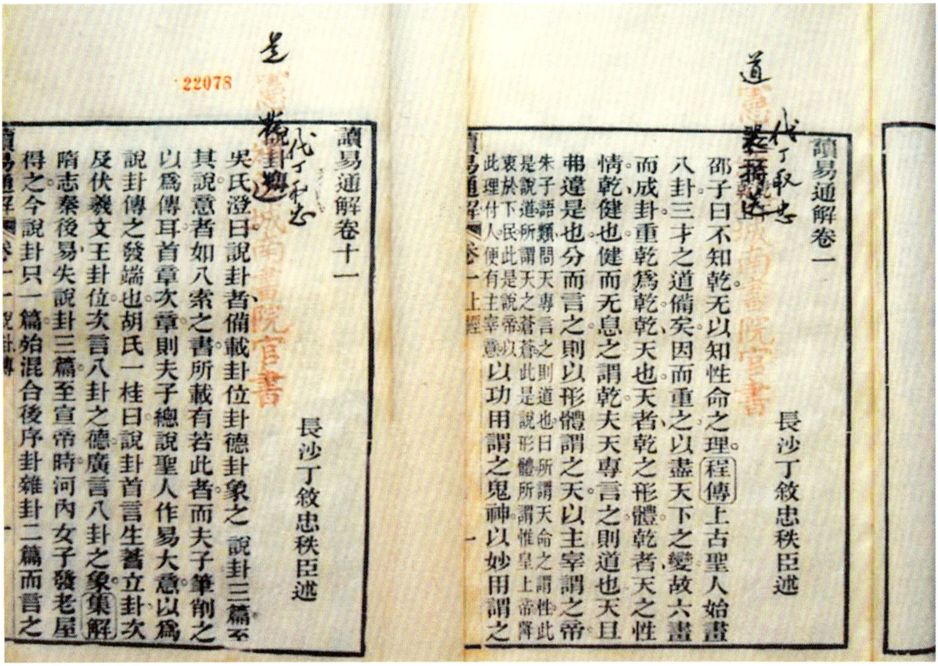

讀易通解卷一

長沙丁敘忠秩臣述

邵子曰不知乾无以知性命之理。程傳上古聖人始畫八卦三才之道備矣因而重之以盡天下之變故六畫而成卦重乾爲乾乾天也天者乾之形體乾者天之性情乾健也健而无息之謂乾夫天專言之則道也天且弗違是也分而言之則以形體謂之天以主宰謂之帝朱子語類問天專言之則道也曰所謂天命之謂性此是說道所謂天之蒼蒼此是說形體所謂惟皇上帝降衷於下民此是說帝以此理付人便有主宰意以功用謂之鬼神以妙用謂之

讀易通解卷一上經　一

讀易通解卷十一

長沙丁敘忠秩臣述

吳氏澄曰說卦者備載卦位卦德卦象之說卦三篇至其說意者如八索之書所載有若此者而夫子筆削之以爲傳耳首章次章則夫子總說聖人作易大意以爲說卦傳之發端也胡氏一桂曰說卦首言生蓍立卦次及伏羲文王卦位次言八卦之德廣言八卦之象集解隋志秦後易失說卦三篇至宣帝時河內女子發老屋得之今說卦只一篇始混合後序卦雜卦二篇而言之

城南书院的教科书《读易通解》。

岳阳金鹗书院建于光绪十一年（1885），后成为江南著名书院之一。

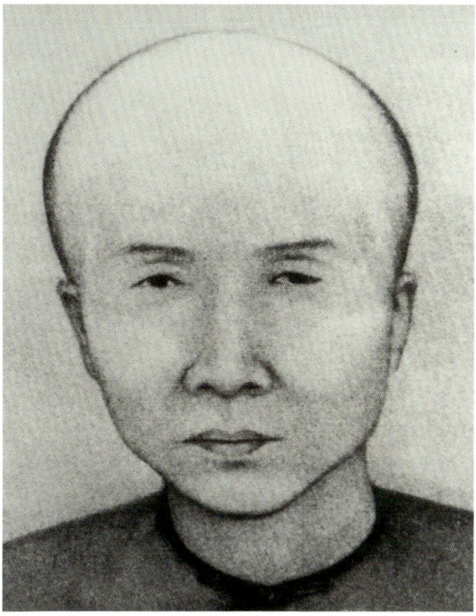

李元度像。

平江天岳书院始建于清康熙年间，同治六年（1867）由清末著名学者李元度（上）等捐资迁建现址，为湘北著名书院之一。

衡阳船山书院是清末湖南著名书院之一，光绪四年（1878）始建，七年后改建于东洲岛，并由彭玉麟亲聘王闿运任山长，书院声名日显，培养了大量有真才实学的人。

宁乡云山书院在县城西45公里之水云山下，清同治三年(1864)由刘典倡建。

湖南的文风在这一时期日趋繁盛，名人辈出。图为著名的金石书法家何绍基。

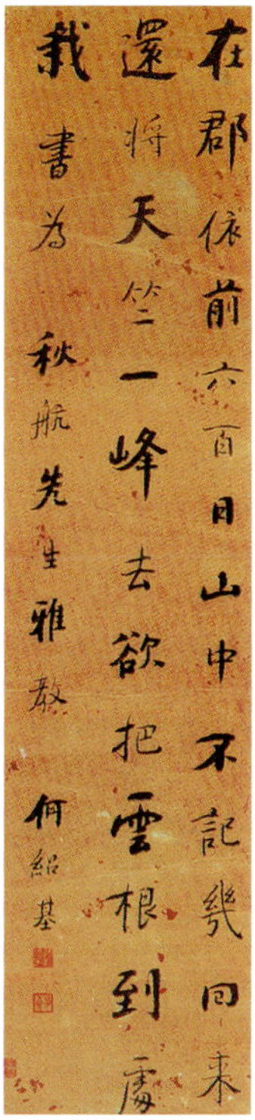

何绍基手书的行书七言诗。

何绍基弟何绍业绘山水图。

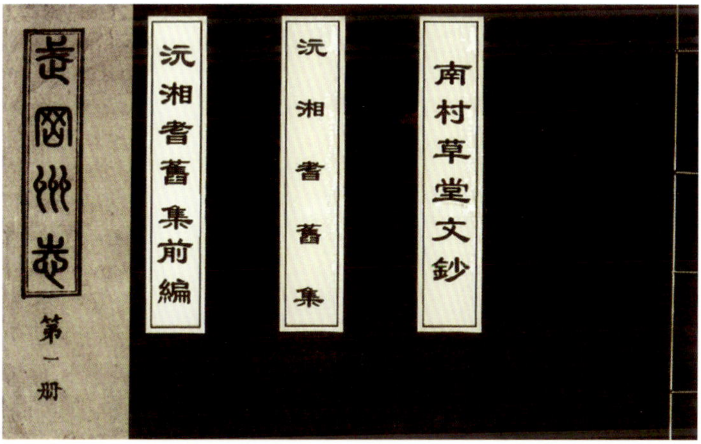

号称“楚南文献”的邓显鹤以纂著为事业三十年，凡所编著有《资江耆旧集》、《沅湘耆旧集》、《楚宝增辑考异》、《武冈州志》、《宝庆志》、《朱子五忠祠传略及续传》、《明季湖南殉节传略》，又《易述》、《毛诗表》、《南村草堂文钞》、《船山遗书》等共数百卷，影响很大。

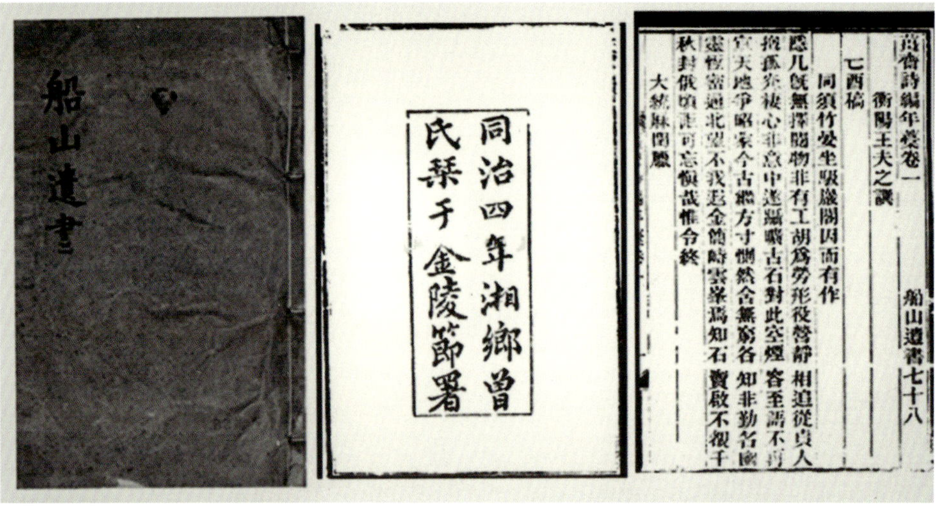

清末明初思想家王船山宏富的著述一直鲜为人知，同治初曾国荃、欧阳兆熊等刊布“金陵书局本”《船山遗书》，全书共62种、298卷，遂大行于世，表达了湖南官绅宣扬民族气节和维护封建礼教的强烈意愿。

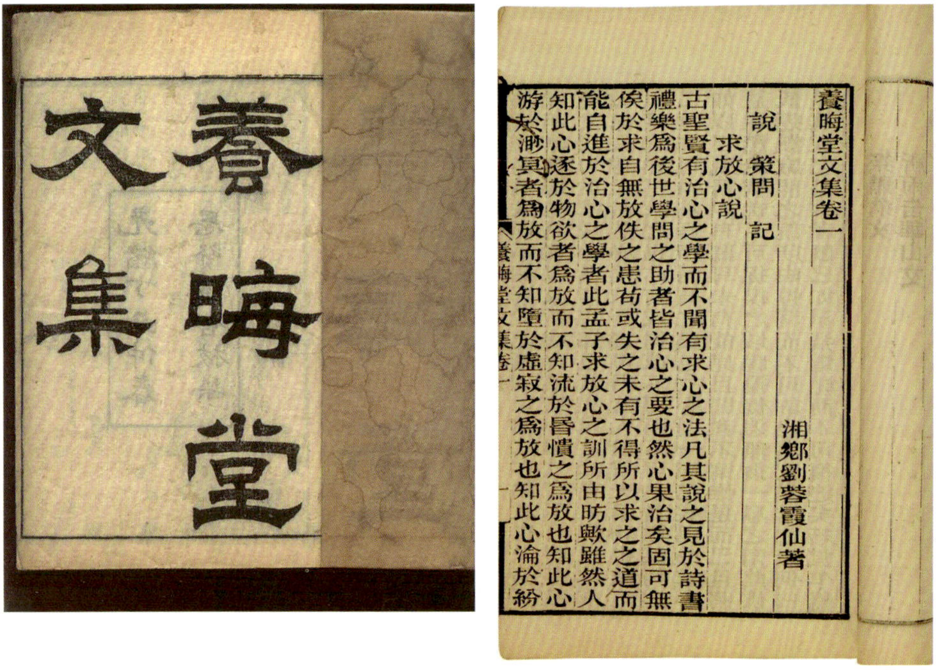

晚清著名桐城派古文家刘蓉，曾任陕西巡抚，革职回家后在家乡湘乡县设养晦堂授课，著书立说，编成《养晦堂文集》行世。

（清吴友如绘刘蓉画像）。

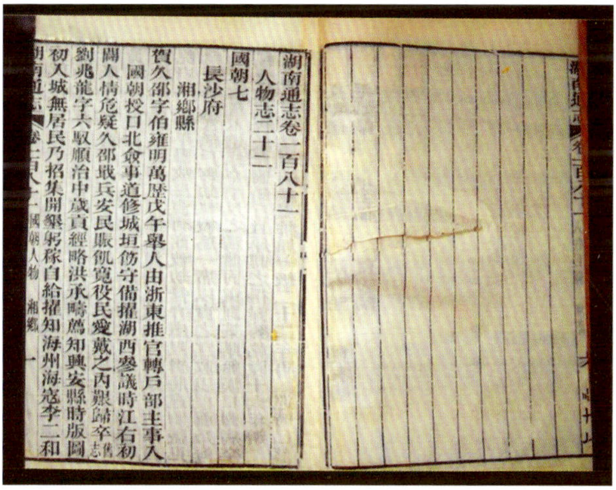
湖南通志卷一百八十二
人物志二十二
國朝七
長沙府
湘鄉縣
賀久郜字伯雍明萬歷戊午舉人由浙東推官轉戶部主事入
國朝授口北僉事道修城垣飭守備擢湖西參議時江右初
闢人情危疑久郜戢兵安民賑飢寬役民愛戴之內艱歸卒舊志
劉兆龍字六馭順治中歲貢經略洪承疇薦知興安縣時版圖
初入城無居民乃招集開墾捐祿自給擢知海州海寇李二和
湖南通志卷一百八十二　國朝人物　湘鄉　一

同治元年（1875）湖南巡抚李翰章倡修《湖南通志》，后由曾国荃、郭嵩焘等编纂，光绪十一年（1885）刊竟行世。该书分十五门三十四目，卷帙浩繁，资料宏富，约1200万字，是清末湖南一部内容最为丰富，最具参考价值的省志。

黄自元楷书对联。

黄自元。

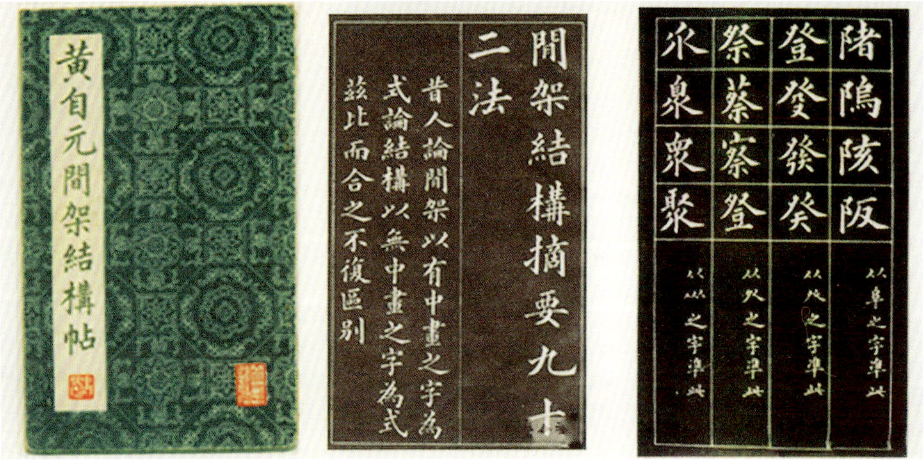

晚清著名书法家黄自元，清同治七年（1868）进士，晚年归隐长沙，主讲湘水校经堂及成德书院。著有《间架结构九十二法》流传于世。

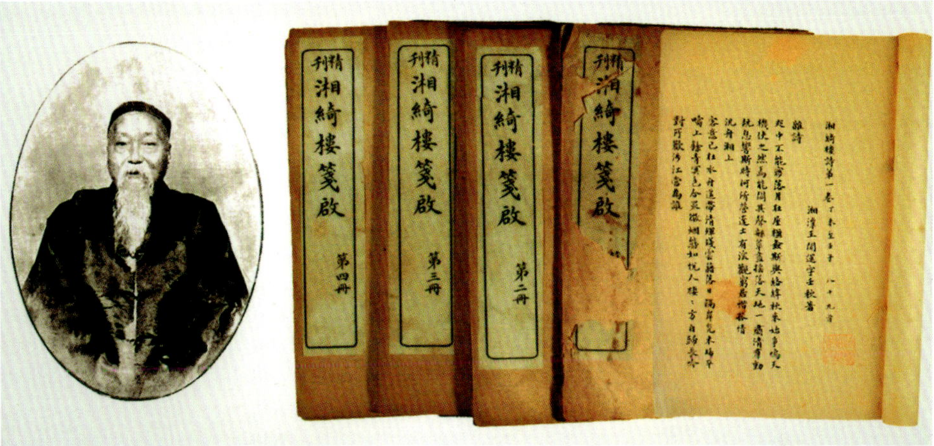

被誉为“经学大师”、“湘学泰斗”的王闿运为晚清书院教育作出较大贡献，其诗文为人称颂，门生弟子遍布天下。他著作颇丰，曾撰《湘军志》、《桂阳州志》、《东安县志》、《衡阳县志》、《湘潭县志》等，有《春秋公羊何氏笺》、《古今文尚书笺》、《湘绮楼日记》、《湘绮楼诗文集》、《湘绮楼联语》等数十种。门人辑其诗文为《湘绮楼全集》。

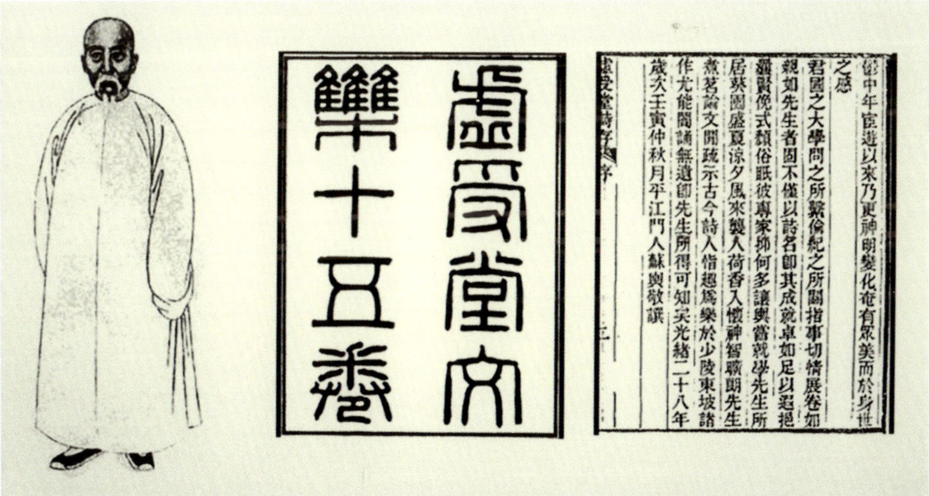

王先谦先后主讲思贤讲舍、城南书院、岳麓书院达27年之久，其博览古今图籍，研究各朝典章制度，治学重考据、校勘，汇集群言。校刻《皇清经解续编》，编有清《十朝东华录》、《续古文辞类纂》，著有《汉书补注》、《水经注合笺》、《后汉书集解》、《荀子集解》、《庄子集解》、《诗三家义集疏》等，并编有《虚受堂诗文集》。

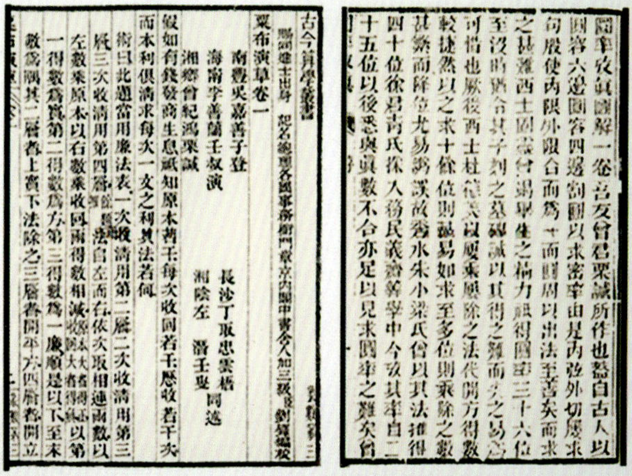

圓率攷真圖解一卷吾友曾君栗諴所作也蓋自古人以圓容六邊圓容四邊割圓以求密率由是內弦外切屢求句股使內限外限合而為一而圓周以出法至善矣而求之甚難西士[illegible]竭畢生之精力祇得圓率三十六位至沒時猶令其子刻之墓碑誠以其得之難而失之易為可惜也厥後西士杜德美以屢乘屢除之法代開方得數較捷然以之求十餘位則甚易如求至多位則乘除之數甚繁而降位尤易致誤故徐水朱小梁氏僅以其法推得四十位徐君青氏探入務民義齋算學中今攷其率自二十五位以後悉與真數不合亦足以見求圓率之難矣曾

古今算學叢書

賜進士出身記名總理各國事務衙門章京內閣中書加三級長沙劉鐸編校

粟布演草卷一

南豐吳嘉善子登　長沙丁取忠雲梧

海甯李善蘭壬叔演　湘陰左　潛壬叟　同述

湘鄉曾紀鴻栗諴

假如有錢發商生息祇知原本若干每次收回若干歷收若干次而本利俱清求每次一文之利其法若何

術曰此題當用廉法表一次收清用第二層二次收清用第三層三次收清用第四層（餘倣此）法自左而右依次取相連兩數以左數乘原本以右數乘收回兩得數相減（[illegible]）以第一得數為實第二得數為方第三得數為一廉順是以下至末數為隅其二層者上實下法除之三層者開平方四層者開立

曾纪鸿为曾国藩次子，是中国近代著名的数学家，潜心数学，自学成才，有《对数评解》、《圆率考真图解》、《粟布演草》等数学专著传世。

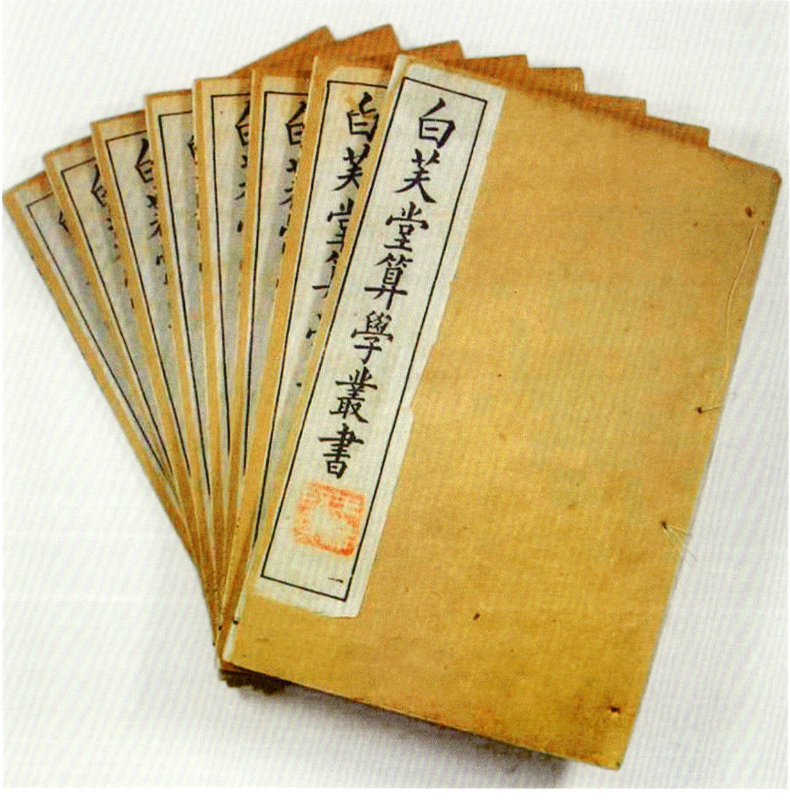

近代数学家丁取忠一生潜心数学，率弟子左潜、曾纪鸿、黄宗宪等在博览群书、刻苦钻研的基础上，于光绪元年（1875）编成《白芙堂算学丛书》32册，是当时一部集古今数学名著大成的数学丛书。

第七章　维新运动时期的湖南

（1894年至1904年）

在中国近代史上，湖南人作为晚清咸丰、同治年间一系列重大事件的重要参与力量，曾被湖南士人当做傲视他省士人的资本。然而，随之而来的湘军在甲午中日战争中全军覆灭的惨痛事实，却给傲慢自负的湖南士人当头棒喝，使他们震惊莫名，不得不从幻觉的破灭中警醒过来，重新审视自己在民族危机中的历史使命。

甲午战争以后，伴随中国资本主义经济艰难成长而走上社会政治舞台的中国资产阶级，将自己的政治要求与"救亡图存"的时代呼声紧密结合，推动了以变法维新为主要内容的改良运动，导致了中国社会政治、思想、文化的转变，翻开了近代中国政治革新的新篇章。经过重新自我审视的湖南士人，带着沉重的负罪感，在强烈震撼的刺激中迸发出新的更加强烈的进取心，投入到席卷全国的维新运动之中，使湖南迅速成为全国最具生气的区域。

湖南维新运动的蓬勃发展，有赖于以谭嗣同、唐才常为杰出代表的湖南维新志士的决心、意志和行动。他们以维新变法、救亡图存为己任，义无反顾地投身于维新运动之中，成为湖南维新运动的中坚力量，与熊希龄、皮锡瑞、毕永年等一起，形成了一个维新士人群体。以湖南巡抚陈宝箴、署按察使黄遵宪、学政江标及其继任者徐仁铸等为代表的湖南地方当局，对推动湖南维新运动的发展也起了十分重要的作用。

光绪二十四年八月（1898 年 9 月）北京政变的发生，使湖南新政被摧残殆尽。但是，湖南维新变法极大地影响了湖南人的心理状况、文化生活方式、社会风气和社会观，促成了湖南近代新式知识分子人才群体的成长与崛起，使湖南成为中国资产阶级民主革命的重要基地之一，对后来湖南历史乃至全国历史的进程产生了重大的影响。

第一节　外国资本主义势力对湖南的渗透和湖南人民的反洋教斗争

湖南的地理位置处于中国腹地，南隔五岭，北阻洞庭，相对闭塞，加上湘军崛起后形成的湖南士人盲目自大和守旧排外的风气，给外国资本主义势力伸入湖南增加了阻力和困难。1899 年 11 月，外国侵略势力终于迫使清政府将湘北大门岳州（今岳阳）辟为对外通商口岸，为外国资本主义深入湖南打开了方便之门。随着外国资本主义的渗透和湖南商品经济的初步发展，湖南自给自足的自然经济基础逐渐解体，绅权势力迅猛膨胀，阶级矛盾进一步激化，民族意识在反对外来侵略的斗争中迅速增长。

洋教是外国教会势力委派的传教士群体，以传播西方文化为名，在华从事宗教文化活动的宗教组织及其活动的总称。第二次鸦片战争后，洋教势力在湖南境内取得了前所未有的发展。他们利用不平等条约在中国攫取的特权，肆意干涉中国主权。一些教徒更是仗着教会势力的庇护而为所欲为，加速了民教矛盾的恶化，从而引发了 19 世纪末、20 世纪初湖南各地声势浩大的反洋教斗争。

一、外国资本主义势力在中国的扩张

迫于外国侵略势力压力，清政府批准将湘北大门岳州（今岳阳）于1899年11月辟为对外通商口岸，为外国资本主义深入湖南打开了方便之门。其直接后果就是导致了湖南自给自足自然经济基础逐渐解体，绅权势力迅猛膨胀，阶级矛盾进一步激化。

光绪二十五年十月（1899年11月），外国侵略势力迫使清政府将岳州辟为通商口岸，打开了外国资本主义直接进入湖南的大门。图为设在城陵矶的岳州海关。

清光绪二十六年（1900）初，美籍传教士海维礼受美国复初会指派，来岳州创办教会。光绪三十二年（1906），岳州复初会在湖滨黄沙湾建立湖滨中学，为岳阳第一所教会学校。

岳州开埠后，美国人哈利斯充任海关税务司。从此，帝国主义的经济侵略直接进入湖南，加速了湖南社会半殖民地化的过程。图为建在岳州海关的上洋馆。

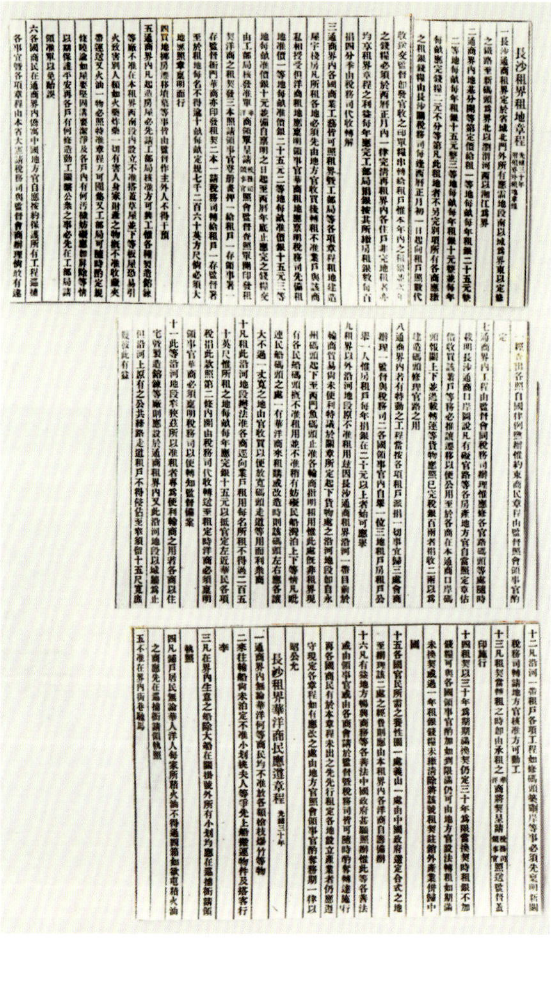

長沙租界租地章程

長沙租界華洋商民應遵章程

继岳州开埠以后，长沙亦于光绪三十年五月十八日（1904年7月1日）正式开埠。这是湖南长沙关监督朱延熙与日本驻汉口总领事永泷久吉签订的《长沙通商口岸租界章程》。

长沙开埠后，1911年迁建于水陆洲的英国驻长沙领事馆。

长沙开埠后，迁建于水陆洲的日本驻长沙领事馆。

长沙开埠后，日本商人在小西门外修建的湖南轮船公司码头。

长沙开埠后，日本日清汽船株式会社设在长沙的出张所。

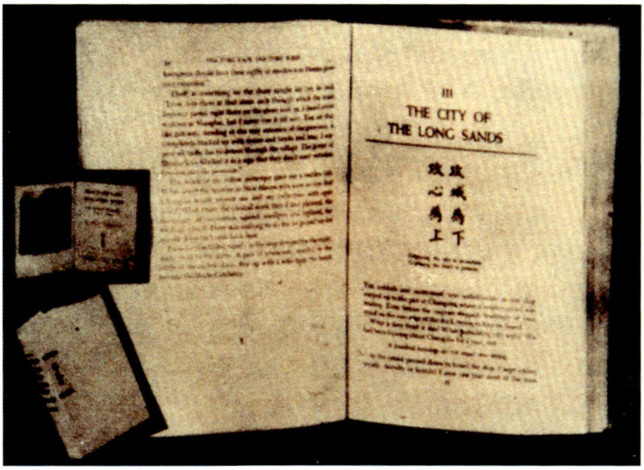

美国人胡美回国后在所撰写的《道一风同》书中道明了他们在中国办医院和学校的真正目的：“攻心为上，攻城为下。”

美国人胡美在长沙创办的雅礼医院。图中右一为胡美。

长沙开埠后，美孚洋行在水陆洲修建的私人住宅。

二、湖南人民反洋教斗争的高涨

洋教深入湖南，加速了民教矛盾的恶化，引发了19世纪末、20世纪初湖南各地声势浩大的反洋教斗争，其中最著名的有周汉倡导的反洋教斗争、临湘教案、衡州教案、辰州教案和贺金声领导的“大汉佑民灭洋军”反帝爱国起义。民族意识在反对外来经济、文化侵略的斗争中迅速增长。

长沙开埠后，外国教会势力大量进入湖南。图为建于长沙的基督教教堂。

19世纪60年代以后，衡州（今衡阳）成为外国教会在湖南南部的传教中心，民教矛盾日益尖锐，于1900年再度爆发“衡州教案”，各县乡村民众纷纷行动，捣毁教堂，驱赶传教士。（画照）

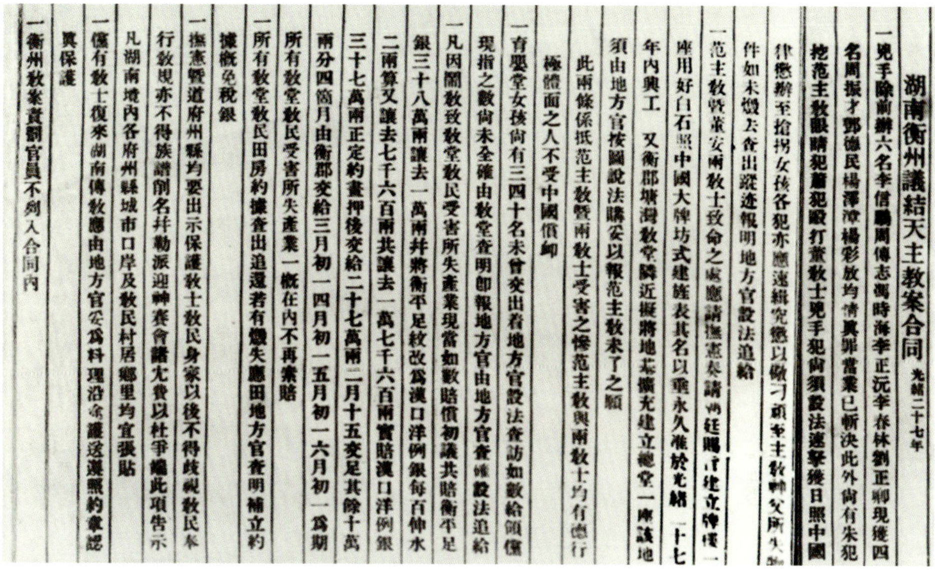

湖南衡州議結天主教案合同 光緒二十七年

一兇手除前辦六名李借鵬周傳志馮時海李正沅李春林劉正卿現獲四
名周振才鄧德民楊澤潭楊彩放均請真罪當業已斬決此外尚有朱犯
挖范主教眼睛犯蕭犯毆打董教士兇手犯尚須設法速拏幾日照中國
律懲辦至搶拐女孩各犯亦應速緝究懲以儆刁頑並主教神父所失物
件如未燬去查出蹤迹報明地方官設法追給
一范主教暨董安兩教士致命之處應請撫憲奏請朝廷賜予建立牌樓一
座用好白石照中國大牌坊式建旌表其名以垂永久准於光緒二十七
年內興工　又衡郡塘潤教堂隣近擬將地基備充建立總堂一座該地
須由地方官按圖設法購妥以報范主教未了之願
此兩條係抵范主教暨兩教士受害之慘范主教與兩教士均有德行
極體面之人不受中國償卹
一育嬰堂女孩尚有三四十名未曾交出着地方官設法查訪如數給領儻
現指之數尚未全確由教堂查明即報地方官由地方官查確設法追給
一凡因鬧教致教堂教民受害所失產業現當如數賠償初議共賠衡平足
銀三十八萬兩讓去一萬兩并將衡平足紋改爲漢口洋例銀每百伸水
二兩算又讓去七千六百兩共讓去一萬七千六百兩實賠漢口洋例銀
三十七萬兩正定約畫押後交給二十七萬兩二月十五交足其餘十萬
兩分四箇月由衡郡交給三月初一四月初一五月初一六月初一爲期
所有教堂教民受害所失產業一概在內不再索賠
一所有教堂教民田房約據查出追還者有燬失應由地方官查明補立約
據概免稅銀
一撫憲暨道府州縣均要出示保護教士教民身家以後不得歧視教民奉
行教規亦不得族譜削名并勒派迎神賽會諸欠費以杜爭端此項告示
凡湖南境內各府州縣城市口岸及教民村居鄉里均宜張貼
一倘有教士復來湖南傳教應由地方官妥爲料理沿途護送遵照約章認
真保護
一衡州教案責罰官員不列入合同內

光绪二十六年十月（1900年12月），在帝国主义的威逼之下，湖南地方当局与英法签订了屈辱的《湖南衡州议结天主教案合同》。

据屈辱的《湖南衡州议结天主教案合同》条款在衡州黄沙湾修建的亡命教士“纪念碑”。

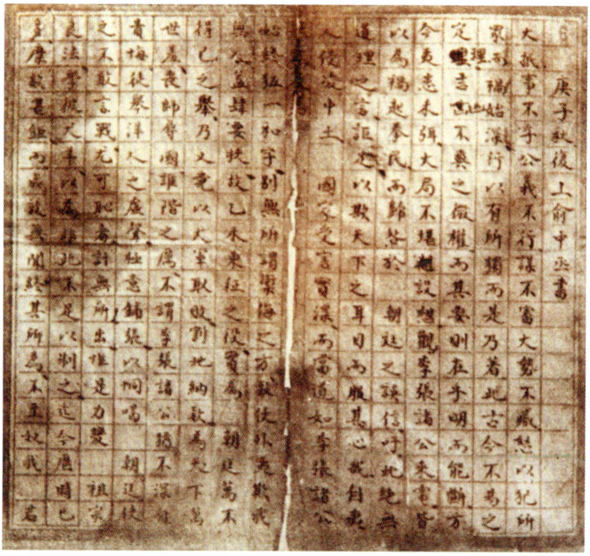

光绪二十六年（1900）秋，贺金声写给湖南巡抚俞廉三的信札。贺金声在信札中对清政府将八国联军入京归咎于“祸起拳民”的论调，提出异议，主张御侮，反对议和。

光绪二十八年（1902）八月十七日，贺金声在家乡邵阳东乡佘田桥正式发动反帝爱国起义，树立起“大汉佑民灭洋军”旗帜，自任大元帅。旬日之间，队伍发展到数万人，声势浩大，震撼省城。这是贺金声手绘的起义军演练“梅花阵”图。

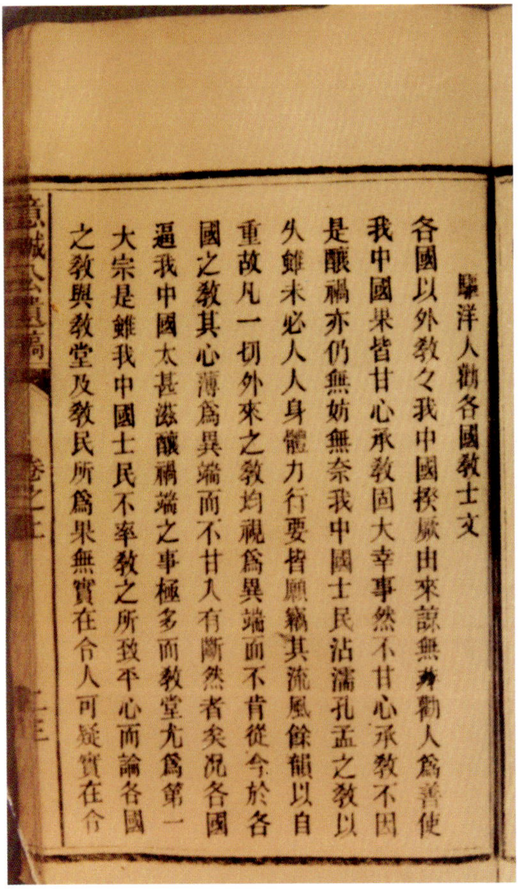

驅洋人勸各國教士文

各國以外教々我中國揆厥由來諒無非勸人爲善使我中國果皆甘心承教固大幸事然不甘心承教不因是醜禍亦仍無妨無奈我中國士民沾濡孔孟之教以头雖未必人人身體力行要皆願竊其流風餘韻以自重故凡一切外來之教均視爲異端而不肯從今於各國之教其心薄爲異端而不甘入有斷然者矣況各國遍我中國太甚滋釀禍端之事極多而教堂尤爲第一大宗是雖我中國士民不率教之所致平心而論各國之教與教堂及教民所爲果無實在令人可疑實在令

贺金声起义后刊发的《驱洋人劝各国教士文》。文中历数各国传教士在中国寻衅滋事的罪行，强烈要求各国“将所主教速自招回，以快人心，以固和局”。

贺金声反洋教爱国起义虽然失败，但他领导的这次起义，是湖南人民由旧式的农民、会党起义，走向民主革命的一个里程碑。这是葬于邵阳东乡的贺金声墓。

被民间供奉在庙宇中的贺金声塑像（中）。

第二节　湖南近代工业的出现

甲午战争以后，在维新思想的影响以及陈宝箴、谭嗣同等积极倡导和大力推行之下，湖南的近代工业开始蹒跚起步，并以此与帝国主义对湖南经济的掠夺相抗争。起步于 19 世纪末 20 世纪初的湖南近代工业包括矿业、交通、机电、邮电、轻工业等门类。其企业性质除原有商办者外，大体分为三种情形：一为“官办”，不招商股，由官府自办；二为“官督商办”，官府不入股，由商人申办，官府督办；三为“官商合办”，官、商按比例入股。湖南近代工业尽管起步晚且发展缓慢，但对此后湖南近代工业的发展产生了不可忽视的影响。

在湖南近代工业蹒跚起步的同时，农业经济在湖南当局的重视和劝导下也获得了长足的发展。

一、近代交通运输业的兴起

湖南近代交通业肇始于内河航运。1897 年成立官督商办的“鄂湘善后轮船局”，开始在湘境内河航运中采用轮船作为航运工具，近代交通运输的时尚和带给人们的便利，逐渐改变着人们的生活与习惯。

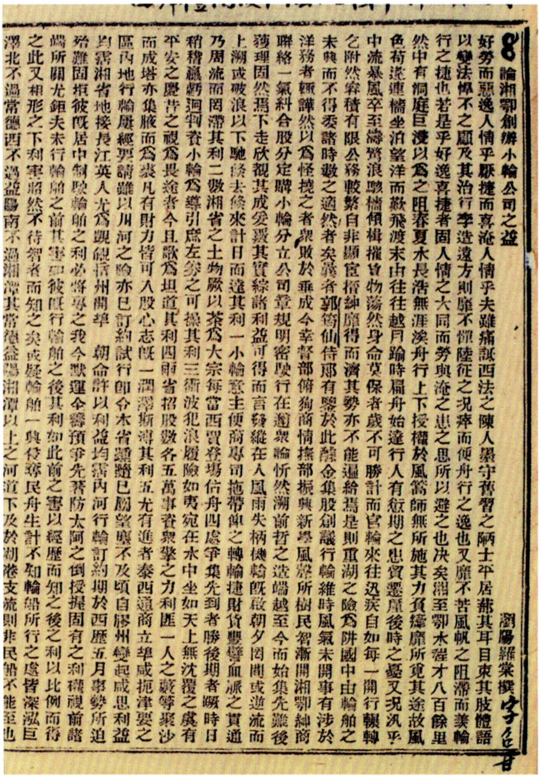
論湘鄂創辦小輪公司之益　　瀏陽羅棠撰

好勞而惡逸人情乎厭捷而喜滯人情乎夫雖痛詆西法之陳人墨守舊習之陋士平居都其耳目束其肢體語以變法悍不之顧及其治行李造遠方則靡不憚陸征之況瘁而便舟行之逸也又靡不苦風帆之阻滯而羨輪

维新运动时期，湖南维新人士撰写的阐述近代运输工具给社会带来便利的文章。

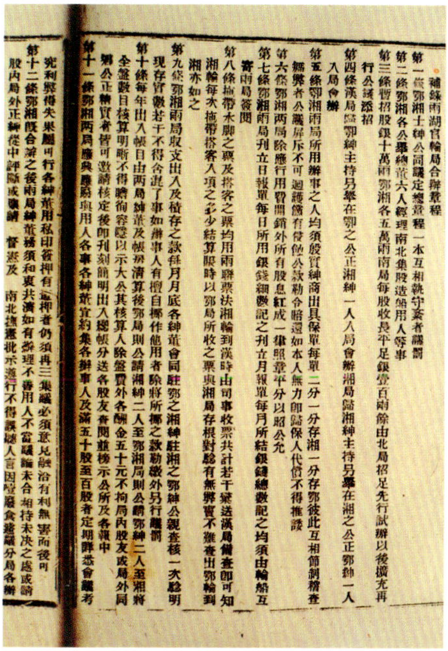

補錄兩湖官輪局合辦章程

第一條鄂湘士紳公同議定總章程一本互相執守紊者議罰

第二條鄂湘各公舉總董六人經理南北集股造船用人等事

第三條暫招股銀十萬兩鄂湘各五萬兩南局每股收長平足銀壹百兩餘由北局招足先行試辦以後擴充再行公議添招

第四條漢局歸鄂紳主持另舉在鄂之公正湘紳一人入局會辦湘局歸湘紳主持另舉在湘之公正鄂紳一人入局會辦

第五條鄂湘兩局所用辦事之人均須殷實紳商出具保單每單二分一分存湘一分存鄂彼此互相節制稽查舞弊者公議屏斥不可迴護儻有侵蝕公款勒令賠還如本人無力即歸保人代償不得推諉

第六條鄂湘兩局除應行用費開銷外所有股息紅成一律照章平分以昭公允

第七條鄂湘兩局刊立日報單每日所用銀錢細數記之刊立月報單每月所結銀錢總數記之均須由輪船互寄兩局簽閱

第八條拖帶水腳之票及搭客之票均用兩聯票扶湘輪到漢時由司事收票共計若干彙送漢局備查即可知湘輪每次拖帶搭客人項之多少結算賬時以鄂局所收之票與湘局存根對驗有無弊竇不難查出鄂輪到湘亦如之

第九條鄂湘兩局收支出入及積存之款每月月底各紳董會同駐鄂之湘紳駐湘之鄂紳公親查核一次聲明現存實數若干不得含混了事如辦事人有擅自挪作他用者除將所挪之款勒繳外另行議罰

第十條每年出入帳目由兩局紳董及帳房清算後鄂局則公請湘紳二人至鄂湘局則公請鄂紳二人至湘將全盤數目核算明晰不得稍徇容隱以示大公其核算人除盤費外各酬金五十元不拘局內股友或局外同鄉公正紳實者皆可邀請核定後即刊刻簡明出入總帳分送各股友查閱並榜示公所及各報中

第十一條鄂湘兩局應興應辦與用人各事各紳董宜約集各辦事人及滿五十股至百股者定期群恭會議考究利弊得失果屬可行各紳董用私印簽押有遍押者仍須再三集議必須意見融洽有利無害而後可

第十二條鄂湘既合辦之後兩局紳董務須和衷共濟如有辦理不善用人不當議論未合相持未決之處或請股內局外正紳從中評斷或稟請 督憲及 南北撫憲批示遵行不得誤聽人言因噎廢食遂議分局各辦

光绪二十四年（1898）五月，“鄂湘善后轮船局”改名为“两湖轮船局”。这是刊发在《湘报》的《两湖轮船局合办章程》。

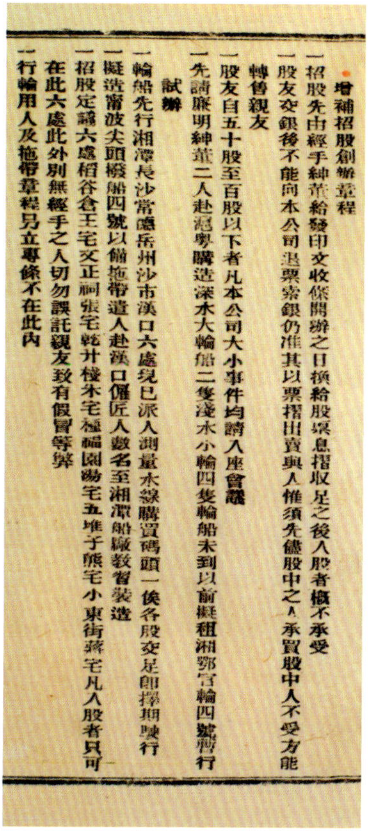

增補招股創辦章程

一招股先由經手紳董給發印文收條開辦之日換給股票息摺取足之後入股者概不承受

一股友交銀後不能向本公司退票索銀仍准其以票摺出賣與人惟須先儘股中之人承買股中人不受方能轉售親友

一股友自五十股至百股以下者凡本公司大小事件均請入座會議

一先請廉明紳董二人赴滬粵購造深水大輪船二隻淺水小輪四隻輪船未到以前擬租湘鄂官輪四號暫行試辦

一輪船先行湘潭長沙常德岳州沙市漢口六處現已派人測量水綫購買碼頭一俟各股交足即擇期駛行

一擬造甯波尖頭駁船四號以備拖帶遣人赴漢口僱匠人數名至湘潭船廠教習裝造

一招股定歸六處稻谷倉王宅文正祠張宅乾升棧朱宅福福園湯宅五堆子熊宅小東街蔣宅凡入股者只可在此六處此外別無經手之人切勿誤託親友致有假冒等弊

一行輪用人及拖帶章程另立專條不在此內

刊发在《湘报》的《两湖轮船局招股创办章程》。

湖南轮船公司的湘江长沙码头船坞。

湖南轮船公司的湘江长沙码头趸船。

长沙大西门外码头泊船情形。

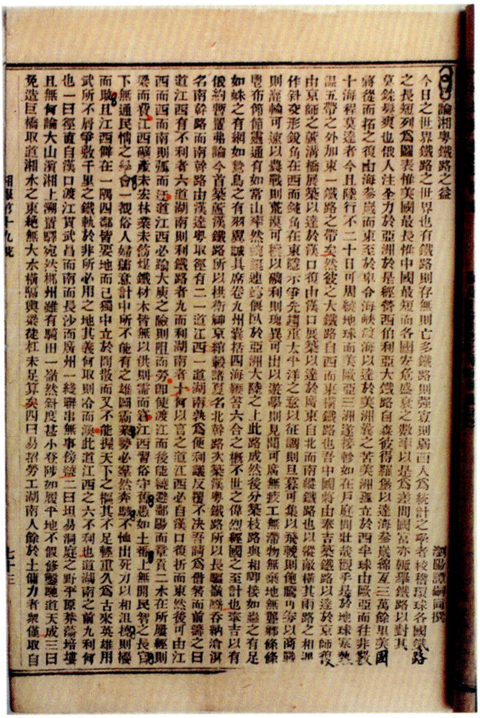

論湘粵鐵路之益

谭嗣同撰写的《论湘粤铁路之益》，开启了湖南兴办铁路的舆论准备。光绪二十四年（1898）二月，张之洞、盛宣怀奏准清政府修筑的株萍铁路，于光绪二十六年（1900）正式开工，光绪三十二年（1906）建成通车。

二、近代邮政事业的创办

湖南近代邮电业起始于戊戌变法时期，主要体现在电信业的产生、邮政机构的设置和邮政运输业的改进。

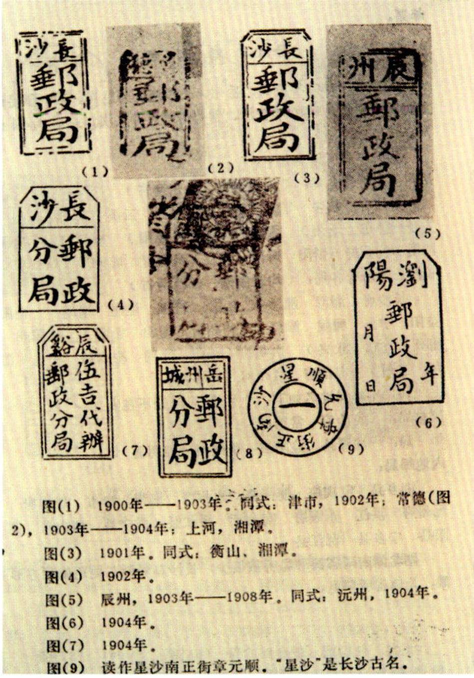

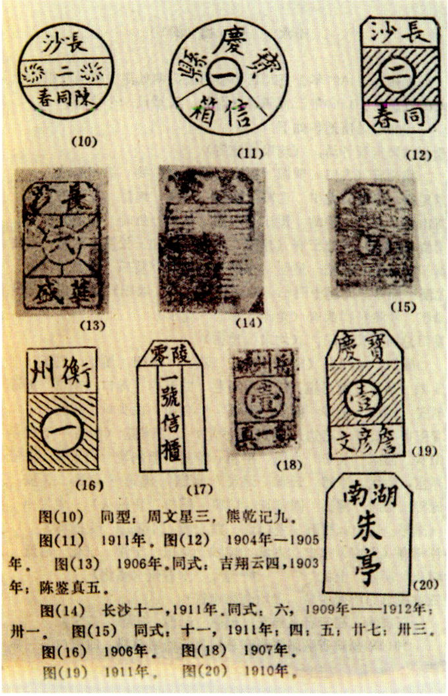

湖南近代部分邮政机构邮戳式样。

三、近代轻工业和机器制造业的起步

近代轻工业和机器制造业起步，是湖南士风转变带来的直接成果。在湖南巡抚陈宝箴的支持下，湘绅王先谦、黄自元、张祖同等筹资于光绪二十二年（1896）创办"湖南宝善成机器制造公司"，并于光绪二十三年（1897）开设发电厂，架设电线，安装电灯，是为湖南电灯和电力工业的起源。

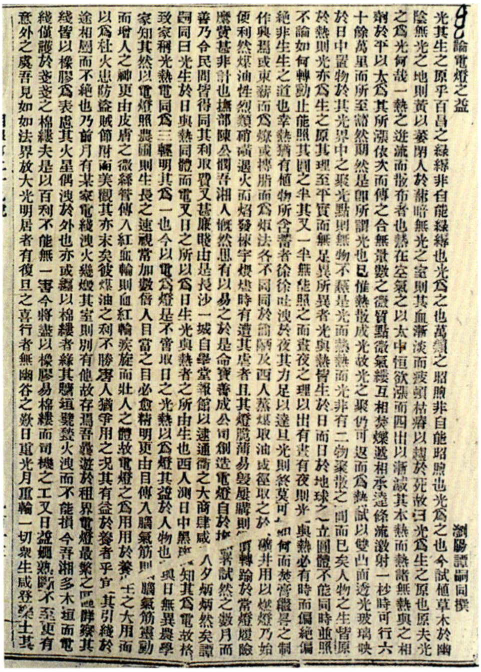

論電燈之益　瀏陽譚嗣同撰

光其生之原乎百昌之綠縟非自能綠縟也光爲之也萬類之昭煦非自能昭煦也光爲之也今試植草木於幽陰無光之地則黃以萎閉人於幽暗無光之室則其血漸淡而瘦頓枯瘠以趨於死故曰光爲生之原也原夫光之爲光何哉一熱之迸流而散布者也熱在空氣之以太中恆欲漲而四出以漸滅其本熱而熱諸無熱與之相劘於平以太爲其所漲依次而傳之合無量數之微質點微氣縷互相焚爍遞相承遞條流激射一秒時可行六十餘萬里而所至澹然闃然是即所謂光也已惟熱散成光故光之聚仍可返而爲熱試以雙凸面透光玻璃映於日中置物於其光界中之聚光點則無物不爇是光而熱熱而光非有二物聚散之間而已矣人物之生皆原於熱則光亦爲生之原其理至平實而無足異所異者光與熱皆生於日而日於地球之一立圓體不能同時並照不論如何轉動止能照其圓之半其又一半無能照之而晝夜之理以出有晝有夜則光與熱必有時而偏絕偏絕非生生之道也幸熱猶有植物所含蓄者徐徐吐洩於夜其力足以達旦光則終莫可[illegible]而何而焚膏繼晷之制作興焉或束薪而爲燎或搏脂而爲炬法各不同同於舊陋及西人蒸煤取油或徑取之於礦井用以燃燈乃始便利然煤油性烈類硝磺遇火而焰發棟宇燬焚時有遺其虞者且其燈臘薄易毀屢購則[illegible]費轉踰於常燈燈險麋費甚非計也撫部陳公憫吾湘人慨然思有以易之於是命寶善成公司創造電燈自於[illegible]署試然之數月而善乃令民間皆得同其利取費又甚廉賤由是長沙一城自學堂報館以逮通衢之大商肆咸入夕炳炳然矣譚嗣同曰光生於日與熱同體而電又日之所以爲日生光與熱者之所由生也西人測日中黑斑[illegible]知其爲電故格致家稱光熱電同爲三軆明其爲一也今以電爲燈是不啻取日之光熱以爲燈其益於人物也與日無異農學家知其然以電燈照農圃則生長之速視常加數倍人目當之目必愈精明更由目傳入腦氣筋則腦氣筋鼓動而增人之神更由皮膚之微絲管傳入紅血輪則血紅輪疾旋而壯人之體故電燈之爲用用於養[illegible]士之大用而以爲杜火患防盜賊飾[illegible]美觀其亦末矣彼煤油之烈不勝寧人猶爭用之況其有益於養者乎宜其引綫於途相屬而不絕也乃前月有某家電綫洩火幾燬其室則別有他故存焉吾嘗遊於租界電燈最繁之區[illegible]靜察其綫皆以橡膠爲表慮其火星偶洩於外也亦或纏以棉縷者緣其[illegible]發火洩而不能損今吾湘多木[illegible]而電綫僅護於茭茭之棉縷夫是以百利不能無一害今將盡以橡膠易棉縷而司機之工又日益嫺熟斷不至更有意外之虞吾見如如法界放大光明居者有復旦之喜行者無幽谷之歎日重光月重輪一切衆生咸登[illegible]其

图为谭嗣同在湖南维新运动之初撰写的《论电灯之益》文章。

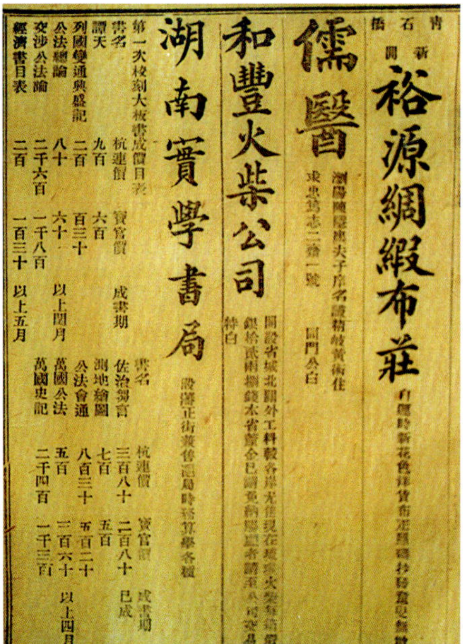

创办于光绪二十一年（1895）十月的“湖南和丰火柴公司”，是湖南维新时期规模最大的轻工业企业，集有股金3万两。这是和丰火柴公司刊登在《湘报》的商业广告。

四、农业经济的发展

受湖南近代工业起步的影响和湖南地方当局的重视，湖南的农业经济也获得重要发展。

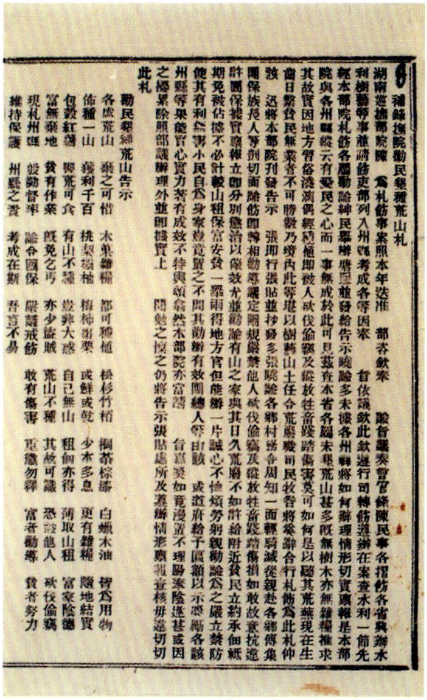

刊登在《湘报》的湖南巡抚陈宝箴劝民垦种荒山的信札和告示。

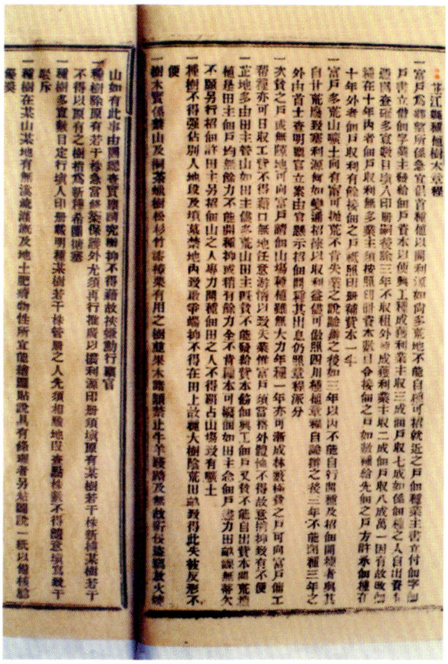

芷江县订立的《种植树木章程》。

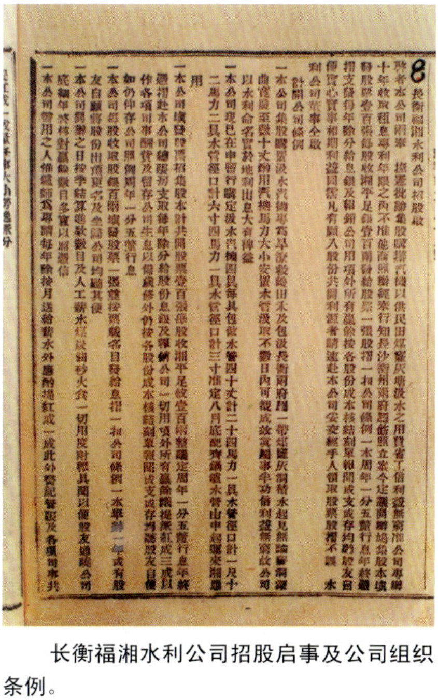

长衡福湘水利公司招股启事及公司组织条例。

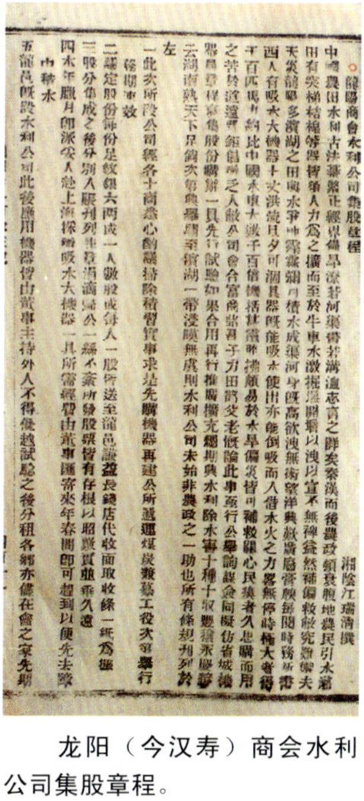

龙阳（今汉寿）商会水利公司集股章程。

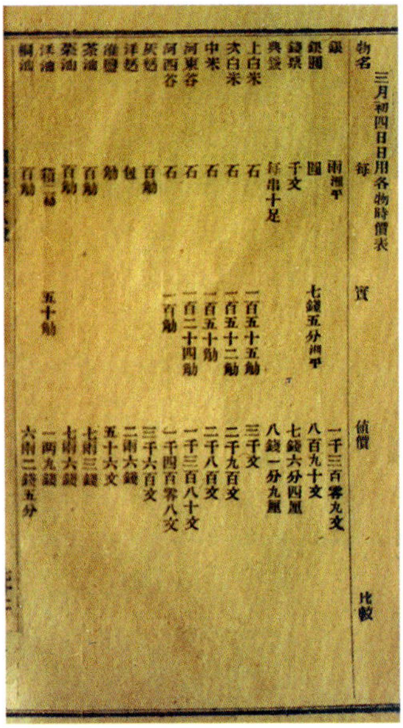

三月初四日日用各物時價表

物名	每	實	值價	比較
銀	兩湘平		一千三百零九文	
銀圓	圓	七錢五分兩平	八百九十文	
錢票	千文		七錢六分四厘	
典錢	每串十足		八錢一分九厘	
上白米	石	一百五十五觔	三千文	
次白米	石	一百五十二觔	二千九百文	
中米	石	一百五十觔	二千八百文	
河東谷	石	一百二十四觔	一千三百八十文	
河西谷	石	一百觔	一千四百零八文	
灰麪	百觔		三千六百文	
洋麪	包		二兩六錢	
滷鹽	觔		五十六文	
茶油	百觔		七兩三錢	
菜油	百觔		七兩六錢	
洋油	箱一聽	五十觔	一兩九錢	
桐油	百觔		六兩二錢五分	

光绪二十四年（1898）三月初四日《湘报》刊载的日用各物时价。

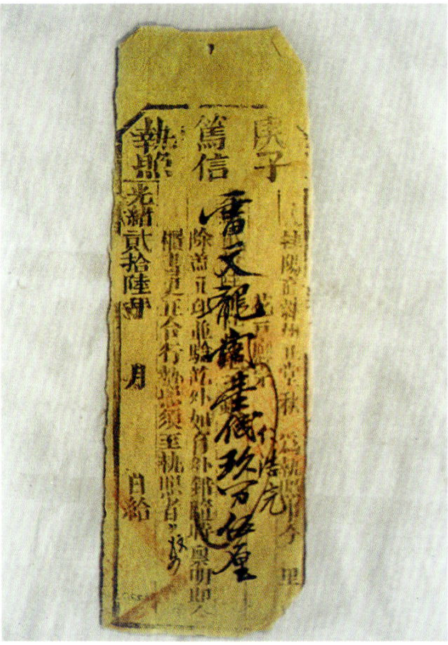

光绪二十六年（1900）湖南桂阳直隶州知州签发给税户雷文龙的缴款执照。

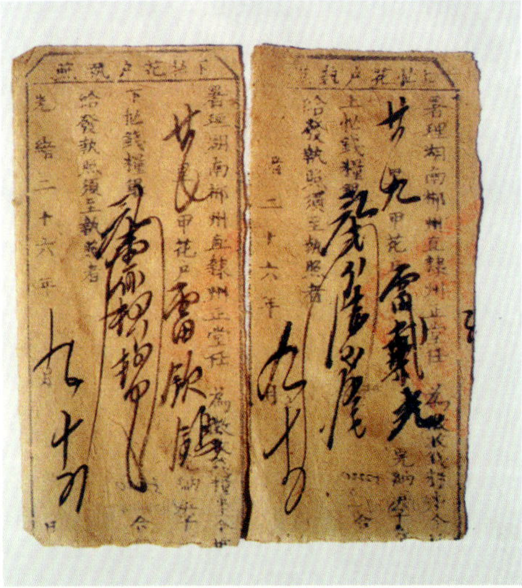

光绪二十六年（1900）湖南郴州直隶州署理知州签发的税户缴款执照。

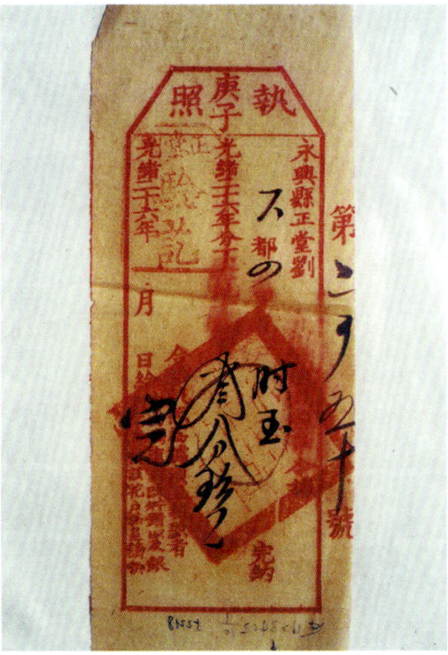

光绪二十六年（1900）湖南永兴县知县签发的税户缴款执照。

第三节　维新运动在湖南

甲午战争以后，谭嗣同、唐才常等维新志士，在湖南当局陈宝箴、黄遵宪、江标、徐仁铸等开明官员的支持下，在湖南展开了维新变法活动。光绪二十二年（1896），谭嗣同、唐才常等在浏阳创办算学格致馆，拉开了湖南维新运动的序幕。

随着维新运动的深入开展，一个颇具生气的维新人士群体在湖南大地逐步形成。他们或是以开化湖南为己任锐意进取的在任官吏；或是以谭嗣同、唐才常为旗帜，力图通过维新变法，重整湖南雄风的士绅；或是以开拓湖南风气培养维新人才为宗旨，被湖南官绅延聘来湘的维新巨子。这一维新群体卓有成效的活动，推动了湖南维新运动的发展。1897年时务学堂的创设，《湘学报》和《湘报》的创刊，南学会等进步团体的成立，使湖南维新运动形成高潮，湖南成为全国维新运动最富生气的省份，在近代中国维新运动史上具有重要的地位。

一、维新运动在湖南的兴起

带着甲午战争失败的强烈震撼，湖南士人重新拾起敢为天下先的责任和信心，投入到席卷全国的维新运动之中，于是，以开化湖南为己任锐意进取的在任官吏，重整湖南雄风的士绅，延聘来湘的维新巨子，共同在湖南导演出一场引领全国、影响深远的维新运动。

陈宝箴（1831—1900），字右铭，江西义宁（今修水）人。咸丰进士。1895年出任湖南巡抚，锐意革新，与署按察使黄遵宪、学政江标、候补知府谭嗣同等推行新政，为清末地方督抚中推行新政最力者，使湖南维新风气大开，成为全国最有生气的省份。戊戌政变中被革职。

谭嗣同（1865—1898），字复生，号壮飞，湖南浏阳人，出生于官宦之家。少时博览群书，并习近代自然科学，鄙视科举，好经世致用之学。中日甲午战争后，与唐才常在故乡浏阳倡设算学格致馆，开湖南维新风气之先。

位于浏阳市北正路的谭嗣同故居“大夫第”。

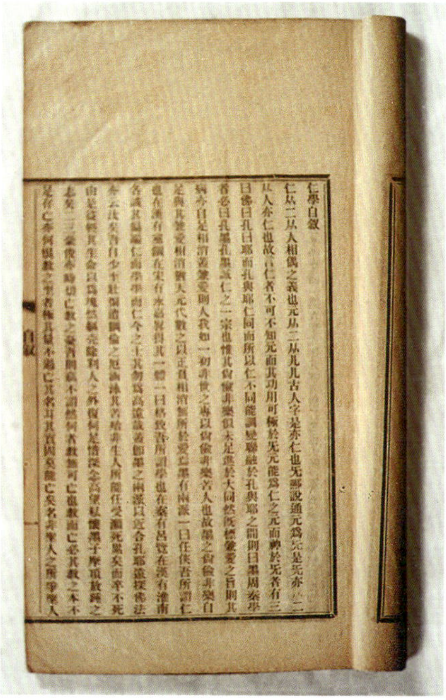

光绪二十二年（1896），谭嗣同撰写《仁学》一书，在哲学上提出“以太”为世界物质本源的思想，并提出了发展资本主义的政治、经济构想和主张，寄托了一个刚从封建营垒中分化出来的资产阶级启蒙思想家对国家富强的向往和追求。

唐才常（1867—1900），字佛尘，浏阳人。早年就读于长沙校经书院、岳麓书院和武昌两湖书院。面对中日甲午战争中中国的惨败，愤然指斥卖国者的罪行，萌生变法图强之志，后与好友谭嗣同等共倡新学，酝酿变法。是湖南维新运动的重要人物之一。

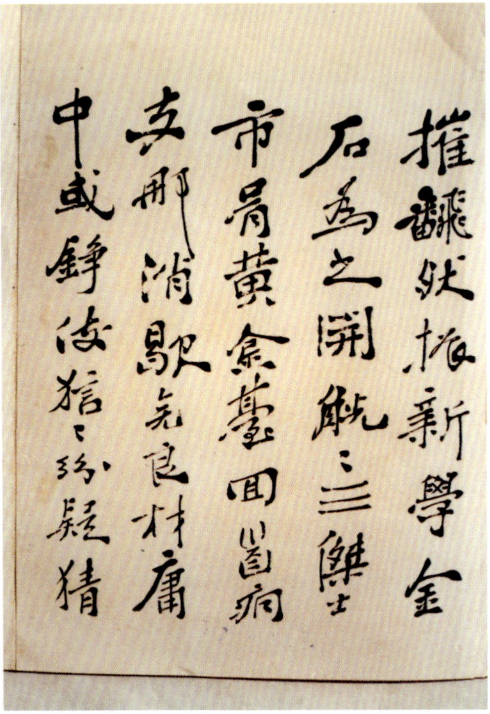

唐才常倡新学题词手迹。

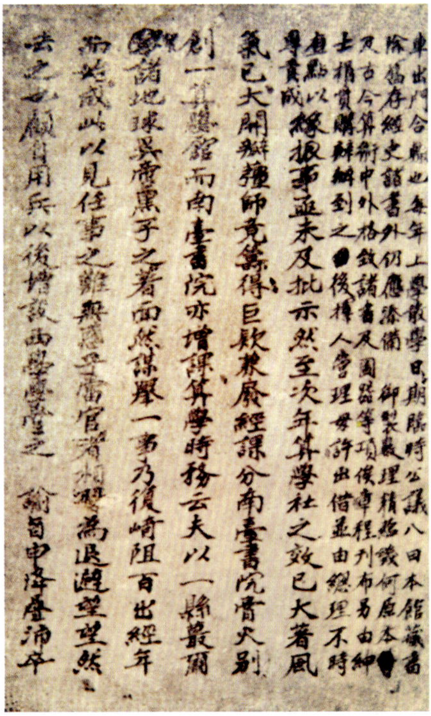

谭嗣同所著《浏阳兴算记》原稿之一。

谭嗣同、唐才常等在浏阳创办的“浏阳算学格致馆”。

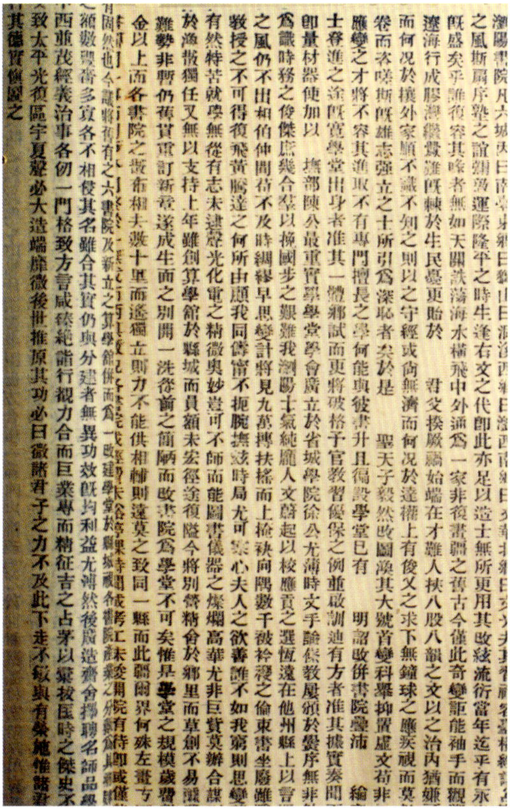
瀏陽書院凡六城內曰南臺曰獅山曰洞溪西鄉曰瀏西……
之風斯扇庠塾之誼翔為運際隆平之時生逢右文之代即此亦足以造士無所更用其改絃流衍當年迄乎有永
既盛矣乎誰復容其喙者無如天關洪蕩海水橫飛中外通爲一家非復書闈之舊古今僅此奇變詎能袖手而觀
遼海行成膠灣釁肇既棘於生民慮更貽於 君父揆厥禍始端在才難人挾八股八韻之文以之治內猶嫌
而何况於攘外家願不識不知之則以之守經或尚無濟而何况於達權上有俊乂之求下無鏡球之應疾視而莫
卷而咨嗟斯既雄志强立之士所引爲深恥者矣於是 聖天子毅然改圖涣其大號首變科舉抑置虛文苟非
應變之才將不容其進取不有專門擅長之學何能與彼書升且得設學堂已有 明詔改併書院疊沛 綸
士登進之途既寬學堂出身者准其一體鄉試而更將破格予官教習優保之例並啟訓迪有方者准其據實奏聞
即量材器使加以 撫部陳公最重實學學堂學會廣立於省城學院徐公尤薄時文手諭儀教屢頒於譽序無非
爲識時務之俊傑庶幾合羣以挽國步之艱難我瀏陽士氣純龐人文蔚起以校應貢之選恆遠在他州縣上以言
之風仍不出帖括不及時綢繆早思變計將見九萬搏扶搖而上捨秧向隅數千被衿祿之倫束書坐廢難
教授之不可得復飛黃騰達之何所由願我同儕幸不扼腕撫茲時局尤可寒心夫人之欲善誰不如我窮則思變
有然特苦就學無從有志未逮聲光化電之精微奧妙豈可不師而能圖書儀器之燦爛高華尤非巨貲莫辦合謀
於漁散獨任又無以支持上年雖創算學館於縣城而員額未宏徑途復隘今將別營精舍於鄉里而草創不易議
難勢非轉仍舊貫重訂新章遂成生面之別開一洗從前之簡陋而改書院爲學堂不可矣惟是學堂之規模歲費
金以上而各書院之散布相去數十里而遙獨立則力不能供相輔則遠莫之致同一縣而此疆爾界何殊左畫方
[illegible]
有固然也今議將舊有之六書院及新立之算學館併而爲一改建學堂於縣城[illegible]
之須數費齋多宜各不相侵其名雖合其實仍與分建者無異功效既均利益尤溥然後院造齋舍擇聘名師品學
中西並茂經義治事各例一門格致方言咸袪純詣行視力合而巨業專而精征吉之占茅以彙拔匡時之傑史不
致太平光復區宇夏聲必大造端雖微後世推原其功必曰徽諸君子之力不及此下走不敏與有榮施惟諸君
其德實懋圖之

谭嗣同所撰《改并浏阳城乡各书院为致用学堂公启》。

黄遵宪，广东嘉应州（今梅县）人。1897年代理湖南按察使，协助巡抚陈宝箴推行新政，是湖南维新运动的重要人物之一。

二、“全国最富生气的省份”

光绪二十三年（1897）时务学堂的创设，《湘学报》和《湘报》的创刊，南学会等进步团体的成立，使湖南维新运动形成高潮。新政的推行，对湖南旧式教育制度的改革，新式学堂的创办和普及，维新人才的招揽和培养，维新运动的舆论宣传，西方近代科学文化知识以及资本主义思想的传播，使湖南成为全国维新运动最富生气的省份。

熊希龄（1870—1937），湖南凤凰人。1897年10月，湖南时务学堂成立之时被巡抚陈宝箴委以学堂提调，主持学堂行政事务。

梁启超（1873—1929），广东新会人，中国近代著名资产阶级启蒙思想家、改良派领袖。1897年，由黄遵宪提议，聘为时务学堂中文总教习。

时务学堂教习：（左起）叶觉迈、谭嗣同、王史、欧榘甲、熊希龄、韩文举、唐才常、李维格。

时务学堂部分教职员。

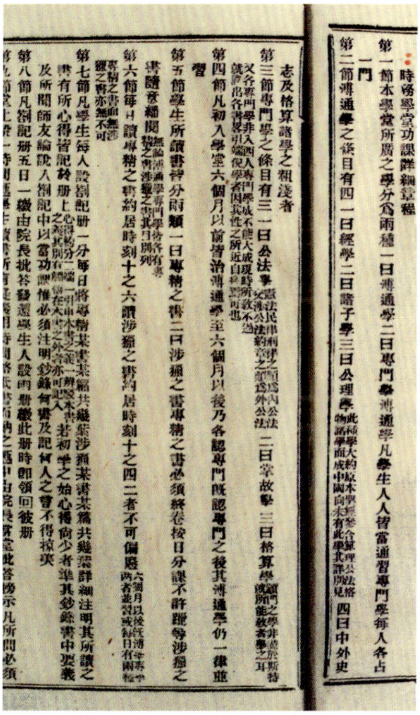

時務學堂功課詳細章程

第一節 本學堂所廣之學分為兩種：一曰溥通學，二曰專門學。溥通學凡學生人人皆當通習；專門學每人各占一門。

第二節 溥通學之條目有四：一曰經學，二曰諸子學，三曰公理學，四曰中外史志及格算諸學之粗淺者。

第三節 專門學之條目有三：一曰公法學，二曰掌故學，三曰格算學。

第四節 凡初入學堂六個月以前，皆治溥通學；至六個月以後，乃各認專門。既認專門之後，其溥通學仍一律並習。

第五節 學生所讀書皆分兩類：一曰專精之書，二曰涉獵之書。專精之書必須終卷，按日分課，不許躐等；涉獵之書隨意翻閱。

第六節 每日讀專精之書約居時刻十之六，讀涉獵之書約居時刻十之四，二者不可偏廢。

第七節 凡學生每人設劄記冊一分，每日將專精某書某篇共幾葉、涉獵某書某篇共幾葉詳細注明；其所讀之書有所心得，皆記於冊上。若初學之始，心得尚少者，准其鈔錄書中要義及所聞師友緒論，入劄記中，以當功課，惟必須注明鈔錄何書及記何人之言，不得掠美。

第八節 凡劄記冊五日一繳，由院長批答發還。學生人設兩冊，繳此冊時即領回彼冊。

时务学堂要求学员必须在反复钻研《春秋公羊传》和《孟子》之微言大义、民权思想的同时，择取中外政治、法律比较参证，以期达到明了维新变法之旨意的目的。

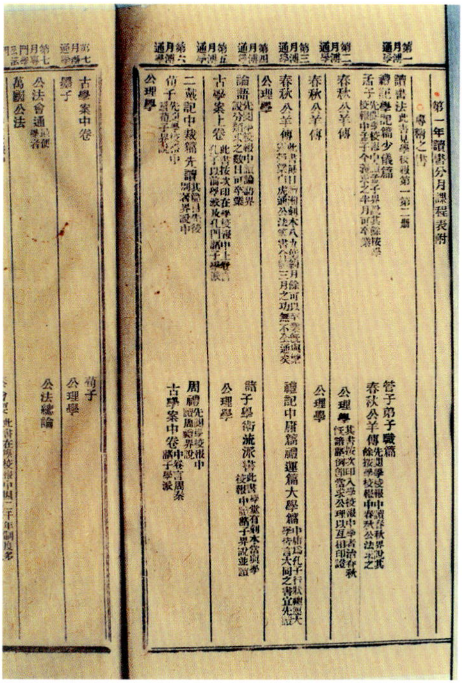

第一年讀書分月課程表附

	專精之書	涉獵之書
第一月溥通學	讀書法；禮記學記篇、少儀篇；孟子	管子弟子職篇；春秋公羊傳
第二月溥通學	春秋公羊傳	公理學
第三月溥通學	春秋公羊傳	公理學
第四月溥通學	春秋公羊傳；公理學	禮記中庸篇、禮運篇、大學篇
第五月溥通學	論語；古學案上卷	諸子學術流派；公理學
第六月溥通學	二戴記中數篇；荀子；公理學	周禮；古學案中卷
第七月溥通學	古學案中卷；墨子	荀子；公理學
第七月專門學公法	公法會通；萬國公法	公法總論

时务学堂规定学员第一年分月课程表的一部分。

時務學堂更定章程

一 中西兼習之學生改定每月逢三六九日一月九天當堂呈中文劄記二條其待問格仍聽隨時請業

一 不習西文而留習中文之學生定每日當堂呈中文劄記二條及待問格尤須專精中文一門兼習算學

一 第一次學生爲一班第二次所取入堂之學生爲二班

一 第二次學生定每日當堂呈中文劄記一條其待問格亦聽隨時請業

一 第二班學生有文理粗通而年極幼者應由中文領班學生照料並指導爲學門逕

一 領班學生定每雙日當堂呈中文劄記一條

一 兩班學生每月月課改定每月滿日在堂扃課以一藝爲完卷過時者不閱并扣抵分數

一 凡外課附課學生呈劄記待問格者一律批答惟每日不得過一條其月課隨同內課生於月滿日在堂扃課當日交卷

一 外課附課學生劄記溢分數者由教習總理如月課日內考驗是否自出心裁察實即酌升外課爲內課附課爲外課

一 中文領班學生每月加膏伙銀一兩

一 西文領班學生俟人數多再議選派

时务学堂对学员课业更改的相关规定。

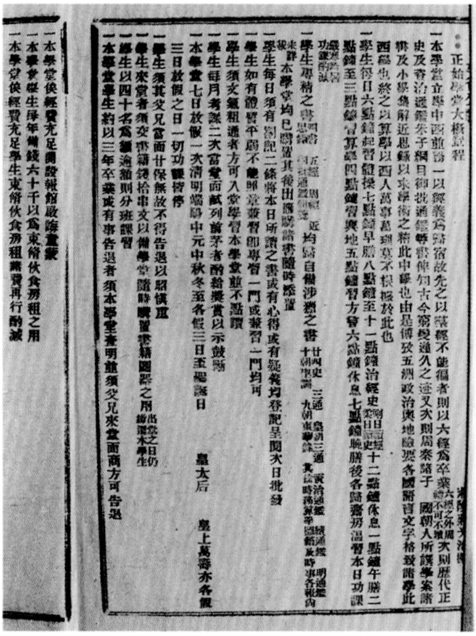

正始學堂大概章程

一 本學堂立學中西並習一以經義爲歸宿故先之以經不能徧者則以六經爲卒業次則歷代正史及資治通鑑朱子綱目御批通鑑俾知古今窮變通久之迹又次則周秦諸子國朝人所講學案諸書及小學集解近思錄以求學術之精此中學也由是博考五洲政治輿地險要各國語言文字格致諸學此西學也終之以算學以西人萬事萬理莫不根據於此也

一 學生每日六點鐘起習體操七點鐘早膳八點鐘至十一點鐘治經史十二點鐘休息一點鐘午膳二點鐘至三點鐘習算學四點鐘習輿地五點鐘習方言六點鐘休息七點鐘晚膳後各歸齋房溫習本日功課

一 學生專精之學均歸自備涉獵之書

來許本學堂均已購置其後出應購諸書隨時添置

一 學生每日須有劄記二條將本日所讀之書或有心得或有疑義均登記呈閱次日批發

一 學生如有體質平弱不能兼習算學者專習一門或兼習一門均可

一 學生須文氣粗通者方可入堂學習本學堂並不點讀

一 學生每月考課二次當堂而試列前茅者酌給獎賞以示鼓勵

一 本學堂七日放假一次清明端陽中元中秋冬至各假三日聖誕日 皇太后 皇上萬壽亦各假三日放假之日一切功課暫停

一 學生須其父兄當面甘保無故不得告退以昭慎重

一 學生來堂者須交書籍錢拾串文以備學堂隨時購置書籍圖器之用

一 學生以四十名爲額逾額則分班課習

一 本學堂學生約以三年卒業或有事告退者須本學堂查明並須父兄來堂面商方可告退

一 本學堂俟經費充足開設報館啟誨童蒙

一 本學堂俟學生每年備錢六十千以爲束脩伙食房租之用

一 本學堂俟經費充足學生束脩伙食房租籌費再行酌減

时务学堂的创办，促成了湖南各地新式学校的设立和书院制度的改革，在湖南教育史上有着深远和重要的影响。这是继时务学堂之后长沙成立的正始学堂章程。

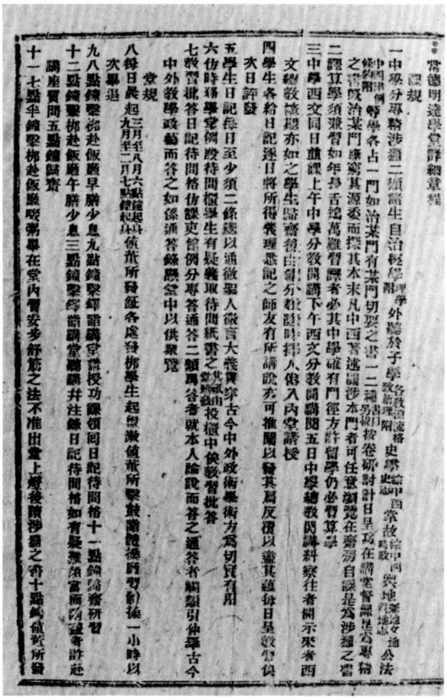

常德明達學堂詳細章程

課規

一 中學分專精涉獵二類諸生自治經學理學外兼於子學史學掌故輿地公法每學各占一門如治某門有某門切要之書一二種按卷研討計日呈功在講堂督課是爲專精之書既治某門應窮其源委而探其本末凡中西著述關涉本門者可任意瀏覽在齋房自課是爲涉獵之書

二 證算學須兼習如年長舌強萬難習譯者必其中學確有門徑方許留學仍必習算學

三 中學西文同日並課上午中學分教開講下午西文分教開講閱五日中學總教閱講科察往者開示來者西文總教據趣亦如之學生歸齋後由各分教隨時接見俾入內堂請授

四 學生各給日記逐日將所得義理悉記之師友有所講說亦可推闡以發其扃反覆以盡其蘊每日呈教習次日評發

五 學生日記每日至少須二條總以通徹聖人微言大義貫穿古今中外政術學術方爲切實有用

六 仿時務學堂例設待問櫃學生有疑義取待問紙書之投櫃中俟教習批答

七 教習批答日記待問格仿課吏館例分專答通答二類專答者就本人論說而答之通答者觸類引伸舉古今中外教學政藝而答之如係通答錄懸堂中以供衆覽

堂規

八 每日晨起三月至八月六點鐘起身九月至二月七點鐘起身依旗所發鉦各處發梆學生起盥漱俟旗所擊鼓諸體操師習體操一小時以次學退

九 八點鐘擊梆赴飯廳早膳少息九點鐘擊鉦諸講堂聽授功課領回日記待問格十一點鐘歸齋研習

十 十二點鐘擊梆赴飯廳午膳少息三點鐘擊鉦諸講堂聽講并注錄日記待問格如有疑義須當面諮詢者許赴講座質問五點鐘歸齋

十一 七點半鐘擊梆赴飯廳晚粥畢在堂內習安步舒筋之法不准出堂上燈後閱涉獵之書十點鐘歸寢

常德明达学堂订立的学堂详细章程。

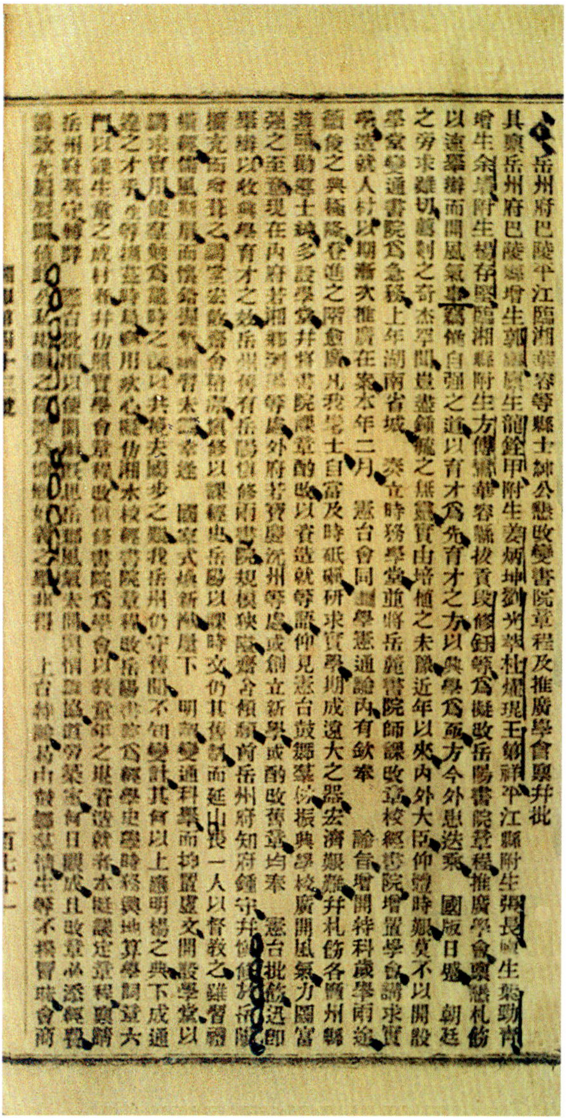

岳州府巴陵、平江、临湘、华容等县士绅关于改变书院章程及推广学会向抚署提交的联合呈文。

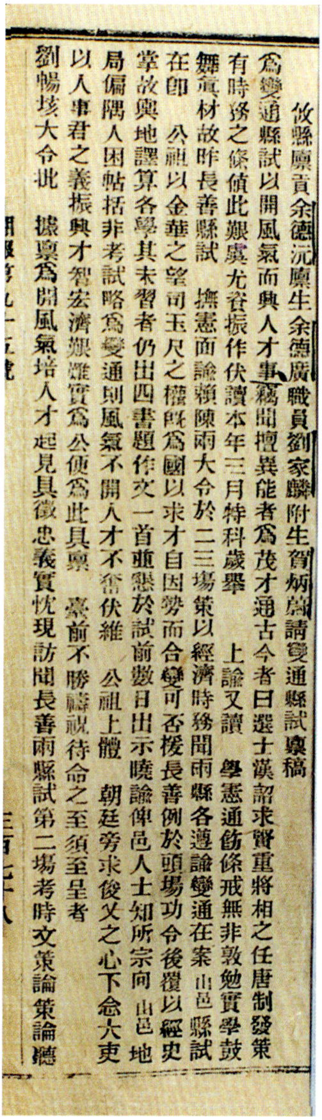

攸县廪贡生员请求变通县试的呈文。

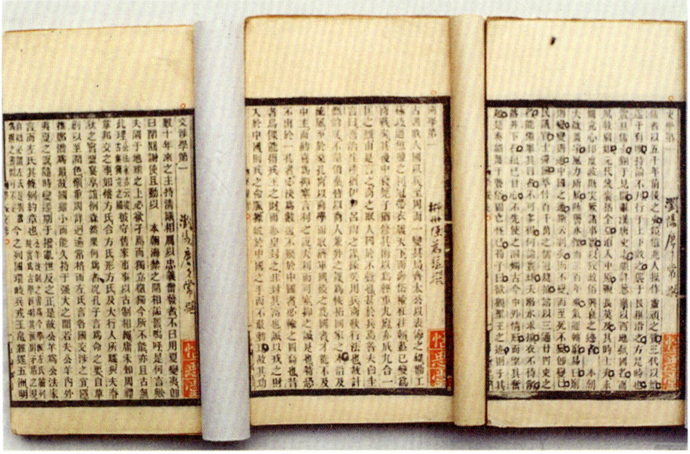

《湘学报》是湖南维新运动中创办的重要刊物之一，1897年4月24日由学政江标发起，唐才常、蔡钟濬等编辑创刊。各类专人撰写的文稿，介绍了西方资本主义国家的政治、经济、文化和自然科学知识。

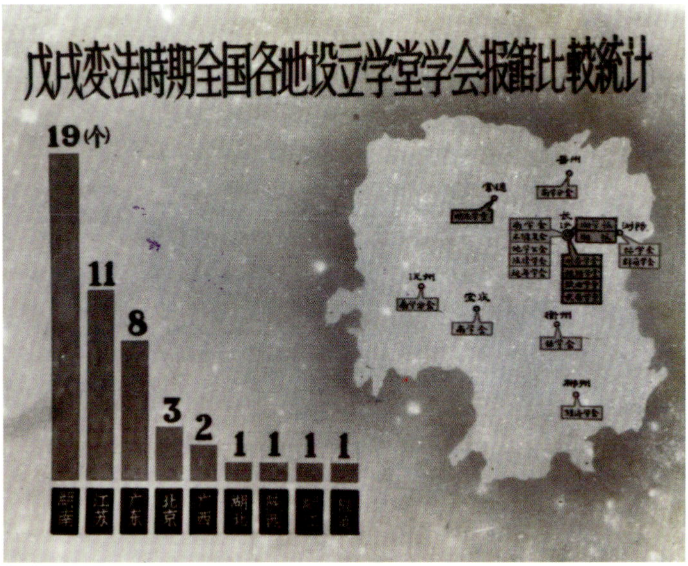

戊戌变法时期，湖南时务学堂设立之后，新式学堂、学会团体相继发展起来，领全国之先。图为戊戌变法时期全国设立学堂学会报馆的比较统计表。

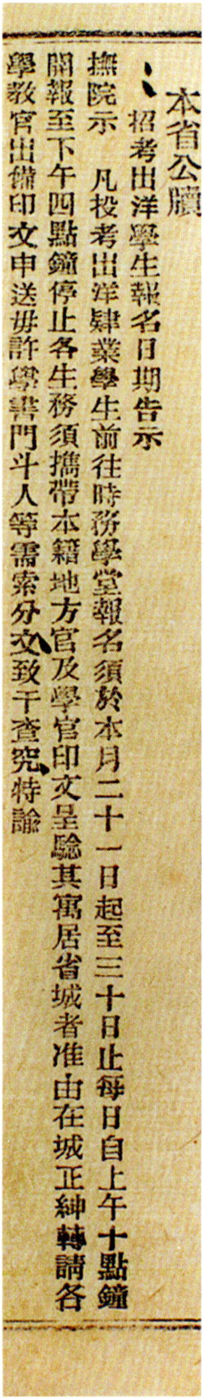

本省公牘

、招考出洋學生報名日期告示

撫院示 凡投考出洋肄業學生前往時務學堂報名須於本月二十一日起至三十日止每日自上午十點鐘開報至下午四點鐘停止各生務須攜帶本籍地方官及學官印文呈驗其寓居省城者准由在城正紳轉請各學教官出備印文申送毋許冒籍門斗人等需索分文致干查究特諭

湖南新式教育的兴起和发展，加速了近代资产阶级民主思想在湖南的传播和资产阶级知识分子群体的成长，促进了湖南留学运动的发展。这是湖南当局在《湘报》上刊登的有关招考留学生事宜的告示。

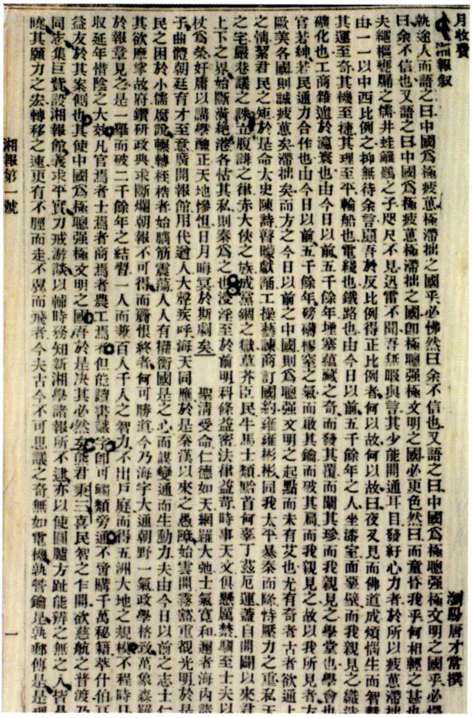

《湘报》是继《湘学报》之后湖南维新派人士 1898 年 3 月创办的湖南第一份日报，在很大程度上弥补了《湘学报》（旬刊）的不足，与当时颇具影响的时务学堂、南学会等互为表里。这是唐才常为《湘报》创刊所撰的《湘报》序言。

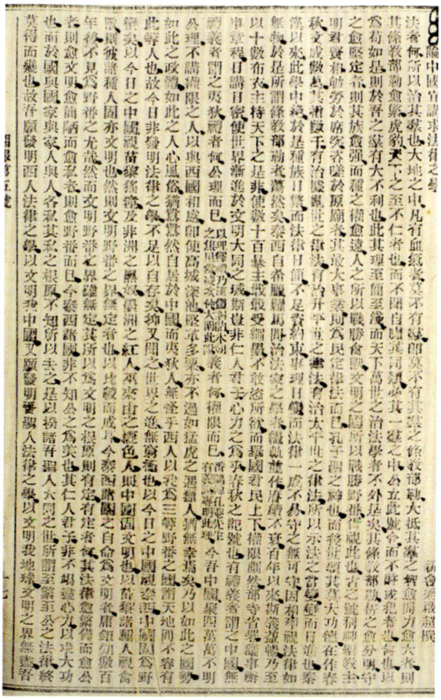

《湘报》所辟栏目，既有针砭时弊、宣传新政的论说文章，也有报道省内外新政的时事新闻，对营造维新舆论，壮大湖南维新运动声势起了重要作用。这是1898年3月11日《湘报》刊载的时务学堂中文总教习梁启超所撰的《论中国宜讲求法律之学》。

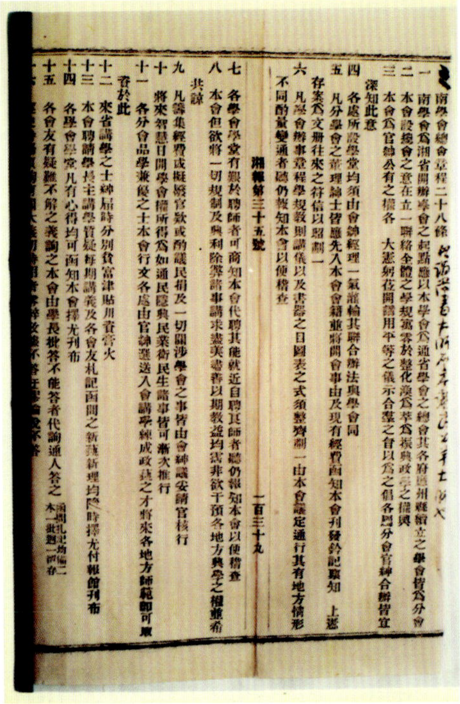

在巡抚陈宝箴的支持下，1898年初春，谭嗣同、唐才常等湖南维新人士正式创办维新政治团体“南学会”，这是南学会总会章程。

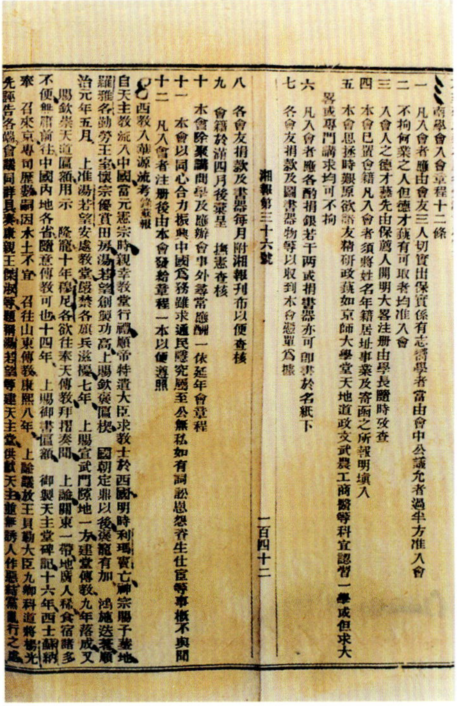

南学会入会章程。

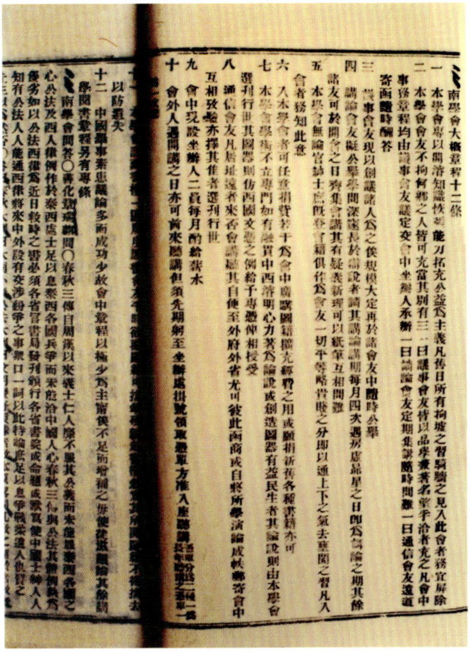

南學會大概章程十二條

一 本學會專以開濬知識恢張能力拓充公益爲主義凡舊日所有拘墟之習驕嬌之見入此會者務宜屏除

二 本學會會友不拘何鄉之人皆可充當其別有三 一曰議事會友皆以品學兼著名望孚洽者充之凡會中事務章程均由議事會友議定交會中坐辦人承辦 一曰講論會友定期集講臨時問難 一曰通信會友遠道寄函隨時酬答

三 議事會友現以創議諸人爲之俟規模大定再於諸會友中隨時公舉

四 講論會友擬公舉學問深邃長於論說者請其講論講期每月四次遇房虛昴星之日即爲講論之期其餘諸友可於開會之日齊集會講其有疑義新理可以紙筆互相問難

五 本學會無論官紳士庶既登會籍俱作爲會友一切平等略貴賤之分期以通上下之氣去壅閡之習凡入會者務知此意

六 入本學會者可任意捐貲若干爲會中購辦圖籍擴充經費之用或願捐新舊各種書籍亦可

七 本學會學術不立專門如有融貫中西溝明心力著爲論說或創造圖器有益民生者其論說則由本學會選刊行世其圖器則仿西國文憑之例給予專憑俾相授受

八 通信會友凡居址遠者來否會講聽其自便至外府外省尤可彼此函商或自將所學演論成帙郵寄會中互相致驗亦擇其佳者選刊行世

九 會中現設坐辦人二員每月酌給薪水

十 會外人遇開講之日亦可前來聽講但須先期函至坐辦處掛號領取憑單方准入座聽講

根据《南学会大概章程》规定：南学会的成员组成首先由巡抚选任本地绅士10人担任总会长，再由10位总会长各举所知，吸收“好义爱国之人”为会友，每州每县必须有会友3至10人。

经学大师、南学会10名总会长之一的学会学术主讲皮锡瑞（1850—1908）。

讲演是南学会的主要活动方式，南学会的讲演始终围绕维新变法这个中心主题进行，为维新运动的广泛开展营造舆论和社会氛围。这是巡抚陈宝箴在南学会第一次讲演会上作题为“论为学必先立志”的主题讲演画照。

南学会成立后，湖南各地纷纷效法，与学会同性质的团体组织如雨后春笋。这是浏阳群萌学会成立时拟订的学会章程。

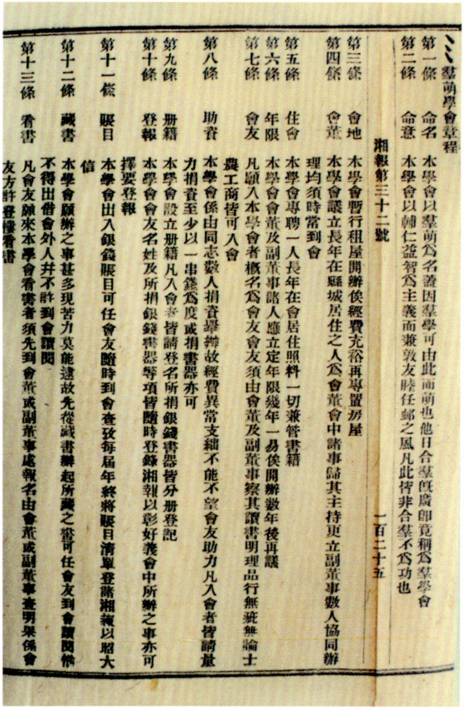

羣萌學會章程

湘報第三十二號　　一百二十五

第一條　命名　本學會以羣萌爲名蓋因羣學可由此而萌也他日合羣既廣即竟稱爲羣學會

第二條　命意　本學會以輔仁益智爲主義而兼敦友睦任卹之風凡此皆非合羣不爲功也

第三條　會地　本學會暫行租屋開辦俟經費充裕再專置房屋

第四條　會董　本學會議立長年在縣城居住之人爲會董會中諸事歸其主持更立副董事數人協同辦理均須時常到會

第五條　住會　本學會專聘一人長年在會居住照料一切兼管書籍

第六條　年限　本學會會董及副董事諸人應立定年限幾年一易俟開辦數年後再議

第七條　會友　凡願入本學會者槪名爲會友會友須由會董及副董事察其讀書明理品行無玷無論士農工商皆可入會

第八條　助資　本學會係由同志數人捐資舉辦故經費異常支絀不能不望會友助力凡入會者皆請量力捐資至少以一串錢爲度或捐書器亦可

第九條　册籍　本學會設立册籍凡入會者皆請登名所捐銀錢書器皆分册登記

第十條　登報　本學會會友名姓及所捐銀錢書器等項皆隨時登錄湘報以彰好義會中所辦之事亦可擇要登報

第十一條　賬目　本學會出入銀錢賬目可任會友隨時到會查考每屆年終將賬目清單登諸湘報以昭大信

第十二條　藏書　本學會願辦之事甚多現苦力莫能逮故先從藏書辦起所藏之書可任會友到會讀閱惟不得出借會外人并不許到會讀閱

第十三條　看書　凡會友願來本學會看書者須先到會董或副董事處報名由會董或副董事查明果係會友方許登樓看書

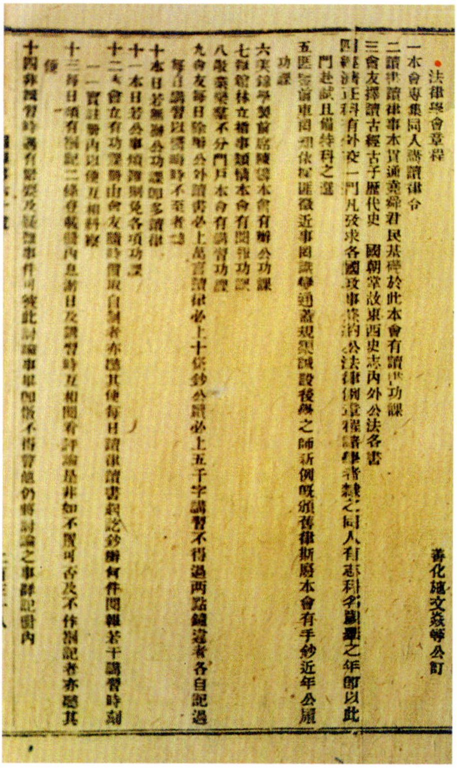

法律學會章程

善化施文焱等公訂

一本會專集同人講讀律令

二讀律讀律專求貫通堯舜君民基礎於此本會有讀律功課

三會友擇讀古經古子歷代史　國朝掌故東西史志內外公法各書

四經濟正科有外交一門凡考求各國政事條約公法律例章程諸學者皆之同人有志科名遇舉之年即以此門赴試且備特科之選

五匯纂前車因理依據證近事因讀學通蓋規聚誠設後舜之師新例既頒舊律斯廢本會有手鈔近年公牘功課

六實錄學製審格隸屬本會有辦公功課

七類館林立搞事類積本會有問答功課

八敬業樂羣不分門戶本會有講習功課

九會友每日除辦公外讀書必上萬言讀律必上十條鈔公牘必上五千字講習不得過兩點鐘違者各自記過每日講習以時刻不至者罰

十本日若無辦公功課即多讀律

十一本日若公事煩難則免各項功課

十二本會在有功課勝由會友隨時質疑自問者亦應其使每日讀律讀書鈔錄辦公各件閱報若干講習時刻一一實註簿內以便互相糾察

十三每日須有劄記二條存藏簿內息辦日及講習時互相閱看討論是非如不質可否及不作劄記者亦懲其罰

十四辯難習時為有疑要及疑難事件可彼此討論事畢照做不得背他仍將討論之事詳記簿內

长沙法律学会拟订的学会章程。

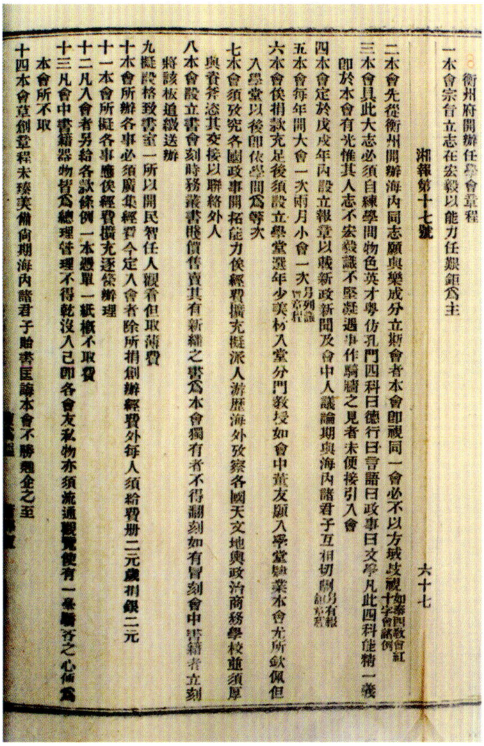

衡州府開辦任學會章程

湘報第十七號

六十七

一本會宗旨立志在宏毅以能力任艱鉅爲主

二本會先從衡州開辦海內同志願與樂成分立斯會者本會即視同一會必不以方域歧視（如泰西教會紅十字會諸例）

三本會具此大志必須自練學問物色英才學仿孔門四科曰德行曰言語曰政事曰文學凡此四科能精一藝即於本會有光惟其人志不宏毅識不堅凝遇事作騎牆之見者未便接引入會

四本會定於戊戌年內設立報章以載新政新聞及會中人議論期與海內諸君子互相切劘（另有報館章程）

五本會每年開大會一次兩月小會一次（另列議會章程）

六本會俟捐款充足後須設立學堂選年少美材入堂分門教授如會中黃友願入學堂肄業本會尤所欽佩但入學堂以後即依學問爲等次

七本會須考究各國政事開拓能力俟經費擴充擬派人游歷海外考察各國天文地輿政治商務學校並須厚與資斧恣其交接以聯絡外人

八本會設立書會刻時務叢書賤價售賣其有新譯之書爲本會獨有者不得翻刻如有冒刻會中書籍者立刻將該板追繳送辦

九擬設格致書室一所以開民智任人觀看但取薄費

十本會所辦各事必須廣集經費今定入會者除所捐創辦經費外每人須給費冊二元歲捐銀二元

十一本會所擬各事應俟經費擴充逐條辦理

十二凡入會者另給各款條例一本憑單一紙概不取費

十三凡會中書籍器物皆爲總理管理不得乾沒入己即各會友私物亦須流通觀覽使有一毫靳吝之心備爲本會所不取

十四本會草創章程未臻美備尚期海內諸君子貽書匡誨本會不勝馨企之至

衡州府任学会章程。

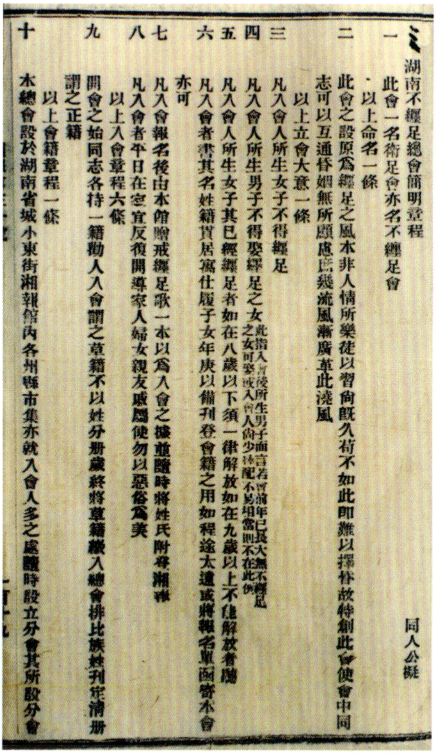

湖南不纏足總會簡明章程　同人公擬

一　此會一名衛足會亦名不纏足會

以上命名一條

二　此會之設原爲纏足之風本非人情所樂徒以習尚既久苟不如此即難以擇昏故特創此會使會中同志可以互通昏姻無所顧慮庶幾流風漸廣革此澆風

以上立會大意一條

三　凡入會人所生女子不得纏足

四　凡入會人所生男子不得娶纏足之女（此指入會後所生男子而言若會前年已長大無不纏足之女可娶或入會人尚少擇配不易均當酌量不在此例）

五　凡入會人所生女子其已經纏足者如在八歲以下須一律解放如在九歲以上不能解放者聽

六　凡入會者書其名姓籍貫居寓仕履子女年庚以備刊登會籍之用如程途太遠或將報名單函寄本會亦可

七　凡入會報名後由本館贈戒纏足歌一本以爲入會之據並隨時將姓氏附登湘報

八　凡入會者平日在室宜反復開導家人婦女親友戚黨使勿以惡俗爲美

以上入會章程六條

九　開會之始同志各持一籍勸人入會謂之草籍不以姓分冊歲終將草籍繳入總會排比族姓刊定清冊謂之正籍

以上會籍章程一條

十　本總會設於湖南省城小東街湘報館內各州縣市集亦就入會人多之處隨時設立分會其所設分會

光绪二十四年（1898）三月，谭嗣同、唐才常等发起成立“湖南不缠足总会”，由谭嗣同、唐才常、熊希龄、黄遵宪、徐仁铸、樊锥、易鼐等担任董事。总会宗旨为禁止缠足并防止妇女因放足而受到守旧分子的歧视，从而擂响了近代妇女解放运动的先声。这是不缠足总会拟订的简明章程。

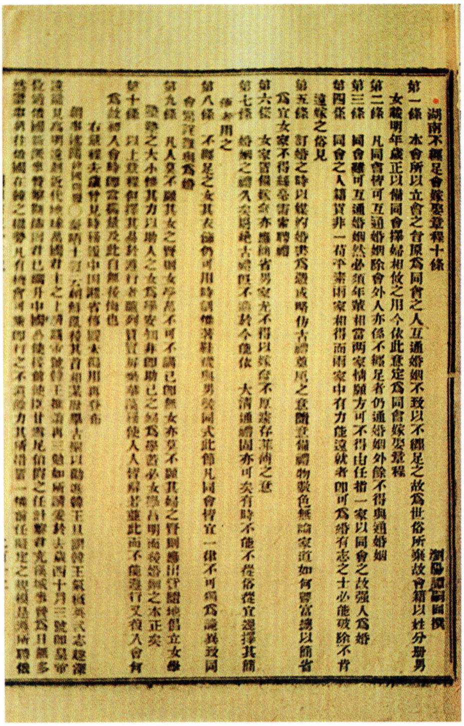

湖南不纏足會嫁娶章程十條　瀏陽譚嗣同撰

第一條　本會所以立會之旨原爲同會之人互通婚姻不致以不纏足之故爲世俗所棄故會籍以姓分册男女載明年歲正以備同會擇婦相攸之用今依此意定爲同會嫁娶章程

第二條　凡同會之人可互通婚姻除會外人亦係不纏足者仍通婚姻外餘不得與通婚姻

第三條　同會雖可互通婚姻然必須年輩相當兩家情願方可不得由任借一家以同會之故强人爲婚

第四條　同會之人籍貫非一苟平素兩家相得而兩家中有力能遠就者即可爲婚有志之士必能破除不肯遠嫁之俗見

第五條　訂婚之時以媒妁婚書爲憑或略仿古禮尊屈之意斷宜備禮物綵色無論家道如何豐富總以簡省爲宜女家不得絲毫需索聘禮

第六條　女家備妝奩亦須簡省男家尤不得以妝奩不厚遽存菲薄之意

第七條　婚姻之禮久失斷絕古禮既不適於今仍依　大清通禮固亦可矣有時不能不從俗從宜選擇其簡便者用之

第八條　不纏足之女其衣飾仍可用時式惟著鞋襪與男裝同式此節凡同會者宜一律不可獨爲詭異致同會男女難與爲婚

第九條　凡人莫不願其女之賢則女學萬不可不講已聘無女亦莫不願其婦之賢則宜出資助地倡立女學學之大小惟其力以助人之女爲學安知非即助己之婦爲學蓋必女學昌明而後婚姻之本正矣

第十條　以上章程但擇其易於遵行者職列以便人人皆知若並此而不能遵行又復入會何爲然入會時即當留意及此自無後悔也

[illegible]

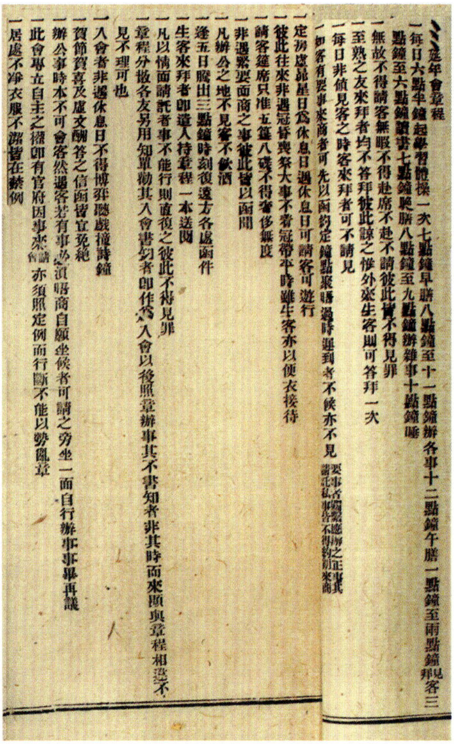

延年會章程

一每日六點半鐘起學習體操一次七點鐘早膳八點鐘至十一點鐘辦各事十二點鐘午膳一點鐘至兩點鐘見客三點鐘至六點鐘讀書七點鐘晚膳八點鐘至九點鐘辦雜事十點鐘睡

一無故不得請客無暇不得赴席不赴不請彼此皆不得見罪

一至熟之友來拜者均不答拜彼此諒之惟外來生客則可答拜一次

一每日非值見客之時客來拜者可不請見

一如客有要事來商者可先以函約定鐘點聚晤過時遲到者不候亦不見 [illegible]

一定拐處昂星日爲休息日遇休息日可請客可遊行

一彼此往來非遇冠昏喪祭大事不着冠帶平時雖生客亦以便衣接待

一請客筵席只准五簋八碟不得奢侈無度

一非遇緊要面商之事彼此皆以函聞

一凡辦公之地不見客不飲酒

一逢五日職出三點鐘時刻復遠方各處函件

一生客來拜者即遣人持章程一本送閱

一凡以情面請託者事不能行則直復之彼此不得見罪

一章程分撒各友另用知單勸其入會書勾者即作爲入會以後照章辦事其不書知者非其時而來願與章程相違不見不理可也

一入會者非遇休息日不得博弈聽戲撞詩鐘

一賀節賀喜及虛文酬答之信函皆宜免絕

一辦公事時本不可會客然遇客若有事必須晤商自願坐候者可請之旁坐一面自行辦事事畢再議

一此會專立自主之權即有官府因事來請會亦須照定例而行斷不能以勢亂章

一居處不淨衣服不潔皆在禁例

谭嗣同撰写的《湖南不缠足会嫁娶章程十条》。

光绪二十四年（1898）三月，在籍庶吉士熊希龄倡导成立以强健国民体质为宗旨的“湖南延年会”，由熊希龄、谭嗣同等担任董事。这是延年会章程。

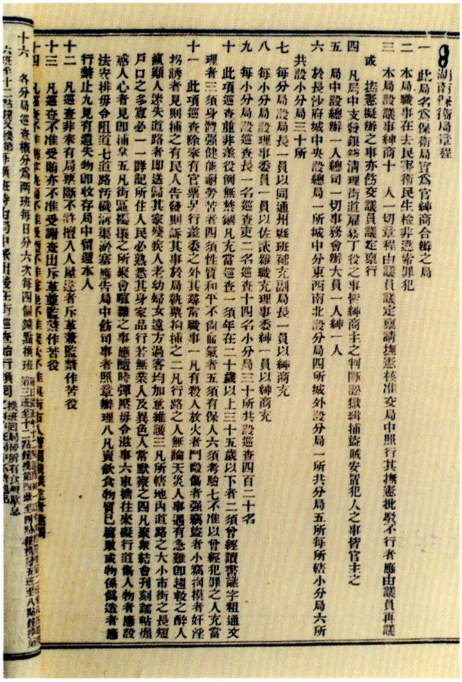

湖南保衛局章程

一 此局名爲保衛局實爲官紳商合辦之局

二 本局職事在去民害衛民生檢非違索罪犯

三 本局設議事紳商十人一切章程由議員議定稟請撫憲核准交局中照行其撫憲批駁不行者應由議員再議或撫憲擬辦之事亦飭交議員議定稟行

四 凡局中支發銀錢清理街道雇募丁役之事皆紳商主之判斷訟獄緝捕盜賊安置犯人之事皆官主之

五 局中設總辦一人總司一切事務會辦大員一人紳一人

六 於長沙府城中央設總局一所城中分東西南北設分局四所城外設分局一所共分局五所每所轄小分局六所共設小分局三十所

七 每分局設局長一員以同通州縣班補充副局長一員以紳商充

八 每小分局設理事委員一員以佐貳雜職充理事委紳一員以紳商充

九 每小分局設巡查長一名巡查吏二名巡查十四名小分局三十所共設巡查四百二十名

十 此項巡查並非差役例無禁錮凡充當巡查一須年在二十歲以上三十五歲以下者二須曾經讀書識字粗通文理者三須身體強健能耐勞苦者四須性質和平不尚血氣者五須有保人六須考驗七不准以曾經犯罪之人充當

十一 此項巡查除奉有官票另行差委之外其尋常職事一凡有殺人放火者鬥毆傷者強竊盜者小竊掏摸者奸淫拐誘者見則捕之有民人告發則訴其事於局執票拘捕之二凡行路之人無論天災人事遇有急難即趨救之醉人瘋顛人迷失道路者即送歸其家殘疾人老幼婦女遠方過客均加意維護三凡所轄地內道路之大小市街之長短戶口之多寡必一一詳記所住人民必熟悉其身家品行若無業人及異色人常默察之四凡聚衆結會刊刻謠帖煽惑人心者見即捕拏五凡街衢擾攘之所聚會喧雜之事應隨時彈壓毋令滋事六車擔往來礙行道傷人物者應設法安排毋令阻道七道路汙穢溝渠淤塞應告局中飭司事者照章辦理八凡賣飲食物質已腐敗或物係僞造者應行禁止九見有遺失物即收存局中留還本人

十二 凡巡查非奉有局票斷不許擅入人屋違者斥革兼監禁作苦役

十三 凡巡查不准受賄亦不准受酬查出斥革並監禁作苦役

十四 [illegible]

十六 各分局巡查概分爲兩班每日分六次每四個鐘點換班 [illegible]

维新运动期间由湖南开明绅士倡导、仿效西方资本主义国家的警察制度设立的“湖南保卫局”，旨在“去民害，卫民生，检非为，索罪证”，以保护官绅士商利益。这是由署按察使黄遵宪等人撰写的《保卫局章程》。

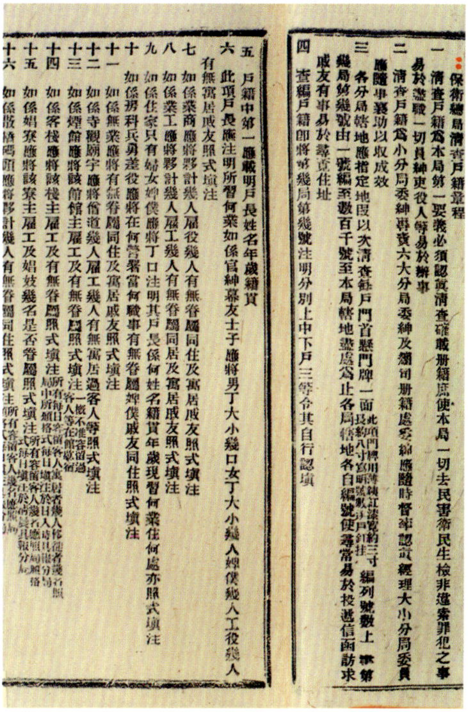

保衛總局清查戶籍章程

一 清查戶籍爲本局第一要義必須認眞清查確載册籍庶使本局一切去民害衛民生檢非違索罪犯之事易於盡職一切員紳吏役人等易於辦事

二 清查戶籍爲小分局委紳專責六大分局委紳及總司册籍處委紳應隨時督率認眞經理大小分局委員應隨事襄助以收成效

三 各分局轄地應指定地段以次清查每戶門首懸門牌一面（此項門牌用薄鐵江漆寬約三寸長約八寸寫明號數戶主釘挂）編列號數上書第幾局第幾號由一號編至數百千號至本局轄地盡處爲止各局轄地各自編號使尋常易於投遞信函訪求戚友有事易於尋査住址

四 查編戶籍即將第幾局第幾號注明分別上中下戶三等令其自行認塡

五 戶籍中第一應載明戶長姓名年歲籍貫

六 此項戶長應注明所習何業如係官紳幕友士子應將男丁大小幾口女丁大小幾人婢僕幾人工役幾人有無寓居戚友照式塡注

七 如係業商應將夥計幾人雇役幾人有無眷屬同住及寓居戚友照式塡注

八 如係業工應將夥計幾人雇工幾人有無眷屬同居及寓居戚友照式塡注

九 如係住家只有婦女婢僕應將丁口注明其戶長係何姓名籍貫年歲現習何業住何處亦照式塡注

十 如係[illegible]科兵勇差役應將在何營署當何職事有無眷屬婢僕戚友同住照式塡注

十一 如係無業應將有無眷屬同住及寓居戚友照式塡注

十二 如係寺觀廟宇應將僧道幾人雇工幾人有無寓居過客人等照式塡注

十三 如係煙館應將該館館主雇工及有無眷屬照式塡注（一概不准容留過客人等在館歇宿）

十四 如係客棧應將該棧主雇工及有無眷屬照式塡注（[illegible]）

十五 如係娼寮應將該寮主雇工及娼妓幾名是否眷屬照式塡注（[illegible]）

十六 如係散檣碼頭應將夥計幾人有無眷屬同住照式塡注（[illegible]）

湖南保卫局拟订的《清查户籍章程》。

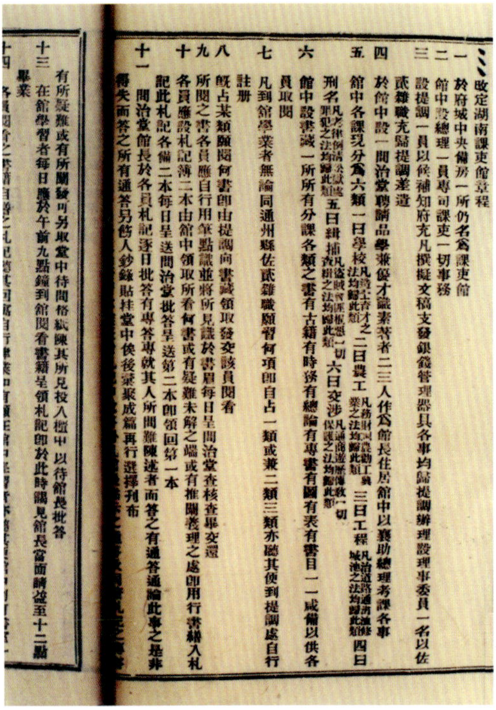

改定湖南課吏館章程
一 於府城中央備房一所仍名爲課吏館
二 館中設總理一員專司課吏一切事務
三 設提調一員以候補知府充凡撰擬文稿支發銀錢管理器具各事均歸提調辦理設理事委員一名以佐貳雜職充歸提調差遣
四 於館中設一間治堂聘請品學兼優才識素著者二三人作爲館長住居館中以襄助總理考課各事
五 館中各課現分爲六類 一曰學校（凡講士習才之法均歸此類） 二曰農工（凡務財訓農勸工與業之法均歸此類） 三曰工程（凡治道路通溝渠修城池之法均歸此類） 四曰刑名（凡考律例清訟獄遵罪犯之法均歸此類） 五曰緝捕（凡除盜賊查匪類緝之法均歸此類） 六曰交涉（凡通商遊歷傳教一切保護之法均歸此類）
六 館中設書藏一所所有分課各類之書有古籍有時務有總論有專書有圖有表有書目一一咸備以供各員取閱
七 凡到館學業者無論同通州縣佐貳雜職願習何項即自占一類或兼二類三類亦聽其便到提調處自行註冊
八 既占某類願閱何書即由提調向書藏領取發交該員閱看
九 所閱之書各員應自行用筆點識並將所見識於書眉每日呈間治堂查核查畢交還
十 各員應設札記簿二本由館中領取所看何書或有疑難未解之端或有推闡義理之處即用行楷入札記此札記各備二本每日呈送間治堂批答呈送第二本即領回第一本
十一 間治堂館長於各員札記逐日批答有專答專就其人所問難陳述者而答之有通答通論此事之是非得失而答之所有通答另飭人鈔錄貼挂堂中俟後彙聚成篇再行選擇刊布
有所疑難或有所闡發可另取堂中待問格紙陳其所見投入櫃中以待館長批答
十三 在館學習者每日應於午前九點鐘到館閱看書籍呈領札記即於此時謁見館長當面請益至十二點畢業
十四 [illegible]

湖南保卫局拟订的《清理街道章程》。

保衛總局清理街道章程
一 每一分局雇清道夫二名自備車兩輛箕一件竹掃一把大筬籃兩三個每晨將所轄境內各戶門口掃出污穢棄物收拾乾淨堆積筬籃中暫放一處俟收清時立即陸續運送出城
二 本局所轄境內各店住屋每日應將所掃污穢棄物堆置門口四月五月六月應在五點鐘以前七月八月九月應在六點鐘以前十月十一月十二月應在七點鐘以前正月二月三月應在六點鐘以前概行放出以便本局清道夫前往收拾不得踰越此時
三 如過上條所開時候隨便堆棄在街巷者應行阻止如抗違不聽任意堆擲應回明本局員紳勸辦若又不遵即將該戶編作另戶該戶門口任人堆積棄物本局清道夫不爲收拾該戶如有竊盜鬭毆各事本局概不經理
四 此項澄淨棄物污穢雜然最易生病是以本局清道夫代爲打掃若爆灰瓦屑等物應由該戶自行搬運
五 如有建造新房所用磚瓦竹石等物亦責成該戶於竣工時自行搬運出城本局不爲經理
六 城內各戶向有舖佔官街阻礙行路等事俟稜設立新章一概查驗再行訂明尺寸寬窄照法清理此項章程未定之前不得又霸瓦缸木石及貨攤等項再加佔塞違者由巡查稟明該局員紳核辦
七 城中用車載運長木巨石往往阻礙行人不能往來以後應令用人擡運不得用車裝載有違者著查城門委員及巡役等行阻止
八 所有小菜擔擔等往往阻碍街道以後應由局另設新菜市爲安置有不遵章者巡查稟明該局員紳核辦
九 [illegible]
十 [illegible]
十一 [illegible]

为整顿湖南吏治，湖南抚署当局采纳时务学堂梁启超等人提议，组织设立由按察使署主管的“湖南课吏馆”。这是修改制定的《课吏馆章程》。

三、戊戌政变与湖南维新事业的失败

光绪二十四年（1898）四月北京政变发生，戊戌维新失败，作为维新运动肇始和推行最力的湖南，受打击也首当其冲，推行新政的在任官吏被纷纷革职，湖南新政被摧残殆尽。但是，湖南维新变法的深远影响，极大地影响了湖南人的心理状况、文化生活方式、社会风气和社会观，促成湖南近代新式知识分子人才群体的成长与崛起，使湖南很快成为中国资产阶级民主革命的重要基地之一。

光绪二十四年（1898）八月，湖南维新志士谭嗣同怀着“朝廷毅然变法，国事大有可为”的心情奉调入京，旋即擢升为四品衔军机章京，直接参与新政。这是他（中）与侄儿怀生及其塾师在南京的留影。

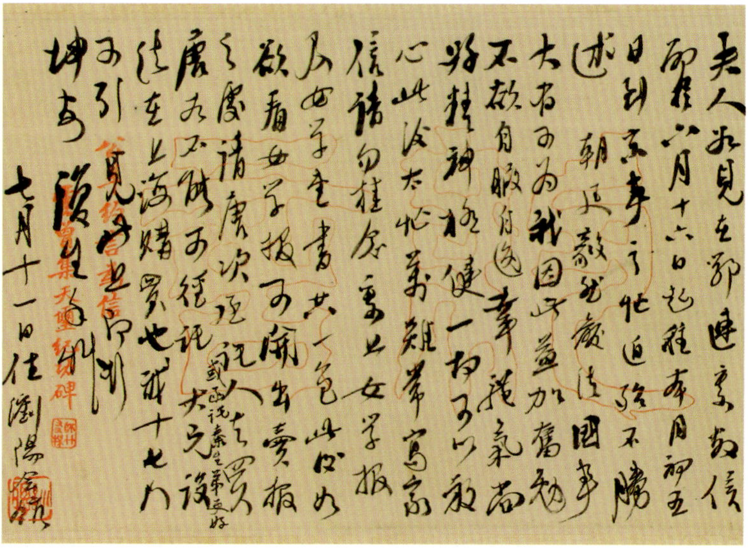

1898年8月，谭嗣同奉诏进京，被授以四品军机章京，参与戊戌变法。这是他进京途经武汉时写给夫人的信札，信中所言“朝廷毅然变法，国事大有可为”，表明谭嗣同对朝廷变法、国家图强的信心。

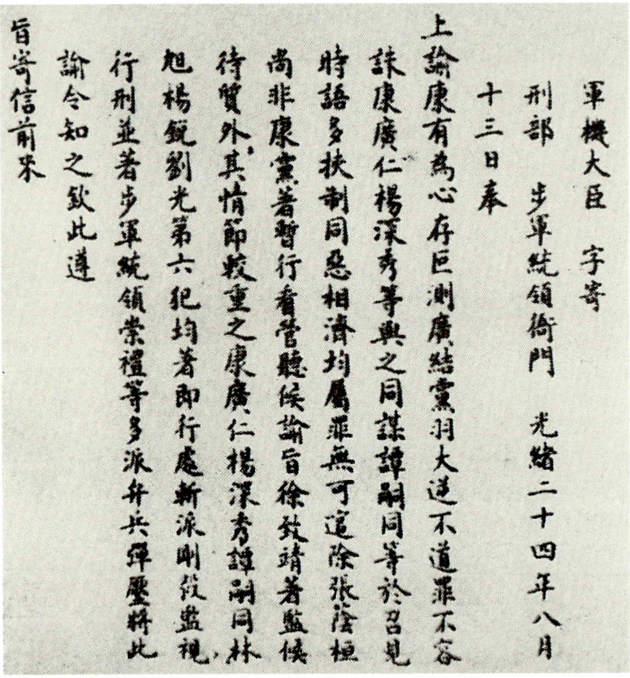

軍機大臣 字寄
刑部 步軍統領衙門 光緒二十四年八月
十三日奉
上諭康有為心存叵測廣結黨羽大逆不道罪不容
誅康廣仁楊深秀等與之同謀譚嗣同等於召見
時語多狂悖同惡相濟均屬罪無可逭除張蔭桓
尚非康黨著暫行看管聽候諭旨徐致靖著監候
待質外其情節較重之康廣仁楊深秀譚嗣同林
旭楊銳劉光第六犯均著即行處斬派剛毅監視
行刑並著步軍統領崇禮等多派弁兵彈壓將此
諭令知之欽此遵
旨寄信前來

戊戌新政的推行，在一定程度上触到慈禧太后为代表的清王朝后党保守势力的权益，引起了他们的极度恐慌，从而发动政变，囚禁光绪皇帝，积极推行新政的谭嗣同等被杀害。这是清廷处斩谭嗣同等“戊戌六君子”的谕令及六君子慷慨赴刑画照。

9月24日，慈禧太后突然发难，谭嗣同等6人被捕，戊戌变法失败。28日，谭嗣同等英勇就义。这是后人为纪念谭嗣同于1913年修建在浏阳县城关的谭嗣同祠。

北京政变发生后，在湖南积极支持维新变法、推行新政的巡抚陈宝箴、黄遵宪等被革职，湖南所施新政除保卫局、矿务局外，一律取缔，湖南维新运动失败。图为被革职的陈宝箴（左）、黄遵宪在湘江边上依依惜别。（版画照）

四、自立军在湖南的活动

自立军是中国近代资产阶级维新派组织的武装，光绪二十六年（1900）七月初，唐才常、林圭由自立会推举主持自立军活动事务，于月底从上海前往汉口英租界设立机关部，在湖北襄阳、沙市，湖南岳阳、长沙等地设立分支机构，部署自立军起义事宜。指派人员联络哥老会各地头目，设立“富有山堂”，发行“富有票”，发展会众，一时响应者云集。

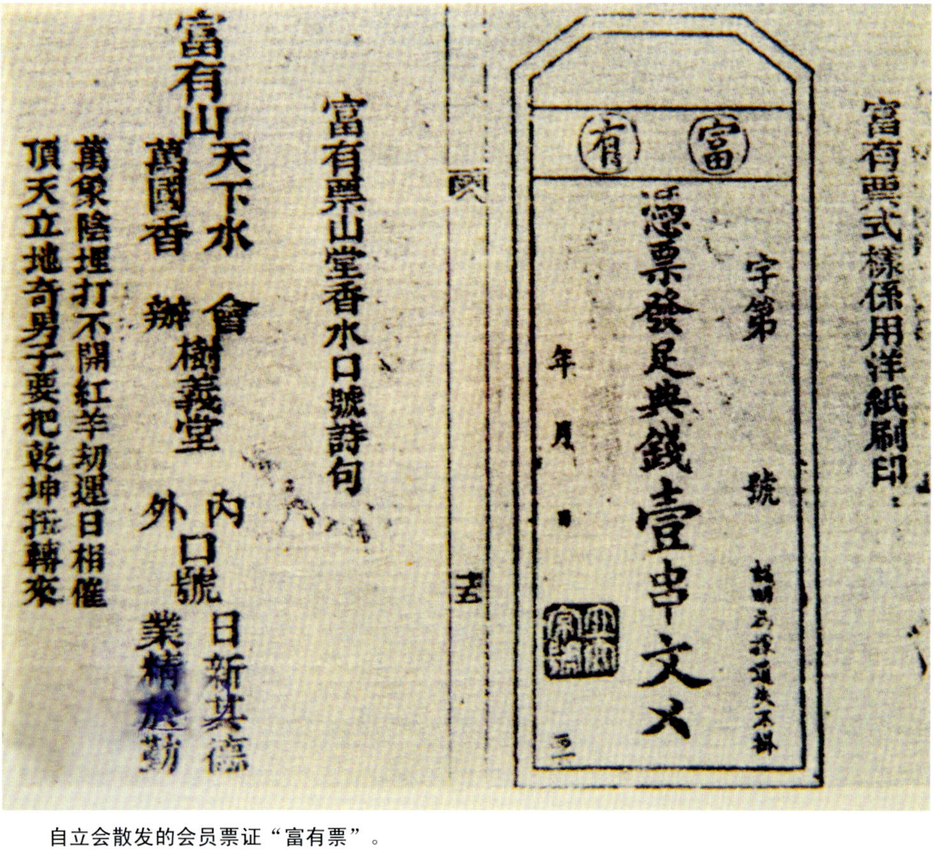

自立会散发的会员票证“富有票”。

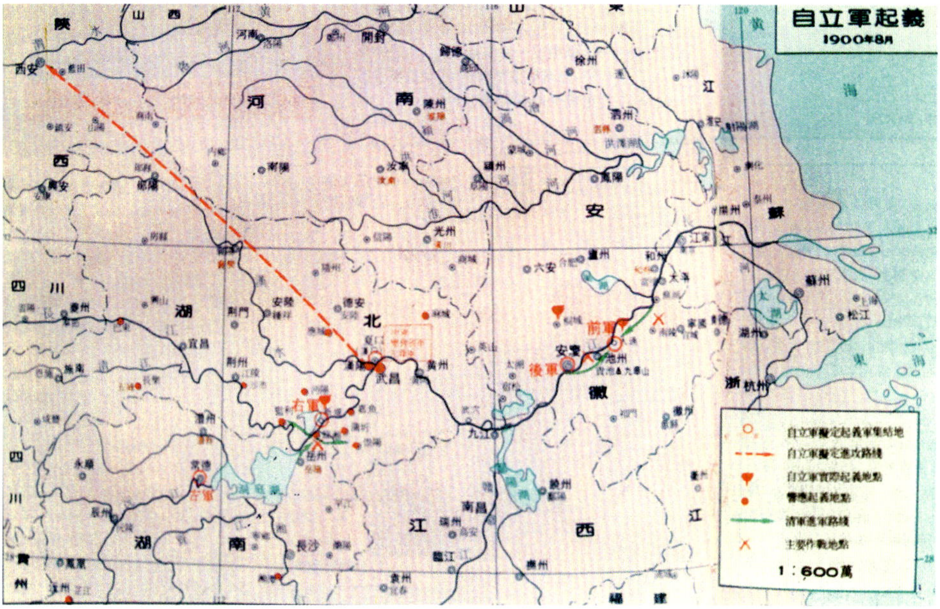

唐才常发动自立军起义示意图。

林圭（1875 — 1900），字述唐，号悟庵，湖南湘阴人。1900 年与唐才常等组织自立军，任中军统领。起义失败后，与唐才常等一起遇害。

沈荩（1872 — 1900），字愚溪，湖南善化（今长沙）人。1900 年与唐才常等组织自立军，任右军统领。起义失败后，继续从事反清活动，被清政府杀害。

李炳寰（1877－1900），湖南慈利人。1899年参加策划自立军起义，并任中军助理（协统）兼自立军总文案。起义失败后，与唐才常等一起遇害。

李树芳（1846－1900），李炳寰父。支持自立军起义，1900年11月被捕遇害。

1900年8月22日，已经侦悉自立军行将发动起义计划的清湖广总督张之洞先发制人，查封自立军总部机关，自立军领袖唐才常、林圭等20余人被捕，旋即就义于武昌，自立军起义失败。这是后人修建于武昌小洪山的自立军烈士墓道。

1902年刘坤一去世后，清王朝鉴于刘坤一在维护清朝统治中的贡献和影响，追封为一等男爵，赠太傅，谥忠诚。这是刘坤一墓庐所立的光绪帝上谕碑。

刘坤一（1824 — 1902），清大臣，字岘庄。湖南新宁人。太平天国起义后入江忠源幕。1862 年（同治元年）起历任广西布政使、江西巡抚、两江总督。在中俄伊犁交涉中，不为沙俄要挟所屈。中日甲午战争时，支持对日作战。1895 年强学会成立，捐五千金列名入会。1901 年与张之洞连上三疏，提出兴学育才、整顿朝政、兼采西法等主张，称“江楚三折”，从而开启了清末改革的先声。

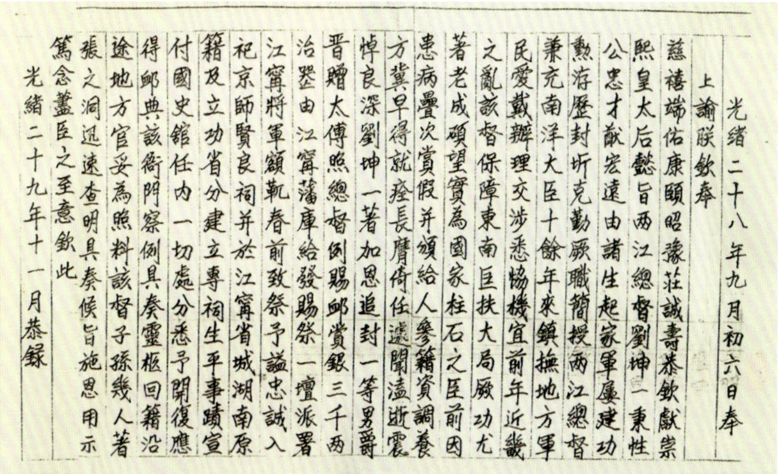

光緒二十八年九月初六日奉
上諭朕欽奉
慈禧端佑康頤昭豫莊誠壽恭欽獻崇
熙皇太后懿旨兩江總督劉坤一秉性
公忠才猷宏遠由諸生起家軍屢建功
勳洊歷封圻克勤厥職簡授兩江總督
兼充南洋大臣十餘年來鎮撫地方軍
民愛戴辦理交涉悉協機宜前年近畿
之亂該督保障東南匡扶大局厥功尤
著老成碩望實為國家柱石之臣前因
患病疊次賞假并頒給人參藉資調養
方冀早得就痊長膺倚任遽聞溘逝震
悼良深劉坤一著加恩追封一等男爵
晉贈太傅照總督例賜卹賞銀三千兩
治喪由江寧藩庫給發賜祭一壇派署
江寧將軍額勒春前往致祭予謚忠誠入
祀京師賢良祠并於江寧省城湖南原
籍及立功省分建立專祠生平事蹟宣
付國史館任內一切處分悉予開復應
得卹典該衙門察例具奏靈柩回籍沿
途地方官妥為照料該督子孫幾人著
張之洞迅速查明具奏候旨施恩用示
篤念藎臣之至意欽此
光緒二十九年十一月恭錄

第四节　世纪之交的湖南社会

20世纪初，随着戊戌维新运动、唐才常自立军起义的失败与紧接着发生的帝国主义八国联军侵华事件、义和团反帝爱国运动，民族矛盾与社会矛盾日益加剧，对湖南社会产生了重大影响。20世纪初，清朝廷在全国推行新政。这一时期，清王朝在湖南的统治秩序日益恶化，下层民众的生活得不到任何保障，日益穷困潦倒。多种社会因素的积淀，导致社会关系的大变革，从而为即将到来的大规模的民族民主革命运动奠定了广泛的社会基础。

一、晚清湖南新政

具有戊戌维新社会基础的湖南，随着新政在全国的推行而实施编练新军、开办学堂、成立谘议局等新政措施。新政的推行，给备受戊戌维新失败时摧残的湖南社会带来了有限的社会新气象。

20世纪初期的湖南巡抚衙门。

20世纪初期的长沙税关。

20世纪初期湖南巡抚的兵船。

20世纪初期清政府编练新式军队中的湖南湘威常备军官兵。

20世纪初期清兵长沙水军兵士。

二、大变革前夜的湖南社会

湖南固有的地理环境，决定了湖南属于自然灾害频发的地域；民族与社会矛盾的加剧，使得人们雪上加霜，苦不堪言，湖南社会在漫漫长夜中前行。

洞庭湖是湖南的母亲湖，受自然和人为因素的影响，其演变（主要是泥沙淤积）过程，一直没有停息。这是清末民初时期的洞庭湖形势图。

宣统元年（1909）洞庭湖畔的饥饿老人。

20 世纪初期，湖南水旱自然灾害频频发生，使本已潦倒的民众生活雪上加霜。这是当时的饥民和小流浪者。

光绪三十一年（1905）中国首次发现血吸虫病例的湖南常德周家店。

20世纪初湖南流通使用的湖南省造壹角“光绪元宝”银币。

20世纪初湖南流通使用的湖南省造当十文“咸丰元宝”铜钱。

20世纪初湖南流通使用的湖南省造当五十文“咸丰元宝”铜钱。

20世纪初湖南流通使用的湖南省造当百文“咸丰元宝”铜钱。

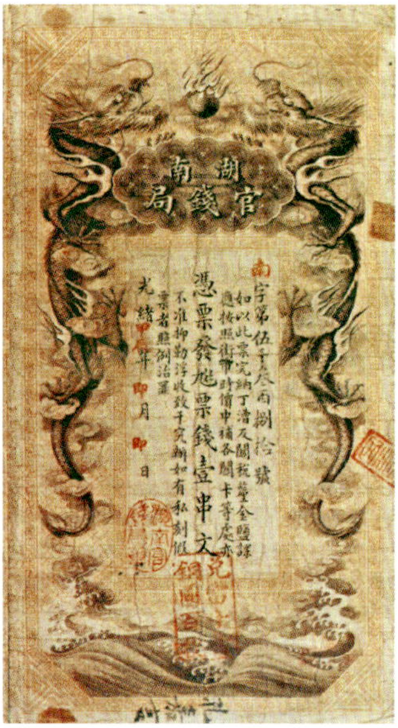

20世纪初湖南流通使用的湖南官钱局“一串文”纸币。

20世纪初湖南流通使用的湖南官钱局“省平足银”壹两银票。

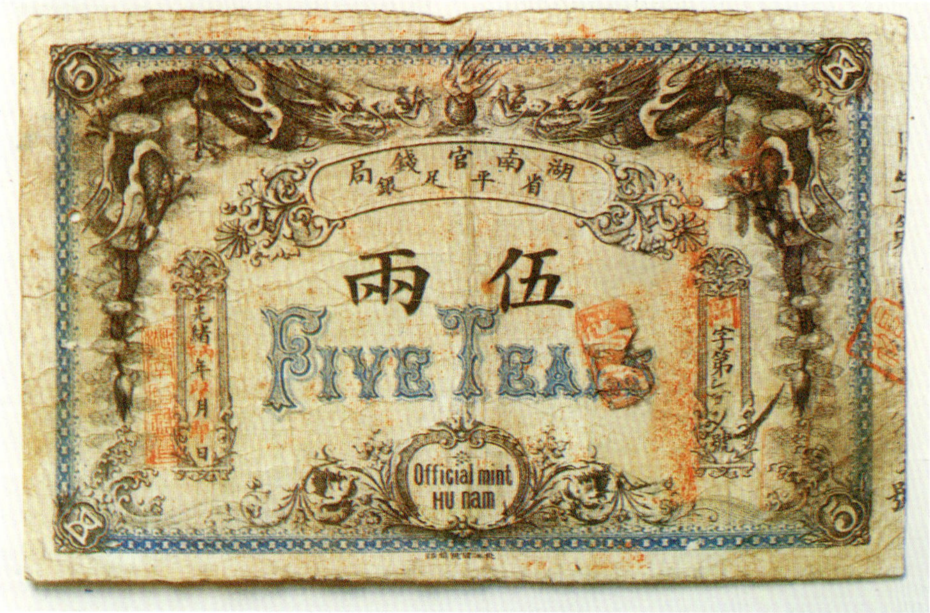

20世纪初湖南流通使用的湖南官钱局“省平足银”伍两银票。

20世纪初湖南流通使用的湖南官钱局“当十铜元壹佰枚”钱票。

清末艺人笔下的苗民生活图。

第八章　辛亥革命前后的湖南
（1904年至1918年）

进入20世纪，戊戌维新运动给湖南带来的重大影响日益显现出来，特别是以工矿业为主的民族资本主义的初步发展，新式学堂的开设和留日学生的大批派遣，促成了一代资产阶级知识分子群体的悄然崛起，而湖南新军的编练，使湖南士人风气和习俗发生了耳目一新的变更。这一变更的结果，不仅标志着整个湖南士人已由传统的封闭向近代的开放转变，而且为日趋激进的资产阶级民主革命铺垫了广泛的社会基础，使湖南在全国的地位再次提升。

湖南是全国最早出现资产阶级民主革命团体的地区之一。1904年初，黄兴、陈天华、宋教仁等在长沙创立华兴会，酝酿部署长沙起义，是为湖南资产阶级民主革命运动的发端。1905年，华兴会与孙中山领导的兴中会等团体在日本联合成立中国同盟会后，以禹之谟为代表的湖南革命党人，积极宣传和推行同盟会总部政纲，在湖南掀起了轰轰烈烈的反清革命斗争。刘道一、龚春台等同盟会会员则受同盟会总部的派遣，在湘赣边境组织发动了震惊中外的萍浏醴起义。这是中国同盟会成立后领导发动的第一次大规模武装起义。

资产阶级革命团体及其在湖南的发展，极大激发了湖南人民的民主革命意识和觉悟。1910年爆发的长沙“抢米”风潮及各地农民暴动，虽然由于缺乏统一的组织领导而被统治当局所镇压，但它与湖南立宪派先后领导的“废约自办运动”、“集股筑路运动”、“保路运动”等一起，加深了清王朝统治的危机，为辛亥革命的爆发和湖南的光复吹响了战斗的号角。

中华民国的成立，结束了统治中国两千多年的封建专制制度，湖南人民以及湘籍资产阶级革命家们为此建立了不可磨灭的历史功绩，并为捍卫民主共和的旗帜付出了极大努力和惨重代价。此后，南北军阀在湖南的战争及其黑暗的统治，给湖南的社会发展和人民生活造成了深重的灾难，但没有削减湖南人民的革命意志。随着新兴阶级力量——无产阶级的发展壮大，湖南又成为举世瞩目的革命策源地之一。

第一节　辛亥革命在湖南

继唐才常组织领导的自立军起义失败后，1904年，黄兴等揭竿而起，湖南资产阶级革命运动日益高涨。在此以后，无论是同盟会组织发动的萍浏醴起义，还是立宪派掀起的保路运动，或是城乡居民自发的长沙“抢米”风潮，都不同程度地加深了清王朝统治的危机，为辛亥革命在湖南的发动创造了条件。

1911年10月中旬，辛亥革命武昌起义的消息传到湖南，湖南革命党人立即召集会议，成立以焦达峰、陈作新为首的同盟会战时统筹部，确定起义日期，组织革命力量。10月22日，在起义机密泄露的紧急情况下，湖南新军在焦达峰、陈作新的指挥下宣布起义，攻占抚署，成立以焦达峰、陈作新为正、副都督的中华民国军政府湖南都督府。在新军入城之时，湖南巡抚余诚格仓皇无计，急令左右在大堂高悬“大汉”白旗，以示投降，自己则化装而逃，清政府对湖南的封建统治宣告消亡。湖南都督府成立后，立即通电全省各道、府、州、县。至11月5日，全省除湘西辰沅永靖地区外均获光复。然而，长沙光复的硝烟尚存，一部分反动军人即发动长沙兵变，谭延闿登上了湖南都督的宝座，取得了他第一次督湘的政治地位。谭延闿在基本保持都督府革命性质和既定方针的同时，推行了一系列开明政策和稳定局势、发展经济的措施。

袁世凯就任中华民国大总统后的独裁统治，激起了全国民众的义愤。1913年夏，湖南革命党人响应孙中山号召，加入到讨伐袁世凯独裁统治的“二次革命”行列，到8月13日湖南宣布取消独立，“二次革命”失败，湖南从此进入北洋军阀的黑暗统治时期。

一、华兴会的成立与民主革命的兴起

光绪三十年（1904），黄兴与志同道合的宋教仁、陈天华等在长沙组织成立两湖地区第一个资产阶级革命团体“华兴会”，拉开了湖南资产阶级民主革命运动的帷幕，轰轰烈烈的民族民主革命运动的开展，使湖南再次成为国人关注的焦点。

黄兴（1874—1916），中国资产阶级民主革命领袖，湖南善化人。1903年夏，黄兴从日本回到长沙，以私立明德学堂教员身份为掩护，宣传反满思想，暗中物色同志，于1904年除夕之夜与陈天华、宋教仁等成立华兴会，致力于推翻满清统治的资产阶级民族民主革命运动。图为被推为华兴会会长的黄兴。

位于今长沙县黄兴镇扬托村的黄兴故居。

陈天华（1875 — 1905），华兴会发起人之一，湖南新化人。1903 年留学日本，参与组织拒俄义勇队和军国民教育会，所著《猛回头》、《警世钟》等书，在资产阶级民主革命运动中产生了极其重要的影响。

宋教仁（1882 — 1913），著名资产阶级民主革命家，华兴会发起人之一，湖南桃源人，中国同盟会重要成员。1912 年 8 月，同盟会改组为国民党时出任代理理事长。

华兴会是两湖地区第一个资产阶级革命团体。为避免官方注意，华兴会以“兴办矿业”为名，对外挂牌为“华兴公司”。入会者均以“入股”相号召，并以“同兴扑满，当面算清”为口号，隐含“扑灭满清”之意。这是华兴会在长沙成立旧址——西园龙宅。

华兴会成立后秘密活动场所之一——长沙天心阁。

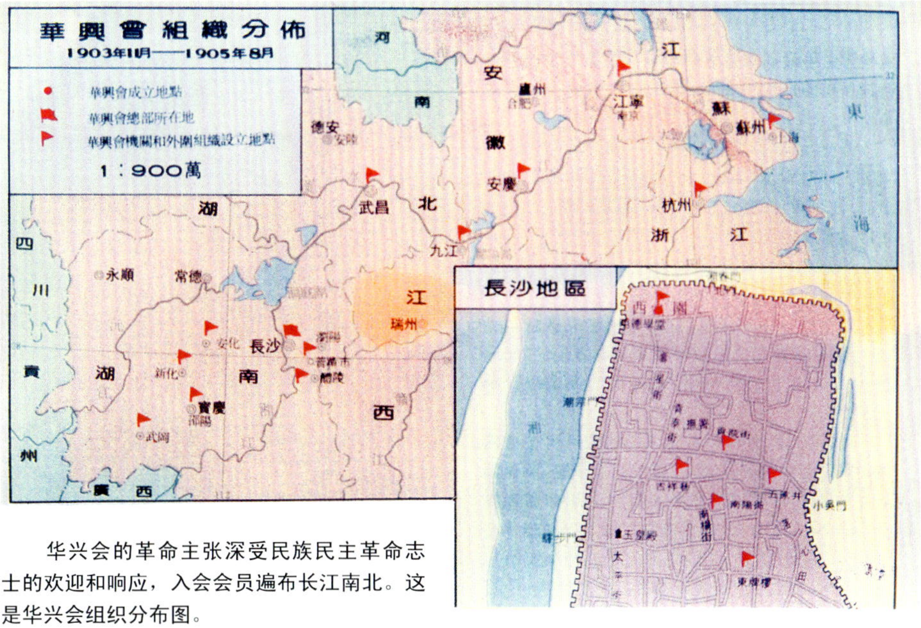

华兴会的革命主张深受民族民主革命志士的欢迎和响应，入会会员遍布长江南北。这是华兴会组织分布图。

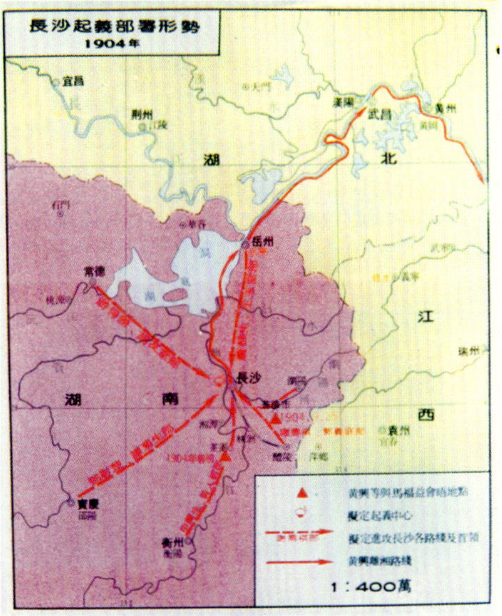

华兴会成立后即联络会党、武备学堂及新军力量，着手武装起义的筹备，拟定于11月6日举行反清武装起义。这是长沙起义部署形势图。

华兴会长沙起义因计划泄露未能举行，在清廷湖南地方当局的追捕中，黄兴、宋教仁等重要领导人和骨干相继避赴上海，东渡日本。这是事泄被捕的起义副总指挥、湖南会党首领马福益。

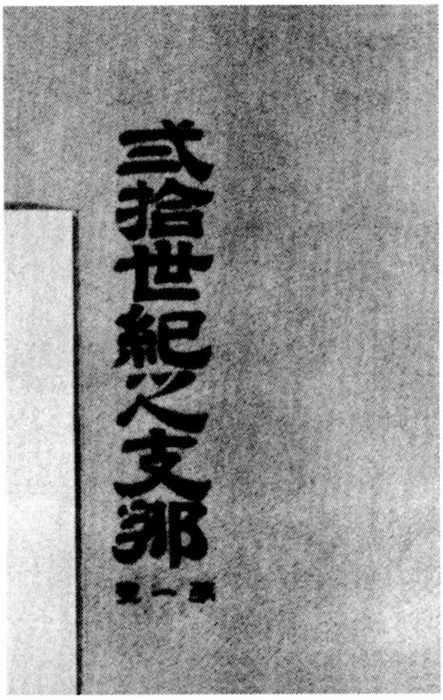

黄兴、宋教仁等避赴日本后，为了在留日学生中宣传华兴会宗旨，扩大华兴会影响，宋教仁在东京创办了以宣传爱国主义、鼓吹民族民主革命为主要内容的《二十世纪之支那》杂志。

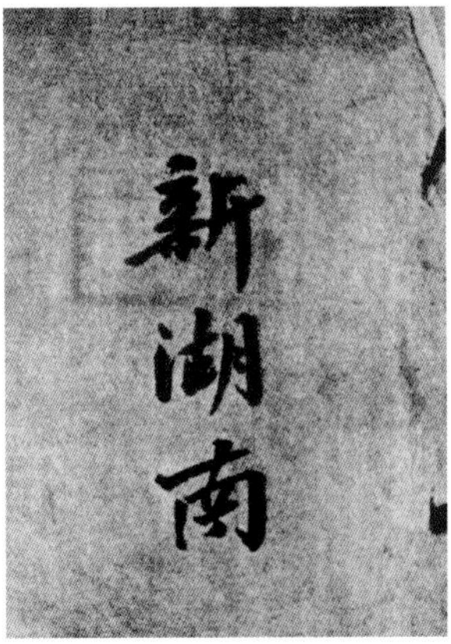

《新湖南》，为湖南近代著名资产阶级民主革命思想宣传家、革命活动家杨毓麟于1902年在日本东京所著述，1903年4月在东京出版。作者在书中以广阔的视野探索了20世纪的时代特征，把拯救中华民族的事业放在新世纪的世界全局来考察，把“湖南人之性质及其责任”置于民族运动的整体中加以剖析和论述，在留日学生中引起了强烈反响。

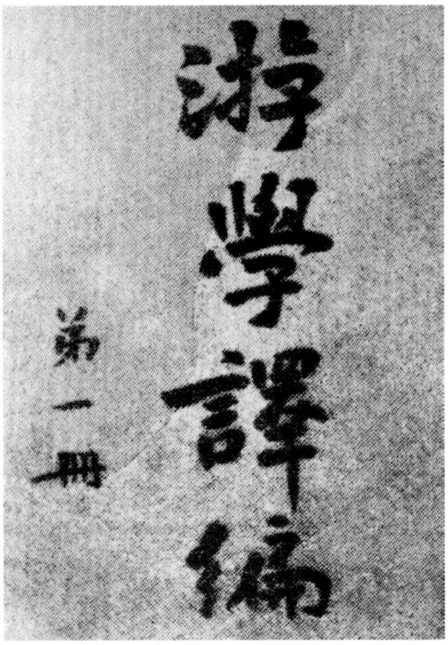

湖南留日学生杨毓麟、黄兴、杨度等在日本东京创办的《游学译编》杂志。

杨毓麟（1872—1911），字笃生，长沙人。光绪进士。戊戌维新时入南学会，任时务学堂教习。后参与自立军起义。1902年赴日本，加入兴中会，从事反清活动。回国后参加华兴会。光绪三十一年（1905）充任出洋考察宪政五大臣随员。光绪三十三年（1907）与于右任创办《神州日报》。光绪三十四年（1908）赴英国。宣统三年（1911）闻国内黄花岗起义失败，忧愤而投利物浦海湾殉国。

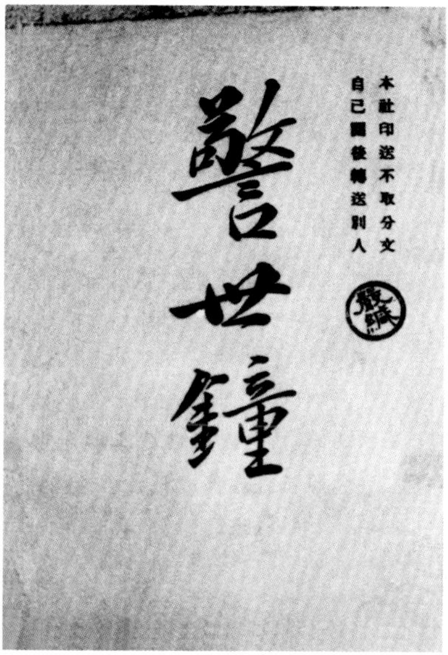

拒俄运动因清政府的镇压而失败后，陈天华愤懑焦急，挥笔撰写了充满反帝爱国激情的《猛回头》、《警世钟》等书，大力宣传反帝爱国和反清革命，产生了重大影响。

华兴会主要领导人黄兴（前左一）、宋教仁（前排左四）、胡瑛（前排左三）、章士钊（后排左一）、刘揆一（后排左四）等1905年在日本东京合影。

二、民主革命运动的高涨

中国同盟会成立后，湖南很快组成禹之谟为负责人的同盟会湖南分会。此后，在资产阶级民主革命运动的旗帜下，无论是同盟会组织发动的萍浏醴起义，还是立宪派掀起的保路运动，或是城乡居民自发的长沙“抢米”风潮，都不同程度地加深了清王朝统治的危机，为辛亥革命在湖南的发动创造了条件。

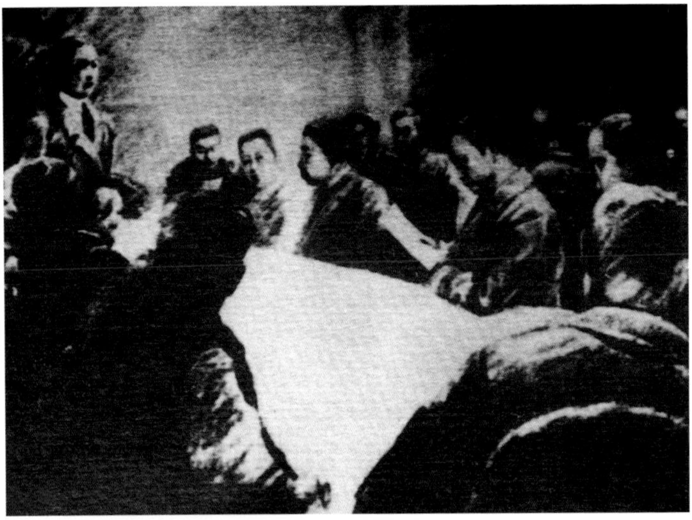

1905年8月20日，孙中山领导的兴中会和黄兴领导的华兴会等民主革命团体在日本东京联合成立中国同盟会，吹响了中国民族民主革命的号角。这是中国同盟会成立情景（画照）。

同盟会湖南分会负责人禹之谟。中国同盟会成立后，禹之谟受黄兴委托，与陈家鼎等在湖南组织成立同盟会湖南分会，并被推选为首任负责人。禹之谟领导的革命活动，加速了清王朝湖南地方当局的统治危机，于1907年9月被湖南当局杀害。

《民报》是中国同盟会的机关刊物，由《二十世纪之支那》改版，是宣传同盟会宗旨和思想纲领的重要阵地。推销《民报》是同盟会湖南分会的一项重要任务。

1905年，黄兴在日本东京与同盟会机关报《民报》同仁在一起。前排左三黄兴，左四陈天华，左五章士钊；后排左一宋教仁，左二刘揆一。

20世纪初期的长沙城。

1906年12月4日，由同盟会组织领导、以湘赣会党徒众为主要力量的萍浏醴起义正式爆发。这是起义首发地——萍乡麻石街。

刘道一（1884—1906），萍浏醴起义的主要负责人。起义爆发后，刘道一留驻长沙，负责起义组织领导工作，被清朝湖南当局逮捕，12月31日被杀害于长沙浏阳门外，年仅22岁。刘道一是第一个为资产阶级民主革命捐躯的同盟会会员。

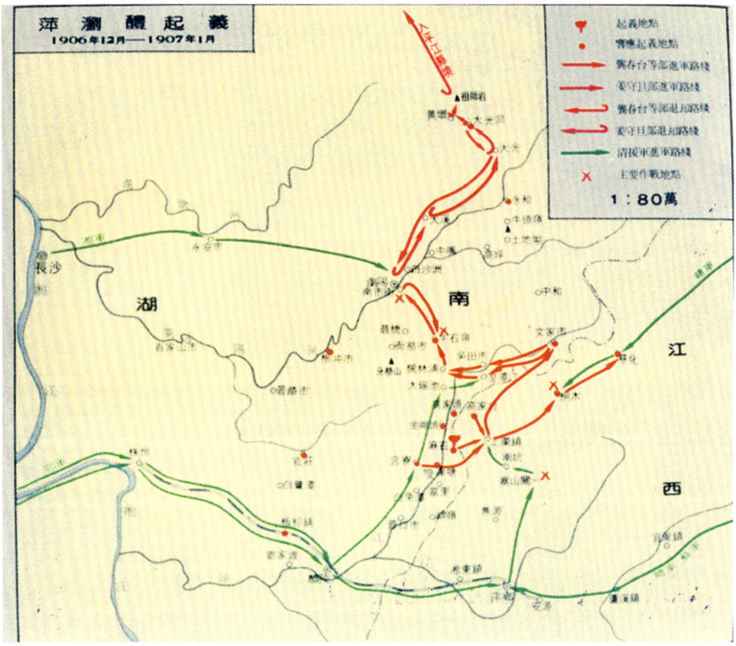

浏醴萍起义形势图。

1907年2月，从南洋回到日本东京的黄兴，惊闻萍浏醴起义失败和刘道一牺牲的噩耗，顿时泪水倾盆，悲愤不已。为悼念亡友，黄兴奋笔写下了这首哀思沉重的七律挽诗。

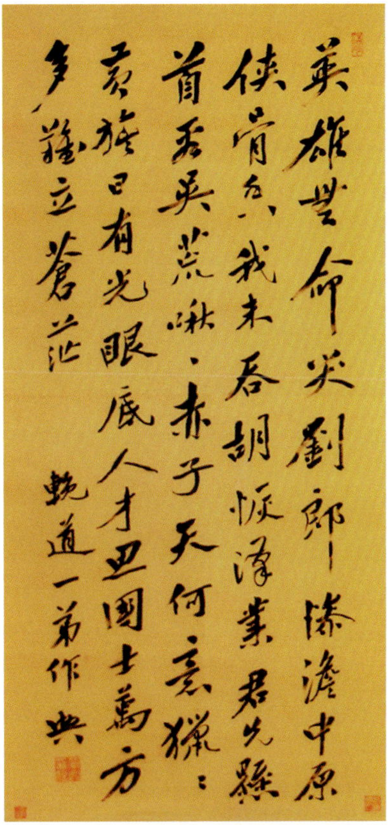

1912年迁葬于长沙岳麓山的刘道一墓。

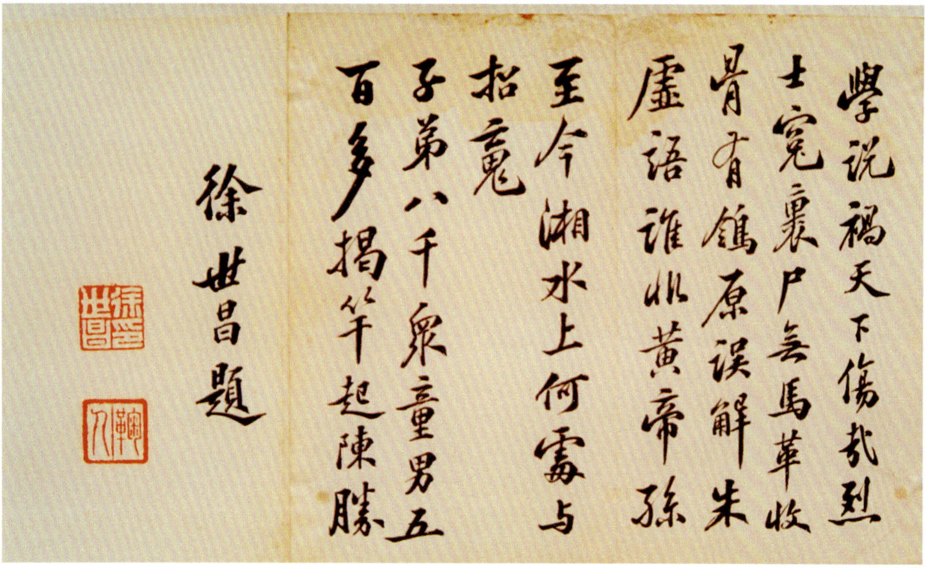

后曾任民国大总统的徐世昌为刘道一烈士的题词。

中华民国成立后出任大总统的袁世凯为刘道一烈士的题词。

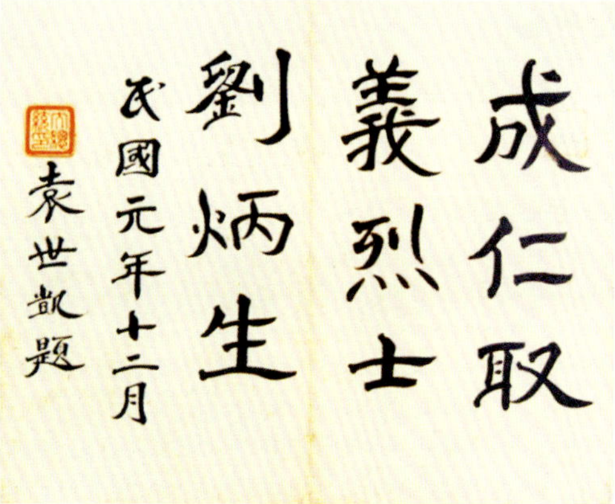

谭人凤（1860—1920），湖南新化人，民主革命志士。1906年奉黄兴命回国策应萍浏醴起义，1911年7月与宋教仁等在上海发起成立中部同盟会，积极推动长江各省革命势力的发展。旋代表湖南出席各省都督府代表会议，被推为议长，主持制订《中华民国临时政府组织大纲》。1913年6月奉黄兴之命回湘策动都督谭延闿反袁“独立”，扩军备战。1920年4月24日病逝于上海。

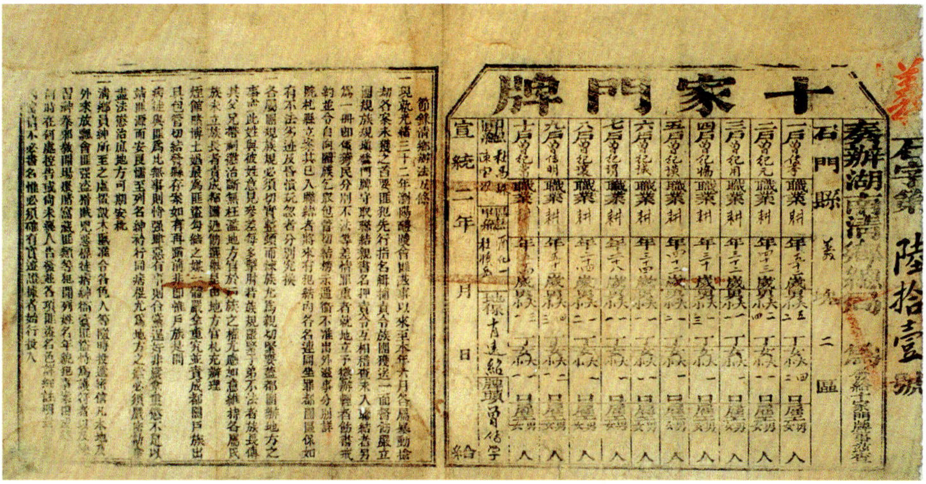
十家門牌

石門縣　義塊二區

宣統二年　月　日給

萍浏醴起义发生后，清政府为加强统治，对农村实行联保式的“十家门牌制度”。这是清宣统二年（1910）湖南清乡总局填发给石门县义块二区曾纪元等十户的门牌执照。

三、长沙抢米风潮

湖南素称鱼米之乡，但是农民大众依然过着衣不遮体、食不果腹的苦难生活，遭遇天灾人祸，则生活更加艰苦。宣统元年（1909），湖南遭受严重水灾，米价飞涨，奸商居奇，加上官吏的盘剥和勒索，迫使穷苦饥民铤而走险。于是，一场自发而影响深远的“抢米风潮”，在湖南省会长沙爆发。

宣统二年（1910）春爆发声势浩大的长沙饥民“抢米风潮”（画照）。

“抢米风潮”爆发后，面对抚署卫队的武装弹压，愤怒的饥民在抚院各处放火，抚署顿时浓烟翻滚，烈焰燎天（画照）。

岑春萱（1861—1933），字尧阶，广西西林人。宣统元年（1909）调任湖南巡抚，次年镇压长沙抢米风潮，激起民愤，于饥民奋起火焚巡抚衙门时夺门逃走，旋被革职。民国成立后隐居不仕。

饥民们涌向巡抚衙门的情景（画照）。

四、湖南的保路和抵制美货运动

湖南的保路和抵制美货运动，源自美帝国主义的怙恶狡赖和清政府大臣盛宣怀的卖国媚外。自光绪二十四年（1898）和二十六年（1900）清政府与美国美华合兴公司先后签订《粤汉铁路借款合同》和《粤汉铁路借款续约》，美国取得粤汉铁路的筑路权后，不仅未按协议规定时间完成筑路工程，至 1904 年秋，粤汉铁路仅修筑广州至佛山一小段 32 公里的支线，干线工程尺轨未铺，而且违约出让铁路股权给比利时人。由此激起湘、鄂、粤三省人民一场声势浩大的争回路权和抵制美货的爱国运动。

光绪三十一年四月初二日（1905 年 5 月 20 日），清政府与英、美、法、德四国银行财团签订《湖广铁路借款合同》，将铁路修筑权让给了帝国主义者，更加激化了国民矛盾，湘、鄂、川、粤四省人民的保路斗争更趋深入激烈。这是与清政府签订合同的四国银行财团代表。

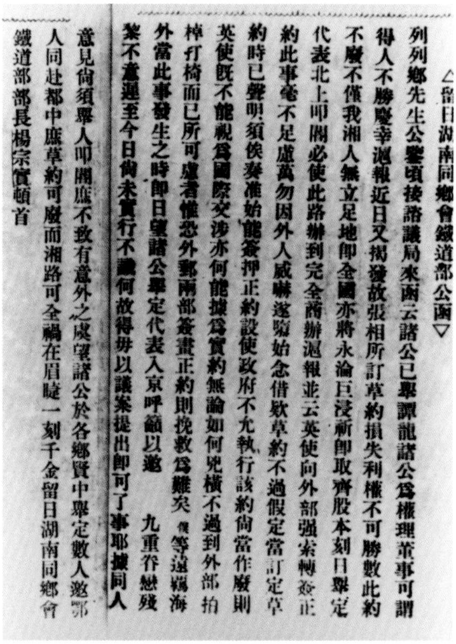

△留日湖南同鄉會鐵道部公函▽
列列鄉先生公鑒頃接諮議局來函云諸公已舉譚龍諸公爲權理董事可謂
得人不勝慶幸迴報近日又揭發故張相所訂草約損失利權不可勝數此約
不廢不僅我湘人無立足地即全國亦將永淪巨浸祈即取齊股本剋日舉定
代表北上叩閽必使此路辦到完全商辦迴報並云英使向外部强索轉簽正
約此事毫不足虛萬勿因外人威嚇遂驟始念借款草約不過假定當訂定草
約時已聲明須俟奏准始能簽押正約設使政府不允執行該約尚當作廢則
英使既不能視爲國際交涉亦何能據爲實約無論如何兇橫不過到外部拍
棹打椅而已所可慮者惟恐外郵兩部簽畫正約則挽救爲難矣　僕等遠竄海
外當此事發生之時即日望諸公舉定代表入京呼籲以邀　九重眷戀殘
黎不意遲至今日尚未實行不識何故得毋以議案提出即可了事耶據同人
意見尚須舉人叩閽庶不致有意外之虞望諸公於各鄉賢中舉定數人邀鄂
人同赴都中庶草約可廢而湘路可全禍在眉睫一刻千金留日湖南同鄉會
鐵道部部長楊宗實頓首

为抗议美华合兴公司私自转授粤汉铁路筑路权和延宕路工，湖南绅商首先发难，拉开了几经起伏、长达八年的湖南保路运动，对全省乃至全国资产阶级民主革命运动的开展都有着重要的推动作用。这是留日湖南同乡会铁道部就湘路废约自办之事给湖南谘议局的公函。

湘、鄂、粤三省保路运动的爱国行动得到了留日学生和省内外民众的大力支持和舆论的声援。上海的《中外日报》、《时报》、《东方杂志》及长沙的《湖南官报》等新闻媒体，不断发布消息和评论，声援三省的保路运动。

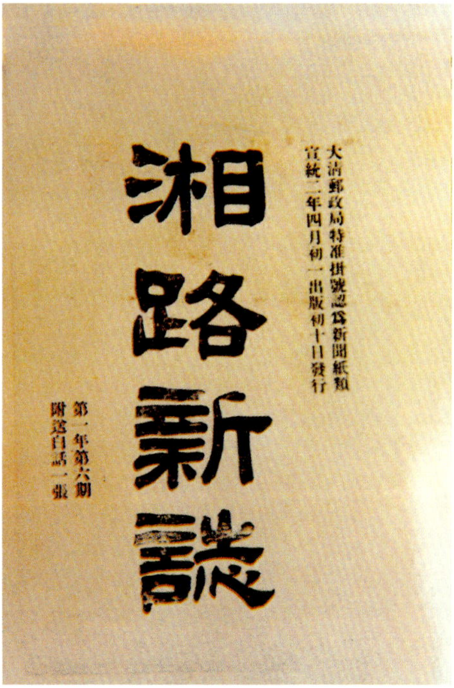

为更有效抵制外债，招集股款，湖南谘议局议长谭延闿、议员龙璋等人特设“铁路股东共济会事务所”，在省城长沙紫荆街刊行《湘路新志》、《湘路周报》。

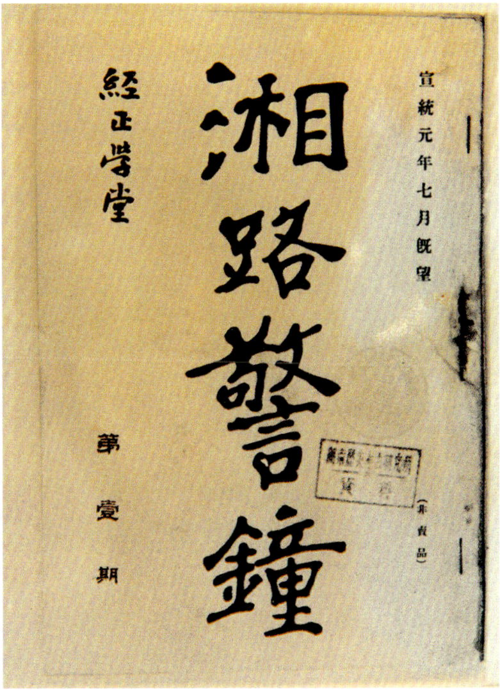

宣统元年（1909），湖南留日学生创办出版《湘路警钟》杂志，深刻揭露和抨击清政府扼杀商办铁路及出卖中国路权的罪行。后改名《湘路危言》继续在上海出版发行。

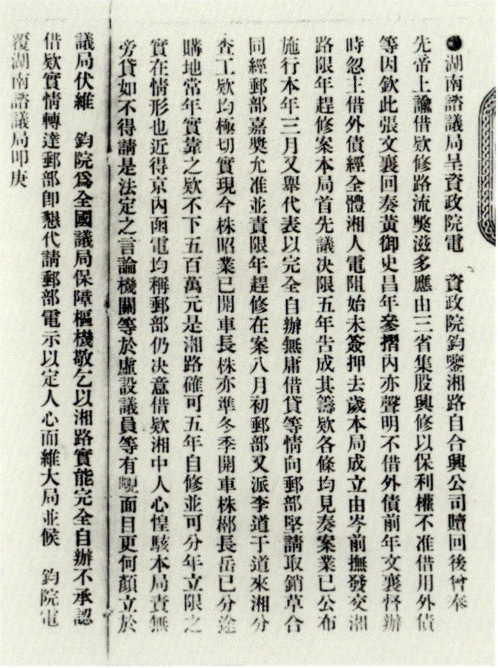

●湖南諮議局呈資政院電　資政院鈞鑒湘路自合興公司贖回後恭奉先帝上諭借欵修路流獘滋多應由三省集股興修以保利權不准借用外債等因欽此張文襄回奏黄御史昌年參摺內亦聲明不借外債前年文襄督辦時忽主借外債經全體湘人電阻始未簽押去歲本局成立由岑前撫發交湘路限年趕修案本局首先議决限五年告成其籌欵各條均見奏案業已公布施行本年三月又舉代表以完全自辦無庸借貸等情向郵部堅請取銷草合同經郵部嘉獎允准並責限年趕修在案八月初郵部又派李道于道來湘分查工欵均極切實現今株昭業已開車長株亦準冬季開車株郴長岳已分途購地常年實籌之欵不下五百萬元是湘路確可五年自修並可分年立限之實在情形也近得京內函電均稱郵部仍决意借欵湘中人心惶駭本局責無旁貸如不得請是法定之言論機關等於虛設議員等有䩄面目更何顏立於議局伏維　鈞院爲全國議局保障樞機敬乞以湘路實能完全自辦不承認借欵實情轉達郵部即懇代請郵部電示以定人心而維大局並候　鈞院電覆湖南諮議局叩庚

在湖南保路运动中，新成立的湖南谘议局代表民意，积极活动。这是湖南谘议局为请求支持湘路自办给资政院的电文。

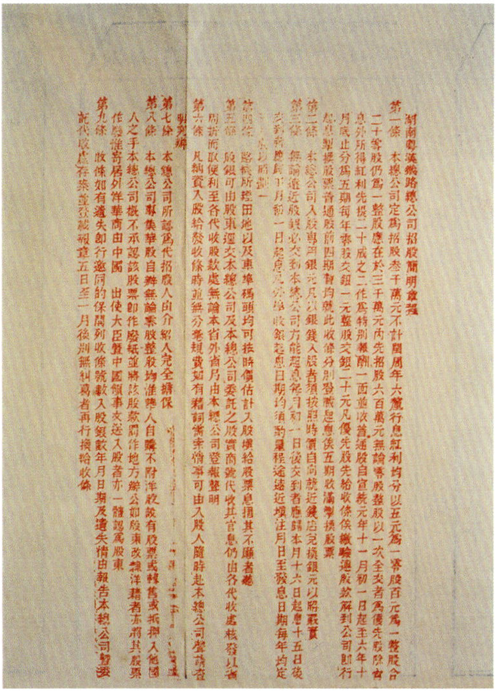
湖南粵漢鐵路總公司招股簡明章程
第一條 本總公司定爲招股叁千萬元不計閏周年六釐行息紅利均分以五元爲一零股百元爲一整股合
二十零股仍爲一整股應在於三千萬元內先招股六百萬元無論零股整股以一次全交者爲優先股除官
息外所得紅利先提二十成之二作爲特別報酬一面並收普通股自宣統元年十一月初一日起至六年十
月底止分爲五期每年春秋交銀一元整股交銀二十元凡優先股先給收條俟繳驗通股款解到公司即行
發息掣換股票普通股前四期暫均就此收條分別發[illegible]起息俟五期收滿掣換股票
第二條 本總公司入股專用銀元凡以銀錢入股者須按照時價自向就近錢店兌換銀元以昭覈實
第三條 無論遠近股銀必交到本總公司方能起息每月初一日後交到者應歸本月十六日起息十五日後
交到者應歸下月初一日起息凡分地收銀起息日期均須酌量程途遠近填注月日至發息日期每年均定
[illegible]以昭劃一
第四條 路綫所經田地以及車站碼頭均可按時價估計入股填給股票息摺其不願者聽
第五條 股銀可由股東逕交本總公司及本總公司委託之殷實商號代收其官息仍由各代收處核發以省
周折而取便利至各代收股款處無論本省外省月由本總公司登報聲明
第六條 凡納資入股給發收條時並無分毫規費如有藉詞需索情事可由入股人隨時赴本總公司禀請查
辦究辦
第七條 本總公司所請爲代招股人由介紹人完全擔保
第八條 本總公司專集華股自辦無論零股整股均准華人自購不附洋股設有股票或轉售或抵押入他國
人之手本總公司概不承認該股票即作廢紙並將該股款罰作地方辦公如股東改換洋籍者亦將其股票
作廢凡僑寄居外洋華商由中國出使大臣暨中國領事文送入股者亦一體認爲股東
第九條 收條如有遺失即行邀同的保開列收條號數入股銀數年月日期及遺失情由報告本總公司暫緩
託代收處存案並登報聲明五日至一月後別無糾葛者再行換給收條

由于广大民众的积极参与，各界人士的积极支持，粤汉路权得以争回。在新的招股方案出台之后，湖南全省招集股款535万余银两，粤汉路湖南段相继开工建设。这是湖南粤汉铁路总公司拟定的招股简明章程。

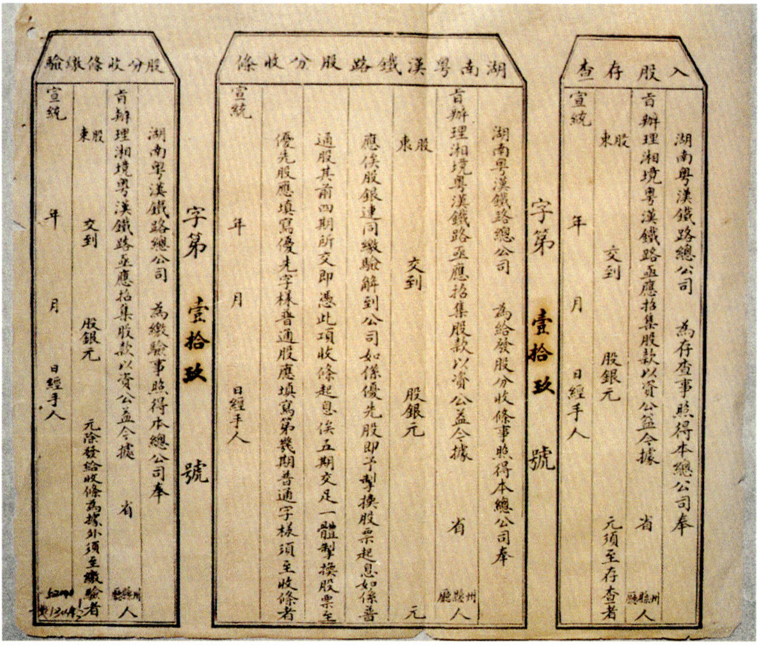
入股存查
湖南粵漢鐵路總公司 爲存查事照得本總公司奉
旨辦理湘境粵漢鐵路亟應招集股款以資公益合據
股東 交到 股銀 元 須至存查者
州縣 人
宣統 年 月 日經手人
字第 壹拾玖 號

湖南粵漢鐵路股分收條
湖南粵漢鐵路總公司 爲給發股分收條事照得本總公司奉
旨辦理湘境粵漢鐵路亟應招集股款以資公益合據
股東 交到 股銀 元
廳州縣 人
應俟股銀連同繳驗解到公司如係優先股即予掣換股票起息如係普
通股其前四期所交即憑此項收條起息俟五期交足一體掣換股票至
優先股應填寫優先字樣普通股應填寫第幾期普通字樣須至收條者
宣統 年 月 日經手人
字第 壹拾玖 號

股分收條繳驗
湖南粵漢鐵路總公司 爲繳驗事照得本總公司奉
旨辦理湘境粵漢鐵路亟應招集股款以資公益合據
股東 交到 股銀 元 除發給收條爲據外須至繳驗者
州縣 人
宣統 年 月 日經手人
字第 壹拾玖 號

湖南粤汉铁路总公司招集股银的收据式样。

宣统二年（1910）八月，粤汉铁路长沙至株洲段竣工。试车之日，“观者骈集，形甚热闹”。1911年1月，南段株郴线、北段长岳线破土动工。这是1911年1月27日粤汉铁路长沙至株洲段正式通车运营的热闹情形。

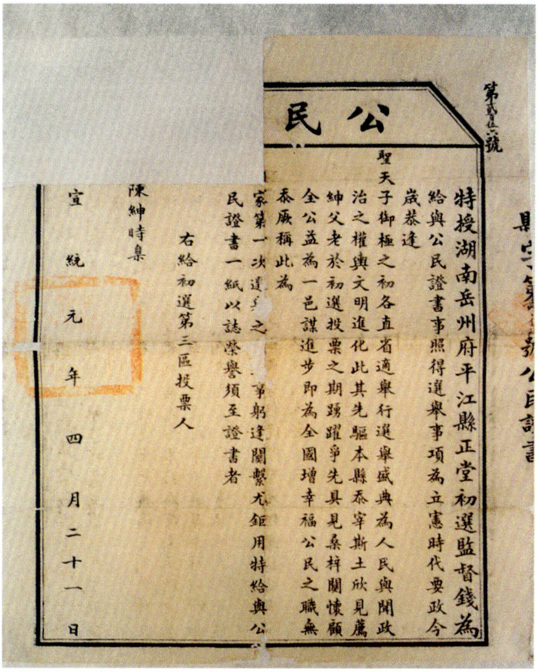

公民

特授湖南岳州府平江縣正堂初選監督錢為
給與公民證書事照得選舉事項為立憲時代要政今
歲恭逢
聖天子御極之初各直省適舉行選舉盛典為人民與聞政
治之權與文明進化此其先驅本縣忝宰斯土欣見屬
紳父老於初選投票之期踴躍爭先具見桑梓關懷顧
全公益為一邑謀進步即為全國增幸福公民之職無
忝厥稱此為
家第一次選舉之第躬逢闓盛尤鉅用特給與公
民證書一紙以誌榮譽須至證書者
右給初選第三區投票人
陳紳時泉
宣統元年四月二十一日

宣统元年三月湖南实行立宪选举时，平江县知县签发给选举投票人陈坤时的证书。

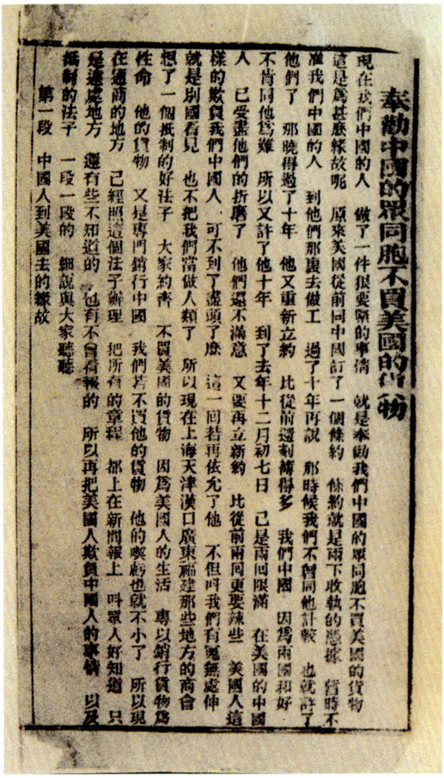

奉勸中國的衆同胞不買美國的貨物

現在我們中國的人　做了一件很要緊的事情　就是奉勸我們中國的衆同胞不買美國的貨物　這是爲甚麽緣故呢　原來美國從前同中國訂了一個條約　條約就是兩下收執的憑據　當時不准我們中國的人　到他們那裏去做工　過了十年再說　那時候我們不曾同他計較　也就許了他們了　那曉得過了十年　他又重新立約　比從前還刻薄得多　我們中國　因爲兩國和好　不肯同他爲難　所以又許了他十年　到了去年十二月初七日　已是兩回限滿　在美國的中國人　已受盡他們的折磨了　他們還不滿意　又要再立新約　比從前兩回更要辣些　美國人這樣的欺負我們中國人，可不到了盡頭了麽　這一回若再依允了他　不但叫我們有冤無處伸　就是別國看見　也不把我們當做人類了　所以現在上海天津漢口廣東福建那些地方的商會　想了一個抵制的好法子　大家約齊　不買美國的貨物　因爲美國人的生活　專以銷行貨物爲性命　他的貨物　又是專門銷行中國　我們若不買他的貨物　他的虧折也就不小了　所以現在通商的地方　已經照這個法子辦理　把所有的章程　都上在新聞報上　叫衆人好知道　只是遠處地方　還有些不知道的　也有不曾看報的　所以再把美國人欺負中國人的事情　以及抵制的法子　一段一段的　細說與大家聽聽

第一段　中國人到美國去的緣故

随着保路运动的广泛开展，以抵制美货为主要内容的反美爱国运动也轰轰烈烈开展起来。这是当时抵制美货的宣传品。

湖南抵制美货禁约会会址（在今长沙福庆街）。

五、长沙起义和全省光复

自光绪三十年(1904)黄兴等组织成立反清民主革命组织“华兴会”之后，湖南资产阶级民主革命运动便此起彼伏开展起来，为辛亥革命长沙起义和全省光复奠定了重要的思想和组织基础。辛亥革命武昌首义的消息传到长沙后，1911 年 10 月 22 日，湖南革命党人焦达峰、陈作新等积极响应，在长沙发动新军起义，至 1912 年 1 月 1 日，沅陵城挂上民国旗帜，湖南所属南路、中路、西路全部光复。

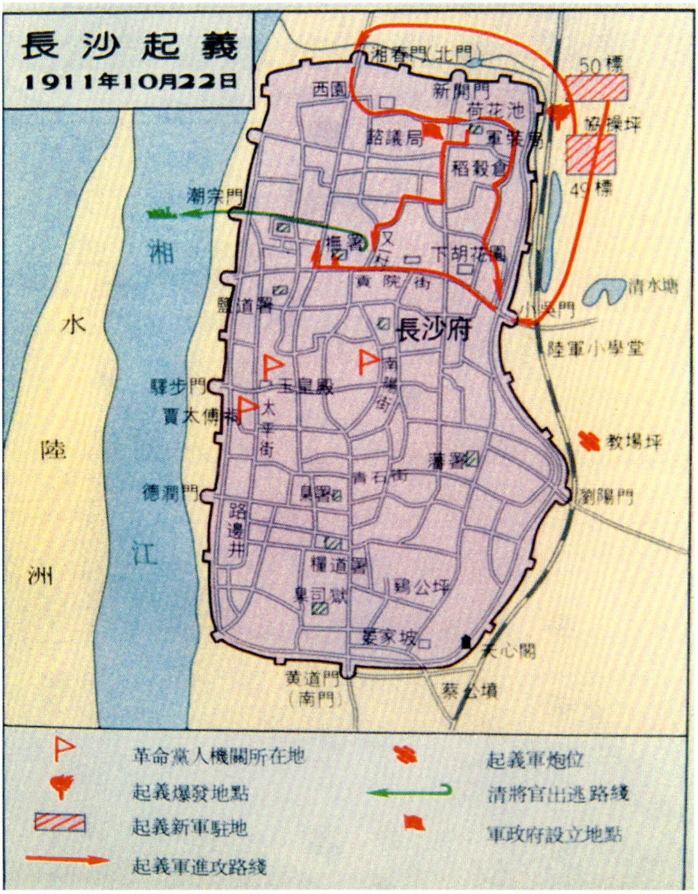

辛亥革命武昌首义的消息传到长沙后，宣统三年九月初一（1911年10月22日），湖南革命党人焦达峰、陈作新等积极响应，在长沙发动新军起义，建立湖南民主革命政权——中华民国军政府湖南都督府。这是长沙起义的形势图。

湖南各地响应武昌起义的形势图。

长沙起义攻占抚署的当天晚上，革命党人公举焦达峰、陈作新为新成立的中华民国军政府湖南都督府正、副都督。图为湖南都督府首任都督焦达峰。

湖南都督府副都督陈作新。

占领长沙城头大炮台的起义军。

参加长沙辛亥革命起义的民兵。

被起义新军斩首示众的清朝湖南巡防营统领黄忠浩。

起义军占领的长沙城外铁路车站。

长沙光复前湖南陆军第二十五混成协步队第四十九标三营右队官佐于1911年5月合影。

长沙光复前湖南陆军第二十五混成协步队第四十九标将校团于1911年5月公饯统领时合影。

长沙光复后湖南革命军部分官兵合影。

长沙光复后湖南革命军部分官佐合影。

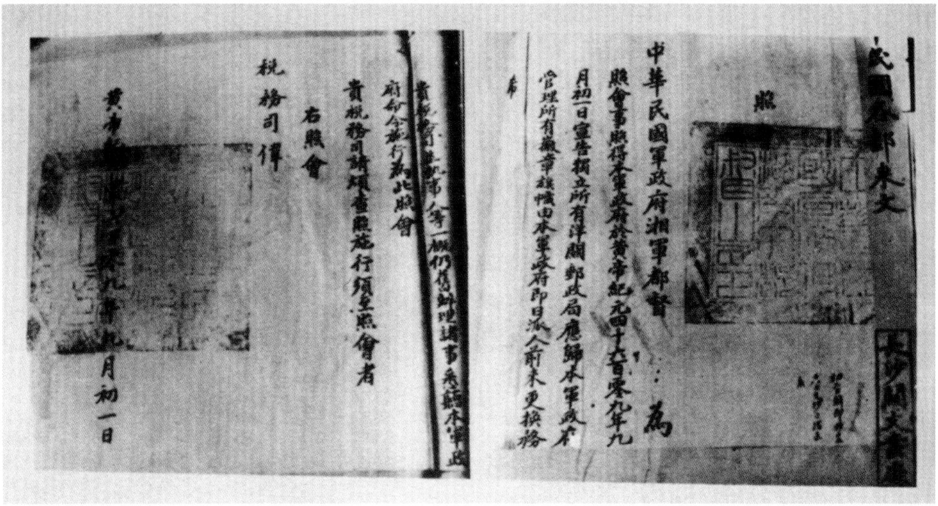
照會

中華民國軍政府湘軍都督 為照會事照得本軍政府於黃帝紀元四千六百零九年九月初一日宣告獨立所有洋關郵政局應歸本軍政府管理所有嚴事核職由本軍政府即日派人前來更換務……府命令執行為此照會

貴稅務司請煩查照施行須至照會者

右照會

稅務司偉

黃帝紀元四千六百零九年九月初一日

10月22日，湖南都督府成立当天发给长沙海关税务司关于收回海关、邮局利权的照会。

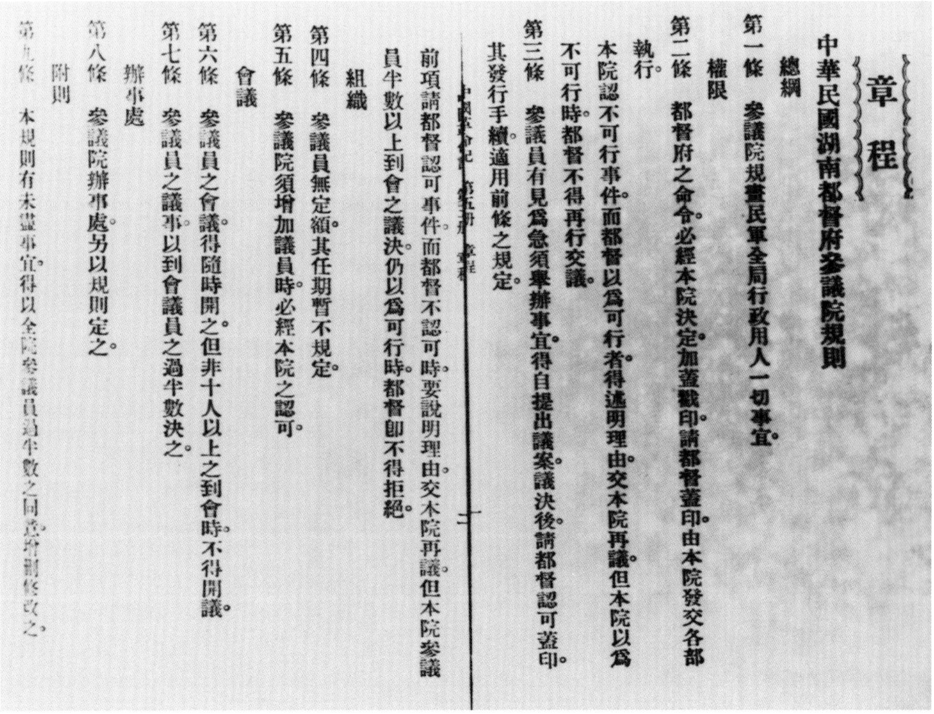
章程

中華民國湖南都督府參議院規則

總綱

第一條 參議院規畫民軍全局行政用人一切事宜。

權限

第二條 都督府之命令。必經本院決定加蓋戳印。請都督蓋印。由本院發交各部執行。

本院認不可行事件。而都督以為可行者。得述明理由交本院再議。但本院以為不可行時。都督不得再行交議。

第三條 參議員有見為急須舉辦事宜。得自提出議案。議決後。請都督認可蓋印。

其發行手續。適用前條之規定。

中國革命記 第五冊 章程 二

前項請都督認可事件。而都督不認可時。要說明理由。交本院再議。但本院參議員半數以上到會之議決。仍以為可行時。都督即不得拒絕。

組織

第四條 參議員無定額。其任期暫不規定。

第五條 參議院須增加議員時。必經本院之認可。

會議

第六條 參議員之會議得隨時開之。但非十人以上之到會時。不得開議。

第七條 參議員之議事。以到會議員之過半數決之。

辦事處

第八條 參議院辦事處。另以規則定之。

附則

第九條 本規則有未盡事宜。得以全院參議員過半數之同意增刪修改之。

湖南都督政府成立后，立宪派借限制正副都督权力之名，成立了由谭延闿任院长的“中华民国湖南都督府参议院”。这是参议院制定的限制都督权力的有关章程。

湖南都督府民政部司法司职员合影。

湖南都督府成立后将援鄂作为第一要务，在长沙城郊的天王庙、万寿宫、开福寺等地设立十多处新兵招募站，为援鄂招募新兵。图为 1911 年 10 月 28 日，援鄂湘军独立第一协王隆中部在协操坪誓师出发，踏上援鄂征途。

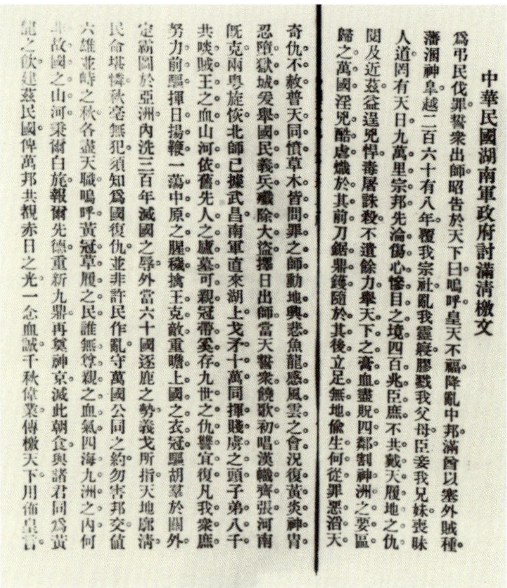

中華民國湖南軍政府討滿清檄文

爲弔民伐罪。誓衆出師。昭告於天下曰。嗚呼。皇天不福。降亂中邦。滿酋以塞外賊種。
藩溷神皋。越二百六十有八年。覆我宗社。亂我靈祿。膠戮我父母。臣妾我兄妹。喪昧
人道。罔有天日。九萬里。宗邦先淪。傷心慘目之境。四百兆臣庶。不共戴天。履地之仇。
閔及近茲。益逞兇悍。毒屠誅殺。不遺餘力。舉天下之膏血。盡貺四鄰。割神洲之要區。
歸之萬國。淫兇酷虐。熾於其前。刀鋸鼎鑊。隨於其後。立足無地。偷生何從。罪惡滔天。
奇仇不赦。普天同憤。草木皆問罪之師。動地興悲。魚龍感風雲之會。況復黃炎神冑。
忍墮獄城。爰舉國民義兵。殲除大盜。擇日出師。當天誓衆。饒歌初唱。漢幟齊張。河南
既克。兩粵旋恢。北師已據武昌。南軍直來湖上。戈矛十萬。同揮賊虜之頭。子弟八千。
共唊賊王之血。山河依舊。先人之廬墓可親。冠帶奚存。九世之仇讐宜復。凡我衆庶。
努力前驅。揮日揚鞭。一蕩中原之腥穢。擒王克敵。重瞻上國之衣冠。驅胡羣於關外。
定霸圖於亞洲。內洗三百年滅國之辱。外當六十國逐鹿之勢。義戈所指。天地廓清。
民命堪憐。秋毫無犯。須知爲國復仇。並非許民作亂。守萬國公同之約。勿害邦交。值
六雄並峙之秋。各盡天職。嗚呼。黃冠草履之民。誰無尊親之血氣。四海九洲之內。何
非故國之山河。秉爾白旄。報爾先德。重新九鼎。再奠神京。滅此朝食。與諸君同爲黃
龍之飲。建茲民國。俾萬邦共覩赤日之光。一念血誠。千秋偉業。傳檄天下。用佈皇言。

湖南都督府在革命军出师援鄂之时发布的讨伐满清檄文。

1911年10月31日，立宪派发动政变，杀害正、副都督焦达峰和陈作新后，拥戴谭延闿登上了湖南都督宝座。这是第一次督湘时期的谭延闿。

长沙岳麓山的焦达峰墓。

长沙岳麓山的陈作新墓。

湘军步队第九标参加阳夏（武汉）血战纪念章。

1912 年 1 月 1 日，中华民国南京临时政府成立。这是湖南铸造“中华民国开国纪念”银币的钱范。

南京临时政府成立后，为彻底摧毁清王朝统治，于1912年初组织六路大军兴师北伐。图为编入湘桂联军北伐队的湖南学生军。

湘桂联军北伐队的湖南学生军官佐。

湖南学生军官佐兵目合影。

湖南各界欢迎湘桂北伐联军总司令沈秉堃莅临长沙时合影。

湖南各界欢迎前广西都督王芝祥莅临长沙时合影。

准备出征的湘桂北伐联军。

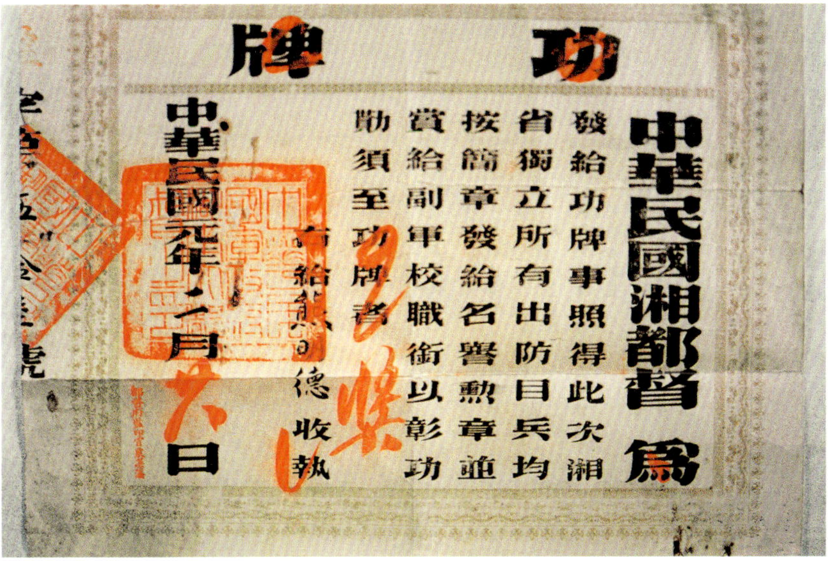
功牌

中華民國湘都督　為

發給功牌事照得此次湘
省獨立所有出防目兵均
按簡章發給名譽勳章並
賞給副軍校職銜以彰功
勸須至功牌者

右給熊明德收執

中華民國元年二月廿八日

都督谭延闿1912年2月28日签发给参加湖南独立起义人员熊明德的名誉勋章功牌。

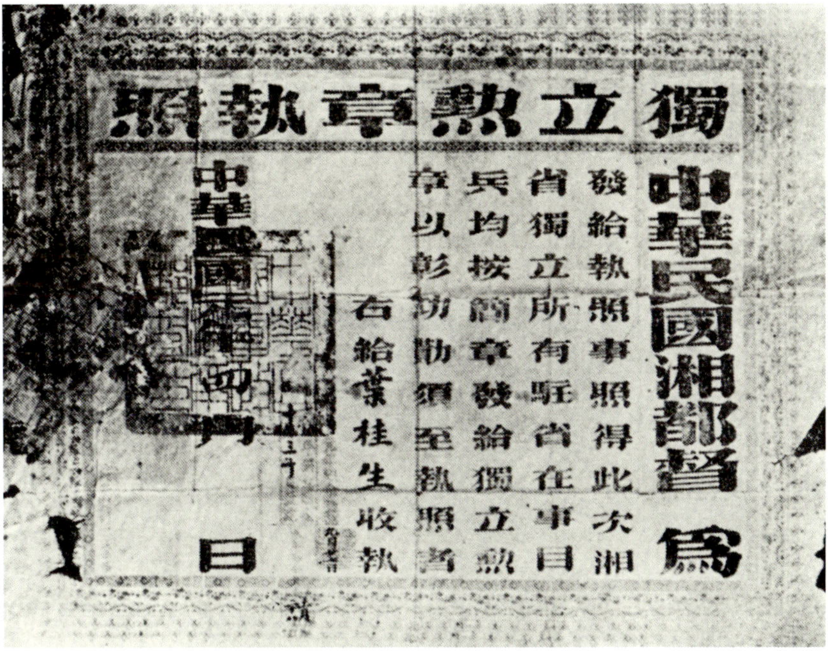
獨立勳章執照

中華民國湘都督　為

發給執照事照得此次湘
省獨立所有駐省在事目
兵均按簡章發給獨立勳
章以彰功勸須至執照者

右給葉桂生收執

中華民國元年四月　日

都督谭延闿1912年4月签发给参加湖南独立运动的革命军目兵叶桂生的独立勋章执照。

湖南独立之后，人心思治，谭延闿顺乎民意，大力推行革除陋习、惩治不法官吏等措施，戒除鸦片烟毒即是其中重要内容之一。这是1912年10月27日湖南戒烟总公所根据都督府命令，在协操坪公开焚毁鸦片烟土膏的情景。

谭延闿担任湖南都督后在继续反清政治路线的同时，着力推行资本主义国家三权分立的政治体制，建立了比较健全的立法结构，成立了湖南省议会。这是湖南省议会大楼。

1913年3月湖南省议会正式成立时议员合影。

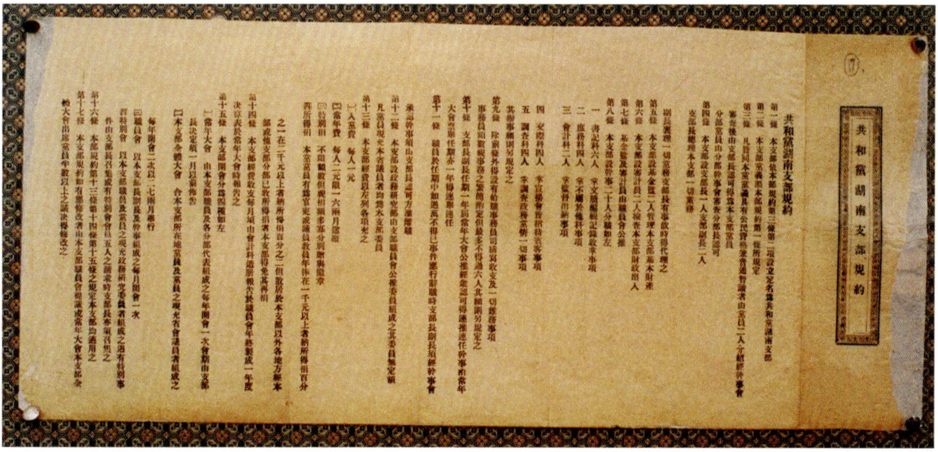

共和黨湖南支部規約

1912年5月，从立宪派分化出来的统一党改名为共和党，打出“以国家主义相标榜”，“以拥护共和为己任”的口号，在议会中拥有与同盟会相抗衡的实力。1912年8月，共和党在湖南设立支部，推行其政治主张。这是共和党湖南支部规约。

六、湖南的反袁独立斗争

1913年3月20日，著名资产阶级政治家宋教仁不幸在上海车站遇刺，22日不治身亡。“宋教仁血案”的发生，惊醒了辛亥革命后沉迷于“实业救国”声中的革命党人，使他们看清了袁世凯的真实面目。闻讯回国的孙中山、黄兴在上海召集会议，决定发动以讨伐袁世凯为指向的“二次革命”。身为国民党湖南支部长的湖南都督谭延闿，在湖南革命党人的催逼和周边各省形势的影响下，不得不于7月25日清晨在都督府悬挂讨袁军大旗，正式宣告独立，加入到“二次革命”的行列。

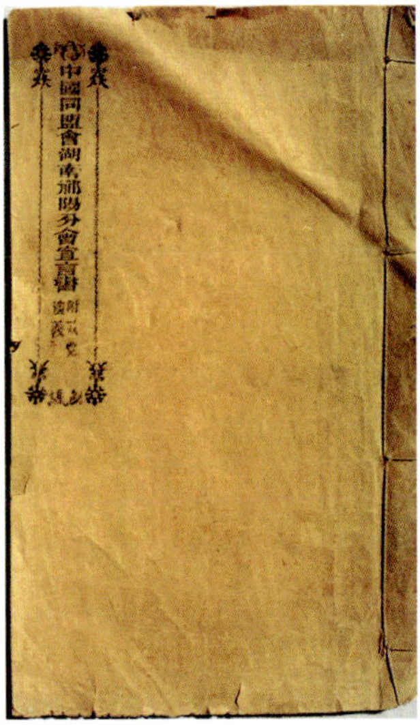
中國同盟會湖南祁陽分會宣言書

中华民国南京临时政府北迁后，为了限制袁世凯的权力，国民党领导人宋教仁积极宣传政党政治和议会政治，主张实行责任内阁。这是中国同盟会湖南祁阳分会关于拥护“政党内阁”的宣言书。

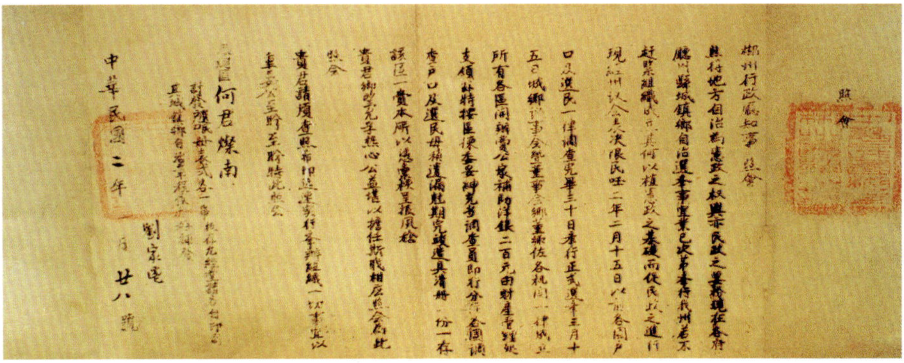
郴州行政廳知事 照會
中華民國二年 月廿八號

1913年1月28日，郴州行政厅知事刘家邕就举行自治选举事宜签发给何灿南的照会。

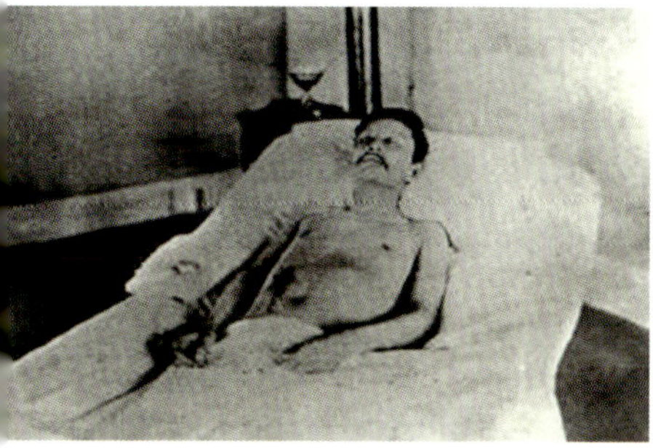

资产阶级民主革命家宋教仁因极力宣传政党阁制主张，于 1913 年 3 月 20 日被袁世凯指使杀于上海车站，22 日在上海医院逝世。

宋教仁被刺在社会上引起震动。图为抗议聚会的民众。

图为上海闸北公园的宋教仁先生塑像和墓。

宋教仁被刺案发生后，孙中山、黄兴在上海召集会议，决定发动“二次革命”。图为孙中山（前排右三）、黄兴（前排右四）和与会人员合影。

宁调元（1882 — 1913），字仙霞，号太一，湖南醴陵人。少入渌江书院，后肄业于明德学堂，参加华兴会。1905 年留学日本，参加同盟会。1906 年在长沙参加公葬陈天华、姚洪业运动。萍浏醴起义爆发后，在岳州被捕，入狱三年。1912 年参加民社，二次革命中因策动反袁被捕，就义于武昌。

蒋翊武（1885 — 1913），原名保襄、伯夔，湖南澧县人。早年投身反清起义。1905 年赴上海，次年加入同盟会，积极宣传反清革命。1909 年入湖北新军，参加群治学社。1911 年担任文学社社长，密谋发动起义，举为总司令。10 月 9 日，因起义机关被破坏，被迫出走。次日起义爆发，急返武昌，任军政府军事顾问，后继黄兴担任战时总司令。二次革命中策动反袁，在广西被捕就义。

根据蒋翊武就义前一日所摄照片的画像。

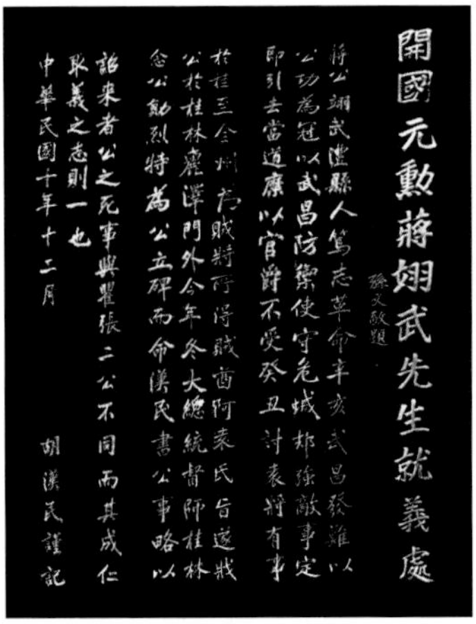

孙中山题“开国元勋蒋翊武先生就义处”及胡汉民题记。

在反对袁世凯独裁统治的“二次革命”中，谭延闿于1913年7月25日宣布湖南独立，旋于8月13日宣布取消独立。这是参加“二次革命”的湖南陆军第二团将校合影。

参加“二次革命”的湖南陆军步兵第二团五连官兵合影。

第二节　南北军阀在湖南的统治

“二次革命”失败后，中国历史进入北洋军阀统治时期。地处南北军阀势力争战要冲的湖南，更是兵荒马乱，民不聊生。

1913 年 10 月，汤芗铭被袁世凯任命为湖南都督。为巩固袁世凯的独裁统治，汤芗铭在湖南实行极端残酷统治，使湖南陷入深重的灾难之中。南北军阀的黑暗统治期间，湖南人民仍坚持不懈地进行着反帝反封建和反对军阀势力的斗争。随着国际国内形势的迅速演变，湖南也随之进入了一个新的历史时期。

一、反对汤芗铭残暴统治的斗争

汤芗铭治湘期间，为巩固袁世凯的独裁统治实行的倒行逆施，给湖南社会带来了深重灾难，激起了三湘民众的极大愤慨，湖南人民反袁驱汤斗争的规模愈来愈大，斗争的手段和形式越来越激烈，反袁兵变此起彼伏，针对袁世凯、汤芗铭统治集团的暗杀行动连绵不断。在湖南人民的坚决斗争中，汤芗铭祸湘的三年统治，随着其主子袁世凯称帝梦的彻底破灭而瓦解，7 月 5 日凌晨仓皇交出军、民两政后逃离湖南。

督湘时期的汤芗铭。1913年秋，袁世凯的忠实爪牙汤芗铭以湖南查办使进驻长沙。10月18日，袁世凯正式委任其兼任湖南都督，湖南进入汤芗铭的残酷统治时期。

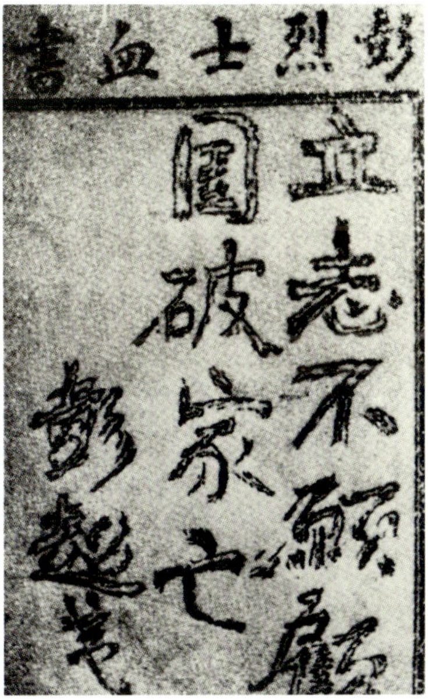

1915年湖南反对袁世凯接受日本“二十一条”斗争中，长沙长郡中学学生彭超咬破手指写下的血书。

1911年10月30日，蔡锷在云南昆明起兵响应武昌起义，就任云南军政府都督。1915年底蔡锷从北京潜回云南，于12月25日在云南宣布独立，吹响了反袁护国的号角，各省纷纷响应。在全国反袁声中，袁世凯被迫取消帝制。图为担任云南军政府都督时的蔡锷。

1916 年 11 月 8 日，蔡锷病逝于日本，次年 4 月 12 日国葬于长沙岳麓山。中华民国国葬制度肇始于此。

1916年10月30日，资产阶级民主革命领袖黄兴病逝于上海，次年4月15日国葬于长沙岳麓山。

杨王鹏（1886 — 1916），湖南湘乡人。1911 年 10 月参加焦达峰领导的长沙起义，“二次革命”失败后避走日本。1916 年 1 月奉命回到长沙，在 2 月 21 日组织革命党人攻打汤芗铭将军府时被捕，惨遭杀害。

林修梅（1881—1921），湖南安福县（今临澧）人。1906年被选送日本陆军士官学校留学，加入同盟会。先后参加湖南辛亥革命、二次革命活动及护国、护法斗争。1921年在广州先后担任军政府顾问、国民议会参议员、陆军中将、总统府代理参军长，协助孙中山组织革命军，积极准备北伐。1921年10月因牙病感染逝世。

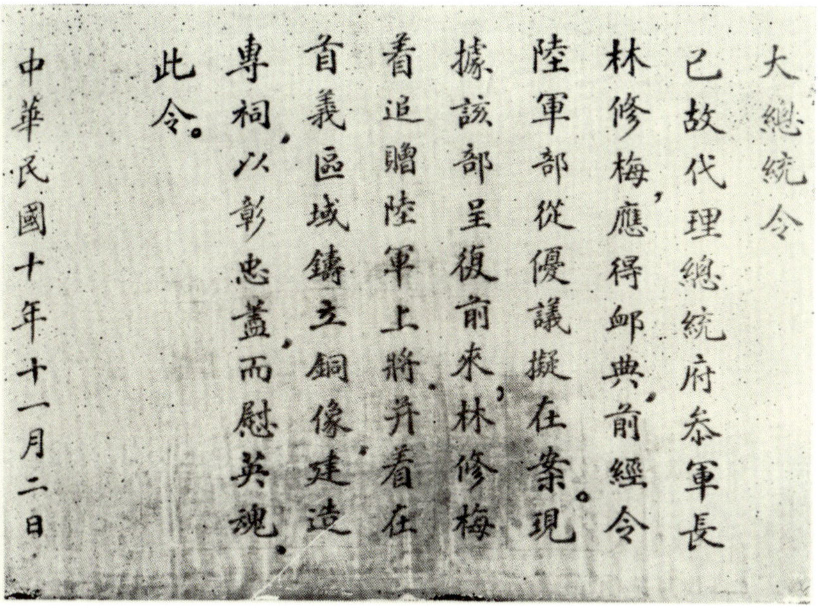
大總統令
已故代理總統府參軍長
林修梅，應得卹典，前經令
陸軍部從優議擬在案。現
據該部呈復前來，林修梅
着追贈陸軍上將，并着在
首義區域鑄立銅像，建造
專祠，以彰忠藎，而慰英魂。
此令。
中華民國十年十一月二日

孙中山发布追赠林修梅陆军上将的命令。

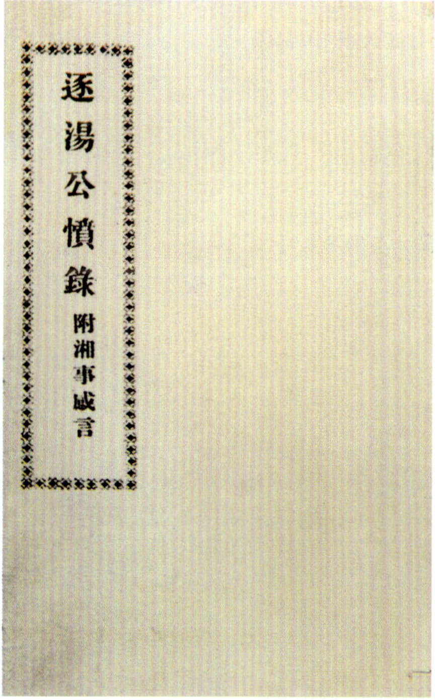

汤芗铭的暴政和倒行逆施激起了湖南各界民众的公愤，随着护国、护法运动的深入，一场大规模的反袁驱汤斗争在湖南大地掀起，1916年7月初，汤芗铭在湖南各界民众的驱逐声中逃离湖南。这是湖南各界的《逐汤公愤录》。

1928年10月国葬于岳麓山的林修梅将军墓。

1916年6月，袁世凯在全国人民的强烈讨伐声中毙命，护国运动取得胜利。这是护国军湖南总司令部程潜总司令颁赠的护国纪念章。

二、南北军阀在湖南的混战

袁世凯暴毙之后，坐拥北京政府统治实权的段祺瑞，继承袁世凯的北洋军领袖地位及其武力统一中国的政策，一场争权夺地的军阀混战由此展开。湖南地当南北要冲，南北军阀在湖南的黑暗统治和混战，造成湖南社会动荡不安，兵连祸结，民不聊生。

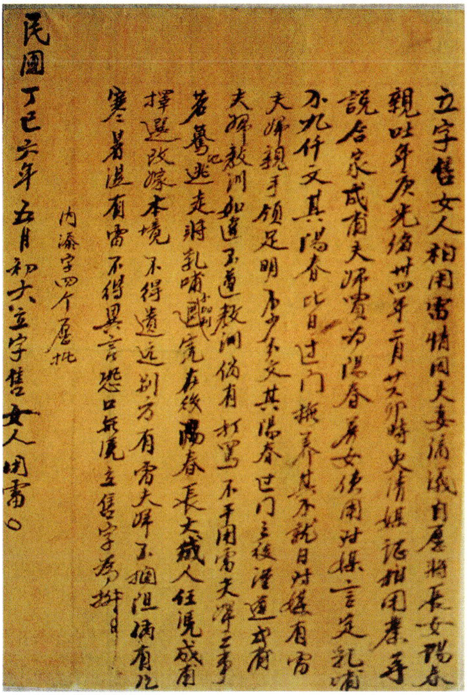

立字售女人柏用雷情因夫妻商議自愿將長女陽春
親吐年庚光緒卅四年二月廿[illegible]卯時央請媒証柏用[illegible]手
說合家成有夫婦賞爲陽春身女使用对媒言定乳哺
不九仟文其陽春此日过门撫養其不就日对媒有雷
夫婦親手領足明白多少不交其陽春过门之後從遵成有
夫婦教訓如遵不遵教訓倘有打罵不干用雷夫婦之事
若驚逃走將乳哺戲完在後陽春長大成人任凭成有
擇退改嫁本境不得遠近別方有雷夫婦不得阻隔有凡
寒暑退有雷不得異言恐口無凭立售字爲據
内添字四个屡批
民國丁巳六年五月初六立字售女人用雷〇

1917年湖南农民柏用雷因生活所迫卖掉长女所立的字据。

1917 年 6 月，北京政府下令各省都督改称督军，都督府改称督军署。这是湖南督军署证章。

1917年8月，皖系军阀段祺瑞麾下“四大天王”之一、冠威将军领陆军上将衔的湖南乾州（今吉首）人傅良佐，被段祺瑞政府委任为湖南督军。上任三月，即在湘粤桂联军的攻击下仓惶逃离湖南。

1918 年 3 月，在鄂湘边境与护法军作战的皖系军阀张敬尧，由段祺瑞政府委任为湖南督军兼省长。在统治湖南期间，张敬尧无恶不作，搜刮民脂民膏达到无以复加的地步，给湖南人民造成深重灾难。

民国初期的岳阳楼。

护法运动开始后，西南军阀打着护法的旗帜，极力扩充势力，湖南成为南北军阀激烈争斗的焦点和混战的战场。这是遭受南北军阀混战破坏的岳阳城。

遭受南北军阀混战破坏的岳阳街道。

遭受南北军阀混战破坏的长沙妙高峰中学校舍。

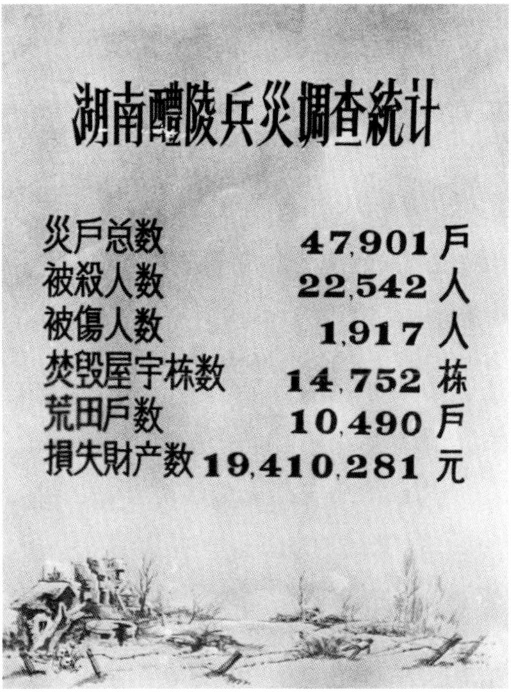

醴陵是护法运动期间湖南遭受兵灾最为惨烈的地区之一。这是当时醴陵兵灾调查统计资料。

1918年4月27日晚，北军撤出醴陵城时为阻止南军追击，将长达40丈的渌江桥面纵火焚毁。这是火焚后的渌江桥惨状。

地处醴陵北城关家巷的关岳庙，由当地绅民捐建，为城区小学校址，惨遭北军焚毁。

醴陵县城南极门是通往攸县的孔道，为南北军队必经之地。这是遭受战火毁坏的南极门。

被北军纵火焚毁的醴陵县署残迹1。

被北军纵火焚毁的醴陵县署残迹2。

专为贫苦民众施药、施棺、救生、捞尸而设的同德堂，位于醴陵东城渡口。这是北军焚城后的同德堂残迹。

十字街原为醴陵县城的商业中心，1918 年 4 月 27 日晚北军撤退时大肆抢掠之后遍浇洋油，纵火焚城，居民死伤数千，昔日繁盛的商业街毁于一夕。

遭火焚后的十字东街残迹。

遭火焚后的东正街残迹1。

遭火焚后的东正街残迹2。

遭火焚后的东正街残迹。

株洲大胜岭码头残迹。

株洲大胜街残迹。

株洲新街残迹。

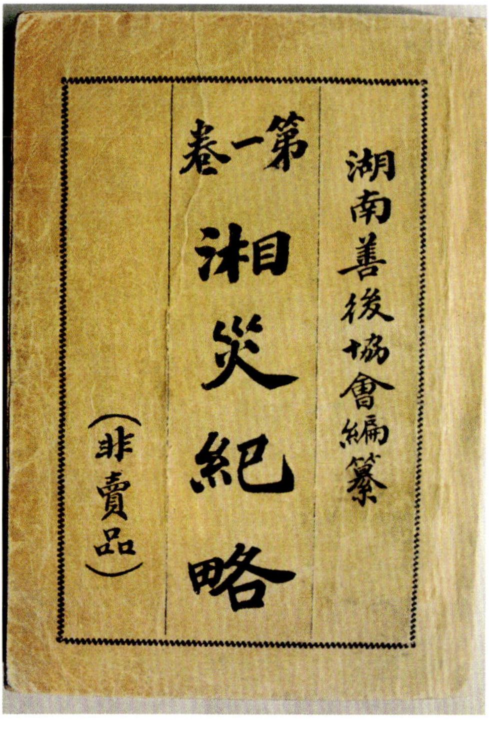

1919年南北军阀混战结束后，湖南善后协会编纂的《湘灾纪略》，记录了南北军阀统治湖南期间湖南人民所遭受的深重灾难。

第三节　辛亥革命前后的湖南社会

辛亥革命爆发后，湖南近代工业获得了初步发展。新成立的南京临时政府及其地方政府采取了一系列措施，鼓励和发展实业。1914 年爆发的第一次世界大战，使列强无暇东顾，并对有色稀有金属产品需求剧增，给有色金属之乡的湖南发展矿业提供了难得的历史机遇。截至 1916 年止，全省新增矿厂 8000 家以上，矿产品出口占全省出口总值由 1912 年的 3.3%飙升到 58.1%。然而，这种受制于帝国主义战争需求的矿冶业，在大战结束之后便迅速陷于停顿状态。与矿产业大起大落相对照，湖南轻工业因受外国轻工产品倾销和国内军阀混战影响，发展缓慢，有的甚至陷于绝境。手工业生产因在人们生活中仍占有极为重要的地位，依然拥有广泛的市场。

随着近代工业的曲折发展，湖南的工人阶级队伍迅速成长壮大，为马克思主义在湖南的传播奠定了坚实的阶级基础。

进入 20 世纪，特别是 1905 年清政府正式废除科举制度，明令全国兴办小学堂后，湖南文化教育事业再展欣欣向荣景象。从初等教育、职业教育、女子教育，到师范和高等教育；从省会城市到各府州县乡，不同类别的大、中、小学堂如雨后春笋般涌现。据统计，湖南从 1900 年开始创办南州公学堂，到 1912 年，全省各类学校增至 2909 所，在校学生达 123901 人，居于国内教育近代化的领先地位。在发展近代教育的过程中，湖南出现了独步一时的出国留学热潮，在近十年中，公派或自费出国留学生达 1000 多人，为各省之冠。新式教育的蓬勃发展，留学运动的兴盛，给湖南带来的最直接影响就是造就了一代新的资产阶级知识分子群体。他们在救亡图存思想的启示和激荡下，相继走上反清革命或教育兴湘、实业兴湘的道路，为推动风起云涌的资产阶级民主革命和振兴湖南立下了不朽功勋。

一、曲折发展的湖南经济

勃兴于 20 世纪初的资产阶级民主革命运动，给湖南经济社会的发展带来了新的动力因素。辛亥革命爆发后，湖南近代工业获得了初步发展，尤其是受战争需求影响的有色矿产业，截至1916年止，全省新增矿厂8000家以上，与矿产业大起大落相对照，湖南轻工业因受外国轻工产品倾销和国内军阀混战影响，发展缓慢。而手工业生产因在人们生活中仍占有极为重要的地位，依然拥有广泛的市场和社会需求。

湖南谘议局议决提出的振兴工业大宗议案

辛亥革命前的湖南谘议局，作为湖南宪政的重要议事机构，为清末湖南的经济建设提出过一些重要的议案。这是湖南谘议局议决提出的改厘税为统捐和关于地方自治经费的议案。

宣统二年（1910），清廷为“振兴实业”，由两江总督及农工商部会同各省督抚在金陵（今南京）设立南洋劝业会，由全国22行省分馆组成。各省劝业会将其物产荟萃罗列于此，展示给世人。这是南洋劝业会湖南出品协会第一次报告书。

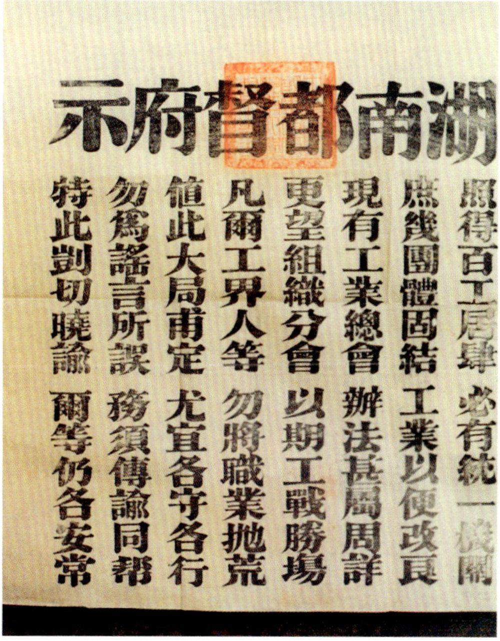
湖南都督府示

照得百工居肆 必有統一機關
庶幾團體固結 工業以便改良
現有工業總會 辦法甚屬周詳
更望組織分會 以期工戰勝場
凡爾工界人等 勿將職業拋荒
値此大局甫定 尤宜各守各行
勿爲謠言所誤 務須傳諭同帮
特此剴切曉諭 爾等仍各安常

1913年，湖南都督府关于组织工业总会地方分会发展地方工商业的告示。

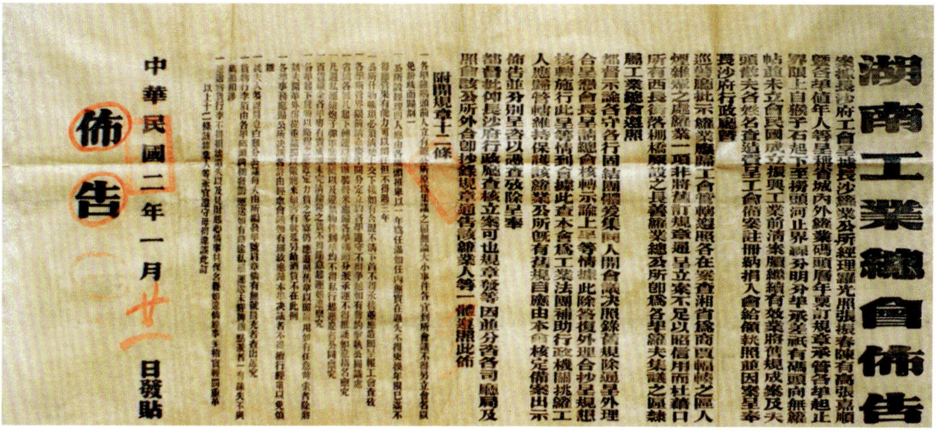
湖南工業總會佈告

附開規章十二條

佈告

中華民國二年一月廿一日發貼

1913年1月21日，湖南工业总会关于长沙箩业归口工会管理及其规章的布告。

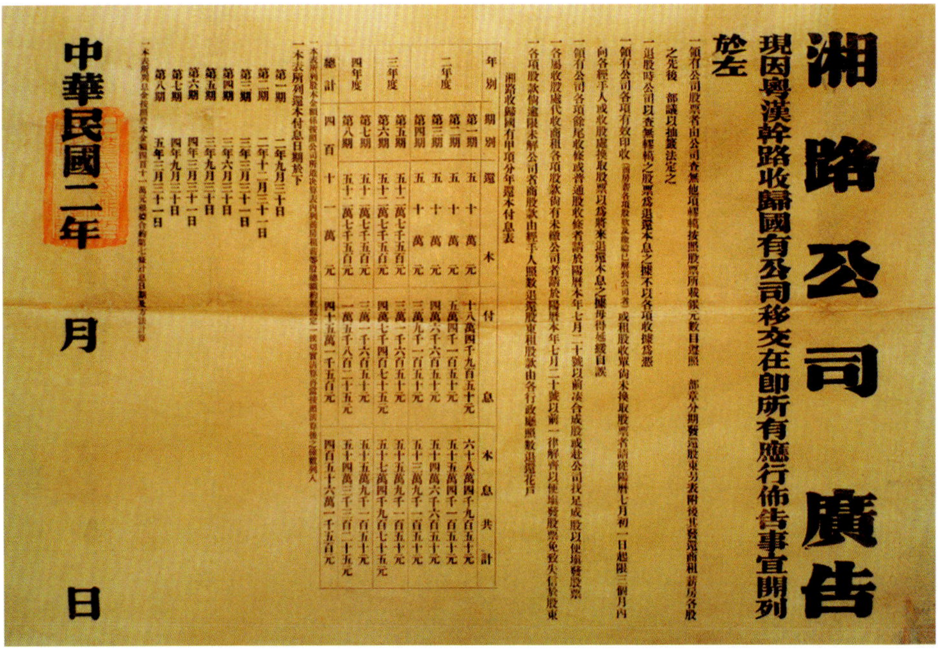

湘路公司廣告

現因粵漢幹路收歸國有公司移交在卽所有應行佈告事宜開列於左

一領有公司股票者由公司查無他項轇轕按照股票所載銀元數目遵照　部章分期發還股東另表附後其發還商租薪房各股之先後　部議以抽籤法定之

一退股時公司以查無轇轕之股票為退還本息之據不以各項收據為憑

一領有公司各項有效印收（[illegible]）或租股收單尚未換取股票者請從陽曆七月初一日起限三個月內向各經手人或收股處換取股票以為將來退還本息之據毋得延緩自誤

一領有公司各項餘尾收條或零通股收條者請於陽曆本年七月二十號以前湊合成股或赴公司找足成股以便填發股票

一各屬收股處代收商租各項股款尚有未繳公司者請於陽曆本年七月二十號以前一律解齊以便填發股票免致失信於股東

一各項股款倘逾限未解公司者商股款由經手人照數退還股東租股款由各行政廳照數退還花戶

湘路收歸國有甲項分年還本付息表

年別	期別	還本	付息	本息共計
二年度	第一期	五十萬元	十八萬四千九百五十元	六十八萬四千九百五十元
	第二期	五十萬元	五萬四千一百五十元	五十五萬四千一百五十元
	第三期	五十萬元	四萬六千六百五十元	五十四萬六千六百五十元
	第四期	五十萬元	三萬九千一百五十元	五十三萬九千一百五十元
三年度	第五期	五十二萬七千五百元	三萬一千六百五十元	五十五萬九千一百五十元
	第六期	五十二萬七千五百元	四萬七千四百七十五元	五十七萬四千九百七十五元
四年度	第七期	五十二萬七千五百元	三萬一千六百五十元	五十五萬九千一百五十元
	第八期	五十二萬七千五百元	一萬五千八百二十五元	五十四萬三千三百二十五元
總計		四百十一萬元	四十五萬一千五百元	四百五十六萬一千五百元

一本表所列股本全額係按照公司所造決算表內所列[illegible]數列入

一本表所列還本付息日期於下

第一期	二年九月三十日
第二期	二年十二月三十一日
第三期	三年三月三十一日
第四期	三年六月三十日
第五期	三年九月三十日
第六期	四年三月三十一日
第七期	四年九月三十日
第八期	五年三月三十一日

一本表所列息金按照股本金額四百十一萬元[illegible]

中華民國二年　月　日

中华民国成立后，粤汉铁路干线收归国有。这是湘路公司为移交路权于1913年发布的有关股息分派事宜的布告。

建成于1912年的水口山矿务局自备轻便铁路——蔡家坪段。

湖南电灯股份有限公司由湖南商会总理陈文玮等人集股创办于1909年，1911年春开工发电。这是该公司印行的《湖南电灯股份有限公司改订招股章程》。

位于长沙南门外近河处的湖南电灯股份有限公司厂房。

新化锡矿山是湖南近代工业获得重要发展的地区，这是锡矿山北矿区——陶塘镇。

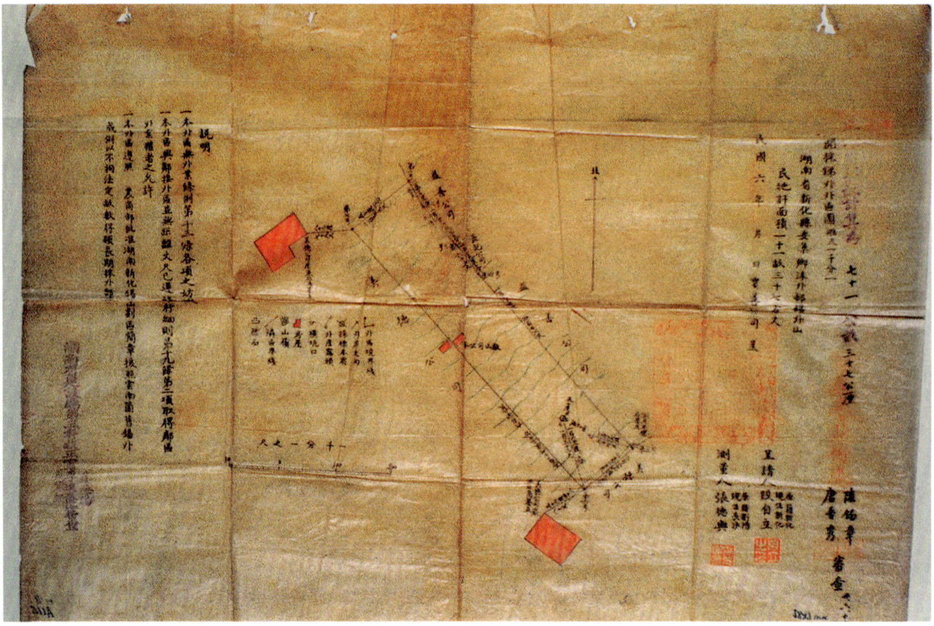

1917年湖南宝善公司呈递的新化县安集乡锡矿山开采锑矿矿区图。

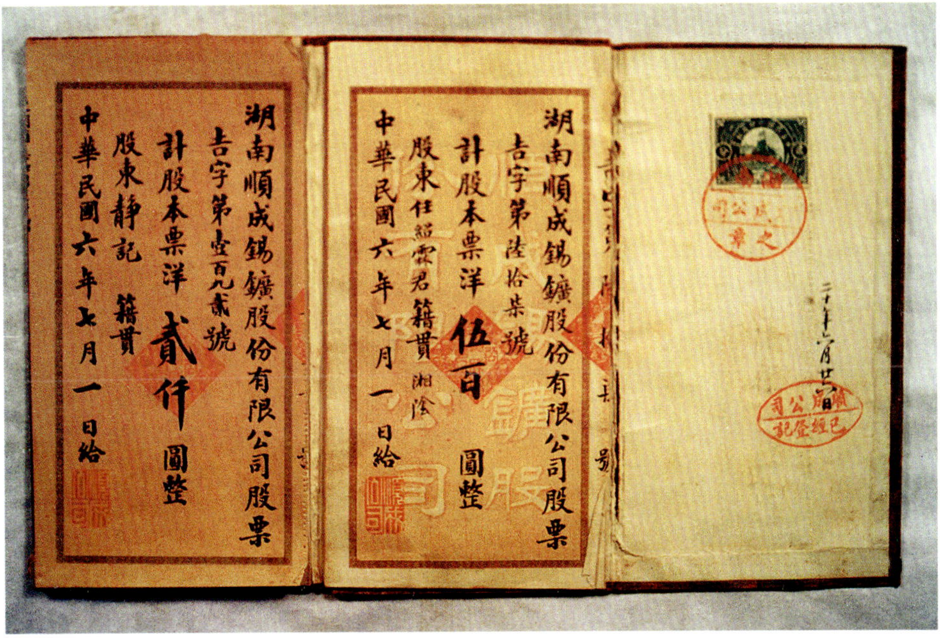

1917年7月1日湖南顺成锡矿股份有限公司发行的记名股票。

湖南铅矿工人在敲砸矿砂。

创办于民国初年的益阳实业协会编写的第一次报告书，记述了湖南地方实业的生产情况，如茶叶、玻璃等工农业产品的出产地方、制造工艺等。

梁焕奎（1868—1931），实业家。字璧垣，号星甫，湖南湘潭人。光绪举人。1896年任湖南矿务局文案。受维新思潮影响甚深，致力于发展湖南矿业。1899年筹集资金接办益阳板溪锑矿，将其改组为久通公司。1903年任湖南留学生监督，创办湖南高等实业学堂，后任湖南矿务总局提调。1908年在长沙成立华昌炼锑公司，任董事长，所出纯锑质量超过英国，对我国锑矿业的发展贡献甚大。1918年破产，后长期寓居上海，1931年病逝。

梁焕奎兄弟经营的益阳板溪锑矿全景。

华昌公司为湖南实业家梁焕奎兄弟合资创办于1908年的湖南近代炼锑工业，设厂于长沙南门外西湖桥，经呈准清商部奏准立案，获得承炼全省锑砂的专利权，民国初年获得较大发展。这是华昌公司标志。

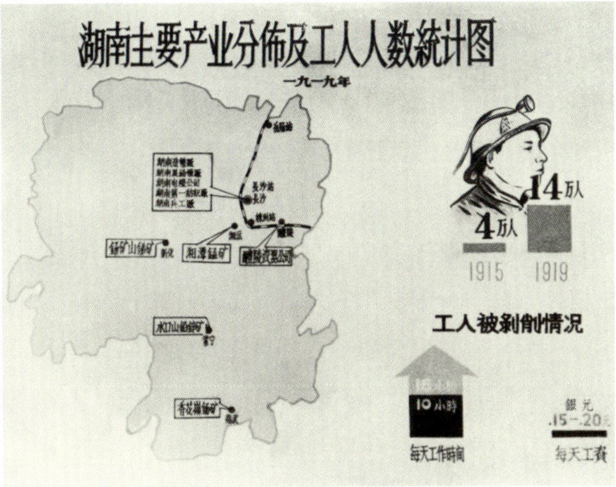

随着湖南近代工业的发展，工人阶级队伍迅速成长壮大起来，为马克思主义在湖南的传播奠定了阶级基础。这是1919年湖南主要产业分布及工人人数情况统计。

梁焕奎（二排左三）与公司同事在一起。

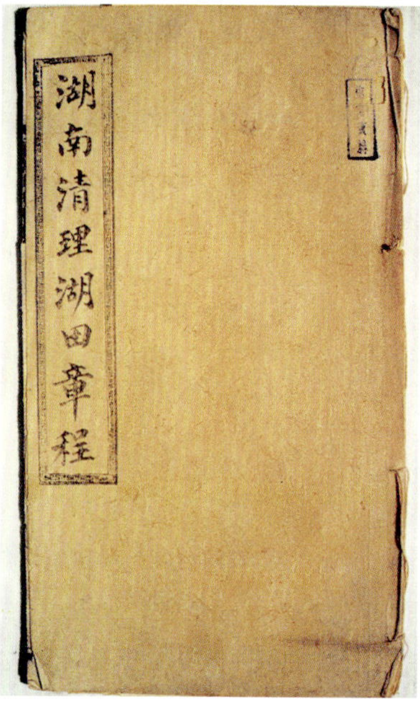

1918 年拟订实施的《湖南清理湖田章程》。

湖南省农会创办的农业技术推广指导专刊《农业旬报》。

辛亥革命湖南独立后成立的农业技术推广指导机构——湖南省农会。

民国初期撤城改路后的长沙天心路。

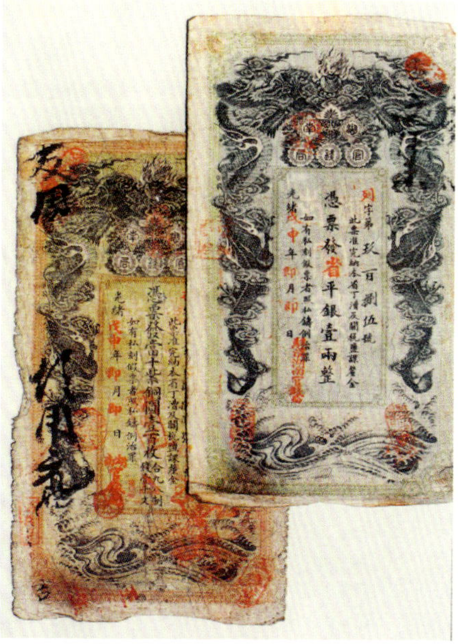

清光绪三十四年（1908）湖南官钱局发行的省平银票和钱票。

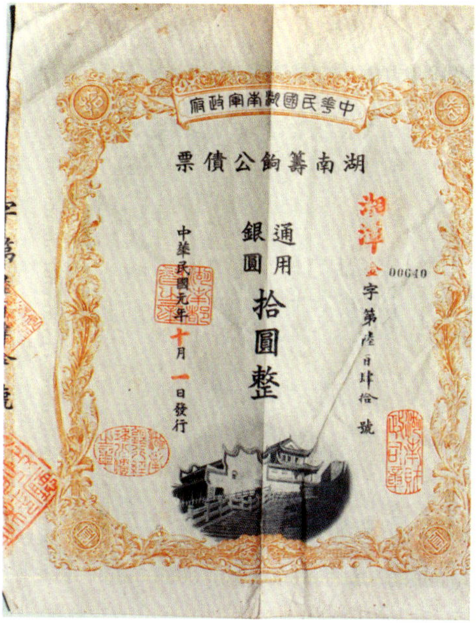

民国元年10月湖南军政府发行的筹饷公债票。

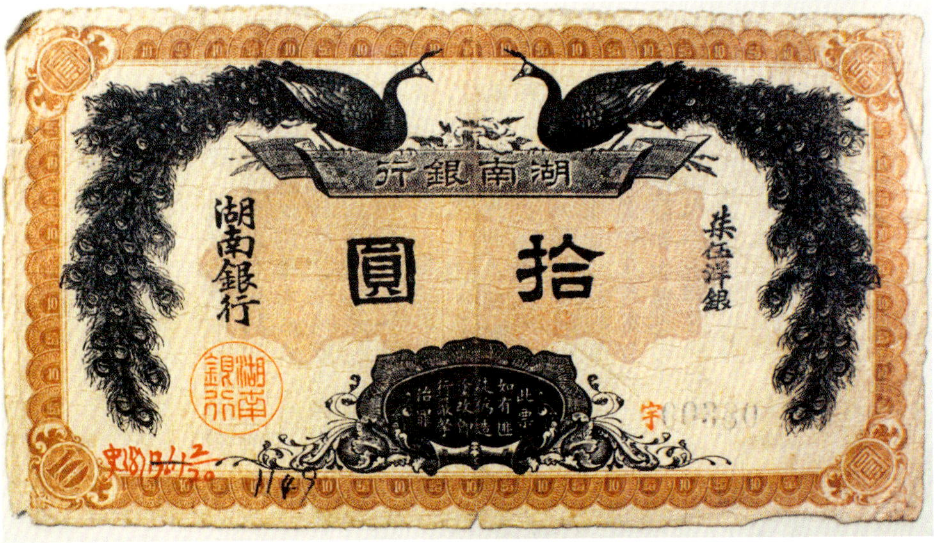

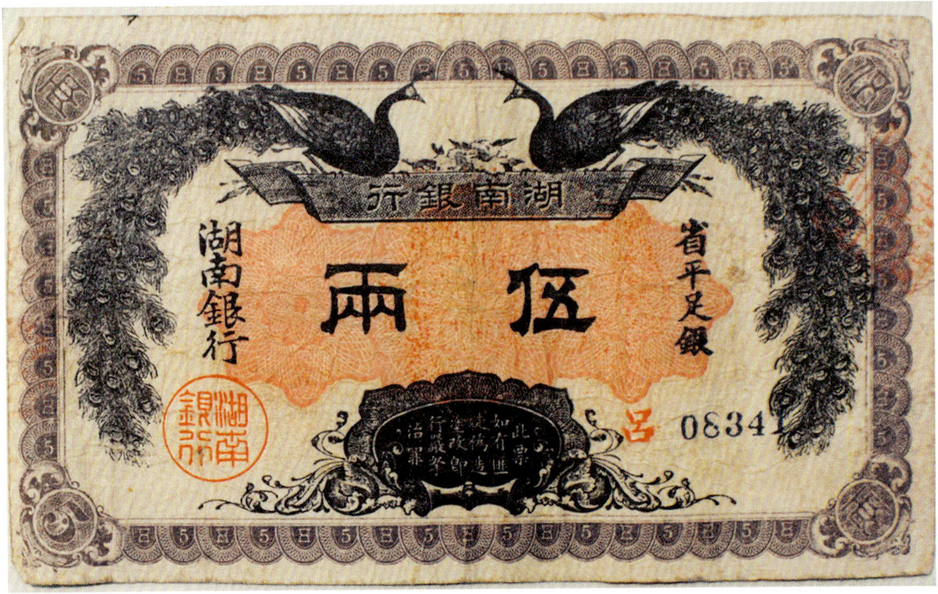

湖南银行发行的银洋和银两票。

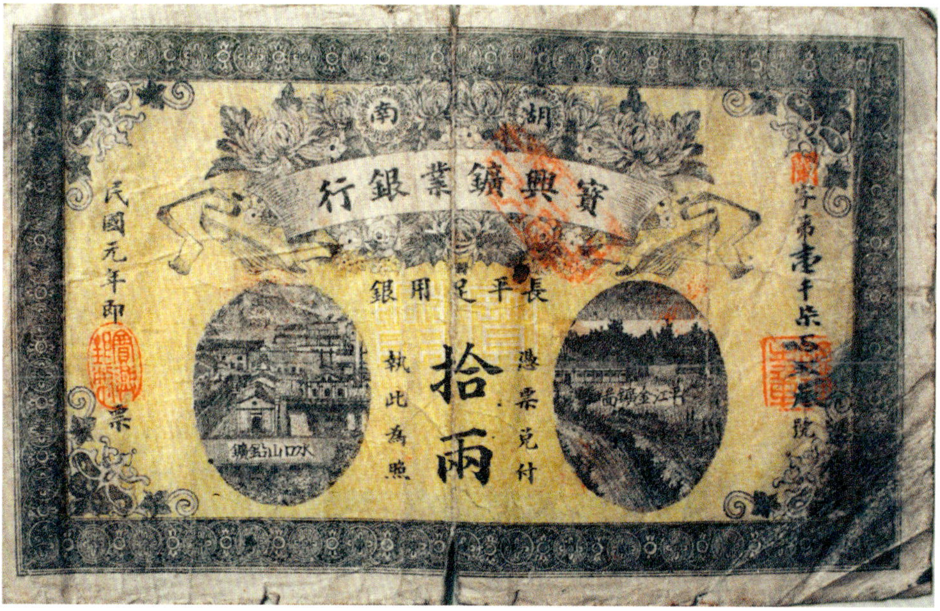

湖南宝兴矿业银行发行的银两票。

湖南实业银行发行的银两票。

靖港商钱局发行的通用银票。

益阳第二堡亚东公司发行的铜钱兑换券。

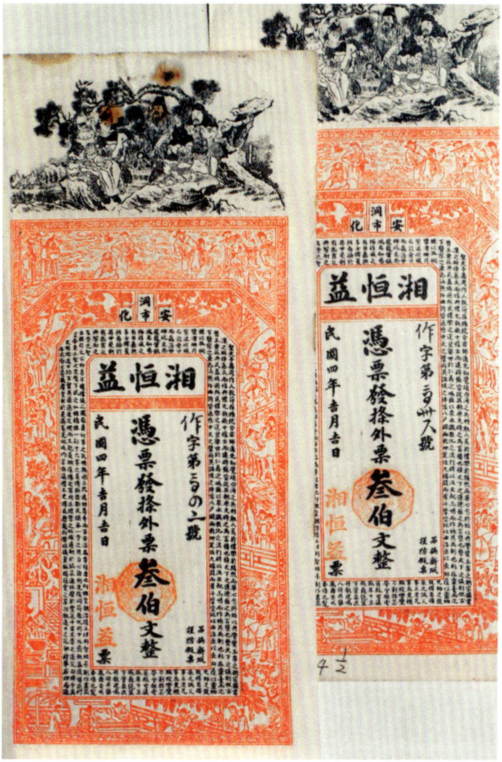

安化洞市“湘恒益”号发行的铜钱兑换票。

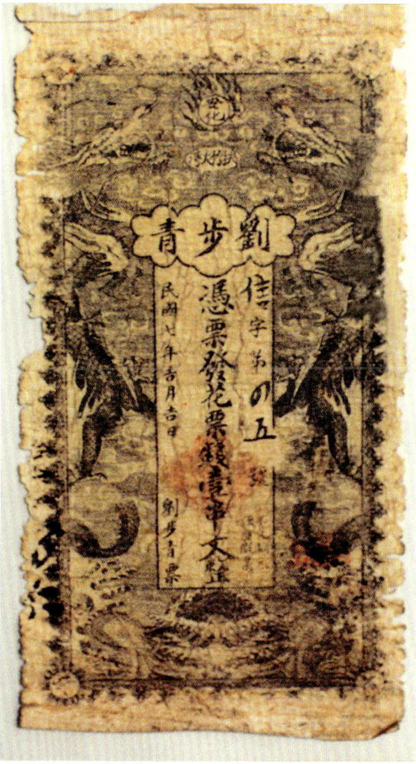

安化扶竹大湾“刘步青”号发行的花票兑换券。

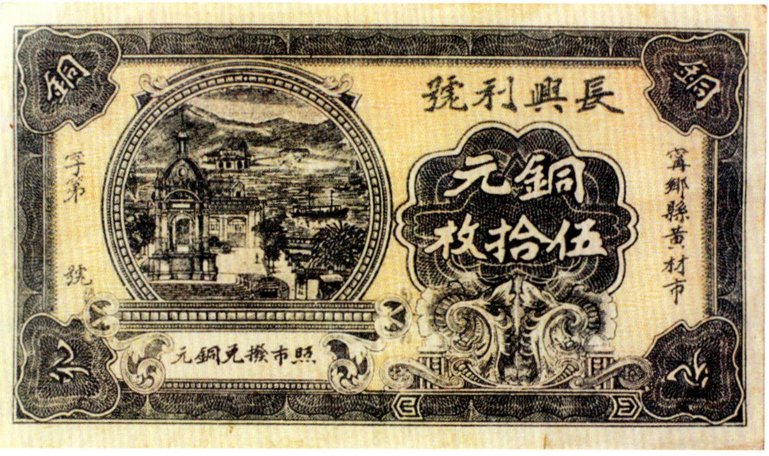

宁乡黄材市“长兴利”号发行的铜元兑换票。

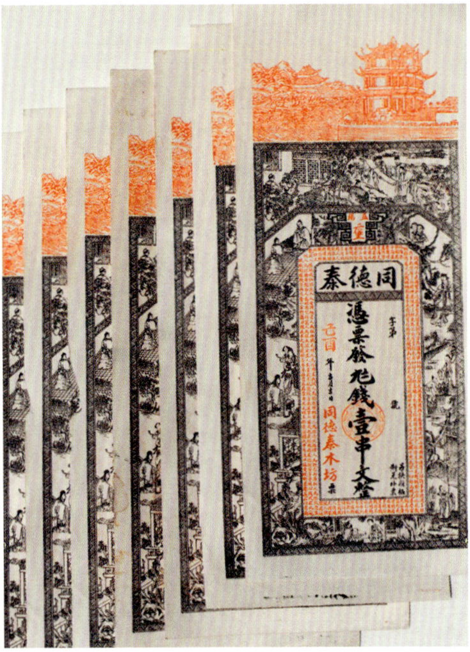

益阳二堡同德泰木坊发行的铜钱兑换券。

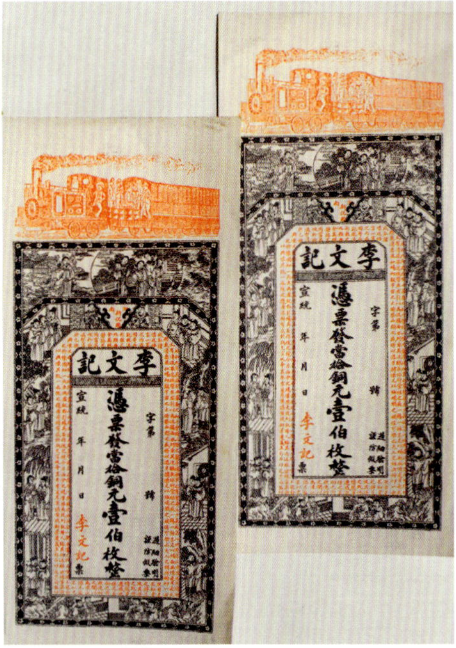

新化“李文记”号发行的铜元兑换票。

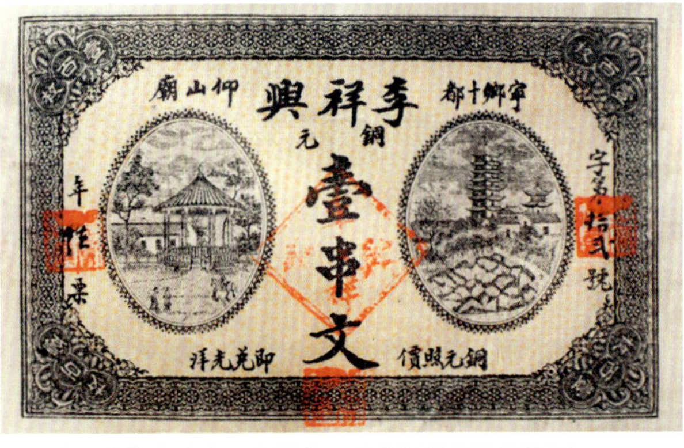

宁乡十都仰山庙“李祥兴”号发行的铜元兑换票。

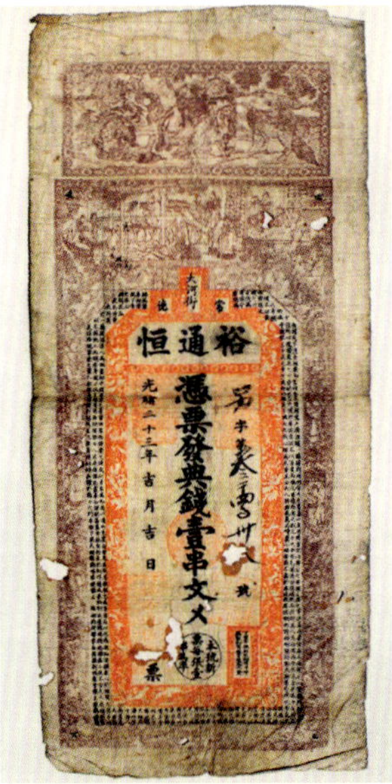

常德大河街“裕通恒”号发行的铜元兑换票。

二、蓬勃兴起的新学教育

湖南历来具有重视文化教育传统。进入 20 世纪，特别是 1905 年清政府正式废除科举制度，明令全国兴办小学堂后，湖南文化教育事业再现欣欣向荣景象。从初等教育、职业教育、女子教育，到师范和高等教育；从省会城市到各府州县乡，不同类别的大、中、小学堂如雨后春笋般涌现。在发展近代教育的过程中，湖南出现了独步一时的出国留学热潮，公派或自费出国留学生为各省之冠。

赵尔巽（1844—1927），字公镶，汉军正蓝旗人。同治进士，1903年署湖南巡抚，举办新政，创省矿务总公司，开设新式学堂。后历任户部尚书、盛京将军，湖广、四川、东三省总督等职。辛亥革命后主持编纂《清史稿》。

端方（1861—1911），字午桥，满洲正白旗人。1905年署湖南巡抚，积极支持教育改革，开办师范学堂，新办28所初等小学堂。辛亥革命中在四川被义军所杀。

1903年，湘潭拔贡胡元倓在长沙创办湖南第一所私立中学——明德中学堂，著名资产阶级民主革命家黄兴曾在此任教，传播民主革命思想。这是建于1909年的明德中学四箴堂。

1903 年，宁乡革命志士周震鳞等在长沙马王街创办修业学校，初设中学部，次年接收敬业小学堂后增设小学部。

1903—1904年，湖南巡抚赵尔巽主持创办的湖南高等学堂。

创办于1865年的宁乡云山书院，1905年改名为云山学堂，1912年再次更名为云山学校。著名的“宁乡四髯”何叔衡、谢觉哉、姜梦周、王凌波曾相继在这里求学或执教。

创办于清朝末年的湖南湘阴县塾塘乡（今属汨罗市）序贤学校，少年任弼时曾随父在此就读。

1904 年，长沙府在长沙学院街三府坪创办长沙府中学堂，1909 年更名为长郡联立中学，由长沙府属 12 州县联办。著名共产党人夏明翰、李维汉、郭亮、任弼时、萧劲光等先后在该校执教或求学。

1905年，宁乡朱剑凡在长沙创办周氏女塾，1908年呈请批准更名为湖南私立周南女子中学。

1905年，由民主革命志士禹之谟在长沙熙宁街原湘水校经堂旧址创办的唯一学堂，后相继更名为广益学堂、广益中学校，为今湖南师大附中的前身。

1906年，陈润霖在长沙储英园创办的楚怡小学堂，至1924年发展成为含有工业学校、中学、小学和幼稚园的“三校一园”体制。1956年改名“储英园完全小学”，1972年恢复“楚怡学校”校名。

创办于1903年的湖南师范馆，位于长沙妙高峰，1904年11月更名为“湖南中路师范学堂”，1912年改名为“湖南省立第一师范学校”，是湖南培养中等师资力量的重要基地。谭延闿、刘人熙、瞿宗泽等先后担任学堂监督。这是1908年中路师范学堂师生合影。

湖南省立第一师范学校学生在进行军事操练。

湖南武备学堂作为湖南新式教育的军事教育机构，肇始于1897年，由巡抚陈宝箴奏准成立，堂址设原长沙求贤书院。1901年巡抚俞廉三重建，1903年4月第一期正式开学。这是学堂学生在进行训练。

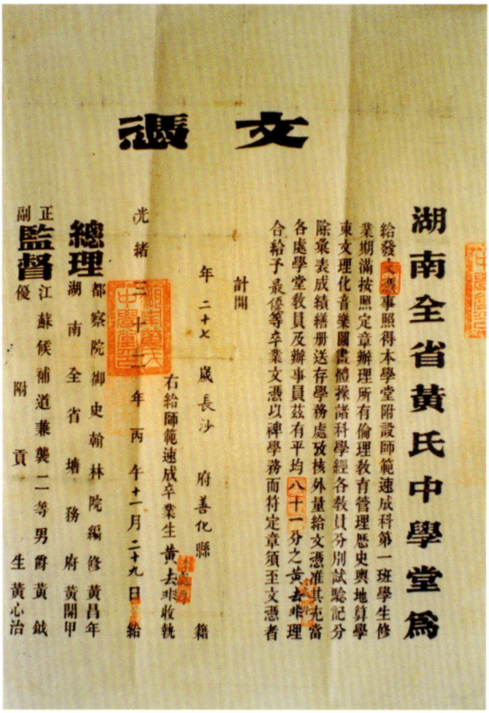
文憑

湖南全省黃氏中學堂爲
給發文憑事照得本學堂附設師範速成科第一班學生修
業期滿按照定章辦理所有倫理教育管理歷史輿地算學
東文理化音樂圖畫體操諸科學經各教員分別試驗記分
除彙表成績稽册送存學務處覈外量給文憑准其充當
各處學堂教員及辦事員茲有平均八十一分之黃去非理
合給予最優等卒業文憑以裨學務而符定章須至文憑者

計開
年二十七歲長沙府善化縣籍
右給師範速成卒業生黃去非收執

光緒三十二年丙午十一月二十九日給

總理 都察院御史翰林院編修黃昌年
湖南全省塘務府黃開甲
正監督 江蘇候補道兼襲一等男爵黃鉞
副監督 優附貢生黃心治

1906年11月29日，湖南全省黄氏中学堂签发给附设师范速成科学生黄去非的结业文凭。

湖南新学兴起之时，书院与学校教育体制并行，但书院教学科目的设置也在逐渐向近代教育转化。这是湘乡东山书院旧址，少年毛泽东曾在此求学。

酃县（今炎陵县）第一高等小学堂，位于县城西北，其前身为建于清乾隆年间的洣泉书院。

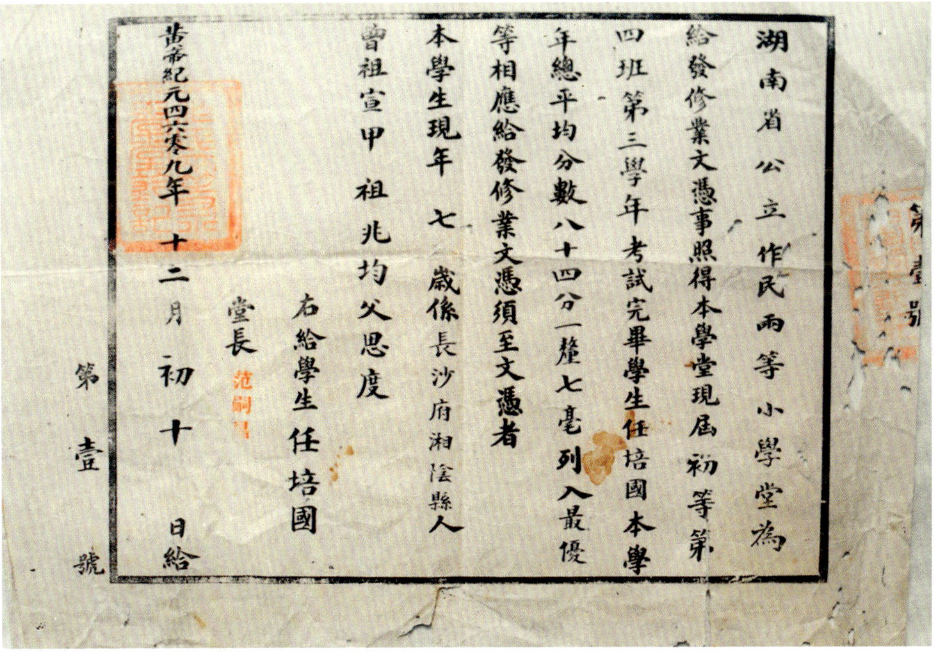

湖南省公立作民兩等小學堂為
給發修業文憑事照得本學堂現屆初等第
四班第三學年考試完畢學生任培國本學
年總平均分數八十四分一釐七毫列入最優
等相應給發修業文憑須至文憑者
本學生現年 七 歲係長沙府湘陰縣人
曾祖宣甲 祖兆均 父思度
右給學生任培國
堂長 范嗣昌
黃帝紀元四六零九年十二月初十日給
第壹號

1911 年农历十二月湖南省公立作民两等小学堂堂长范嗣昌签发给任培国(即任弼时)的学业证书。

1912 年创办于长沙紫东园的湖南省立第一中学，是全省最早的省立中学，毛泽东曾以第一名被录取在该校第一班就读。图为学校原校门（今无）。

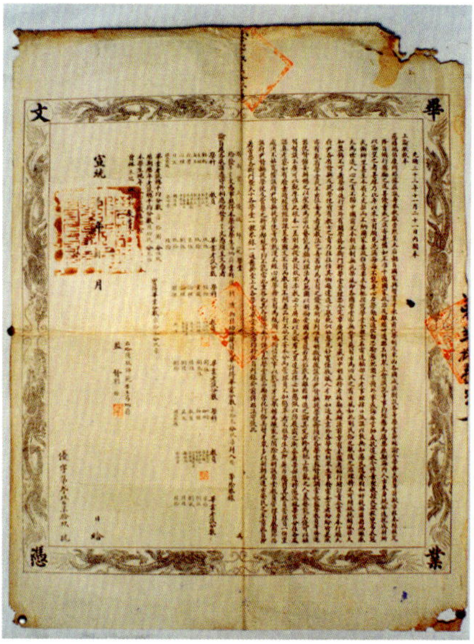

1907 年创办于长沙贡院的官立优级师范学堂，以培养初等师范和中等学堂师资为宗旨，1912 年改名为湖南高等师范学校。这是 1911 年 8 月学堂签发给学生易炳蔚的毕业证书。

1911年夏末，湖南优级师范学堂博物、数学科学生毕业合影。

1912年创办于长沙天心阁北侧古稻田的湖南省立第一女子师范学校。

1913年，美国基督教长老会、遵道会、循道会成员牧拿亚女士在长沙北门外长春巷创办长沙福湘女中。1919年杨开慧曾在该校就读，这是福湘女中教学楼（今无）。

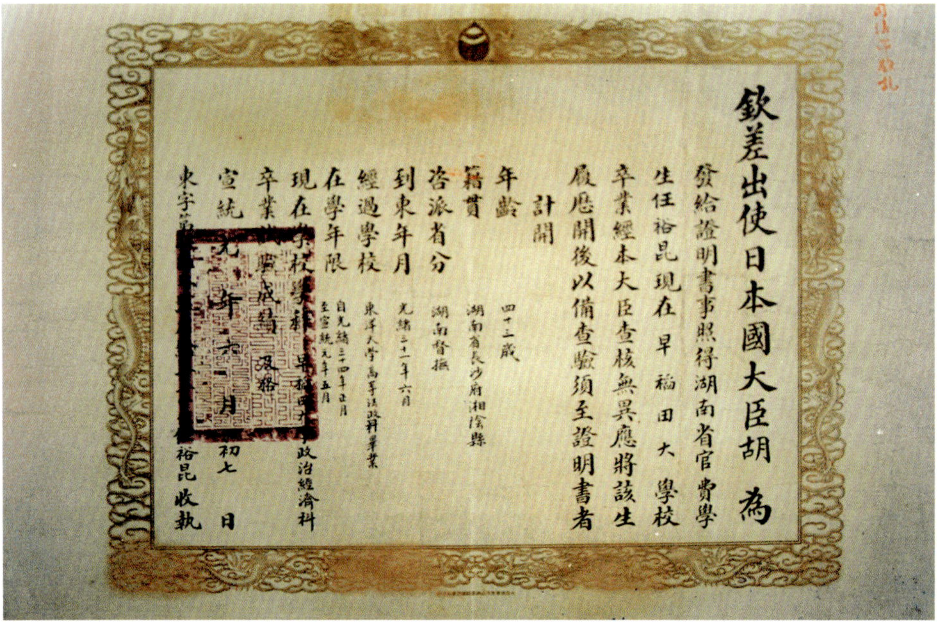

欽差出使日本國大臣胡 為
發給證明書事照得湖南省官費學
生任裕昆現在早稻田大學校
卒業經本大臣查核無異應將該生
履應開後以備查驗須至證明書者
計開
年齡 四十三歲
籍貫 湖南省長沙府湘陰縣
咨派者分 湖南督撫
到東年月 光緒三十一年六月
經過學校 東洋大學高等法政科畢業
在學年限 自光緒三十四年正月至宣統元年五月
現在學校學科 早稻田[illegible]政治經濟科
卒業[illegible]成績 及格
宣統元年六月初七日
東字第[illegible]號 裕昆收執

清朝驻日本大使1909年7月签发给湖南官派留日学生任裕昆的留日证明文书。

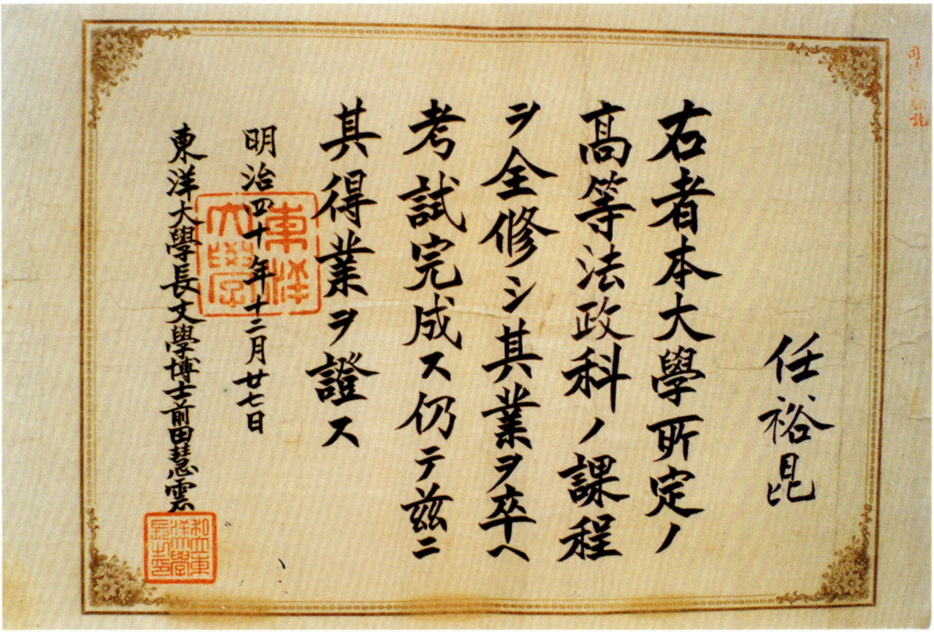

任裕昆
右者本大學所定ノ高等法政科ノ課程ヲ全修シ其業ヲ卒ヘ考試完成ス仍テ茲ニ其得業ヲ證ス
明治四十年十二月廿七日
東洋大學長文學博士前田慧雲

1907年，日本东洋大学签发给湖南留日学生任裕昆在该校高等法政科学习毕业的证书。

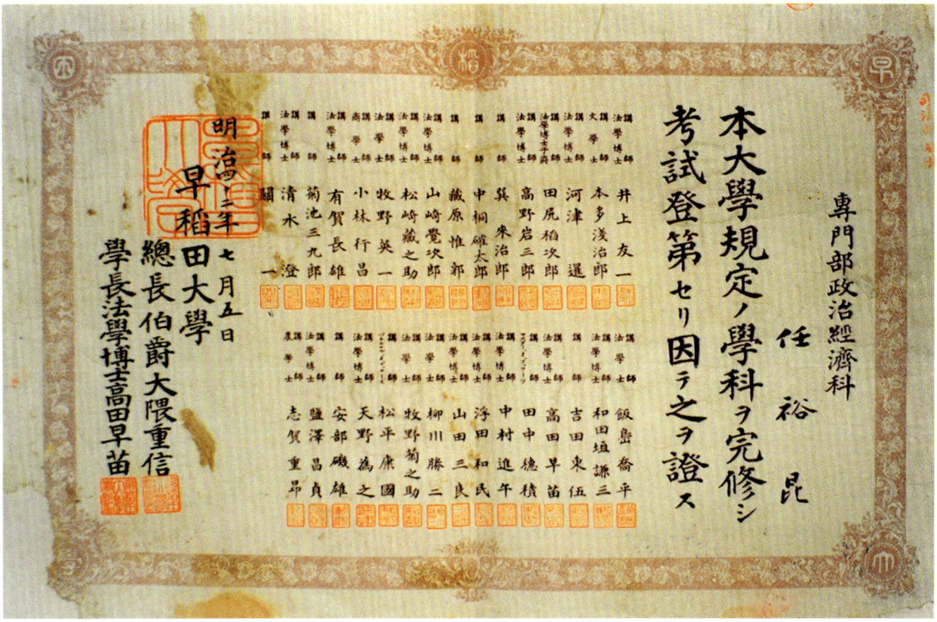

1909年，日本早稻田大学签发给湖南留日学生任裕昆在该校专门政治科学习结业的毕业证书。

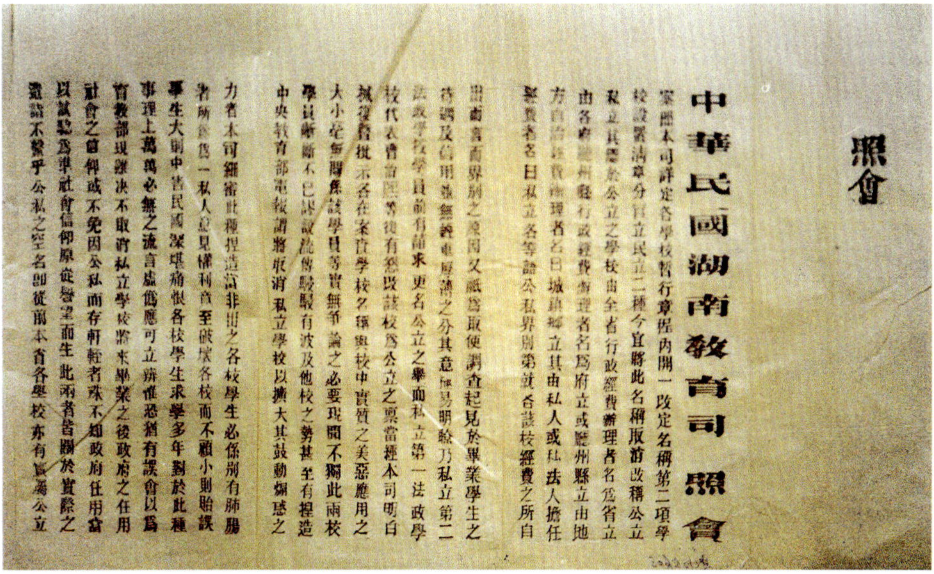

中华民国成立后，湖南教育司发布的关于将原有“官立”、“民立”学校名称统一改为“公立”、“私立”等有关事宜的照会。

1913 年 12 月，湖南公立法政专门学校政治经济科学生毕业合影。该校前身为 1910 年创办于长沙又一村的湖南官立政法学堂，1912 年改赁肇嘉坪民房为校舍，改名为省立第一政法学校。1913 年 3 月与第二政法学校合并，定名为湖南公立法政专门学校。

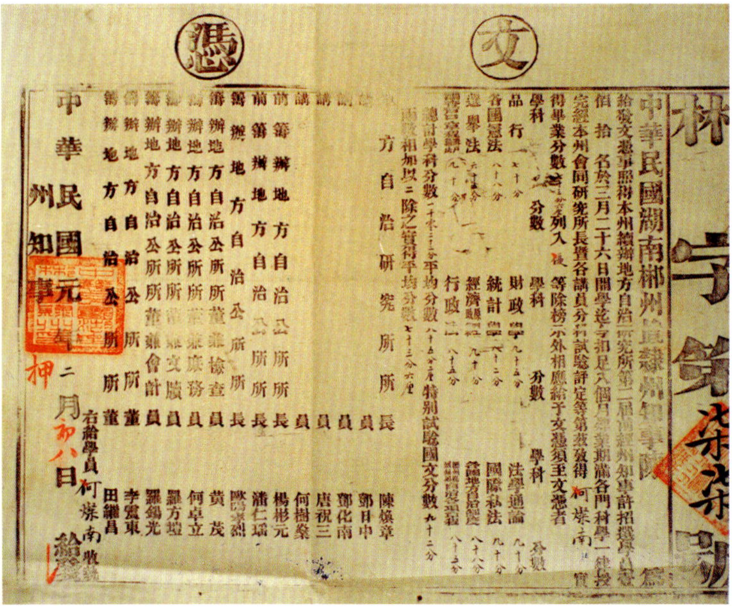

1912年2月，郴州直隶州知事签发给郴州地方自治研究所第二届培训班学员何灿南的结业证书。

1905年8月，湖南抚院批准在长沙北门外农事实验场增筑校舍，开设速成蚕科，1906年奏请立案，定名为湖南中等农业学堂。湖南蚕桑业由此进入近代科技养殖阶段。这是1914年3月湖南省立蚕业讲习所在进行嫁接蚕桑试验。

湖南省立女子蚕业讲习所本科第二班学生毕业合影。

1904年3月，湖南抚院在长沙定王台创办湖南图书馆兼教育博物馆，次年扩建馆舍，更名为湖南图书馆，1912年改名为省立图书馆。何叔衡、毛泽东等曾在此工作与学习。

第九章　五四运动时期的湖南
（1918 年至 1923 年）

五四运动时期，是中国社会发生激变的时期。反帝反封建的爱国民主运动和思想文化运动波澜壮阔，中国工人阶级以独立姿态登上政治舞台，马克思主义开始在中国迅速传播，并使这个东方大国诞生了共产党。在世界革命潮流的影响下，中国革命由旧民主主义转变为新民主主义，重新走向新的高潮。五四运动时期的湖南，也基本体现了这些特征。

五四运动前的数年间，南北军阀为争夺地盘，在湖南展开厮杀，使湖南人民饱受战火之苦，引起了极大的愤慨，这就为湖南革命运动准备了广泛的社会和群众条件。五四运动前，湖南近代工矿业在第一次世界大战的隙缝中获得较大的发展，近代产业工人约达 4 万人，还有一支庞大的手工业工人队伍。他们为反抗帝国主义、封建军阀和官僚买办的操纵、掠夺和压迫，曾举行过一系列的罢工和暴动，初步显示了自己的力量，这就为湖南革命运动的再度兴起准备了阶级基础。

五四运动爆发后，湖南人民立即响应，反帝浪潮汹涌澎湃，毛泽东主编的《湘江评论》在湖南和全国的思想界产生了重要影响，湖南成为全国学生和其他阶层反日爱国运动较为热烈的省份之一。

五四运动促进了湖南的留法勤工俭学运动。湖南留法勤工俭学的部分学生，不久即成为马克思主义在中国的重要传播者。

五四运动极大地推动了湖南人民反对军阀的斗争。湖南人民借助全国舆论的支持并利用直、皖军阀的矛盾，取得驱逐皖系军阀张敬尧的胜利。这是毛泽东在五四运动中提出的“民众大联合”思想的一次大演习，对后来湖南人民的革命斗争产生了重要的作用。

五四运动促进了湖南人民的觉醒，湖南的思想界掀起了传播新文化的热潮。随着新文化运动的发展，马克思主义的宣传逐渐成为新文化运动的主流。走俄国人的道路，“改造中国与世界”，从五四运动中成长起来的湖南共产主义知识分子认识了历史发展的方向和自己的使命。新民学会开展关于建党和革命道路问题的讨论，为湖南共产党组织的建立打下了良好的思想基础。1920 年冬，湖南早期共产党组织和社会主义青年团的建立，为湖南共产党组织的成立奠定了组织基础。1921 年 10 月 10 日，中共湖南支部正式成立，1922 年 5 月扩建为中共湘区委员会。

湖南共产党组织正式建立后，即在全省各地发展党的组织，积极从事工人运动。1922 年下半年，中共湘区委先后领导发动了粤汉铁路长武段、安源路矿、长沙泥木行业、水口山铅锌矿等十多处工人大罢工，形成了湖南第一次工人运动高潮。

五四运动时期湖南形成的新的思想、政治、社会因素，为大革命时期湖南革命运动的不断高涨准备了条件。

第一节　新文化运动兴起对湖南的影响

辛亥革命失败后，一部分激进民主主义知识分子认为，过去革命失败的根本原因是多数国民不觉悟，因此当前救国的首要任务在于打破封建主义的思想壁垒，从而以进化论为指导思想，发动了一个猛烈的反封建的新文化运动。

1915 年 9 月，陈独秀在上海创办《青年杂志》（后改名《新青年》），标志新文化运动的开始。湖南人易白沙针对当时的尊孔逆流，在《青年杂志》发表《孔子平议》一文，系统地批判孔子思想的积弊，吹响了“打倒孔家店”的号角。就在《新青年》创刊的同一月，刘蔚庐、贝元澂等人在长沙创办湖南《大公报》，对袁世凯复辟帝制的活动展开猛烈抨击。

由于杨昌济等人的赞许和介绍，《新青年》在湖南逐渐广泛流传，并影响了一批进步青年。在新思潮的影响下，1918 年 4 月，毛泽东、蔡和森等人在长沙组织了“新民学会”，以“革新学术，砥砺品行，改良人心风俗”为宗旨，进而主张“改造中国与世界”。新民学会后来成为湖南五四运动的领导核心。1919 年五四运动爆发以后，湖南的新文化运动由反对封建主义的运动，发展成为反帝与反封建相结合的运动，并逐步发展成为以传播马克思主义为主流的思想运动。

在“五四”新文化运动和反帝爱国斗争影响下兴起的赴法勤工俭学运动中，湖南是最为突出的省份之一。以蔡和森、向警予、李维汉为代表的湖南青年，在此期间接受了马克思主义，并通过书信和报刊向国内介绍，从而扩大了马克思主义在湖南及全国的影响。

一、新文化运动在湖南的兴起

1915 年 9 月，陈独秀在上海创办《青年杂志》，揭开了中国新文化运动的序幕。同月，刘蔚庐、贝元澂等人在长沙创办湖南《大公报》，对袁世凯复辟帝制的活动展开猛烈抨击。由于杨昌济等人的推介，《新青年》在湖南得以流传，并影响了毛泽东、蔡和森等一批进步青年。1919 年五四运动爆发以后，湖南的新文化运动逐步发展成为以传播马克思主义为主流的思想运动。

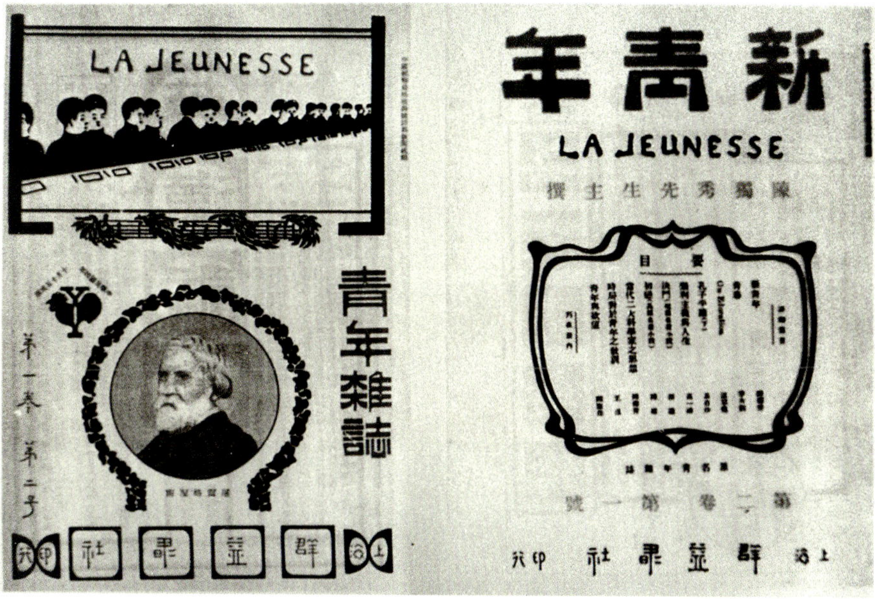

1915年9月，陈独秀在上海创办《青年杂志》，1916年9月改名为《新青年》，高举起民主和科学两面大旗，从而揭开了中国新文化运动的序幕。

易白沙（1886-1921），名坤，长沙人，是湖南新文化运动兴起以后一位著名的反封建斗士。

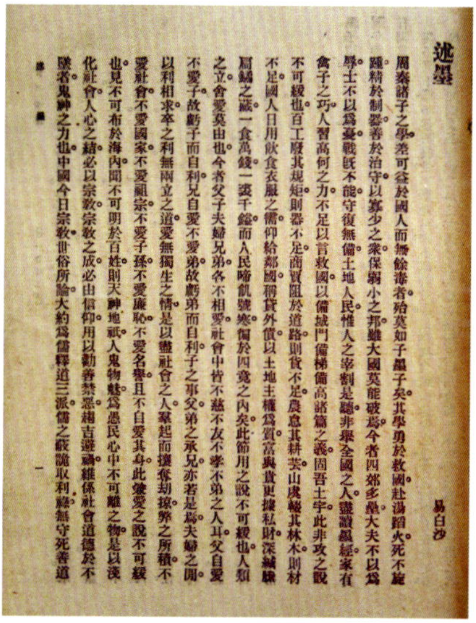

述墨

易白沙

周秦諸子之學。差可益於國人而無餘毒者。殆莫如子墨子矣。其學勇於救國。赴湯蹈火。死不旋踵。精於制器。善於治守。以寡少之衆。保弱小之邦。雖大國莫能破焉。今者四郊多壘。大夫不以爲辱。士不以爲憂。戰既不能。守復無備。土地人民。惟人之宰割。是聽非舉全國之人。盡讀墨經。家有禽子之巧。人習高何之力。不足以言救國。以備城門備梯備高諸篇之義。固吾土宇。此非攻之說不可緩也。百工廢其規矩。則器不足。商賈阻於道路。則貨不足。農怠其耕芸。山虞竭其林木。則材不足。國人日用飲食衣服之備。仰給鄰國。稱貸外債。以土地主權爲質。富與貴吏擁私財。深緘牖扃鐍之藏。一食萬錢。一裘千鎰。而人民啼飢號寒。徧於四竟之內矣。此節用之說不可緩也。人類之立。舍愛莫由也。今者父子夫婦兄弟。各不相愛。社會中皆不慈不友不孝不弟之人耳。父自愛不愛子。故虧子而自利。兄自愛不愛弟。故虧弟而自利。子之事父。弟之承兄。亦若是。爲夫婦之間。以利相求。卒之利無兩立之道。愛無獨生之情。是以盡社會之人。羣起而攘奪劫掠。衆之所積。不愛社會。不愛國家。不愛祖宗。不愛子孫。不愛廉恥。不愛名譽。且不自愛其身。此兼愛之說不可緩也。見不可布於海內。聞不可明於百姓。則天神地祇人鬼物魅。爲愚民心中不可離之物。是以淺化社會。人心之結。必以宗教。宗教之成。必由信仰。用以勸善禁惡。趨吉避禍。維係社會道德於不墜者。鬼神之力也。中國今日宗教世俗所論。大約爲儒釋道三派。儒之敝。詭取利祿。無守死善道

述墨 一

1915 年 10 月，湖南人易白沙在《青年杂志》一卷二号上发表《述墨》一文，针对当时外有列强侵入、内为封建统治的现实，强调发扬墨子非攻、节用、兼爱的精神。

1915 年 9 月 1 日，湖南《大公报》开幕时报社同人合影。

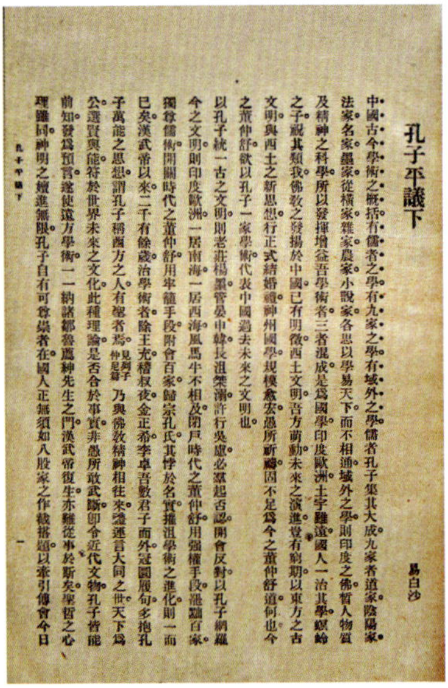

孔子平議下

易白沙

中國古今學術之概括。有儒者之學。有九家之學。有域外之學。儒者孔子集其大成。九家者道家。陰陽家。法家。名家。墨家。從橫家。雜家。農家。小說家。各思以學易天下。而不相通。域外之學。則印度之佛。哲人物質及精神之科學。所以發揮增益吾學術者。三者混成。是爲國學。印度歐洲。土宇雖遼。國人一治其學。螟蛉之子。視其類我。佛教之發揚於中國。已有明徵。西土文明。吾方萌動。未來之演進。豈有窮期。以東方之古文明。與西土之新思想。行正式結婚禮。神州國學。規模愈宏。愚所祈禱。固不足爲今之董仲舒道。何也。今之董仲舒。欲以孔子一家學術。代表中國過去未來之文明也。

以孔子統一古之文明。則老莊楊墨管晏申韓長沮桀溺許行吳慮。必羣起否認。附會反對以孔子網羅今之文明。則印度歐洲。一居南海。一居西海。風馬牛不相及。閉戶時代之董仲舒。用強權手段。罷黜百家。獨尊儒術。開關時代之董仲舒。用牢籠手段。附會百家。歸宗孔氏。其悖於名實。摧沮學術之進化。則一而已矣。漢武帝以來。二千有餘歲。治學術者。除王充。嵇叔夜。金正希。李卓吾。數君子而外。冠圓履句。多抱孔子萬能之思想。謂孔子稱西方之人有聖者焉。(見列子仲尼篇) 乃與佛教精神相往來。禮運言大同之世。天下爲公。選賢與能。符於世界未來之文化。此種理論。是否合於事實。非愚所敢武斷。卽令近代文物。孔子皆能前知。發爲預言。遂使遠方學術。一一納諸鄒魯薦紳先生之門。漢武帝復生。亦難從事於斯矣。學哲之心理雖同。神明之演進無限。孔子自有可尊崇者在。國人正無須如八股家之作截搭題。以牽引傅會今日

孔子平議下　一

1916年2月，易白沙在《青年杂志》一卷六号上发表《孔子平议》。他指出：从汉武帝开始，“罢黜百家，独尊儒术，利用孔子为傀儡，垄断天下之思想，使失其自由”，其后果甚为恶劣。这是《青年杂志》第一篇公开指名批判孔学的文章。

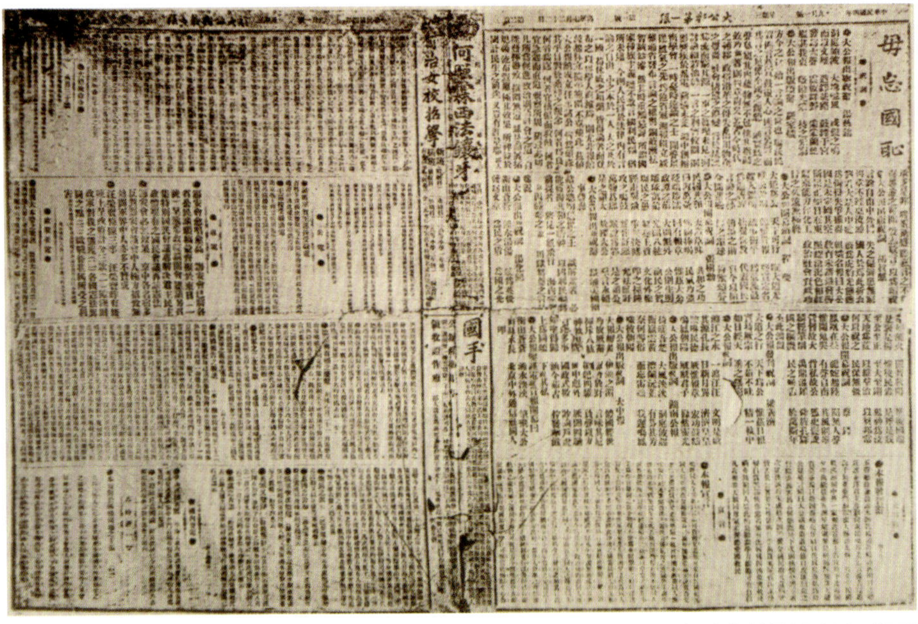

1915年9月1日，刘蔚庐、贝元澂等创办湖南《大公报》，对袁世凯复辟帝制的活动展开猛烈抨击。其创刊宣言中称“愿于湖南之各种问题，为根本之解决……”此为《大公报》第一张。

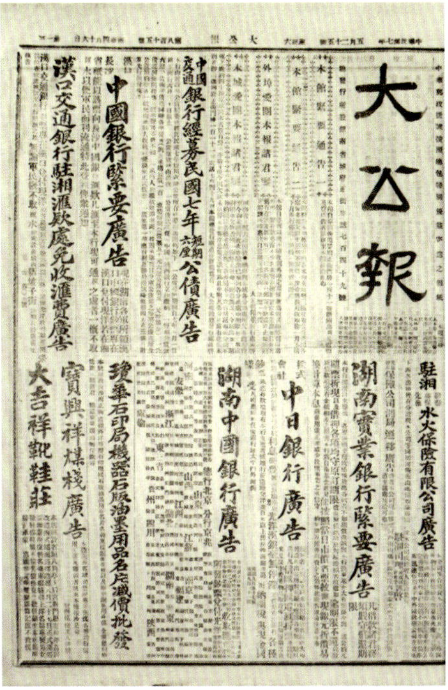
大公報

中國交通銀行經募民國七年六厘短期公債廣告

中國銀行緊要廣告

漢口交通銀行駐湘滙兌處免收滙費廣告

駐湘 水火保險有限公司廣告

湖南實業銀行緊要廣告

中日銀行廣告

湖南中國銀行廣告

瓊華石印局機器石版油墨用品名片減價批發

寶興祥煤棧廣告

大吉祥靴鞋莊

1918年5月25日湖南《大公报》第一版。

杨昌济（1871-1920），长沙县板仓人。曾赴日本、英国留学十余年，主攻教育学、哲学和伦理学。1913年返国后，先后在湖南省立高等师范学校、省立第一师范学校任教。他是《新青年》在湖南最早的宣传者。

湖南《大公报》问世后，在相当长的时间内都是宣传新文化的有力阵地。图为 1925 年 9 月《大公报》十周年纪念日时该报同人合影。

湖南省立第一师范始建于清光绪二十九年(1903)，长沙清代城南书院院址，初名湖南师范馆，民国元年(1912)改名湖南公立第一师范学校。1914年春，毛泽东编入该校第八班，1918年夏毕业。

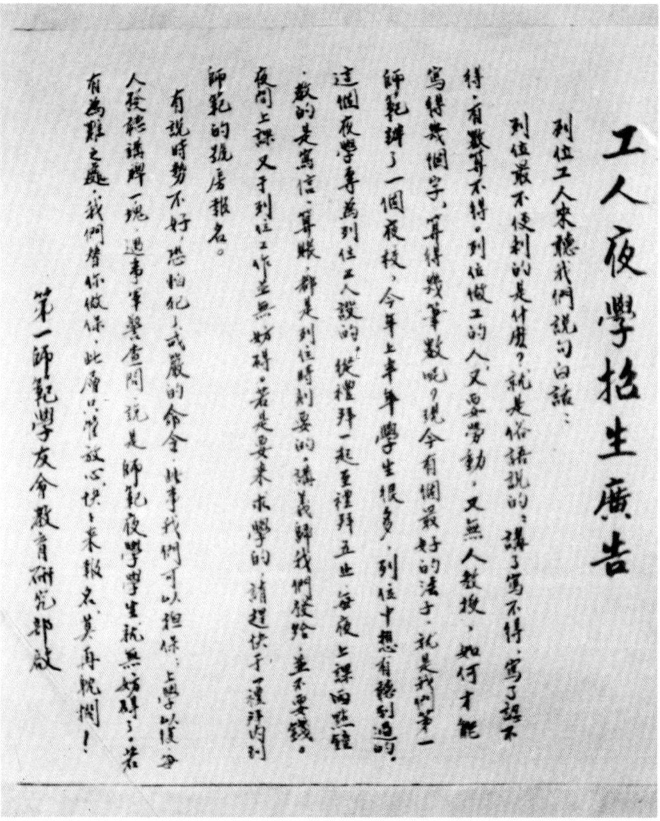

工人夜學招生廣告

列位工人來聽我們說句白話：

列位最不便利的是什麼？就是俗話說的：講了寫不得，有數算不得。列位做工的人，又要勞動，又無人教授，如何才能寫得幾個字，算得幾筆數呢？現今有個最好的法子，就是我們第一師範辦了一個夜校，今年上半年學生很多，列位中想有聽到過的。這個夜學專為列位工人設的，從禮拜一起至禮拜五止，每夜上課兩點鐘，教的是寫信、算賬，都是列位時刻要的。講義歸我們發給，並不要錢。夜間上課又于列位工作並無妨礙。若是要來求學的，請趕快于一禮拜內到師範的號房報名。

有說時勢不好，恐怕犯了戒嚴的命令。此事我們可以擔保，上學下學，每人發給講牌一塊，遇事軍警查問，說是師範夜學學生，就無妨礙了。若有為難之處，我們替你做保，此層只管放心，快快來報名，莫再耽擱！

第一師範學友會教育研究部啟

当时在湖南省立第一师范学校读书的毛泽东，是《新青年》的热心读者。1917年下学期，他被选为学友会的总务兼教育研究部长。他提出学友会主办工人夜学的重要目的之一是为了“造成新国民”。这份白话文的招生广告文字系毛泽东撰写。

1917年11月，毛泽东在第一师范附属小学内创办了湖南第一所工人夜校，自编讲义和课本，辅导工人学习文化。图为工人夜校旧址。

受新文化运动思想的影响，在毛泽东周围逐渐聚集起一批志同道合的青年，其中多为一师的学友。他们经常讨论“如何使个人及人类的生活向上”的问题，形成“集合同志，创造新环境”的共同愿望。图为1918年3月毛泽东（第四排右起第二人）与本班同学合影。

为了实现“集合新同志，创造新环境”的愿望，1918年4月14日，毛泽东、蔡和森、萧子升等人倡导的“新民学会”在岳麓山脚刘家台子蔡和森家正式成立。

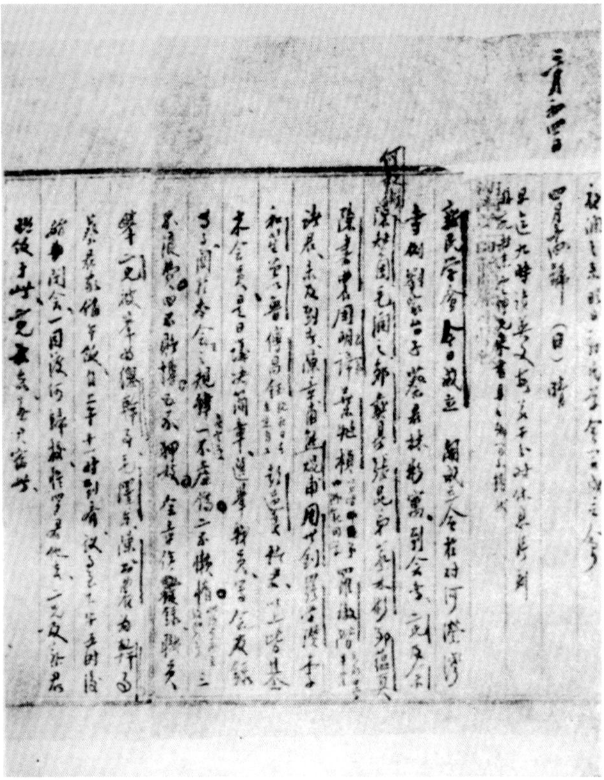

萧三在1918年4月14日所写日记中，记载了新民学会成立时的情况。

新民学会会务报告。

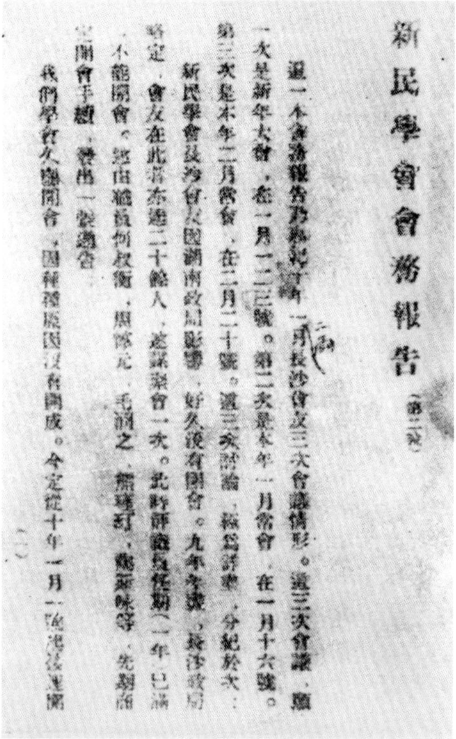

新民學會會務報告（第二號）

這一本會務報告為報告本年一月長沙會友三次會議情形。這三次會議，頭一次是新年大會，在一月一二三號。第二次是本年一月常會，在一月十六號。第三次是本年二月常會，在二月二十號。這三次討論，稍為詳細，分紀於次：

新民學會及為會友因湖南政局影響，好久沒有開會。九年冬底，長沙政局略定，會友在此者亦達二十餘人，遂謀聚會一次。此時評議部任期（一年）已滿不能開會。遂由總務何叔衡，周惇元，毛潤之，熊瑾玎，陶斯咏等，先期商定開會手續，發出一張通告

我們學會久未開會，因種種原因沒有開成。今定從十年一月一號[illegible]

（一）

新民学会成立时，以“革新学术，砥砺品行，改良人心风俗”为宗旨。1920年7月，确定以“改造中国与世界”为学会的方针。图为1919年11月16日部分新民学会会员在长沙的合影，最后一排左四为毛泽东，第三排右一为何叔衡。

二、湖南的留法勤工俭学运动

五四运动前后，中国兴起了一场声势浩大的留法勤工俭学运动，成为新文化运动的一个组成部分。湖南青年在以毛泽东、蔡和森为代表的新民学会推动下，竞相赴法，使留法勤工俭学运动走向高潮，湖南亦成为全国留法勤工俭学人数最多的省份之一。留法勤工俭学运动促进了赴法的湖南青年和民众的觉醒，推动了马克思主义在湖南的传播，为中国革命培养了一批领导骨干，也造就了一批教育和科技人才。

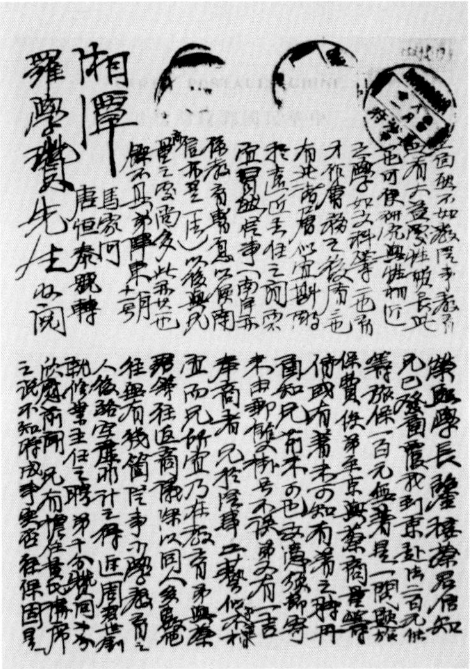

1918年8月11日，毛泽东从长沙发信给在湘潭马家河的新民学会会员罗学瓒，商讨筹措赴法勤工俭学经费问题，并建议罗学瓒以从事教育工作为宜。

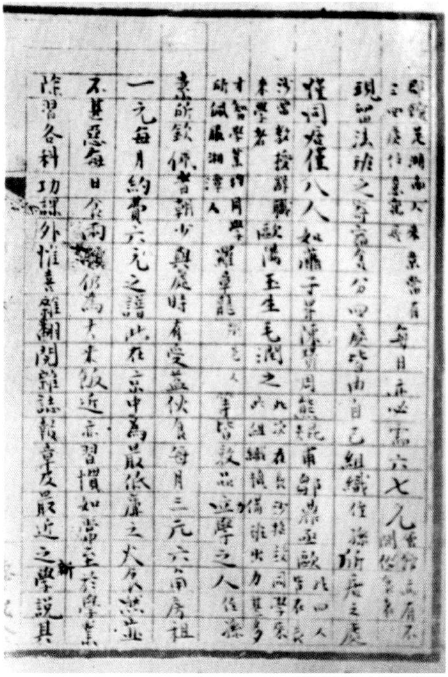

1918年8月15日，毛泽东、萧子升邀集张昆弟、罗学瓒、陈绍休、李维汉等25名志愿留法的新民学会会员和知识青年从长沙起程，19日抵北京。罗学瓒在10月16日的家信中说："毛润之此次在长沙招致学生来此，组织预备班，出力甚多。"

毛泽东和蔡和森等从北京前往迎接湖南留法初级班学员。图为他们所住的保定第一客栈。

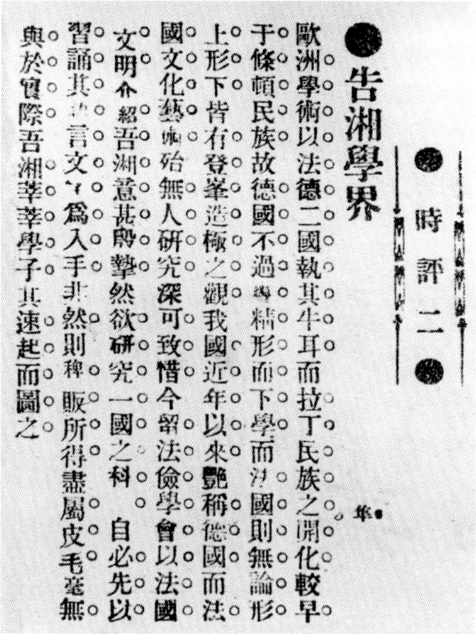

時評二

告湘學界

华

歐洲學術以法德二國執其牛耳而拉丁民族之開化較早于條頓民族故德國不過專精形而下學而法國則無論形上形下皆有登峯造極之觀我國近年以來艷稱德國而法國文化藝術殆無人研究深可惜今留法儉學會以法國文明介紹吾湘意甚殷摯然欲研究一國之科　自必先以習誦其言文為入手非然則稗販所得盡屬皮毛毫無與於實際吾湘莘莘學子其速起而圖之

在毛泽东等人组织青年赴法勤工俭学的同时，湖南的报纸也不断传出留法活动的消息。8月16日，湖南《大公报》发表《告湘学界》时评，号召“吾湘莘莘学子，其速起而图之”。

毛泽东在京期间，经杨昌济介绍，由北京大学图书馆主任李大钊安排到图书馆当助理员。毛泽东在这里读到了许多过去从未读过的书刊，认识了李大钊，开始具体地了解十月革命和马克思主义。图为北京大学图书馆。

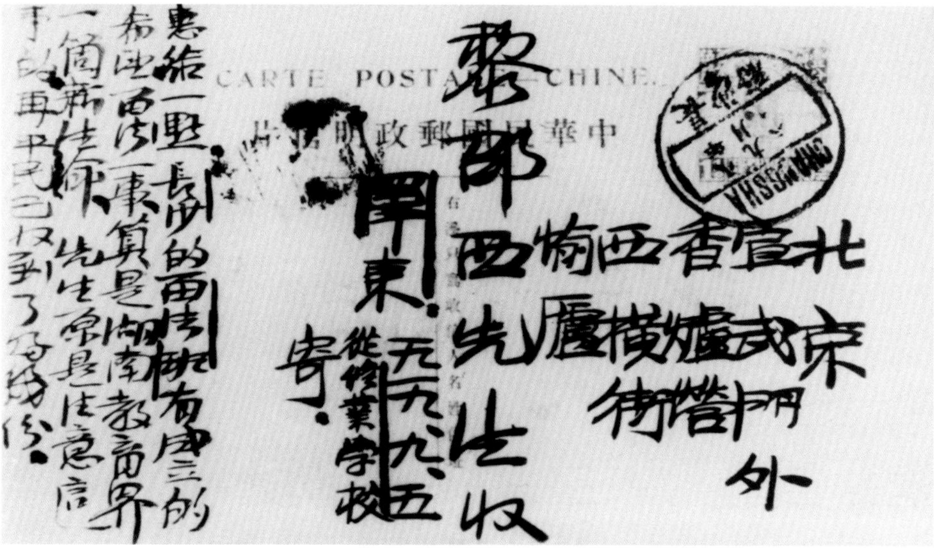

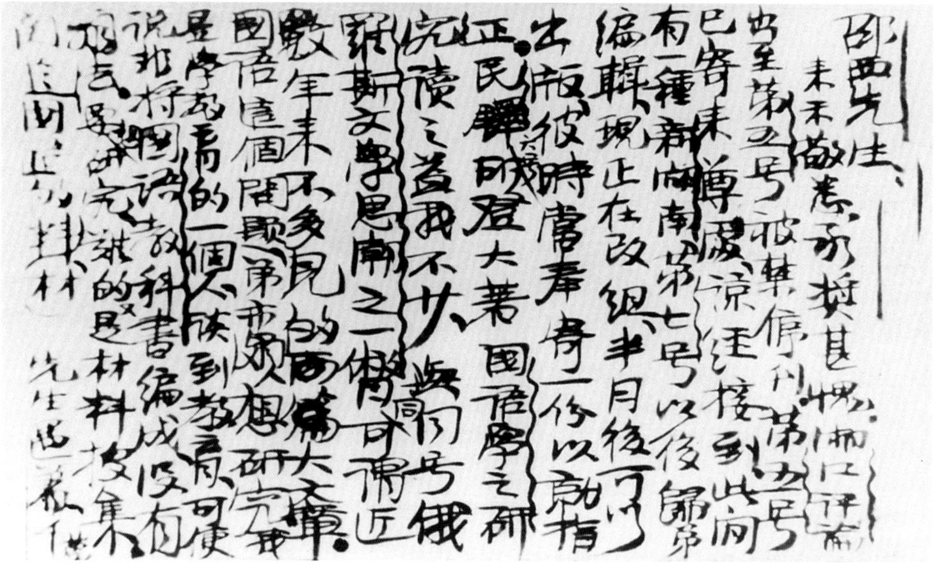

从1919年3月至1920年12月，全国先后赴法留学者1600余人，其中湖南学生达400余人，成为全国留法勤工俭学学生最多的省份之一。毛泽东在给黎邵西（锦熙）的信中说：“留法一事，算是湖南教育界一个新生命。”

黎锦熙（1890—1978），字邵西，湘潭县人。第一师范教员，教育部教科书特约编审员。他力主改国文科为国语科，宣传国语统一，言文一致。1920年起任北京高师、北京大学等校教授。

1919年3月15日，毛泽东赴上海为勤工俭学同学送行(后排右一为毛泽东)。

长沙城南同学离国赴法时于1919年10月在上海的留影。

1919年10月长沙城南同学出国赴法前留影。

1919年10月31日，李维汉与湖南同乡张昆弟、李富春、李林、贺果以及各地赴法同学共162名青年，从上海搭乘法国邮船“宝勒加”号起程赴法勤工俭学。

经过近 40 天的海上航行，12 月 7 日，李维汉和同学们抵达法国马赛。图为 20 世纪初期法国马赛港。

法国蒙达尼的一条街道。

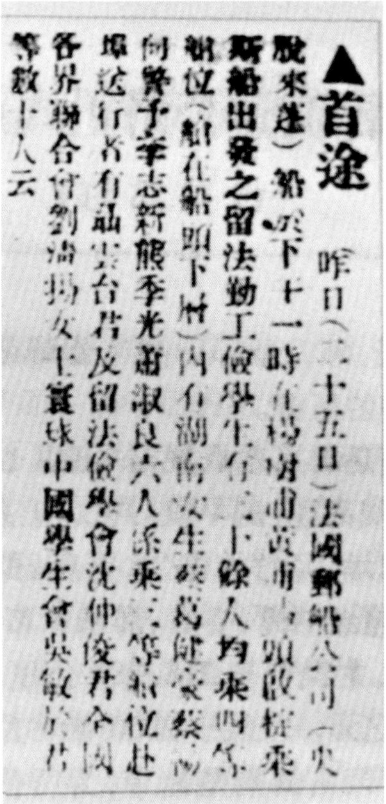

▲首途

昨日（二十五日）法國郵船公司（央脫來蓬）船于下午一時在楊樹浦黃浦碼頭啟椗乘斯船出發之留法勤工儉學生有三十餘人均乘四等艙位（艙在船頭下層）內有湖南女生蔡葛健豪蔡暢向警予李志新熊季光蕭淑良六人係乘三等艙位赴埠送行者有聶雲台君及留法儉學會沈仲俊君全國各界聯合會劉清揚女士環球中國學生會吳敏於君等數十人云

1919 年 12 月，蔡和森一家赴法勤工俭学，湖南《大公报》刊有如下报道：昨日（二十五日），法国邮船公司（央脱来蓬）船于下午一时在杨树浦黄浦码头启碇。乘斯船出发之留法勤工俭学生有三十余人，均乘四等舱位（舱在船头下层）。内有湖南女生蔡葛健豪、蔡畅、向警予、李志新、熊季光、萧淑良六人系乘三等舱位。赴埠送行者有聂云台君及留法俭学会沈仲俊君、全国各届联合会刘清扬女士、环球中国学生会吴敏于君等数十人云。

蔡和森是湖南留法勤工俭学运动最重要的组织者之一。1919 年底，他和母亲葛健豪、妹妹蔡畅以及向警予等 30 余人赴法。图为蔡和森等人赴法勤工俭学时乘坐的“央脱来蓬”号法国邮船。

1920 年 5 月，蔡和森与向警予在法国蒙达尼结婚时合影。

1920年5月，新民学会会员萧三远涉重洋到达法国勤工俭学。6月22日，他给毛泽东、彭璜写信，信中介绍了新民学会会友的情况：“和森在校，完全自修，法文可看报，生字不多了，李和笙(李维汉)听说法文也很好了。向、蔡并非‘定婚’，乃完全自由恋爱，有所谓‘向蔡同盟’云。”

1919年12月向警予(左二)、蔡畅（左一）、葛健豪（右一）等在赴法勤工俭学途中合影。

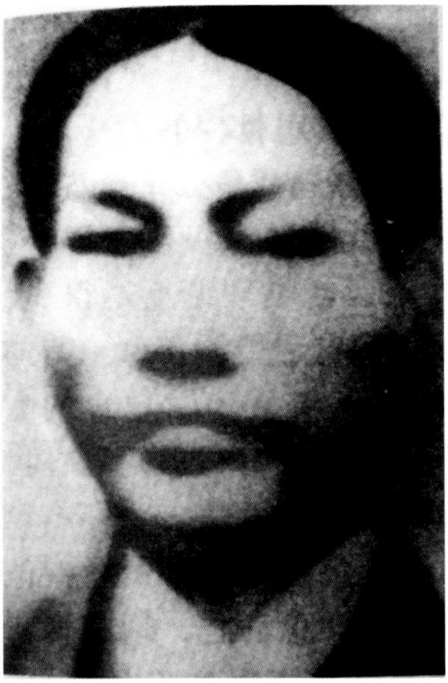

颜昌颐原是长沙明德中学学生，到法国后，在多姆公立中学边学习边做工，结识了蔡和森、李维汉、李富春等一批勤工俭学学生，常与他们一起探讨革命真理。回国后，1922 年经邓中夏等介绍，在上海加入中国共产党。

1920 年 8 月，湖南留法学生李富春、李维汉（后排左七）、张昆弟等组织成立的勤工俭学励进会改名为工学世界社。在蔡和森（三排左十）的帮助下，大多数社员信仰马克思主义和赞成俄国式的革命。

向警予在留法期间，注重研究妇女问题，常邀集留法女生商讨妇女解放问题。图为1920年她和留法女生在一起合影。左起第六人为向警予，第四人为蔡畅。

徐特立赴法留学时年已43岁。他曾于省立第一师范学校任教，在湖南教育界颇负盛名，但他决心要成为“一个有学问的新人物”，毅然赴法留学。图为徐特立（前排右四）在法国勤工俭学时与中国留学生合影。

中国留法女学生在法国蒙达尼和法国女教师合影。前排左二为葛健豪，时已54岁，是赴法学生中年纪最大的。中排右一为蔡畅。

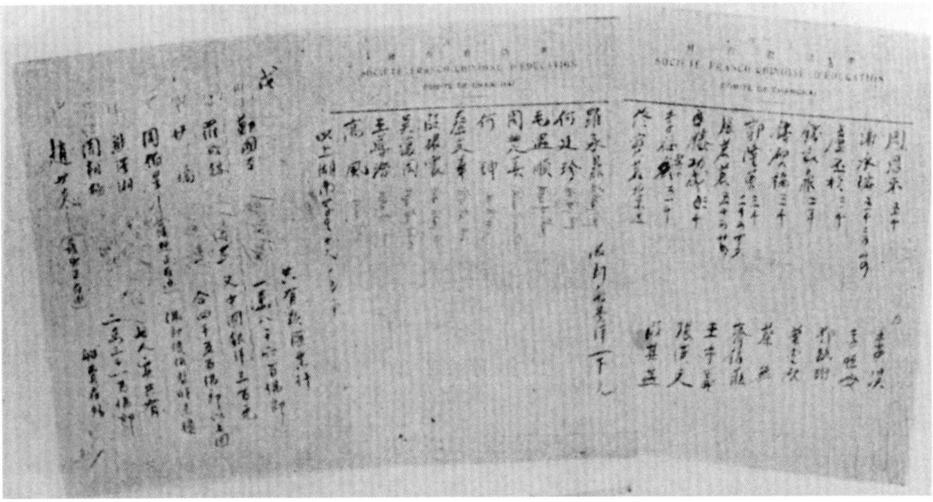

1919年留法勤工俭学人员船费清单。右一为周恩来，左一为赵世炎。中间一页为部分湖南学生名单，其中高风为华容人，何坤即后来的何长工。

1921年8月1日，在法国拉马西煤矿做工的华容县勤工俭学留学生“出煤洞由升降机台赴浴室时摄影”。图中前排左起第一人为王导潜，第二人为段振寰，第三人为罗喜闻，第五人为吴让周。

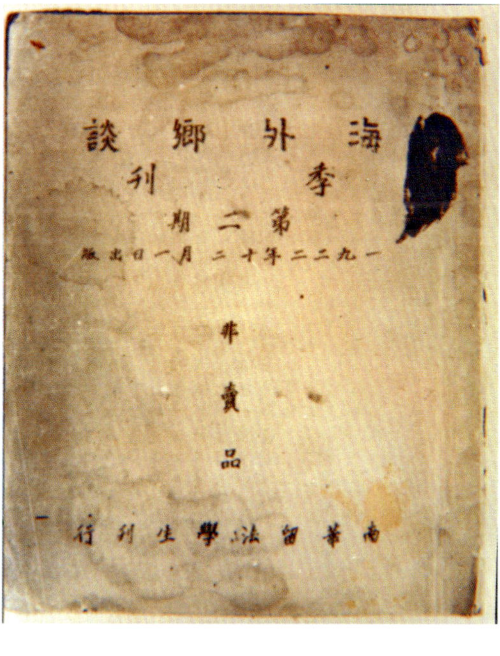

1922年下半年创刊于法国巴黎布伦布的《海外乡谈》，是华容赴法勤工俭学学生创办的进步刊物，为16开本油印季刊，共出三期。该刊宣传进步思想，批判封建主义，揭露土豪劣绅罪行，主张改革教育，倡导社会革新。

1922年6月，赵世炎、周恩来(前排左四）、李维汉（最后一排左三）在法国创建旅欧中国少年共产党。图为旅欧支部成员在巴黎合影。

1924年7月，中国国民党驻法支部第二次代表大会代表合影。三排左四为周恩来，四排左四为李富春。李富春，长沙人，长郡中学毕业。1919年赴法勤工俭学。1922年加入中国共产党，1925年回国。

第二节　全省的反日爱国斗争和驱张运动

1919 年北京“五四”游行示威的消息，冲破湖南军政当局的阻挠，经湖南《大公报》报道后，湖南人民特别是青年学生异常愤怒。28 日，湖南学生联合会成立。6 月 3 日，在学联的领导下，长沙 20 余所中等以上学校举行总罢课，旋即组织“救国十人团”，开展了各种爱国宣传活动。全省各地学生纷纷响应，反日爱国斗争迅速在全省展开。从 5 月下旬起，湖南展开了抵制日货的运动。5 月 28 日，湖南国货维持会成立，省学联即把抵制日货作为学联的中心活动之一。在斗争中，湖南各界联合会于 7 月 9 日正式成立。在长沙爱国热潮的影响下，湖南各县也掀起了抵制日货、维持国货的群众运动。7 月 14 日，省学联创办了由毛泽东主编的《湘江评论》，宣传反帝、反封建、反军阀统治的思想，有力地指导了全省如火如荼的爱国运动。

1918 年，皖系军阀张敬尧出任湖南督军兼省长后，实行残暴统治。五四运动中，张敬尧又疯狂镇压爱国学生运动。1919 年 9 月，毛泽东、何叔衡等以湖南学生联合会为基础，联络教育界和新闻界人士，发动驱张运动。同年底，新民学会和省学生联合会组织长沙学生、教员万余人总罢课，并派驱张请愿代表团分赴北京、上海、衡阳等地扩大驱张宣传，同时利用驻衡阳的直系军阀吴佩孚和湘军与张敬尧之间的矛盾，策动他们参加驱张斗争。1920 年 5 月，湘军发动驱张战争。6 月，张敬尧退出湖南，驱张运动取得胜利。

一、全省人民的反日爱国斗争

五四运动爆发时，湖南处于军阀割据状态。湖南人民冲破军阀张敬尧的重重阻挠，广泛开展爱国宣传，长沙学生举行“六三”大罢课，建立湖南学生联合会，省会和县城抵制日货提倡国货，成立湖南各界联合会，革命的风暴迅速席卷全省。反日爱国运动初步地锻炼了湖南人民特别是先进的知识分子，毛泽东、彭璜成为这一运动的主要领导人，为随之而来的湖南人民革命斗争准备了干部条件。

中国是第一次世界大战中的战胜国。1919年4月30日，巴黎和会无视中国要求，把战败国德国在中国山东攫取的权益转交给日本。5月4日，北京大学13所学校3000多名学生涌向天安门广场游行示威，反对帝国主义在巴黎和会上作出的无理决定和北京政府的妥协。（画照）

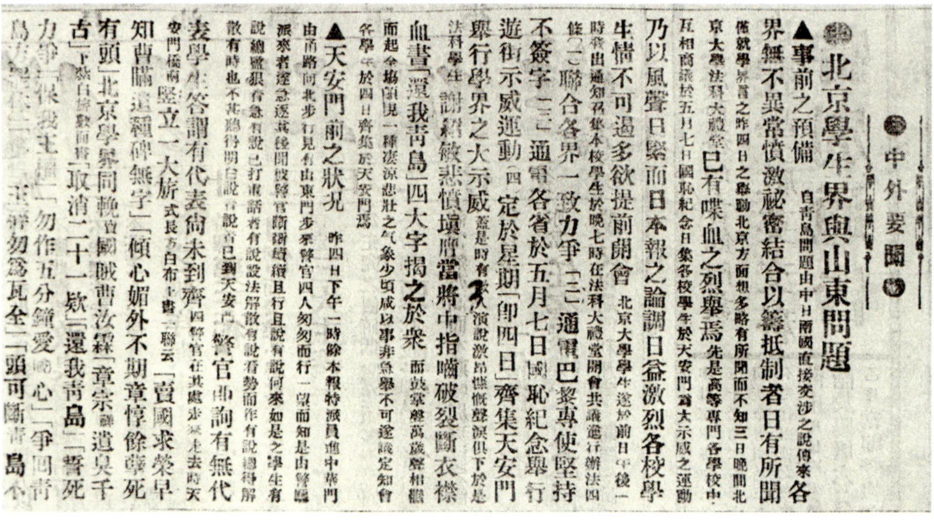

中外要聞

北京學生界與山東問題

▲事前之預備　自青島問題由中日兩國直接交涉之說傳來各界無不異常憤激祕密結合以籌抵制者日有所聞僅就學界言之昨四日之舉動北京方面想多略有所聞而不知三日晚間北京大學法科大禮堂已有喋血之烈舉焉先是高等專門各學校中互相商議於五月七日國恥紀念日集各校學生於天安門爲大示威之運動乃以風聲日緊而日本報之論調日益激烈各校學生情不可遏多欲提前開會　北京大學學生遂於前日午後一時發出通知召集本校學生於晚七時在法科大禮堂開會共議進行辦法四條（一）聯合各界一致力爭（二）通電巴黎專使堅持不簽字（三）通電各省於五月七日國恥紀念舉行遊街示威運動（四）定於星期（即四日）齊集天安門舉行學界之大示威　蓋是時有人演說激昂慷慨聲淚俱下於是法科學生謝紹敏悲憤填膺當將中指嚙破裂斷衣襟血書「還我青島」四大字揭之於衆　而鼓掌聲萬歲聲相繼而起全場頓現一種淒涼悲壯之氣象少頃咸以事非急舉不可遂議定知會各學校於四日齊集於天安門焉

▲天安門前之狀況　昨四日下午一時餘本報特派員進中華門由西路向北步行見有由東門步來警官四人匆匆而行一望而知是由警廳派來者遂急逐其後聞彼警官互相商議且行且說有說何來如是之學生有說總監很着急有說已打電話者有說設法解散有說看勢而作有說總得解散有時也不甚聽得明白說着說着已到天安門　警官由詢有無代表學生答謂有代表尚未到齊　四警官在其處走來走去時天安門橋兩邊豎立一大旂式長方白布上書一聯云「賣國求榮早知曹瞞遺種碑無字」「傾心媚外不期章惇餘孽死有頭」「北京學界同輓賣國賊曹汝霖章宗祥遺臭千古」下懸白旂數面書「取消二十一款」「還我青島」「誓死力爭」「保我主權」「勿作五分鐘愛國心」「爭回青島[illegible]」「寧爲玉碎勿爲瓦全」「頭可斷青島不

5月9日，湖南《大公报》关于5月4日北京学生游行示威的报道。

5月中旬，北京学生联合会派往湖南的代表邓中夏（湖南宜章县人，1917年夏入北京大学中文系学习，是北京学生联合会的领导人之一），与毛泽东等取得联系。25日，毛泽东、邓中夏在长沙楚怡小学召开长沙各校代表会议，决定成立湖南学生联合会，举行总罢课，响应北京五四运动。

正在长沙从事教育工作的毛泽东，从报上得知北京学生示威的消息后，立即与在长沙的新民学会会员联系，同时与教育界、新闻界人士广泛交换意见，酝酿在湖南掀起反帝爱国运动。

彭璜，湖南省立商业专门学校学生。省学联成立时，被选为副会长，后改任会长。7月与毛泽东等创办《湘江评论》，不久加入新民学会。

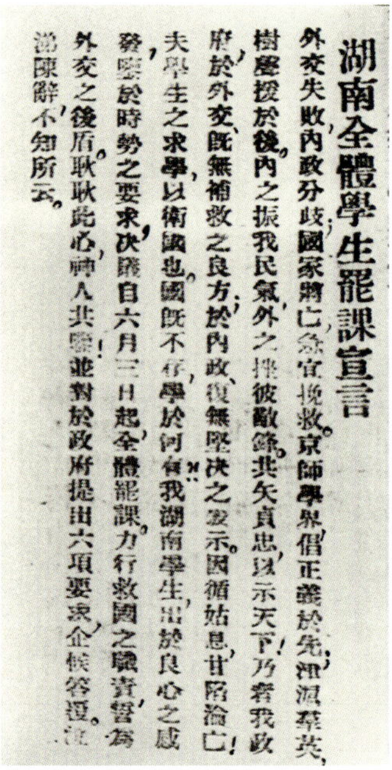

湖南全體學生罷課宣言

外交失敗，內政分歧，國家將亡，急宜挽救。京師學界倡正義於先，津滬羣英，樹聲援於後，內之振我民氣，外之挫彼敵鋒。共矢貞忠，以示天下！乃者我政府於外交既無補救之良方，於內政復無堅決之表示。因循姑息，甘陷淪亡！夫學生之求學，以衛國也。國既不存，學於何有？我湖南學生，出於良心之感發，鑒於時勢之要求，決議自六月三日起全體罷課，力行救國之職責，誓為外交之後盾，耿耿此心，神人共鑒！並對於政府提出六項要求，企候答復。謹此陳辭，不知所云。

5月28日，湖南学生联合会正式成立。6月2日，学联发表罢课宣言，决定从6月3日开始，全省学生一律罢课，“力行救国之职责，誓为外交之后盾”。

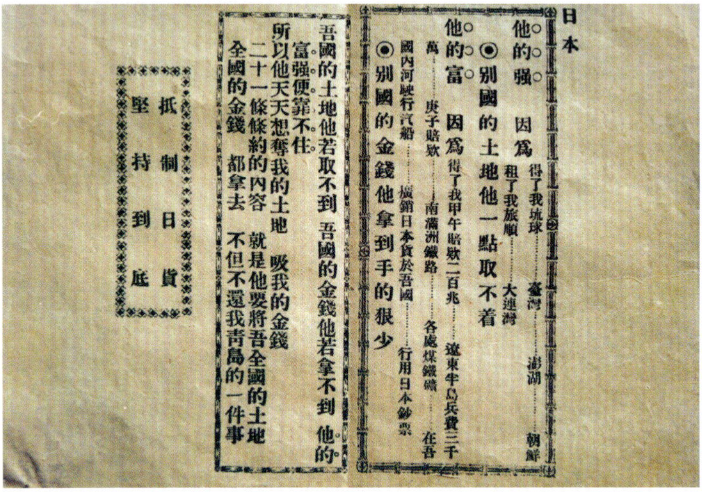

日本

他的強○○○ 因為 得了我琉球……臺灣……澎湖……朝鮮 租了我旅順……大連灣

他的富○○ 因為 得了我甲午賠款二百兆……遼東半島兵費三千萬……庚子賠款……南滿洲鐵路……各處煤鐵礦……在吾國內河駛行汽船……廣銷日本貨於吾國……行用日本鈔票

◉別國的土地他一點取不着

◉別國的金錢他拿到手的狠少

吾國的土地他若取不到 吾國的金錢他若拿不到 他的。富強便靠不住

所以他天天想奪我的土地 吸我的金錢

二十一條條約的內容 就是他要將吾全國的土地 全國的金錢 都拿去 不但不還我青島的一件事

抵制日貨 堅持到底

自5月下旬开始，湖南学生和市民群众冲破军阀张敬尧的禁令，开展了“抵制日货”、“提倡国货”的宣传。图为当时散发的传单。

湘學生之熱潮近記

湖南學生罷課紀事

長沙罷課後之進行

如火如荼之湖南學界

湘人之愛國新潮

湘省各屬之愛國潮

6 月上旬，长沙学生罢课，街头演讲和社会各界抵制日货的斗争形成高潮。图为当时报纸的报道。

本省新聞

紀昨日學生聯合會之茶話會

昨日學生聯合會邀請各界代表假落星田商業專門學校開各界聯合會到會者爲勤工塲中華書局基督徒聯合會長沙縣農會染織業錢業屈商業酒業輪船業蘇廣業玻璃業理髮業鞋業帽業南貨業紙業印刷業泥行木行綢布業刻字業磁器業銅業油鹽業紗業絲綫業鹽業及各校代表等計六十餘人此外稻田女校楚怡女校亦派代表到會二時許振鈴開會由學生聯合會代表

彭璜主席報告開會宗旨 在聯絡各界感情固結團體現在我國前途危險已達極端我們是處于極危險之地位欲求從速挽回誕登彼岸非與各界聯絡一氣共策進行不可一至學生此次所抱之決心尊在除去障礙物推翻武人政治排斥官僚派及陰謀家故擬組織各界聯合會造成眞正平民團體此項團體已經組織成立者則爲北京天津上海漢口南京等處我湖南亦宜與之採同一態度從速組織該項團體以爲各省之後援又此次所謂各界聯合會者無分男女均得加入云云次由上海各界聯合會代表

蔣君元龍報告 略謂上海學生聯合會希望各省各界團結一氣爲政府後援京滬津浙南京等處久已組織各界聯合會其辦法分爲二項（一）將組織形情卽先由各界共同組織聯合會然後再由各界自身組織之（二）進行方法卽府宜發表之意見亦分爲二項（一）對外卽將我苦衷宣告各國使其贊成（二）對內務求全國一致對于責任內閣南北和議總宜促政府辦就然後一致對外方克奏效今日希望各界想一具體辦法或致電政府或電歐和會將外交問題解決方可爲我等之天職云云次由各界代表自由演說語多痛快不及備載後因議及組織各界聯合會推舉籌備員有謂湖南已有各公團聯合會似無再組織各界聯合會之必要者有謂公團聯合會不足代表各界宜取消以納入各界聯合會者有謂公團聯合會與各界聯合會不妨分途進行者有謂公團聯合會正在籌備未加入者不妨加入至公團名義如本未妥亦可於開會時派人前往接洽要請更名者議論紛紜秩序稍亂結果派代表張登瀛君會同商界代表王爾霖前往接洽又討論組織各界聯合會代表團約經一時之久方得通過并推舉各界代表二十八組成該團云遂散會

为了更广泛地团结各界人民，进一步开展爱国运动，7月9日，湖南学联联合各界正式成立了湖南各界联合会。图为当日报纸的报道。

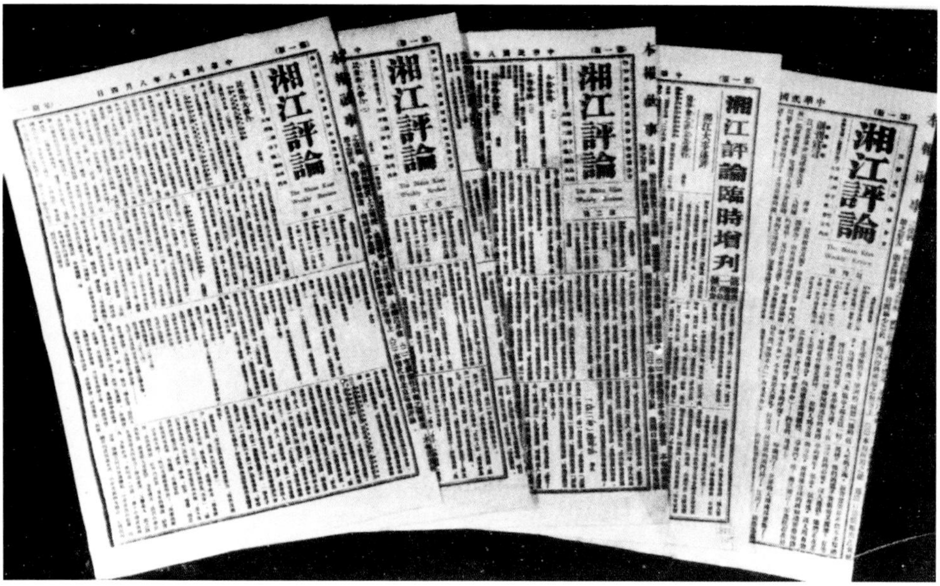

7月14日，湖南省学生联合会创办了《湘江评论》，由毛泽东任主编。该刊旗帜鲜明地宣传反帝、反封建、反军阀统治的思想，歌颂十月革命的胜利，对湖南的五四爱国运动起了很大的推动作用。

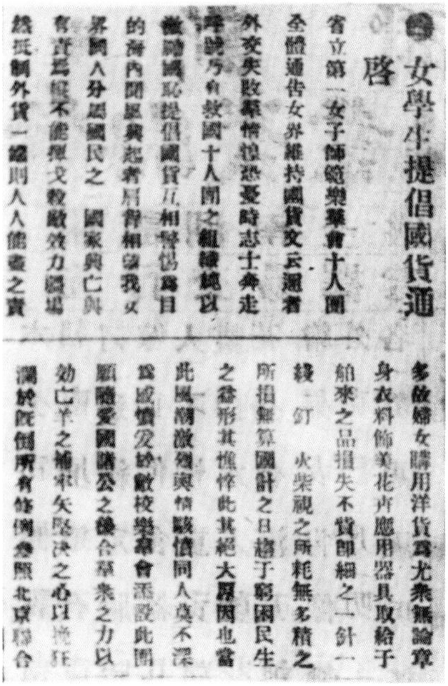

女學生提倡國貨通啓

省立第一女子師範樂羣會十人團全體通告女界維持國貨文云溯者外交失敗羣情惶恐憂時志士奔走呼號乃有救國十人團之組織總以徵雪國恥提倡國貨互相警惕爲目的海內聞風興起者屈指相望我女界同人分屬國民之一國家興亡與有責焉雖不能揮戈殺敵效力疆場然抵制外貨一端則人人能盡之責多數婦女購用洋貨爲尤衆無論章身衣料飾美花卉應用器具取給于舶來之品損失不貲即細之一針一綫一釘一火柴觀之所耗無多積之所損無算國計之日趨于窮困民生之益形其憔悴此其絕大原因也當此風潮激盪輿情騷憤同人爲不深爲感憤爰於敝校樂羣會添設此團願隨愛國諸公之後合羣衆之力以効亡羊之補牢矢堅決之心以挽狂瀾於既倒所有條例參照北京聯合

省立第一女子师范乐群会十人团通告女界维持国货。

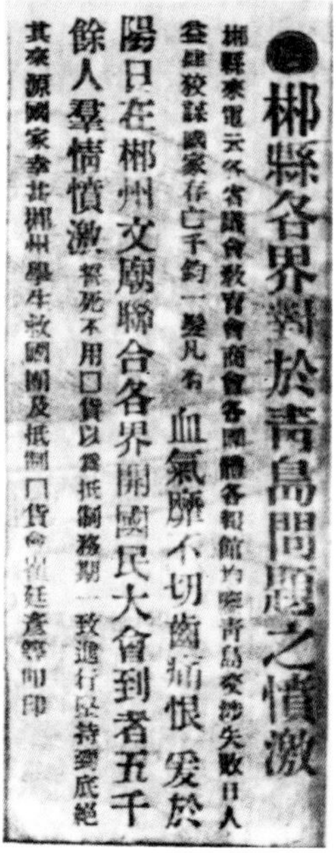

郴縣各界對於青島問題之憤激

郴縣來電云省議會教育會商會各團體各報館均鑒青島交涉失敗日人𢀓鋌狡謀國家存亡千鈞一髮凡有血氣靡不切齒痛恨爰於陽日在郴州文廟聯合各界開國民大會到者五千餘人羣情憤激誓死不用日貨以爲抵制務期一致進行堅持到底絕其來源國家幸甚郴州學生救國團及抵制日貨會肖廷彥等叩印

郴县各界5000人集会，对于青岛问题，群情激愤，议决抵制日货。

6月间，湘南学生联合会在衡阳成立后，积极领导湘南学生投入反帝反封建斗争。图为湘南学联旧址。

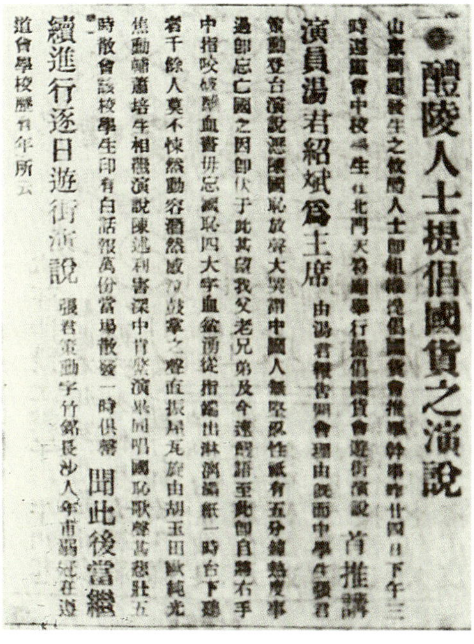

醴陵人士提倡國貨之演說

山東問題發生之後醴陵人士即組織提倡國貨會推舉幹事昨廿四日下午三時遵道會中校學生在北門天符廟舉行提倡國貨會遊街演說 首推講演員湯君紹斌爲主席 由湯君報告開會理由次爲中學生張君策勳登台演說歷陳國恥放聲大哭謂中國人無堅忍性祇有五分鐘熱度事過即忘亡國之因即伏于此其寫我父老兄弟及今速醒語至此即自齧右手中指咬破蘸血書毋忘國恥四大字血從指端出淋漓滿紙一時台下聽者千餘人莫不悚然動容黯然感泣鼓掌之聲直振屋瓦旋由胡玉田歐純光焦勳蕭培生相繼演說陳述利害深中肯綮演畢同唱國恥歌聲甚悲壯五時散會該校學生印有白話報萬份當場散發一時俱罄 聞此後當繼續進行逐日遊街演說 張君策勳字竹銘長沙人年甫弱冠在遵道會學校歷有年所云

醴陵遵道会中学学生在北门天符庙举行演讲会。学生张策勋历陈国耻，放声大哭，又当场咬破右手中指，蘸血书“毋忘国耻”四个大字。台下听者千人，莫不潸然感泣。

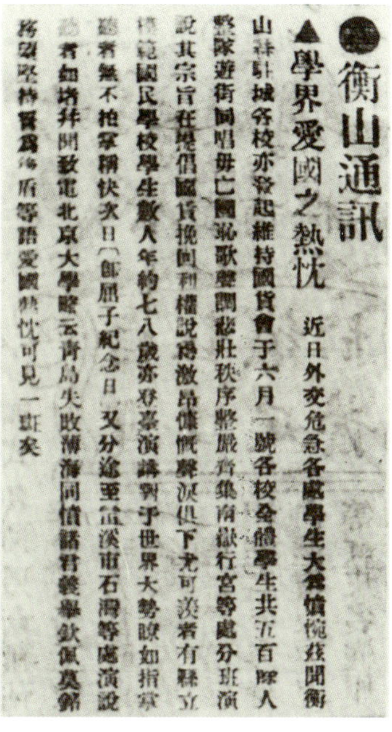

衡山通訊

▲學界愛國之熱忱 近日外交危急各處學生大爲憤慨茲聞衡山縣駐城各校亦發起維持國貨會于六月一號各校全體學生共五百餘人整隊遊街同唱毋忘國恥歌聲調悲壯秩序整嚴齊集南嶽行宮等處分班演說其宗旨在提倡國貨挽回利權說得激昂慷慨聲淚俱下尤可羨者有縣立模範國民學校學生數人年約七八歲亦登臺演講對于世界大勢瞭如指掌聽者無不拍掌稱快次日（即屈子紀念日）又分途至雷溪市石灣等處演說[illegible]者血書并聞致電北京大學暨云青島失敗[illegible]同情[illegible]欽佩莫銘務望堅持實爲[illegible]等語愛國熱忱可見一斑矣

6月1日，衡山县驻城各校学生500余人游街宣传，同唱毋忘国耻，歌声悲壮。

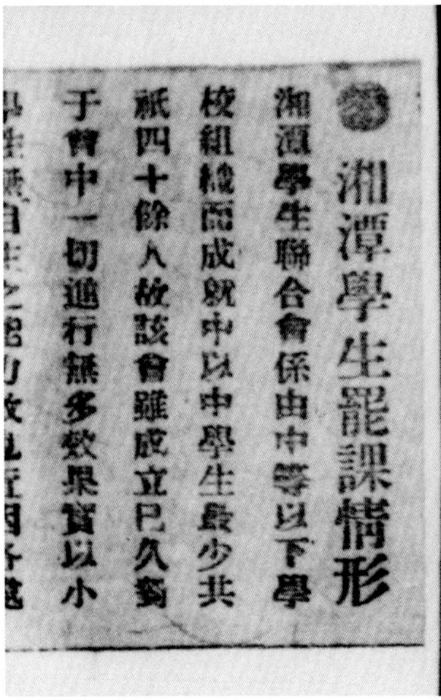
湘潭學生罷課情形

湘潭學生聯合會係由中等以下學校組織而成就中以中學生最少共祇四十餘人故該會雖成立已久對于會中一切進行無多效果實以小

对湘潭学生罢课的报道。

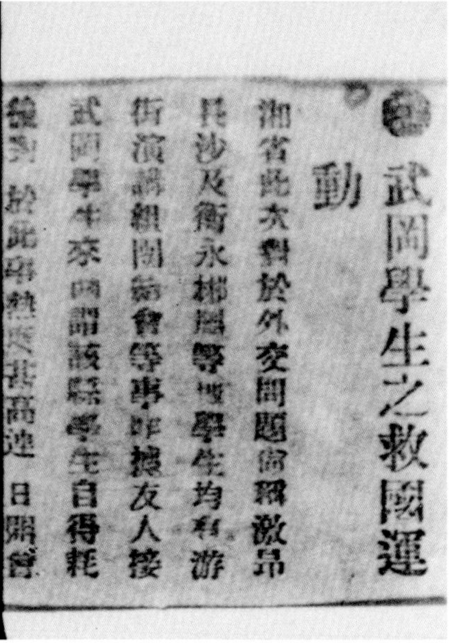
武岡學生之救國運動

湘省此次對於外交問題頗形激昂長沙及衡永郴寶等處學生均有游街演講組團開會等事昨據友人接武岡學生來函謂該縣學生自得耗後即於此時熱度甚高連日開會

武冈学生400余人整队游行时，庄严宣誓：“吾人期合中华国民之能力，挽救危亡，生死以之，义不反顾。”

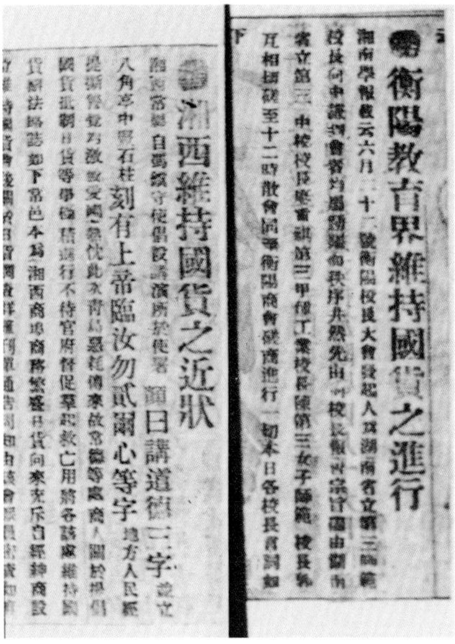
衡陽教育界維持國貨之進行

湘西維持國貨之近狀

衡阳教育界、湘西维持国货行动消息报道。

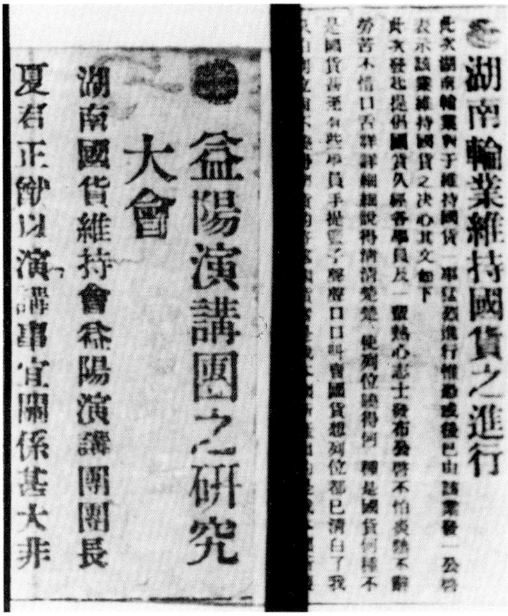
益陽演講團之研究大會

湖南國貨維持會益陽演講團團長夏君正卿以演講事宜關係甚大非

湖南輪業維持國貨之進行

湖南轮业维持国货与益阳演讲团消息报道。

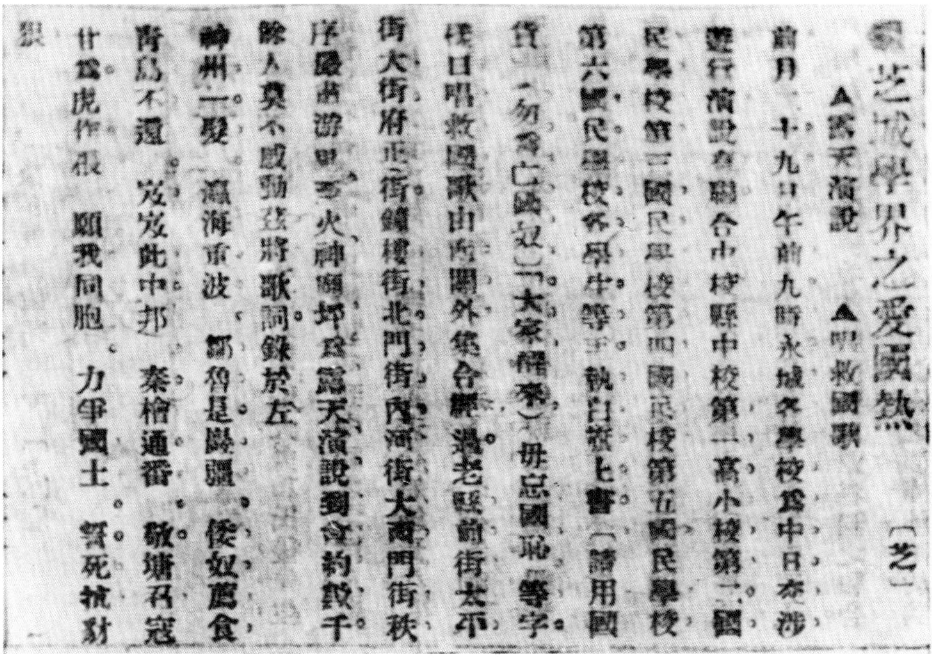

芝城學界之愛國熱 〔芝〕

▲露天演說 ▲唱救國歌

前月二十九日午前九時永城各學校爲中日交涉遊行演說者聯合中校縣中校第一高小校第二國民學校第三國民學校第四國民校第五國民學校第六國民學校各學生等手執白旗上書(請用國貨)(勿爲亡國奴)(大家醒來)(毋忘國恥)等字。樣口唱救國歌由西關外集合經過老縣前街太平街大街府正街鐘樓街北門街西河街大南門街秩序最善游覽至火神廟坪露天演說到會約數千餘人莫不感動茲將歌詞錄於左

神州一髮，瀛海重波，鄰爲是隣疆，使奴薦食，青島不還，岌岌此中邦，秦檜通番，敬塘召寇，甘爲虎作倀，願我同胞，力爭國土，誓死抗豺狼

永州学生在游行宣传中悲愤地唱着救国歌：“神州一发，瀛海重波……愿我同胞，力争国土，誓死抗豺狼。”

孔子之道是封建专制主义的理论基础和精神支柱。五四运动中，湖南人士对孔子偶像和孔子思想展开了前所未有的抨击。毛泽东在《湘江评论》上称孔子是思想上的强权，“独霸中国，使我们思想界不能自由，郁郁做两千年偶像的奴隶”，“不可不竭力打破”。图为当时长沙的孔庙。

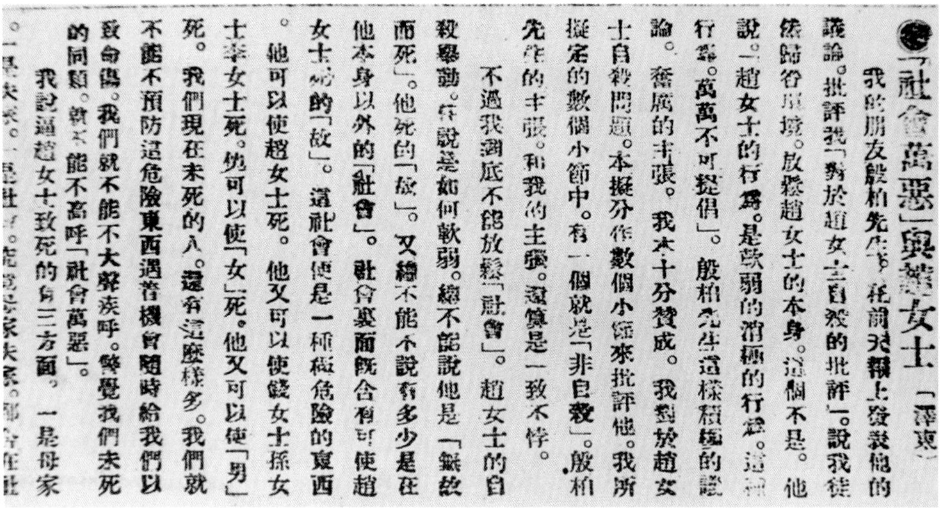

「社會萬惡」與趙女士　（澤東）

我的朋友殷柏先生，在前天報上發表他的議論。批評我「對於趙女士自殺的批評」。說我徒然歸咎環境。放鬆趙女士的本身。這個不是。他說：「趙女士的行為。是軟弱的消極的行為。這種行為。萬萬不可提倡」。殷柏先生這樣積極的議論。奮厲的主張。我本十分贊成。我對於趙女士自殺問題。本擬分作數個小節來批評他。我所擬定的數個小節中。有一個就是「非自殺」。殷柏先生的主張。和我的主張。還算是一致不悖。

不過我到底不能放鬆「社會」。趙女士的自殺舉動。任說是如何軟弱。總不能說他是「無故而死」。他死的「故」。又總不能不說有多少是在他本身以外的「社會」。社會裏面既含有可使趙女士死的「故」。這社會便是一種極危險的東西。他可以使趙女士死。他又可以使錢女士孫女士李女士死。他可以使「女」死。他又可以使「男」死。我們現在未死的人。還有這麼樣多。我們就不能不預防這危險東西遇着機會隨時給我們以致命傷。我們就不能不大聲疾呼。警覺我們未死的同類。就不能不高呼「社會萬惡」。

我說這趙女士致死的有三方面。一是母家。一是夫家。一是社會。他這母家夫家。都存在社

1919 年 11 月 14 日，长沙女青年赵五贞不满包办婚姻，几经抗议无效后，在被迫出嫁途中用剃刀自刎身亡。毛泽东于 13 天内在《大公报》发表 9 篇文章，鲜明地指出迫使赵女士自杀的是万恶的社会。

二、驱逐军阀张敬尧运动

五四运动期间，湖南人民驱逐军阀张敬尧的斗争，是一场群众性的反对封建军阀统治的革命运动，是五四运动在湖南的发展。这次运动，壮大了湖南人民的革命力量，锻炼和培养了一大批革命骨干分子，为马克思主义在湖南的传播，为中共早期组织在湖南的创建和社会主义青年团在湖南的建立，准备了较好的干部条件。

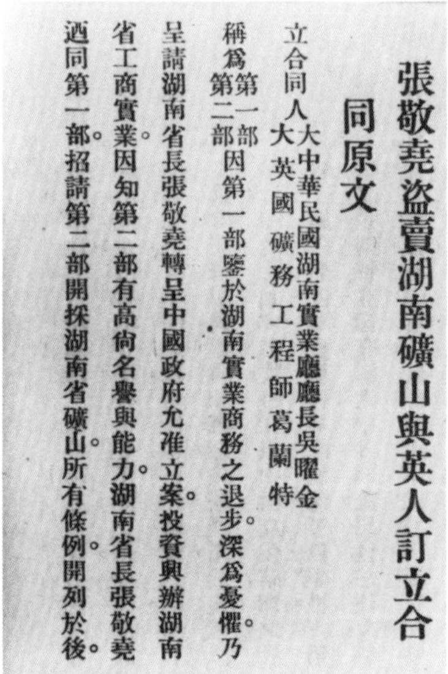

張敬堯盜賣湖南礦山與英人訂立合同原文

立合同人　大中華民國湖南實業廳廳長吳曜金
　　　　　大英國礦務工程師葛蘭特
稱為第一部第二部因第一部鑒於湖南實業商務之退步深爲憂懼乃呈請湖南省長張敬堯轉呈中國政府允准立案。投資與辦湖南省工商實業因知第二部有高尙名譽與能力。湖南省長張敬堯適同第一部招請第二部開採湖南省礦山所有條例開列於後。

张敬尧1918年窃据湖南督军兼省长之职，施行暴虐统治，在湖南人民强烈反对下，于1920年6月逃出湖南。

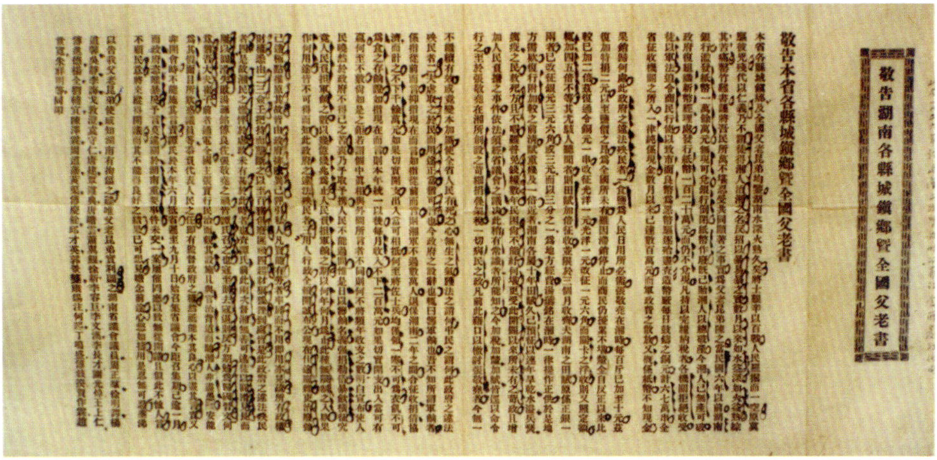
敬告湖南各縣城鎮鄉暨全國父老書

敬告本省各縣城鎮鄉暨全國父老書

12月6日，省学联率长沙13000多名学生罢课，发布“张毒一日不去湘，学生一日不返校”的驱张宣言。湖南省议会部分正直人士联名散发《敬告湖南各县城镇乡暨全国父老书》，支持学界、教育界开展的驱张运动。

12月18日，毛泽东率30余人的代表团抵达北京，随即在毛泽东的住处成立了由毛泽东任社长的平民通信社，向全国一些主要报纸寄发驱张文稿。图为平民通信社旧址。

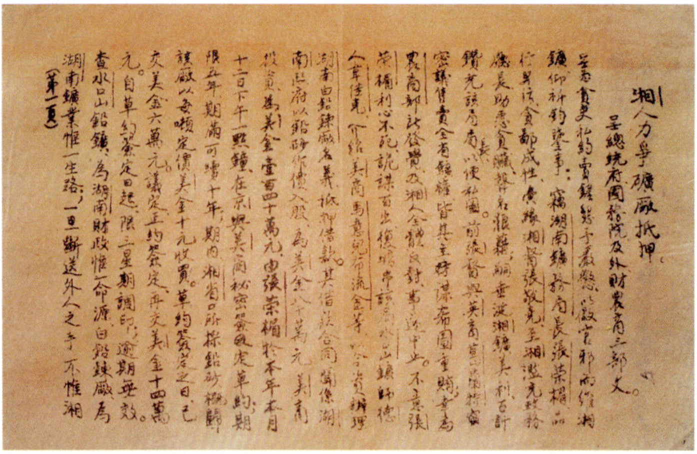
湘人力爭礦廠抵押

呈總統府國務院及外財農商三部文。

呈為貪吏私約賣鑛，懇予嚴懲，撤銷成約，以維湘鑛，仰祈鈞鑒事：竊湖南鑛務局長張榮楣品行卑汙，貪鄙成性。自張敬堯督湘，鑽營投機，長助惡貪贓，罪狀纍纍，垂涎湘鑛美利，百計鑽充該局局長，以便私圖。前後迭與美商立約，將各鑛讓售，賣全省鑛權，皆其主持謀劃。[illegible]農商部[illegible]湘人全體反對，事始中止。不意張榮楣利心不死，竟謀再出，復[illegible]水口山鉛鑛[illegible]人華僑[illegible]介紹美商[illegible]合資辦理湖南白鉛煉廠名義抵押借款。其借款合同，爲係湖南政府以鉛砂作價入股，爲美金八十萬元，美商投資爲美金壹百四十萬元，由張榮楣於本年本月十二日下午一點鐘在京與美商秘密簽定草約，期限五年，期滿可續十年，期內湘省所採鉛砂概歸該廠，以每噸定價美金十元收買。草約簽定之日，已交美金六萬元，議定正約簽定再交美金十四萬元。自草約簽定日起，限三星期調印，逾期無效。查水口山鉛鑛爲湖南財政惟一命源，白鉛煉廠爲湖南鑛業惟一生路，一旦斷送外人之手，不惟湘

（第一頁）

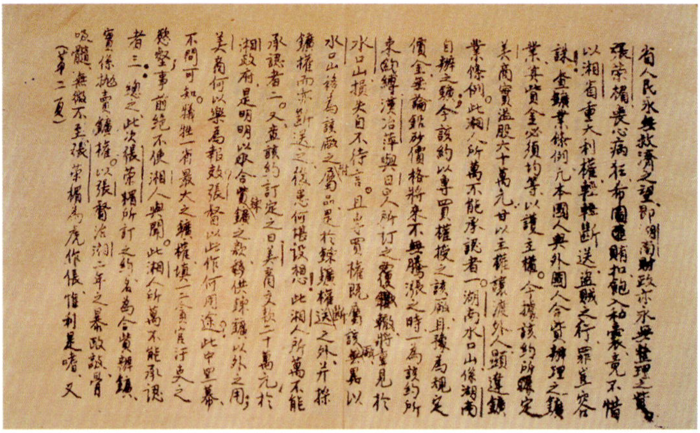
省人民永無救濟之望，即湖南財政亦永無整理之實。張榮楣喪心病狂，希圖賄私飽入私囊，竟不惜以湘省重大利權輕輕斷送，盜賊之行，罪豈容誅。查鑛業條例凡本國人與外國人合資辦理之鑛業，其資金必須均等，以護主權。今據該約所定，美商實溢股六十萬元，甘以主權讓渡外人，顯違鑛業條例。此湘人所萬不能承認者一。湖南水口山係湘省自辦之鑛，今該約以專買權授之該廠，且載爲規定價金，要論鉛砂價格將來不無騰漲之時，一爲該約所束縛，漢冶萍與日人所訂之覆轍將重見於水口山，損失自不待言。且專買權既歸該廠，以水口山轉爲該廠之附屬品，是於鑛權斷送之外，并採鑛權而亦斷送之，後患何堪設想。此湘人所萬不能承認者二。又查該約訂定之日，美商交款二十萬元於湘政府，是明明以承合資鑛之款移供張督以外之用；美商何以樂爲報效，張督以此作何用途，此中黑幕，不問可知。精粹一省最大之鑛權，填一二貪官污吏之慾壑，事前絕不使湘人與聞，此湘人所萬不能承認者三。總之，此次張榮楣所訂之約，名爲合資辦鑛，實係拋賣鑛權，以張督治湘二年之暴政敲骨吸髓，無微不至，張榮楣爲虎作倀，惟利是嗜，又

（第二頁）

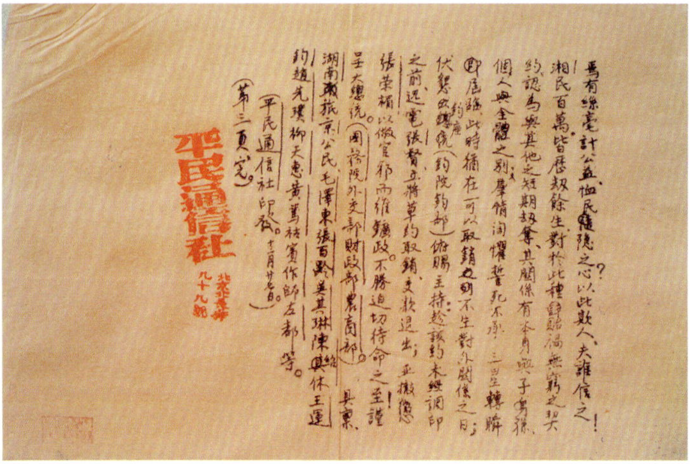
焉有絲毫計公益恤民艱之心？以此數人，夫誰信之！湘民百萬皆屬劫餘生，對於此種斷送鑛產之契約，認爲與其他之短期借款，其關係有[illegible]個人與全體之別，[illegible]洶懼，誓死不承。[illegible]此時猶在可以取銷之列，不生對外關係之日，伏乞鈞府（鈞院 鈞部）俯賜主持，趕飭該約未經調印之前，迅電張督立將草約取銷，交款退出，並撤懲張榮楣，以儆官邪，而維鑛政。不勝迫切待命之至！謹呈大總統（國務院 外交部 財政部 農商部）。具呈

湖南駐京公民毛澤東 張百齡 [illegible] 陳純粹 [illegible] 趙先璞 柳[illegible] 黃篤彬 袁作舫 左都 等。

（第三頁完）

（平民通信社印發。十二月廿七日）

《湘人力争矿厂抵押呈总统府、国务院及外、财、农商三部文》，由毛泽东起草，并由“湖南驻京公民毛泽东”等联合署名，于1919年12月27日由“平民通信社印发”。

赴京代表团在一个月内，七次向总统府、国务院请愿，三次递交控诉张敬尧的呈文。图为1920年1月18日，代表团向国务院作最后一次请愿时发表控诉张敬尧祸害湖南的《快邮代电》。

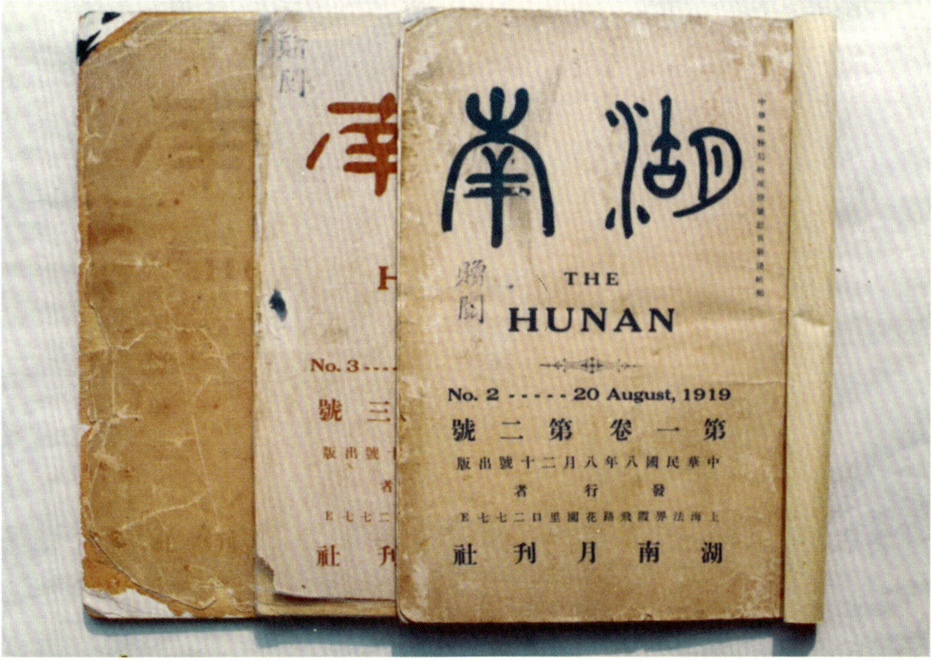

1919年7月20日创刊于上海的《湖南》月刊，在第1期发表的《湖南之改造》一文中说：“现在要去的张敬尧……乃是代表盗匪人格、金钱主义、腐败精神、黑暗势力的张敬尧。”当湖南的驱张运动开展后，该刊又不断地发表文章，揭露张敬尧的罪行。

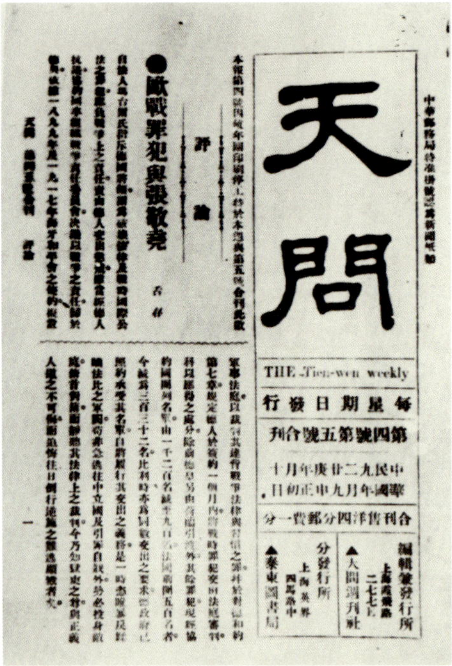

赴沪代表团抵达上海后，与全国学联和全国各界联合会（彭璜为该会干事之一）取得联系，得到他们的声援。代表团于 1920 年 2 月 1 日创办《天问》周刊，以大量篇幅揭露张敬尧祸湘罪恶，并揭露湖南劣绅曾广钧、叶德辉等为张敬尧辩护的谎言。

驻衡驱张请愿代表团编印的《蒸阳请愿录》。据所载材料统计：北京、上海、武汉等地报纸发表时评17篇，全国多个城市学界及学生等18个团体发表要求惩办张敬尧的函电24件。张敬尧陷入全国人民的唾骂声中。

赴衡阳代表团何叔衡等联络各校师生，几次至吴佩孚处请愿，请求吴出兵驱张。图为“驻衡讨张请愿代表团摄影”，第二排左三为何叔衡。

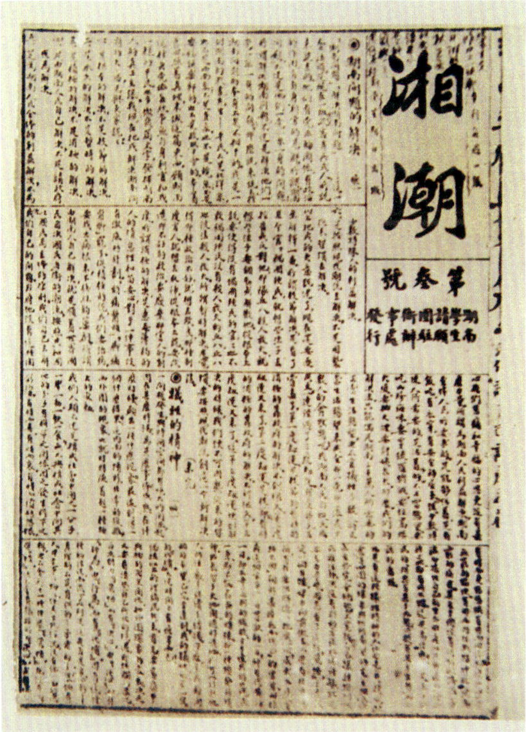

湘潮

第叁號

驻衡驱张请愿代表团于1920年1月出版《湘潮》周刊，除宣传驱张外，还鲜明地提出了改造国家社会的主张。

1920年5月25日，直系军阀吴佩孚开始从衡阳北撤。吴军跟湘军达成默契，吴军退一步，湘军即进一步。6月11日张敬尧被迫乘船遁往岳州，26日，张军全部退出湖南省境，驱张取得胜利。图为吴佩孚北撤时在岳州留影。

吴佩孚入湘时自恃功高，而湘省军政大权却落入皖系军阀张敬尧之手，早已对段祺瑞不满。代表团抓住直皖矛盾激发吴佩孚内心的愤懑，终使吴佩孚表示同情，并通电各方，对张敬尧施加压力。图为 3 月间代表团在衡阳合影。

第三节　中共湖南组织的建立

1920 年春，陈独秀、李大钊等开始探讨成立中国共产党。在这一期间，毛泽东和李大钊等建立了密切的联系，随后又在上海与陈独秀讨论了马克思主义及建党问题。回长沙后，毛泽东与彭璜、何叔衡、易礼容等人发起创办了长沙文化书社和湖南俄罗斯研究会，推动了马克思主义在湖南的广泛传播和对十月革命经验的深入研究。同年夏，在法国勤工俭学的蔡和森两次致信毛泽东，介绍列宁的建党思想，明确提出要在中国建立一个和俄国一致的共产党作为革命运动的发动者、宣传者、先锋队、作战部，强调要通过阶段斗争和无产阶级专政去创造共产主义社会。毛泽东在随后的回信中，对蔡和森的主张表示深切赞同，并进一步提出要把唯物主义作为党指导思想的理论基础。8 月，上海的共产党早期组织正式成立。毛泽东受陈独秀委托，开始了在长沙建党的活动。同年冬，长沙共产党早期组织成立。与此同时，毛泽东还领导建立了长沙社会主义青年团。

1921 年 7 月，毛泽东、何叔衡代表长沙共产党早期组织前往上海出席中国共产党第一次全国代表大会。10 月 10 日，成立了以毛泽东为书记的中共湖南支部。1922 年 5 月，又建立了以毛泽东任书记的中共湘区委员会。党员数量和党在全省各地方的组织迅速发展，为湖南新的革命运动提供了坚强有力的组织保证。

一、长沙共产党早期组织的成立

长沙共产党早期组织成立于 1920 年冬，是在毛泽东的筹划下，在新民学会核心成员的基础上形成的，是马克思主义与湖南工人运动相结合的产物。1921 年 7 月，毛泽东、何叔衡代表长沙共产党早期组织前往上海出席中国共产党第一次全国代表大会，长沙共产党早期组织为中国共产党的创建作出了重要贡献。

1919年12月，毛泽东第二次去北京后，与李大钊过从甚密，在京读了刘仁静翻译的《共产党宣言》。图为1920年1月18日，毛泽东与湖南进步团体“辅社”在北京的同仁游览陶然亭时的合影，左四为毛泽东，左七为邓中夏。

1920年5月初，毛泽东来到上海。在沪期间，他常和彭璜、李启汉等去陈独秀住处，陈独秀对马克思主义信仰的谈话对他产生了深刻的影响。从此，毛泽东开始进行在湖南建党的准备工作。图为5月8日毛泽东（右六）和在沪新民学会会员于半淞园合影。

20世纪20年代的长沙城，下图左端为天心阁。

为推销马克思主义著作和其他进步书刊，1920年8月初，毛泽东、易礼容，彭璜等人在潮宗街创办了文化书社，9月正式营业。后因业务扩大，书社搬到贡院东街（今中山东路），再迁至水风井（照）。

10月22日文化书社召开第一次议事会，推易礼容为经理，毛泽东为特别交涉员。易礼容（1898-1997），湘潭县人，1921年加入中国共产党，后任中共湖南支部委员、中共湘区执委委员等职。

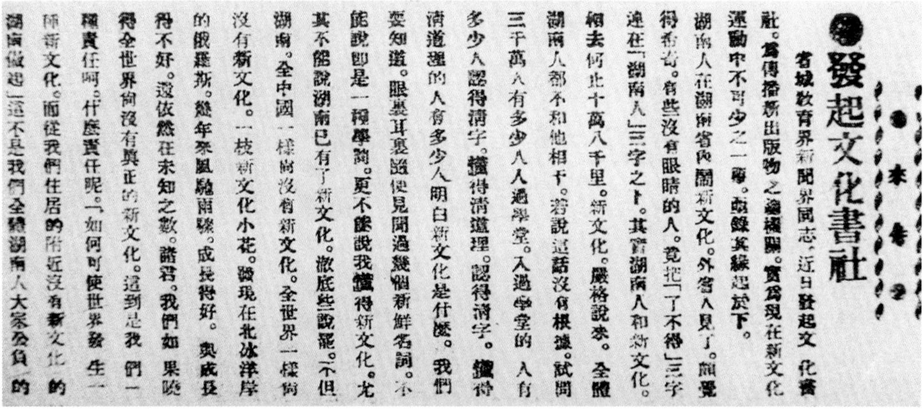

發起文化書社

省城教育界新聞界同志，近日發起文化書社。為傳播新出版物之總機關。實為現在新文化運動中不可少之一事。茲錄其緣起於下。

湖南人在湖南省內鬧新文化。外省人見了。頗覺得希奇。有些沒有眼睛的人。竟把「了不得」三字連在「湖南人」三字之上。其實湖南人和新文化相去何止十萬八千里。新文化。嚴格說來。全體湖南人都不和他相干。若說這話沒有根據。試問三千萬人有多少人入過學堂。入過學堂的人有多少人認得清字。識得清道理。認得清字。識得清道理的人有多少人明白新文化是什麼。我們要知道。眼裏耳裏雖使見聞過幾個新鮮名詞。不能說即是一種學問。更不能說我識得新文化。尤其不能說湖南已有了新文化。徹底些說罷。「不但湖南。全中國一樣的沒有新文化。全世界一樣的沒有新文化。一枝新文化小花。發現在北冰洋岸的俄羅斯。幾年來風馳雨驟。成長得好。與成長得不好。還依然在未知之數。諸君。我們如果曉得全世界尚沒有真正的新文化。這到是我們一種責任呵。什麼責任呢。「如何可使世界發生一種新文化。而從我們住居的附近沒有新文化的湖南做起」這不是我們全體湖南人大家公負的

毛泽东所撰《发起文化书社》一文，发表于1920年7月31日湖南《大公报》。

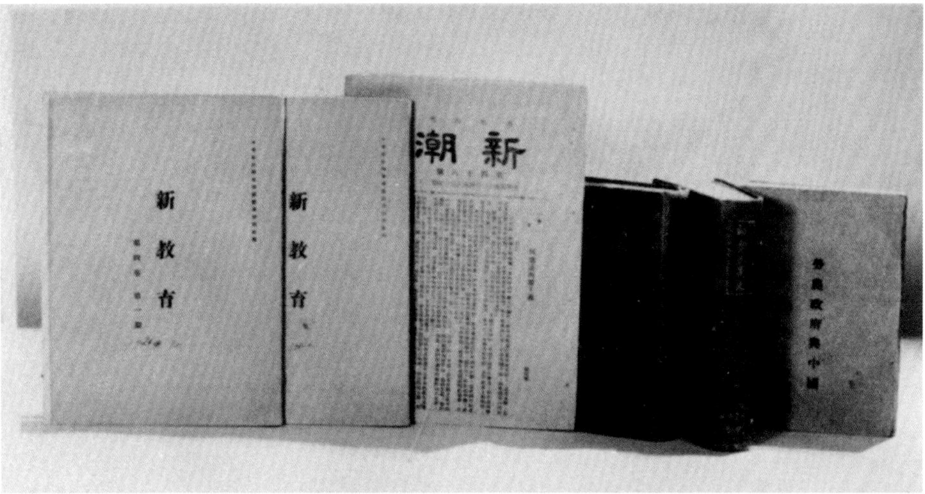

文化书社与省内外发生书报营业往来有六七十处之多，并在平江、浏阳、宁乡等七县设有分社。在半年多时间内，文化书社销售《马克思资本论入门》、《新俄国之研究》等新书100余种，《劳动界》、《新青年》等杂志40余种。

在传播、研究马克思主义的热潮中，湖南进步社团应运而生。1920年9月16日，由毛泽东、彭璜、姜济寰、何叔衡、方维夏等发起组织的湖南俄罗斯研究会正式成立。图为毛泽东与会员们在讨论十月革命（画照）。

●湖南之俄羅斯研究會

湖南俄罗斯研究会在文化书社召开成立大会。大会推举姜济寰任总干事，毛泽东任书记干事，彭璜任会计干事。这是报纸刊载的关于俄罗斯研究会成立的消息。

1920年7月，留法的新民学会会员在蒙达尼开会讨论，将“改造中国与世界”议定为学会的方针。蔡和森（最后一排右二）在会上明确提出了要在中国建立共产党、开展阶级斗争和实行无产阶级专政的主张。二排右一为向警予。

在中国共产党的创建过程中，蔡和森是系统传播列宁建党思想，为建党奠定理论基础作出重大贡献的人。

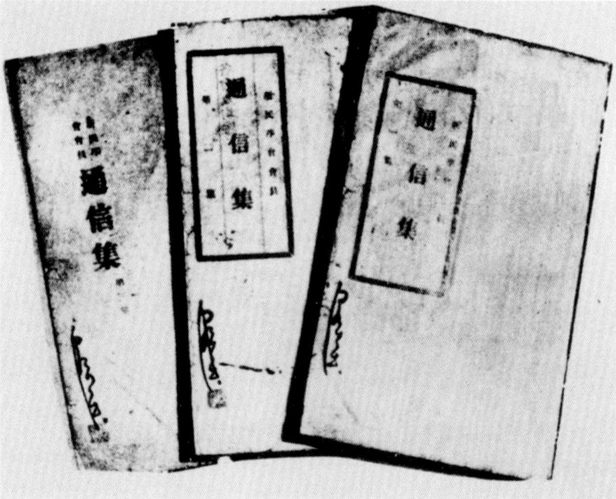

1920年冬至1921年初，毛泽东将新民学会会员之间的通信先后编为三集，第三集是讨论共产主义和建党问题的专集。

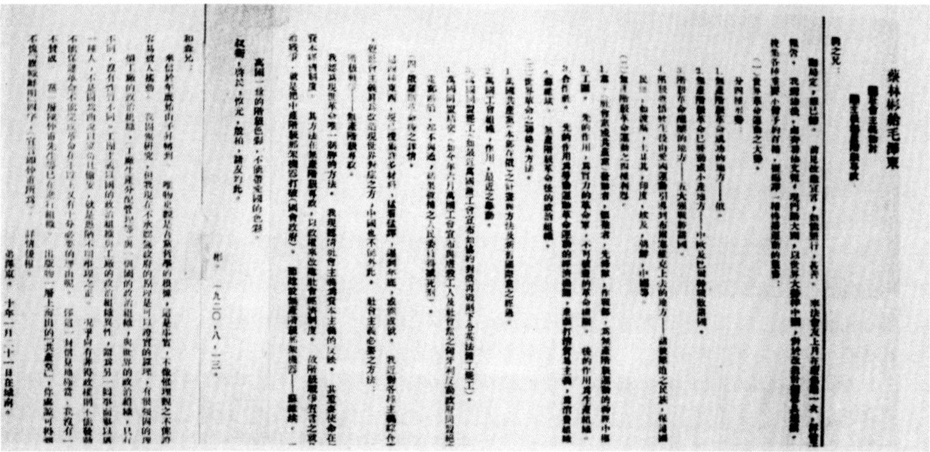

1920年8月13日和9月16日，蔡和森两次写信给毛泽东，在信中系统地阐述了他的建党思想。毛泽东在12月1日和1921年1月21日给蔡和森及在法诸友的复信中表示，对于“和森的主张，表示深切地赞同”，并强调“唯物史观是吾党哲学的根据”。

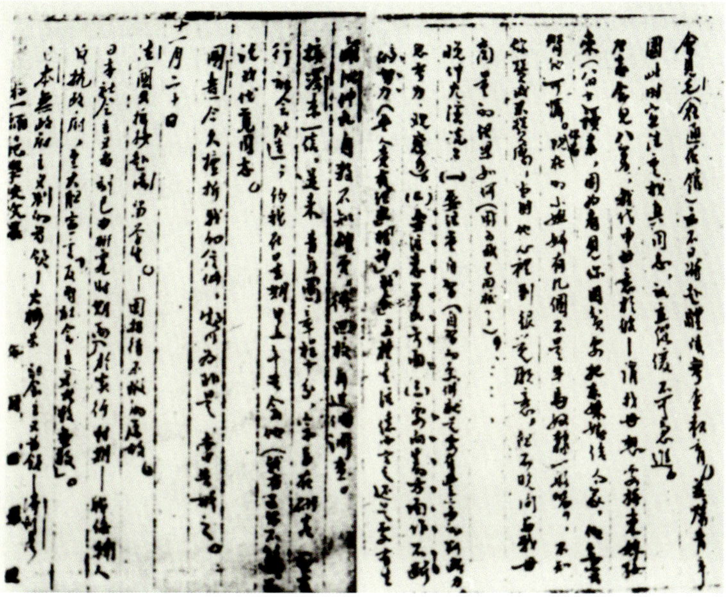

1921年1月13日，中国社会主义青年团长沙地方执行委员会在长沙成立，毛泽东任书记。省立第一师范第22班学生张文亮，是毛泽东物色的建团工作骨干，他在1920年冬的日记中记载了毛泽东指示建团的情况。

1920年冬，长沙共产党早期组织成立，成员有毛泽东、何叔衡、彭璜等人。1921年元月1日至3日，新民学会在文化书社举行新年大会（画照），讨论“改造中国与世界”的道路问题，18人中赞成走俄国十月革命道路的有12人。

1921年6月29日，毛泽东、何叔衡代表长沙共产党早期组织赴上海，参加中国共产党第一次全国代表大会。

何叔衡，宁乡县人，与毛泽东、蔡和森等人一道积极探寻救国救民的真理。他是中国共产党和中共湖南地方党组织的创始人之一。

中国共产党第一次全国代表大会于7月23日在上海贝勒路树德里3号正式召开。中国共产党的成立，是中国革命史上开天辟地的大事件。这时全国有党员50余人，其中湘籍党员近20人。图为大会会址。

二、中共湖南支部和中共湘区委员会

1921年10月10日，中共湖南支部建立，毛泽东任书记，委员有何叔衡、易礼容，党员有10人左右。中共湖南支部成立后，随即组建了中国劳动组合书记部湖南分部，作为公开领导湖南工人运动的机构。1922年5月成立中共湘区委员会，毛泽东任书记，何叔衡、易礼容为委员。在湘区委员会的领导下，湖南掀起了第一次工人运动的高潮。

中共湘区委员会所在地——长沙清水塘22号。

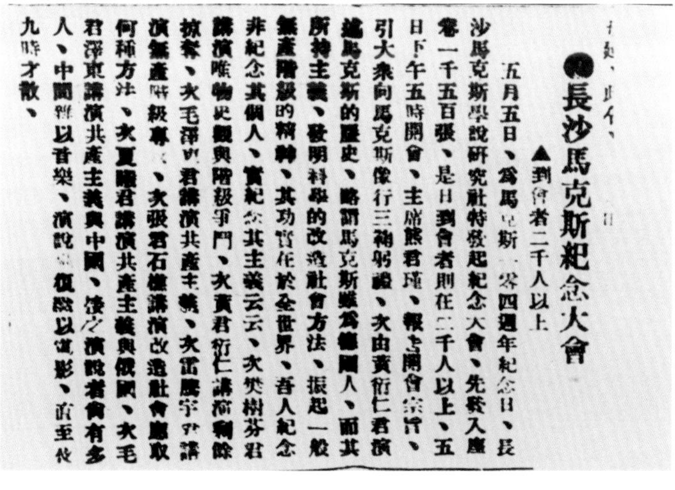

長沙馬克斯紀念大會

▲到會者二千人以上

五月五日、爲馬克斯一零四週年紀念日、長沙馬克斯學說研究社特發起紀念大會、先發入塲劵一千五百張、是日到會者則在二千人以上、五日下午五時開會、主席熊君瑾、報告開會宗旨、引大衆向馬克斯像行三鞠躬禮、次由黃衍仁君演説馬克斯的歷史、略謂馬克斯雖爲德國人、而其所持主義、發明科學的改造社會方法、振起一般無產階級的精神、其功實在於全世界、吾人紀念非紀念其個人、實紀念其主義云云、次樊樹芬君講演唯物史觀與階級爭鬥、次黃君衍仁講演剩餘掠奪、次毛澤東君講演共產主義、次雷應宇君講演無產階級專政、次張君石樵講演改造社會應取何種方法、次夏曦君講演共產主義與俄國、次毛君澤東講演共產主義與中國、繼之演說者會有多人、中間雜以音樂、演說[illegible]復繼以電影、直至夜九時才散、

1922年5月5日是马克思诞生104周年纪念日，长沙马克思学说研究会在第一师范礼堂开纪念大会，毛泽东在会上作了“共产主义”、“共产主义与中国”的讲演。图为报纸的报道。

在筹建党组织的过程中，1921年8月毛泽东、何叔衡利用湖南船山学社的社址和经费创办湖南自修大学，由贺民范任校长。这是中国共产党成立后创办的第一所干部学校。

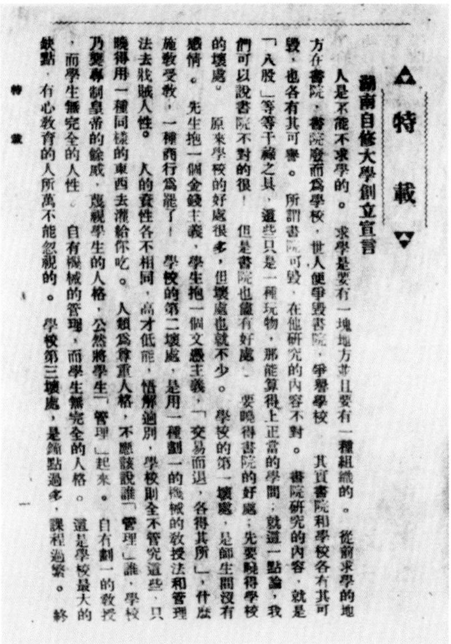

△特載▽

湖南自修大學創立宣言

人是不能不求學的。求學是要有一塊地方並且要有一種組織的。從前求學的地方在書院，書院廢而爲學校，世人便爭毀書院，爭譽學校。其實書院和學校各有其可毀，也各有其可譽。所謂書院可毀，在他研究的內容不對。書院研究的內容，就是「八股」等等干祿之具，這些只是一種玩物，那能算得上正當的學問；就這一點論，我們可以說書院不對的很！但是書院也儘有好處。要曉得書院的好處；先要曉得學校的壞處。原來學校的好處很多，但壞處也就不少。學校的第一壞處，是師生間沒有感情。先生抱一個金錢主義，學生抱一個文憑主義，「交易而退，各得其所」，什麼施教受教，一種商行爲罷了！學校的第二壞處，是用一種劃一的機械的教授法和管理法去戕賊人性。人的資性各不相同，高才低能，悟解迥別，學校則全不管究這些，只曉得用一種同樣的東西去灌給你吃。人類爲尊重人格，不應該說誰「管理」誰，學校乃襲專制皇帝的餘威，蔑視學生的人格，公然將學生「管理」起來。自有劃一的教授，而學生無完全的人性。自有機械的管理，而學生無完全的人格。這是學校最大的缺點，有心教育的人所萬不能忽視的。學校第三壞處，是鐘點過多，課程過繁。終

特載

毛泽东先后为湖南自修大学起草了《组织大纲》和《创立宣言》，称“自修大学为一种平民主义的大学”，采取自学为主的方法，研究各种学术，“求知识与劳力两阶段之接近”。

1922年11月间，应毛泽东邀请，中共一大代表、第一届中央局委员李达（湖南零陵人，1920年参加组织中国共产党发起活动，主编《共产党》月刊）到长沙担任湖南自修大学学长，他常为学员举办马克思主义专题讲座。

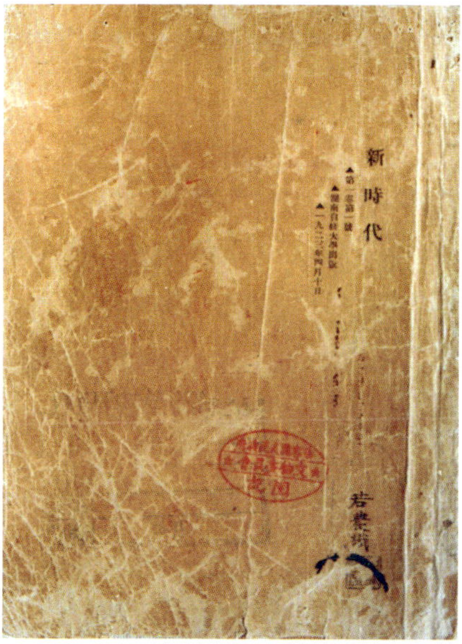

1923 年 4 月，自修大学创办《新时代》月刊。由自修大学学长李达兼任主编。该刊以鲜明的观点阐明中共“二大”的纲领和策略，实质上是中共湘区委员会的机关刊物。

1923 年 11 月，湖南自修大学及附设补习学校被湖南省长赵恒惕查封后，中共湘区委又创办了湘江中学，校长为罗宗翰（后为何叔衡）。姜梦周任学校事务主任，实际主持学校工作。图为姜梦周。

《湘江》半月刊，由湘江学校学生会创办于1925年春。该刊以宣传反帝反封建，推动教育革命为主要内容。学校开办两周年和三周年之际，均出版纪念特刊。

湘江学校是中共湘区委直接领导下的一所正规中学，在传播马列主义，培养革命青年干部等方面，作出了重要贡献。图为1927年3月学校停办时师生的合影。

1923年底至1924年初，中共湘区委派罗学瓒、杨昭植、彭公达回湘潭开展革命活动。他们在湘潭关圣殿湖湘小学任教期间创办平民夜校，培养了一批积极分子加入中国共产党。图为关圣殿。

中共湖南支部和中共湘区委积极发展党、团组织，到1923年，全湘区（今湖南全境及江西萍乡地区）已有长沙、岳阳、平江、常德、安源、衡阳、水口山等7个县和地方建立了党的组织，长沙、安源、岳阳、常德、衡阳等15个县和地方建立了团的组织。

平江县在毛简青、李六如等早期中共党员的领导下，1922年建立了党组织。图为留学日本时的毛简青。

1926年6月14日，中共攸县地方执行委员会成立，由余来任书记，下辖7个支部，发展党员60余人。图为中共攸县地方执行委员会旧址——攸县文昌庙。

第四节　湖南第一次工人运动高潮

中国共产党成立之时，即确定党成立后的中心任务是组织工人阶级，领导工人运动。以毛泽东为书记的中共湖南支部，首先做了团结改造湖南劳工会的工作，使它领导的工人运动成为湖南工人运动的新开端。

根据党的“一大”精神和中央的部署，中共湘区委员会建立后，以主要精力开拓工人运动，于1922年先后发动了粤汉铁路长武段、安源路矿、常宁水口山铅锌矿、长沙泥木行业等十多处3万余工人参加的罢工斗争，形成了湖南第一次工人运动高潮。在罢工的高潮中，成立了湖南全省工团联合会。这是继湖北省工团联合会之后，全国第二个地区性统一的工人组织。

中共湘区委在领导工运中，注重以产业工运为重点并兼顾行业工运，以马克思主义启发工人的觉悟，在斗争中发展党、团员，建立党支部和严密的工会组织，并将合法斗争与罢工斗争相结合，将经济斗争与政治斗争相结合，“二七”惨案后，又进一步将工人运动与反帝运动、农民运动相结合。因此，湖南成为全国工运发展得最好的省份之一，即使在全国工运转入低潮时，湖南工运仍在向前发展。

一、湖南劳工会罢工

湖南劳工会成立于 1920 年 11 月。1921 年 11 月，在毛泽东和中共湖南支部的指导下，经过改组的劳工会以新的姿态活跃在湖南工运的舞台上。同年 12 月，劳工会领导人黄爱、庞人铨支持湖南第一纱厂工人为争取年终发双薪举行了大罢工。次年 1 月 17 日凌晨，黄、庞被赵恒惕派军警杀害于长沙浏阳门外。湖南和全国追悼黄、庞和揭露声讨军阀镇压工运罪行的活动，推动了工人运动的发展。

黄爱，常德人，1920年9月从上海回湖南从事劳工运动，与庞人铨一起发起成立湖南劳工会，并被推选为驻会干事和教育部主任。

庞人铨，湘潭县人，与黄爱共同发起成立湖南劳工会，担任出版部主任兼驻会干事。

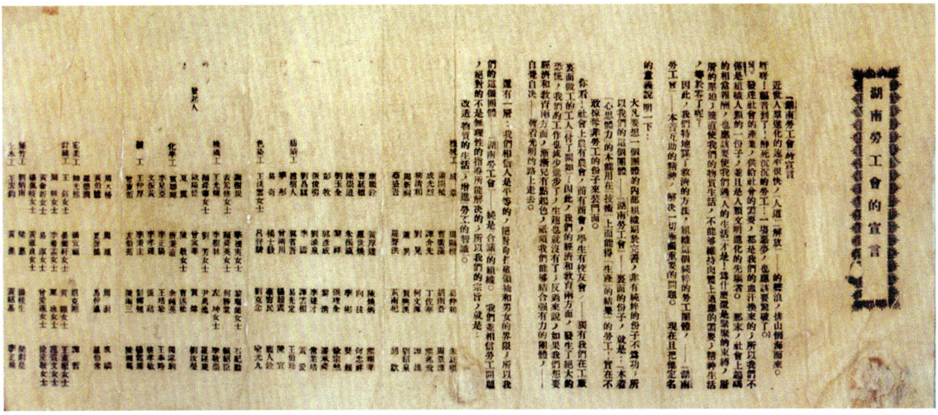
湖南勞工會的宣言

湖南劳工会成立于1920年11月21日，其宗旨为：“团结工人改造物质的生活，增进劳工的知识，谋求工人的福利。”劳工会设评议、交际、教育、调查、出版、介绍、俱乐、会计8部，初有会员3000多人。图为劳工会成立时发表的宣言。

1921年2月底3月初，湖南第一纺纱厂竣工试车。从3月5日开始，湖南劳工会领导发动了第一纱厂公有运动，黄爱、庞人铨、张理全等7人推选为全权代表负责向省政府交涉。图为湖南第一纺纱厂大门。

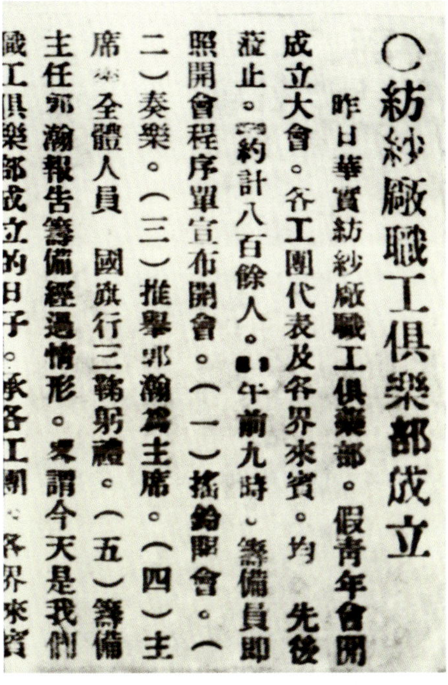
〇紡紗廠職工俱樂部成立

昨日華實紡紗廠職工俱樂部，假青年會開成立大會。各工團代表及各界來賓，均先後蒞止。約計八百餘人。午前九時，籌備員即照開會程序單宣布開會。（一）搖鈴開會。（二）奏樂。（三）推舉郭瀚為主席。（四）主席率全體人員 國旗行三鞠躬禮。（五）籌備主任郭瀚報告籌備經過情形。謂今天是我們職工俱樂部成立的日子。承各工團、各界來賓

4月2日，劳工会发动第一纺纱厂工人组织各项委员会，决定自筹资金，自行经营纱厂，坚决反对华实公司开工。在劳工会的帮助下，4月4日，第一纱厂成立了职工俱乐部。

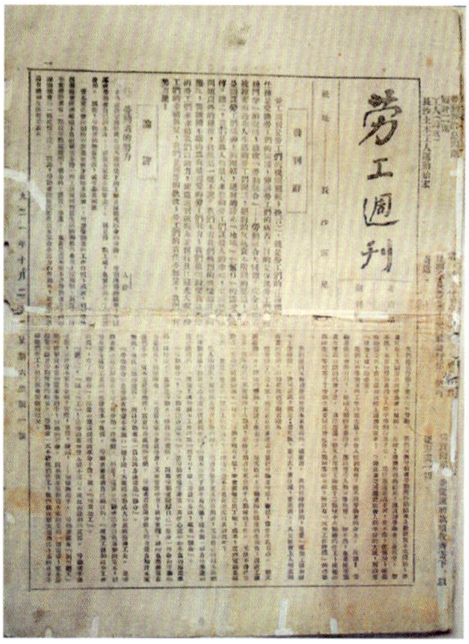
勞工週刊

《劳工周刊》（旬刊），我国最早的劳工刊物之一。1921 年 10 月 22 日创刊，是劳工会的机关刊物，由黄爱、庞人铨主编。劳工会成立一周年时，毛泽东在该刊发表《所希望于劳工会的》一文，充分肯定了劳工会成立以来的成绩，并提出改进劳工会的希望。周刊出至第十三期被赵恒惕封闭。图为创刊号。

根据毛泽东的建议，11 月下旬，黄、庞对劳工会进行改组，改“合议制”为委员制，改各工团为基层工会，会员按月缴纳会费。改组后会员发展到7000多人。黄爱、庞人铨、张理全等人也抛弃无政府主义，接受马克思主义，加入社会主义青年团。从此，劳工会以新的姿态活跃在湖南工运的舞台上。图为湖南劳工会会徽。

1921年11月12日，美国为遏制日本独占中国势头，提议召开了有美、英、法、意、日、葡、比、荷、中等9国参加的华盛顿会议（又称太平洋会议）。会议通过的《九国公约》，肯定了美国提出的“各国在华机会均等”和“中国门户开放”的原则，确认帝国主义列强共同统治中国。会议消息传到国内，引起中国人民的强烈反对。12月25日，中共湖南支部根据中共中央指示，通过湖南劳工会、湖南省学生联合会，组织发动长沙工人、学生、市民万余人，举行声势浩大的游行示威，反对帝国主义争霸中国的太平洋会议。国为中国出席太平洋会议代表团的合影。

1922年1月17日凌晨，黄爱、庞人铨因支持湖南第一纱厂工人争取年终发双薪的罢工斗争被赵恒惕派军警杀害于长沙浏阳门外。黄、庞遇害，湖南各界人士满腔悲愤，在毛泽东的主持下，各界代表在船山学社举行追悼大会，分发“黄庞精神不死”的纪念章，发表抗议湖南当局屠杀黄庞暴行的《湖南三万一千工人的通电》。

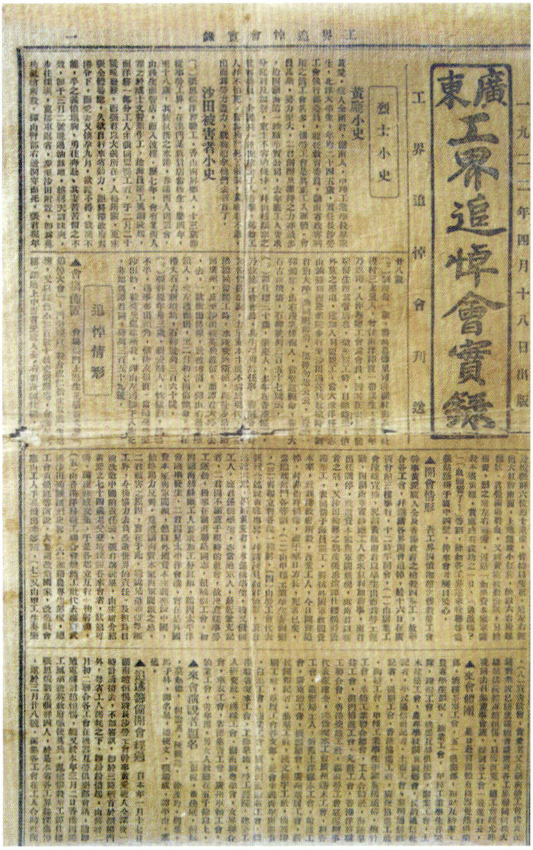
工界追悼會實錄

廣東工界追悼會實錄

一九二二年四月十八日出版

工界追悼會刊登

烈士小史

黃愛小史

沙田被害者小史

追悼情形

黄、庞殉难的消息传出后，天津、上海、广州等一些大城市的公团和工会组织及在日本东京留学的中国学生也召开追悼会，中国社会主义青年团、中国劳动组合书记部发表宣言，高度赞扬黄、庞为工人阶级奋斗的牺牲精神。李大钊在北京写下的《黄、庞流血记序》中说：“中国社会运动史的首页，已由黄、庞两先生用他们的血为我们大书特书了一个新纪元！”图为广州工界追悼黄、庞的报道。

全国性追悼黄、庞的活动，有力地打击了军阀势力，促进了湖南工人运动的开展。图为1922年9月安源路矿工人俱乐部在大罢工取得胜利后举行的追悼黄、庞大会。

二、粤汉铁路长武段罢工

湖南第一个工运高潮，是从粤汉铁路长武段岳州工人罢工开始的。1922年8月初，中共湘区委派郭亮去岳州站开展工人运动，很快建立了粤汉路岳州工人俱乐部，并促成粤汉路工人俱乐部联合会于9月6日成立。9月9日，在粤汉路工人俱乐部联合会的领导下，举行了反对粤汉铁路鄂段局长王世堉迫害工人的大罢工。在鄂军惨杀铁路工人、逮捕郭亮后，全国各地纷纷声讨军阀，支持工人俱乐部联合会提出的七项条件，罢工最终取得胜利。

1922 年 8 月初，中国劳动组合书记部湖南分部派郭亮去岳州车站开展工人运动。8 月 15 日，粤汉路岳州工人俱乐部成立，陆汉胡当选为委员长，郭亮为秘书。9 月 6 日，粤汉路工人俱乐部联合会正式成立。

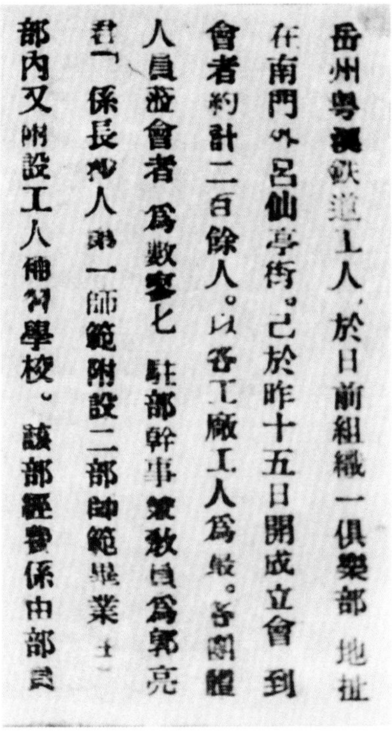
岳州粤漢鉄道工人，於日前組織一俱樂部 地址在南門外呂仙亭街。已於昨十五日開成立會 到會者約計二百餘人。以各工廠工人爲幹。各團體人員蒞會者 爲數寥寥 駐部幹事兼敎員爲郭亮君「係長沙人第一師範附設二部師範畢業」（十一部內又附設工人補習學校。 該部經費係由部員

粤汉路鄂段行车监工张恩荣、翻译苗凤鸣，无故毒打工人阮康成，激起工人愤怒。俱乐部向鄂段局长王世堉提出惩办凶手的要求，王拒不答复，由此爆发了粤汉铁路工人的大罢工。图为俱乐部控诉张、苗罪状的文件。

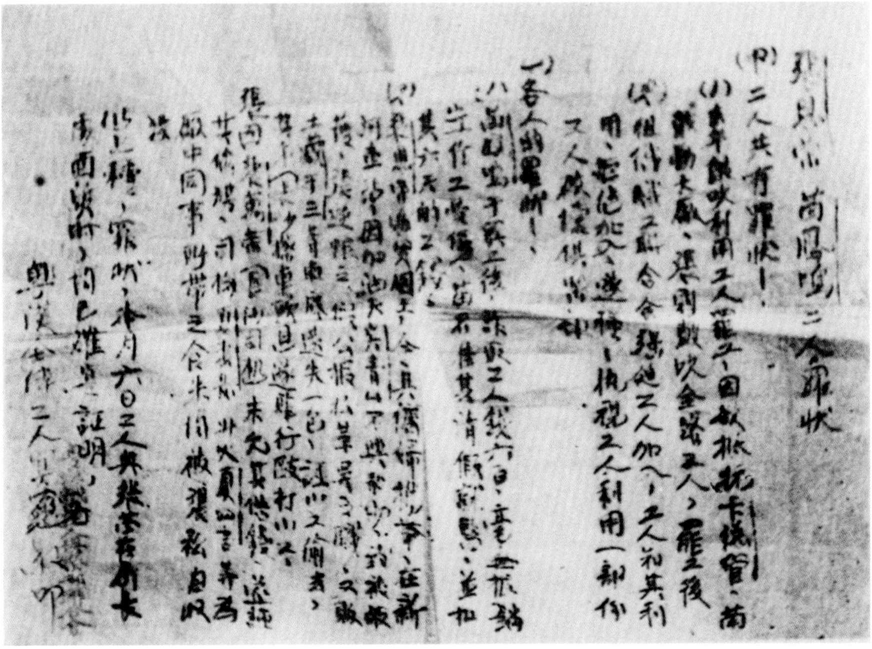
張恩榮 苗鳳鳴二人之罪狀
(甲) 二人共有罪状：
[illegible]
粤漢鉄路工人俱樂部

9月9日，粤汉铁路工人罢工开始。11日早晨，王世堉派火车向岳州站驶来，企图破坏罢工。愤怒的工人在郭亮的率领下，大呼罢工，迎阻火车。（画照）

粵漢鐵路全體工人告國人書

各界同胞們•各地工友們•我們全數的工人所受的虐待•就是積冤難訴呀•因爲到了萬不得已的地步•所以一致停工•以求解決•乃本路局長王世琦陰險狡詐•命我工人如牛馬殺戮之不若•指使他的私人•故與工人衝突•破壞我們的團體•繼請軍警武力槍殺岳州徐家棚工人百餘人•岳州工友失蹤者四人•爲死者二人•餘一人在醫院診治•（此係確實調查前言死六人）所有死傷實情•已由勞次長路局各工團代表調查確實•受傷工人•已由勞次長在大智門當面驗明•並因禁受傷工人三十二名於戒嚴•至今十餘日•斷絕藥餉飲食•不准工人家屬看視•其因傷誤害與之淫道•命在垂危者十餘人•彼尤以爲未足•私得營名補常•藉此唆使工人自相殘殺•詭稱工人與軍警•以遂其欲加之罪•種種壓迫我們工人的事實•殊非一言所能表達•

各界同胞們•各地工友們•我們全路的工人•我非受了極重大的壓迫痛苦•豈有不安居樂業•甘受此流離失所之慘狀嗎•我們不過要求生活之改良•乃王世琦竟悍使軍警槍殺我們•我們本居良心和愛國熱忱•揭穿路政之積弊•乃王世琦竟遷其私怨•恣意拽護私人•我全路工人爲路政計爲自身生存計•不得不有最低限度之要求•然後一再讓步•乃陰險狡猾之王世琦•以爲我工友爲可欺•不但不允准•乃變本加厲•多方壓迫•欲以遷延之手段•餓困我千餘工友•日前用最後空洞之條件•誘我工友上工•我粵漢工友再三忍辱•以爲既受很大損傷•若不得完滿解決•不但與鐵路工友的人格和利益攸關•我全國工友亦將受莫大影響•而至喪失人格和利益•故我千餘工友爲我全國工友人格計•萬難讓步•且情願異常•議決一致堅持•非完全達到前此提出之條件•誓不上工•

全國同胞們•我們爲正義而戰•爲公理而戰•罷工已十餘日•望你們本互助的精神•不平的心理•予我們以經濟的和實力的援助呀•

親愛的各路工友們•各業工友們•我們都是最親愛的弟兄•只有我們工人是一家人•我們是你們的兄弟呀•現在我們受了極大的痛苦•而且被圍困在這裏呀•全國工友們•你們忍心看着我們受摧殘麼•因此我們極懇切的來向弟兄們說•我們都是休戚相關的•我們是屬於一個工人階級的我們的痛苦就是你們的痛苦呀•今日那些官僚軍閥可以殺我們•明天就可以殺你們呀•我們要求你們要急速與我們以實力的經濟的和精神的援助呀•現在我們千餘工友忍着飢餓和傷痛等着你們的援助呀•

粵漢鐵路工人俱樂部聯合會啓

火车被阻住了，但王世堉又勾结湖北军阀萧耀南派兵前来镇压，工人60多人受重伤，6人死亡，郭亮和俱乐部主任张万荣等37人被捕。惨案发生后，粤汉铁路工人俱乐部联合会立即发出《告国人书》，揭露军阀罪行。

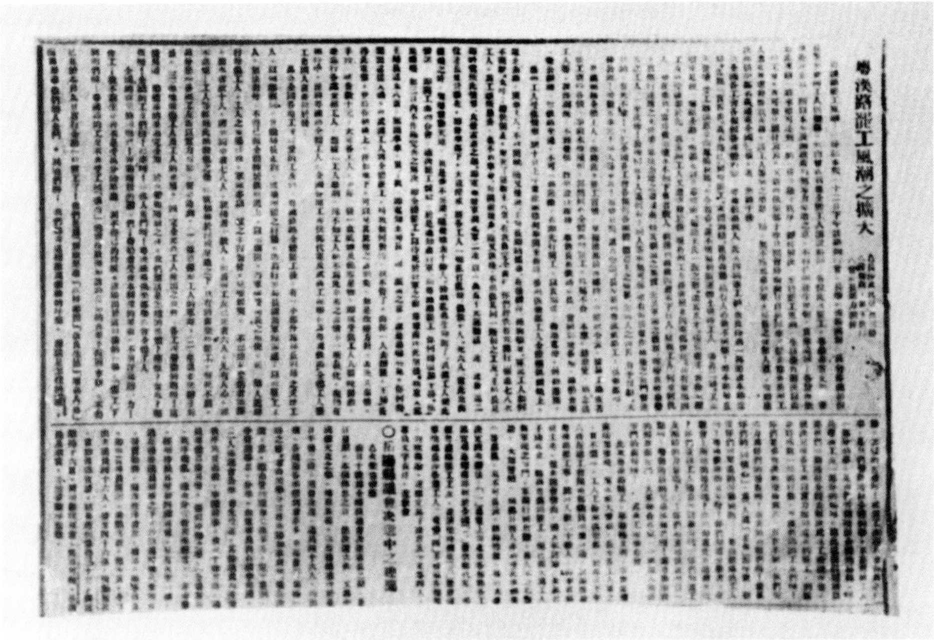

粵漢路罷工風潮之擴大

粤汉铁路工人罢工，得到全国各地工人的声援。京汉路南段工人俱乐部通电总统和交通部，如不答复工人的要求，京汉路南段即于 25 日晚大罢工。

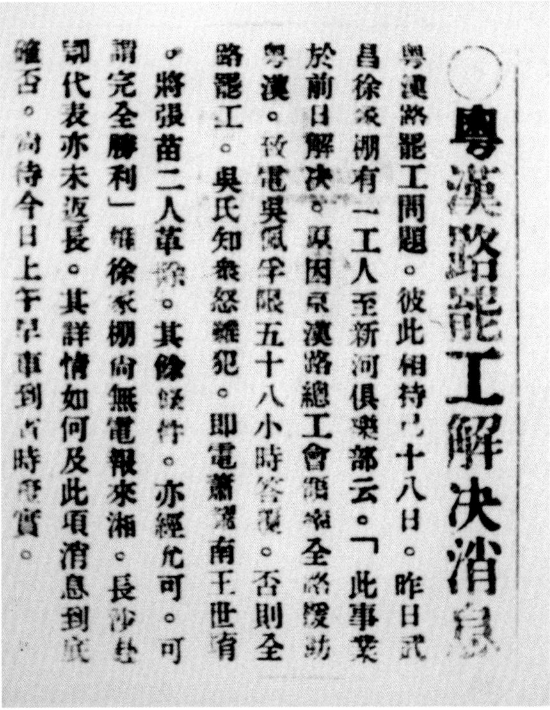

粵漢路罷工解決消息

粵漢路罷工問題。彼此相持已十八日。昨日武昌徐家棚有一工人至新河俱樂部云。「此事業於前日解決。原因京漢路總工會電省全路援助粵漢。致電吳佩孚限五十八小時答覆。否則全路罷工。吳氏知衆怒難犯。即電蕭耀南王世堉。將張苗二人革除。其餘條件。亦經允可。可謂完全勝利」。惟徐家棚尚無電報來湘。長沙赴鄂代表亦未返長。其詳情如何及此項消息到底確否。尚待今日上午早車到省時再實。

迫于全国工人的强大压力，王世堉不得不撤退弹压的军队，承认从优抚恤死伤工人与家属，赔偿工人损失，释放被捕工人。粤汉路工人罢工斗争终获胜利。

1922年11月1日，新河、岳州、株萍和徐家棚四个铁路工会，在长沙新河正式成立粤汉铁路总工会，这是全国铁路工会中最早的统一组织。图为粤汉铁路总工会旧址。

粤汉铁路总工会会员证章。

三、安源路矿大罢工

中共湖南支部成立后，毛泽东、李立三、刘少奇等先后到安源路矿工人中开展工作，办夜校，成立工人俱乐部。1922 年 9 月 14 日，安源路矿 13000 多工人举行大罢工。李立三、刘少奇代表俱乐部同路矿当局谈判，迫使当局答应了保障工人权益、改善工人待遇等条件。历时 5 天的罢工，取得完全的胜利。罢工胜利后，俱乐部成员发展到 17000 人。这次罢工，是中国共产党第一次独立领导并取得完全胜利的工人斗争，是中国工运史上永彪史册的壮举。

安源属于江西萍乡，邻近湖南。1898年开办安源煤矿，修筑株萍铁路，合称安源路矿，是当时全国最大产业汉冶萍公司的组成部分。图为安源煤矿旧景。

在帝国主义、封建势力和官僚买办的残酷压迫下，工人毫无政治权利，生活苦到了极处。图为工人在矿井里爬行拖煤的情景。

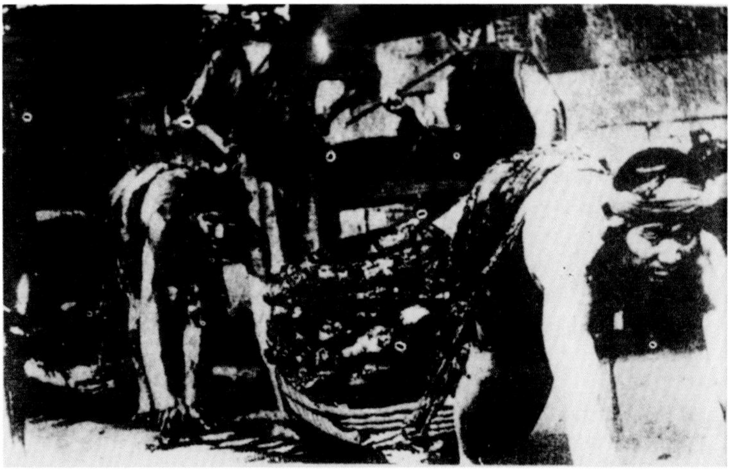

毛泽东、李立三、刘少奇考察过的矿井旧址——总平巷。

1921年冬，毛泽东以湖南平民教育促进会成员的公开身份，去安源路矿进行调查。他以参观的名义，深入矿区各处，了解工人的生产和生活状况。图为毛泽东在矿井与工人谈话（画照）。

1922年元月，中共湖南支部派李立三去安源开展工人运动。临行前，毛泽东嘱他以办平民教育的名义，由湖南教育促进会介绍到安源去。

李立三到安源后，首先筹办平民学校（学生是工人子弟），接着又在五福巷创办了安源第一所工人补习夜校。

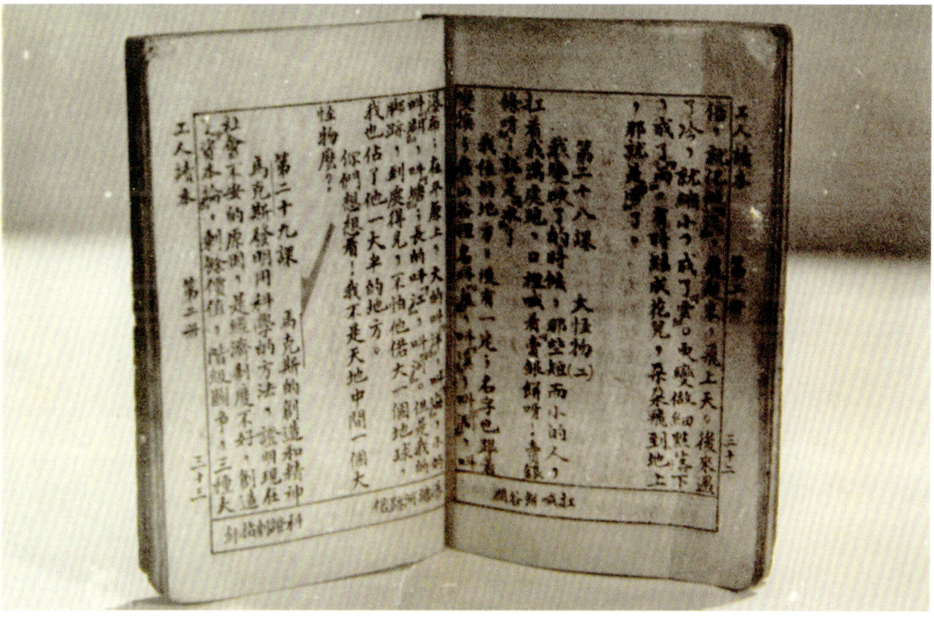

安源路矿工人读本第二册。李立三等通过夜校，把文化教育与马克思主义的启蒙教育结合起来，宣传“工人在世界上之地位及有联合起来组织团体与资本家奋斗以减少痛苦解除压迫之必要与可能”。

李立三在安源先建立起社会主义青年团支部，不久，发展朱少连等6人为共产党员，于1922年2月中旬秘密建立了中共安源支部，李任书记。图为党支部重要活动场所之一——火车房。

安源路矿工人俱乐部筹备委员会合影。机头上前排右起第五人为李立三，驾驶室瞭望窗口为朱少连。5月1日，工人俱乐部正式成立，李立三被选为主任，朱少连被选为副主任。

朱少连，衡阳县人，当选为安源路矿工人俱乐部副主任，参加领导安源路矿工人9月大罢工，后于1923年任中共安源地委执委书记。

9月初，毛泽东来到安源，召开党支部会议，分析安源工人运动的形势，认为罢工时机已经成熟，应作好罢工准备。罢工前，中共湘区委派刘少奇（当年照）来到安源，协助李立三领导罢工斗争。

安源路矿工人俱乐部。罢工前，俱乐部成员发展到700余人。

萍乡安源路矿工人罢工宣言

9 月 13 日午夜，俱乐部因路矿两局仍未答复俱乐部关于保护俱乐部、津贴俱乐部月费、发清积欠工人存饷等三项要求，断然发出罢工命令。14 日凌晨，安源大罢工爆发。图为俱乐部发布的罢工宣言。

罢工爆发了，铁路工人停开列车，鸣放汽笛；窿口工人切断电线使井下运煤车不能开动；井下工人如潮水般涌出窿外，大呼罢工。（画照）

9月16日，刘少奇代表俱乐部同路矿当局谈判，路矿当局请来的敌旅长李鸿程以杀头威逼他接受先复工后谈判的条件，刘少奇“毫不为动”，宁死不屈，迫使敌旅长与矿长软了下来。（画照）

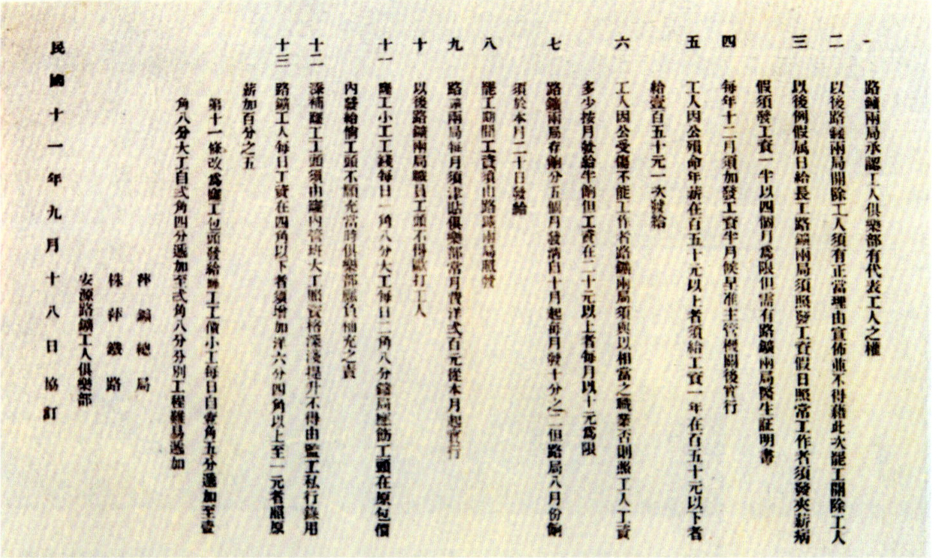

一　路礦兩局承認工人俱樂部有代表工人之權
二　以後路礦兩局開除工人須有正當理由宣佈並不得藉此次罷工開除工人
三　以後例假屬日給長工路礦兩局須照發工資假日照常工作者須發夾薪病假須發工資一半以四個月爲限但需有路礦兩局醫生証明書
四　每年十二月須加發工資半月候呈准主管機關後實行
五　工人因公殞命年薪在百五十元以上者須給工資一年在百五十元以下者給壹百五十元一次發給
六　工人因公受傷不能工作者路礦兩局須與以相當之職業否則照工人工資多少按月發給半餉但工資在二十元以上者每月以十元爲限
七　路礦兩局存餉分五個月發清自十月起每月發十分之二但路局八月份餉須於本月二十日發給
八　罷工期間工資須由路礦兩局照發
九　路礦兩局每月須津貼俱樂部常月費洋弍百元從本月起實行
十　以後路礦兩局職員工頭不得毆打工人
十一　窿工小工工錢每日一角八分大工每日二角八分路局機務工頭在原包價內發給惟工頭不須充當時俱樂部應負補充之責
十二　添補窿工工頭須由窿內管班大工照資格深淺提升不得由監工私行錄用
十三　路礦工人每日工資在四角以下者須增加洋六分四角以上至一元者照原薪加百分之五

第十一條改爲窿工包頭發給窿工工價小工每日自壹角五分遞加至壹角八分大工自弍角四分遞加至弍角八分分別工程難易遞加

萍鄉總局
株萍鐵路
安源路礦工人俱樂部

民國十一年九月十八日協訂

9月17日下午，李立三代表俱乐部同路矿当局谈判复工条件。18日上午路矿当局在13条协约上签字。历时5天的罢工，取得了完全的胜利。

9月18日下午，俱乐部召开了万余工人参加的庆祝会，并发表上工宣言，宣告："罢工胜利了！气也出了！从前是'工人牛马'，现在是'工人万岁'！"

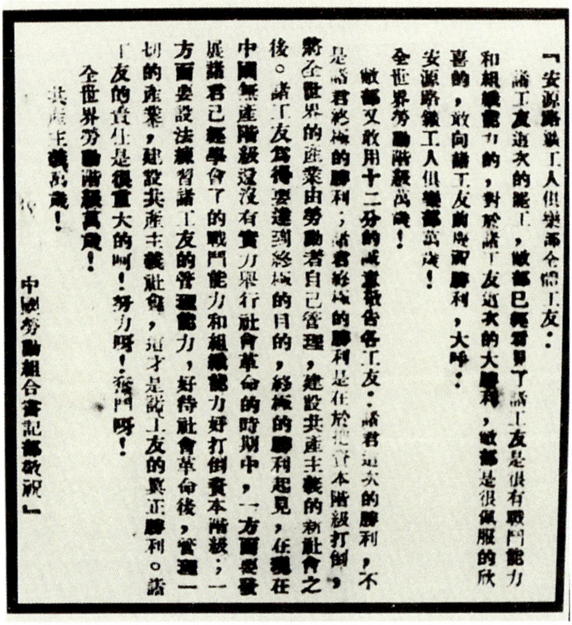

「安源路礦工人俱樂部全體工友：

諸工友這次的罷工，敝部已經看見了諸工友是很有戰鬥能力和組織能力的，對於諸工友這次的大勝利，敝部是很佩服的欣喜的，敬向諸工友慶賀勝利，大呼：

安源路礦工人俱樂部萬歲！

全世界勞動階級萬歲！

敝部又敢用十二分的誠意敬告各工友：諸君這次的勝利，不是諸君終極的勝利；諸君終極的勝利是在於把資本階級打倒，將全世界的產業由勞動者自己管理，建設共產主義的新社會之後。諸工友為得要達到終極的目的，終極的勝利起見，在現在中國無產階級還沒有實力舉行社會革命的時期中，一方面要發展諸君已經學會了的戰鬥能力和組織能力好打倒資本階級；一方面要設法練習諸工友的管理能力，好待社會革命後，管理一切的產業，建設共產主義社會，這才是諸工友的真正勝利。諸工友的責任是很重大的啊！努力呀！奮鬥呀！

全世界勞動階級萬歲！

共產主義萬歲！

中國勞動組合書記部敬祝」

罢工胜利后，中国劳动组合书记部给安源路矿工人发来的贺信。

罢工胜利后，俱乐部成员发展到 17000 人，李立三当选为总主任。俱乐部还选出总代表、百代表、十代表，将全体工人按民主集中制的原则严密地组织起来。图为第一届总代表及驻部职员合影。

12月10日，安源路矿工人俱乐部与汉冶萍轮驳工会、大冶铁矿工人俱乐部、汉阳铁厂工会及下陆铁矿工人俱乐部联合成立汉冶萍总工会。这是“中国最先成立之产业组合工团”。

四、常宁水口山铅锌矿罢工

在中共湘区委员会的指导与安源路矿工人俱乐部的支持下，1922 年 12 月 5 日，常宁水口山铅锌矿工人俱乐部，因向矿局提出的承认俱乐部有权代表工人和增加工资等项要求遭拒绝而下令罢工。经过 3000 多工人坚持 12 天的斗争，罢工取得完全胜利。水口山工人大罢工，是湖南工人阶级与湖南赵恒惕政府的第一次搏斗，罢工的胜利打破了官有矿局的威风，壮大了湖南工人运动的声势。

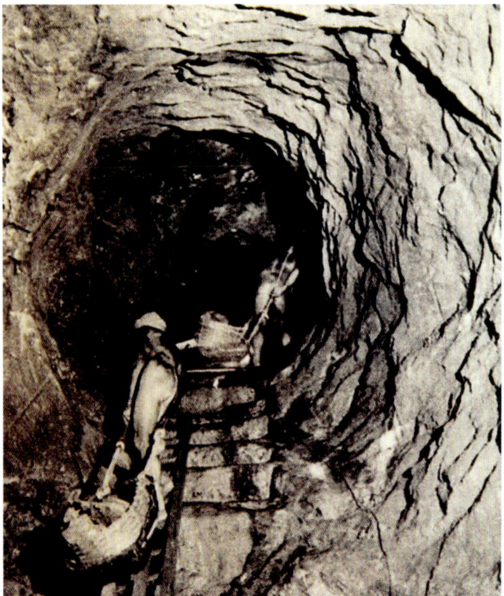

常宁水口山铅锌矿为当时我国最大的铅锌矿，属官办，是湖南省财政的命脉，军政费用的主要来源。水口山矿的工人，就是这样牛马般地劳动，受着官僚资本家的剥削。

水口山矿工人劳动时间长，工资却很低，生活痛苦不堪。工人们为了改善待遇，争取权利，曾作过多次斗争，但均告失败。(画照)

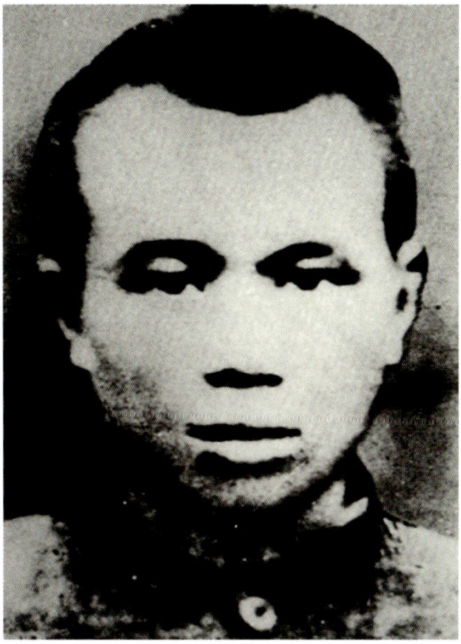

1922年11月22日，应水口山矿工人的请求，安源路矿工人俱乐部派文书股长蒋先云（左画照）和谢怀德（右照）等人去水口山帮助开展工运。次日，设立临时干事会，蒋先云被推为全权代表。

蒋先云等以“十人团”为基层组织，发动和组织工人，两天之内，即有3000多工人报名参加。27日，俱乐部正式成立。蒋先云任俱乐部主任，刘东轩任俱乐部副主任，谢怀德任俱乐部交际股长。图为蒋先云在俱乐部成立大会上演说。（画照）

水口山工人俱乐部旧址。

俱乐部成立后，即向矿局提出增加工资等4项要求，并一日一函，催促答复，但矿局置若罔闻。12月5日凌晨3时，俱乐部下令罢工。图为罢工集合地——康家戏台。

蒋先云走在罢工队伍的最前列。（画照）

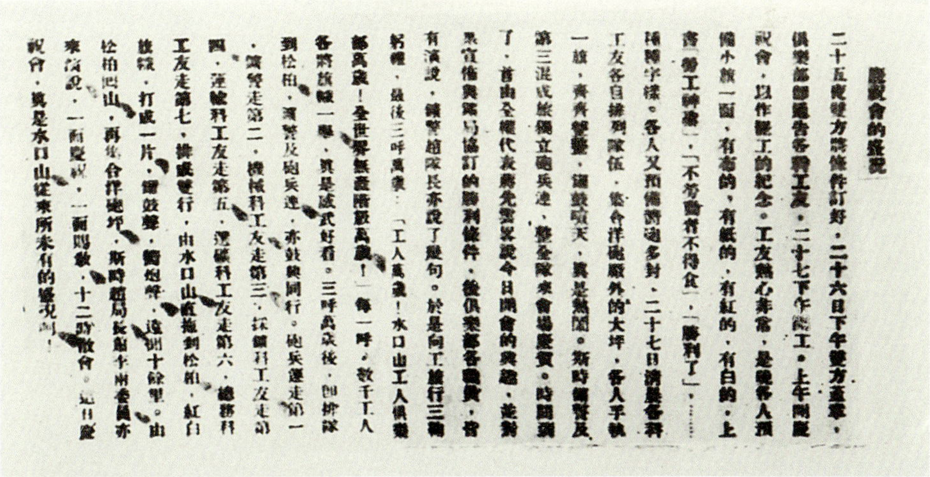

慶祝會的盛況

二十五夜雙方既條件訂好，二十六日下午雙方簽字，俱樂部即通告各部工友，二十七下午罷工，上午開慶祝會，以作罷工的紀念。工友熱心非常，是晚各人預備小旗一面，有布的，有紙的，有紅的，有白的，上書「勞工神聖」，「不勞動者不得食」，「勝利了」，……種種字樣。各人又預備爆竹多封，二十七日清晨各科工友各自排列隊伍，集合洋砲廠外的大坪，各人手執一旗，齊齊整整，鑼鼓喧天，真是熱鬧。斯時礦警及第三混成旅獨立砲兵連，整全隊來會場慶賀。時間到了，首由全權代表蔣先雲宣讀今日開會的興趣，並對眾宣佈與礦局協訂的勝利條件，後俱樂部各職員，皆有演說，礦警趙隊長亦說了幾句。於是向工旗行三鞠躬禮，最後三呼萬歲：「工人萬歲！水口山工人俱樂部萬歲！全世界無產階級萬歲！」每一呼，數千工人各將旗幟一舉，真是威武好看。三呼萬歲後，即排隊到松柏，礦警及砲兵連，亦鼓樂同行。砲兵連走第一，礦警走第二，機械科工友走第三，採礦科工友走第四，運輸科工友走第五，選礦科工友走第六，總務科工友走第七，排成雙行，由水口山直拖到松柏，紅白旗幟，打成一片，鑼鼓聲，爆炮聲，遠聞十餘里。由松柏回山，再集合洋砲坪，斯時礦局長暨全體委員亦來演說，一面慶祝，一面賜獎，十二時散會。這日慶祝會，真是水口山從來所未有的盛況啊！

罢工爆发后，中国劳动组合书记部及湖南分部通电全国各工会援助。矿局被迫接受工人提出的18条要求，罢工取得胜利。12月27日上午，全矿工人举行罢工胜利庆祝大会。图为庆祝会的消息报道。

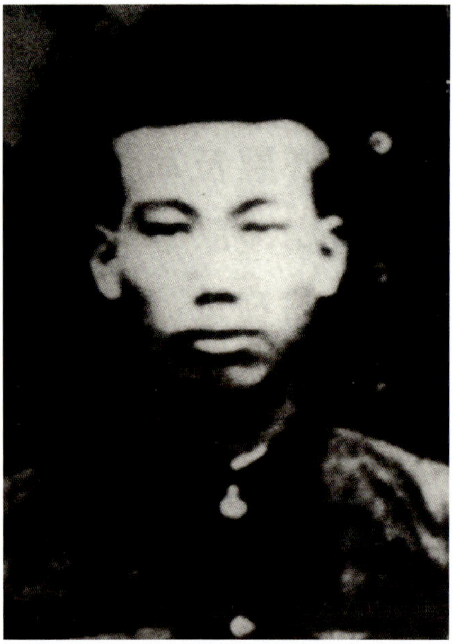

罢工胜利后，正式建立了第一届干事委员会，蒋先云任主任，参与领导罢工的机械科工人刘东轩任副主任。蒋先云及时发展刘东轩（照）等几位工运积极分子加入中国共产党，矿区建立起党的支部。

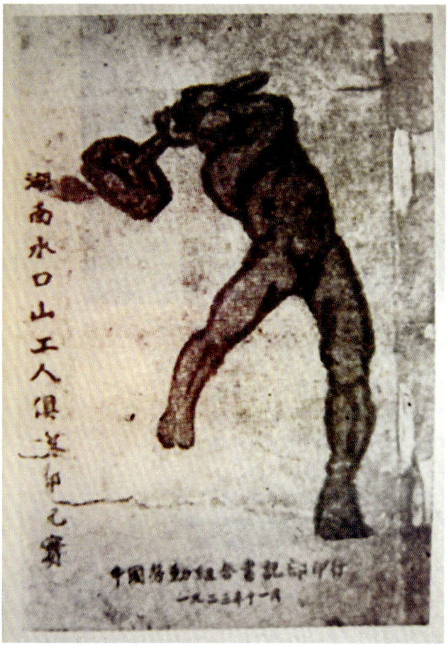

水口山工人大罢工，是湖南工人阶级与赵恒惕政府的第一次搏斗。罢工的胜利打破了官有矿局的威风，壮大了湖南工人运动的声势。图为1923年11月由中国劳动组合书记部印行的《湖南水口山工人俱乐部纪实》。

五、长沙泥木工人和其他行业工人罢工

长沙泥木工人罢工是在毛泽东直接领导下进行的。1922 年 10 月 6 日，长沙泥木工会领导 6000 多泥木工人为增加工资和营业自由举行罢工。10 月 24 日下午，泥木工会委请毛泽东任首席代表至省政务厅谈判。毛泽东利用赵恒惕颁布的《湖南省宪法》有关条文，与政务厅长吴景鸿展开针锋相对的斗争，迫使吴答应工人的要求。在此前后，长沙织造、理发、笔业、铅印活版等行业工人都举行了罢工，形成了湖南工人同盟罢工的浪潮。

在毛泽东、易礼容的帮助下，长沙泥木工会于1922年9月5日召开成立大会，任树德被选为总务股主任（即委员长），易礼容为秘书。

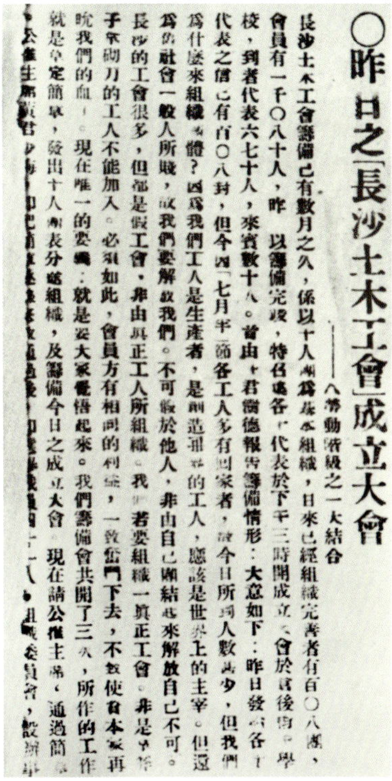

〇昨日之「長沙土木工會」成立大會

——勞動階級之一大結合

長沙土木工會籌備已有數月之久，係以十人團爲基本組織，日來已經組織完善者有百〇八團，會員有一千〇八十人，昨日以籌備完竣，特召集各團代表於下午三時開成立大會於賈後街學校，到者代表六七十人，來賓數十人。首由任君樹德報告籌備情形：大意如下：昨日發出各團代表之信已有百〇八封，但今天因「七月半」節各工人多有回家者，故今日所到人數甚少，但我們爲什麽來組織工會？因爲我們工人是生產者，是創造世界的工人，應該是世界上的主宰。但還爲此社會一般人所賤，故我們要解放我們。不可倚於他人，非由自己團結起來解放自己不可。長沙的工會很多，但都是假工會，非由真正工人所組織。我們若要組織一真正工會。非是拿斧子拿砌刀的工人不能加入。必須如此，會員方有相同的利益，一致奮鬥下去，不致使資本家再吮我們的血。現在唯一的要點，就是要大家覺悟起來。我們籌備會共開了三次，所作的工作就是草定簡章，發出十人團表分途組織，及籌備今日之成立大會。現在請公推主席、通過簡章[illegible]

[illegible]公推主席[illegible]委員者，設[illegible]

长沙泥木工人工资降低统计图。

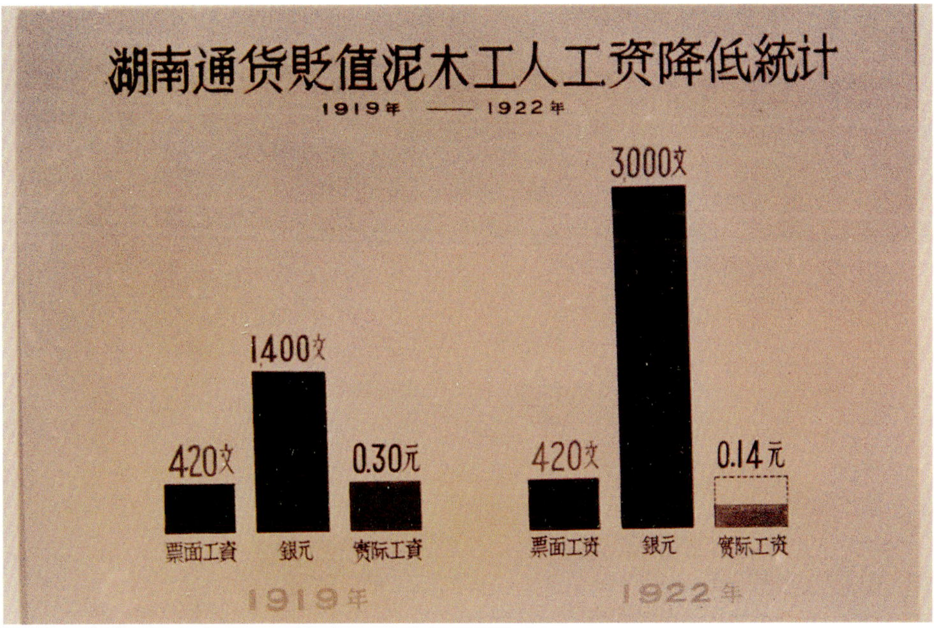

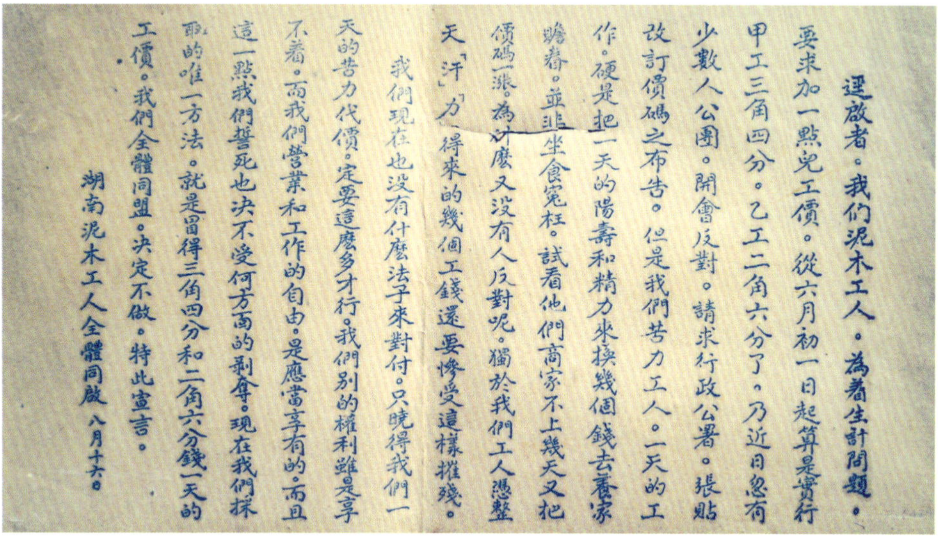

逕啟者。我们泥木工人。為着生計問題。
要求加一點兒工價。從六月初一日起算是實行
甲工三角四分。乙工二角六分了。乃近日忽有
少數人公團。開會反對。請求行政公署。張貼
改訂價碼之布告。但是我們苦力工人。一天的工
作。硬是把一天的陽壽和精力來換幾個錢去養家
贍眷。並非坐食寃枉。試看他們商家不上幾天又把
價碼一漲。為什麼又沒有人反對呢。獨於我們工人憑整
天「汗」力。得來的幾個工錢。還要慘受這樣摧殘。
我們現在也沒有什麼法子來對付。只曉得我們一
天的苦力代價。定要這麼多才行。我們别的權利雖是享
不着。而我們營業和工作的自由。是應當享有的。而且
這一點我們誓死也決不受何方面的剝奪。現在我們採
取的唯一方法。就是冒得三角四分和二角六分錢一天的
工價。我們全體同盟。決定不做。特此宣言。
湖南泥木工人全體同啟 八月十六日

10月6日，长沙泥木工会领导6000多泥木工人为增加工资和营业自由举行罢工。图为罢工时（农历八月十六日）发布的宣言。

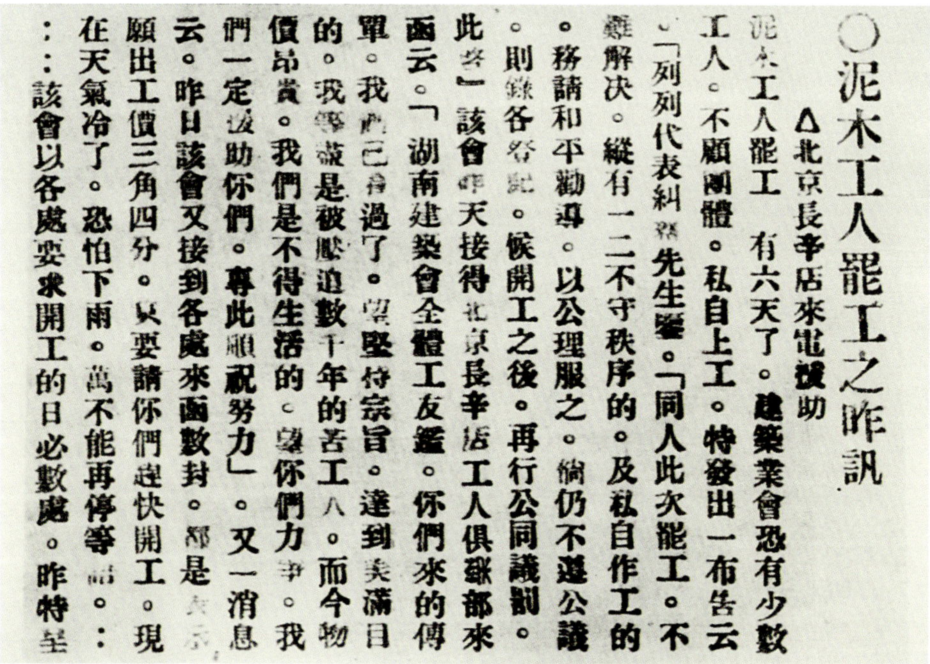

○泥木工人罷工之昨訊

△北京長辛店來電援助

泥木工人罷工 有六天了。建築業會恐有少數工人。不顧團體。私自上工。特發出一布告云：「列列代表糾察先生鑒。「同人此次罷工。不難解決。縱有一二不守秩序的。及私自作工的。務請和平勸導。以公理服之。倘仍不遵公議。則錄各登記。候開工之後。再行公同議罰。此告」該會昨天接得北京長辛店工人俱樂部來函云。「湖南建築會全體工友鑒。你們來的傳單。我們已看過了。望堅持宗旨。達到美滿目的。我們素是被壓迫數千年的苦工人。而今物價昂貴。我們是不得生活的。望你們力爭。我們一定援助你們。專此順祝努力」。又一消息云。昨日該會又接到各處來函數封。都是表示願出工價三角四分。只要請你們趕快開工。現在天氣冷了。恐怕下雨。萬不能再停等了。：：該會以各處要求開工的日必數處。昨特呈

泥木工人罢工，得到北京长辛店、粤汉铁路、安源路矿和长沙织造、缝纫、印刷、笔业等行业工人的支援。

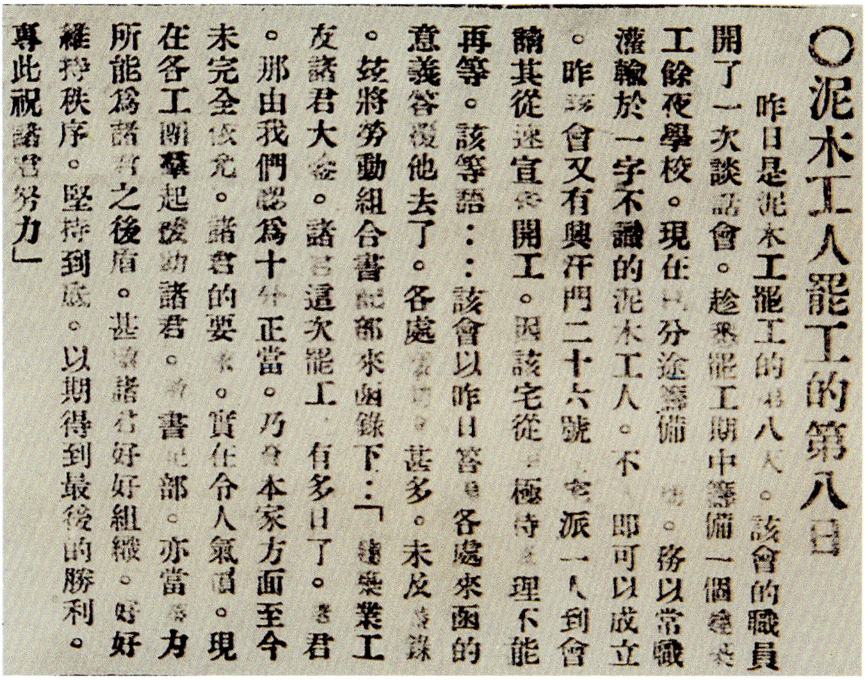

○泥木工人罷工的第八日

昨日是泥木工罷工的第八天。該會的職員開了一次談話會。趁[illegible]罷工期中籌備一個[illegible]工餘夜學校。現在已分途籌備[illegible]。務以常識灌輸於一字不識的泥木工人。不[illegible]即可以成立。昨該會又有與[illegible]門二十六號[illegible]派一人到會諭其從速宜[illegible]開工。因該宅從[illegible]極待[illegible]理不能再等。該等語：：該會以昨日答[illegible]各處來函的意義答[illegible]他去了。各處[illegible]甚多。未及[illegible]錄。茲將勞動組合書記部來函錄下：：「[illegible]業工友諸君大鑒。諸君這次罷工。有多日了。[illegible]君。那由我們認爲十分正當。乃[illegible]本家方面至今未完全依允。諸君的要求。實在令人氣[illegible]。現在各工團羣起援助諸君。[illegible]書記部。亦當[illegible]力所能爲諸君之後盾。甚望諸君好好組織。好好維持秩序。堅持到底。以期得到最後的勝利。專此祝諸君努力」

泥木工人罢工至第八天消息报道。内刊中国劳动组合书记部支持罢工的来函，嘱泥木工人要“坚持到底，以期得到最后的胜利”。

10月23日上午，毛泽东和2000多泥木工人冒雨向长沙县署进发，并派易礼容、任树德等代表进入县署找县知事周瀛干辩理（画照）。

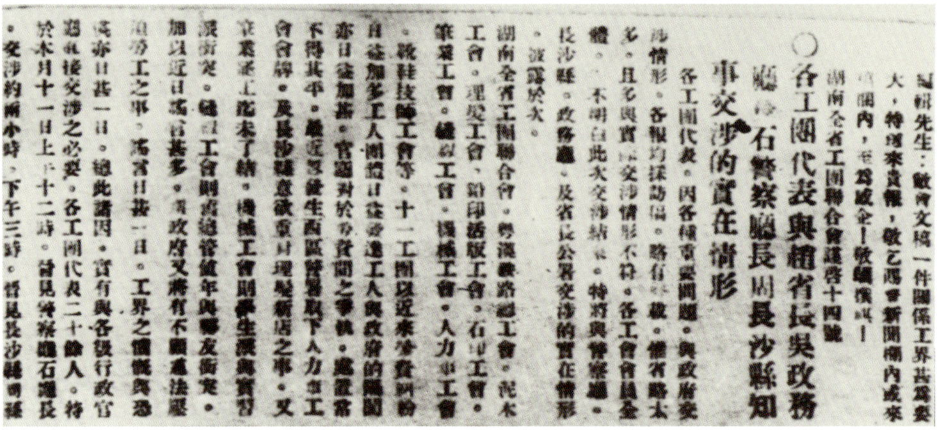

編輯先生：敝會文稿一件關係工界甚爲重大，特送來貴報，敬乞登諸新聞欄內或來函欄內，至爲感企！敬頌撰祺！

湖南全省工團聯合會謹啓十四號

○各工團代表與趙省長吳政務廳長石警察廳長周長沙縣知事交涉的實在情形

各工團代表。因各種重要問題。與政府交涉情形。各報均採訪揭。略有登載。惟有略太多。且多與實在交涉情形不符。各工會會員全體。不明白此次交涉結果。特將與警察廳。長沙縣。政務廳。及省長公署交涉的實在情形。披露於次。

湖南全省工團聯合會。粵漢鐵路總工會。泥木工會。理髮工會。鉛印活版工會。石印工會。筆業工會。縫紉工會。機械工會。人力車工會。織襪工會等。十一工團以近來勞資糾紛日益加多工人團體日益發達工人與政府的關係亦日益加甚。官廳對於勞資糾紛之事件。處置常不得其平。最近發生南區警署取下人力車工會會牌。及長沙縣意欲強封理髮新店之事。又家業全工廠未了結。機械工會與麻生洪興實業濠衝突。總工會與省總管鐵年與警友衝突。加以近日謠言甚多。其政府又將有不顧憲法限制勞工之事。謠言日甚一日。工界之憤慨與恐慌亦日甚一日。總此諸因。實有與各級行政官廳有接交涉之必要。各工團代表二十餘人。特於本月十一日上午十二時。會見警察廳石廳長。交涉約兩小時。下午三時。會見長沙縣知事

10月24日下午，泥木工会委请毛泽东任首席代表至省政务厅谈判。毛泽东利用赵恒惕颁布的《湖南省宪法》的有关条文，辩得政务厅长吴景鸿瞠目结舌，吴只好答应工人的要求。

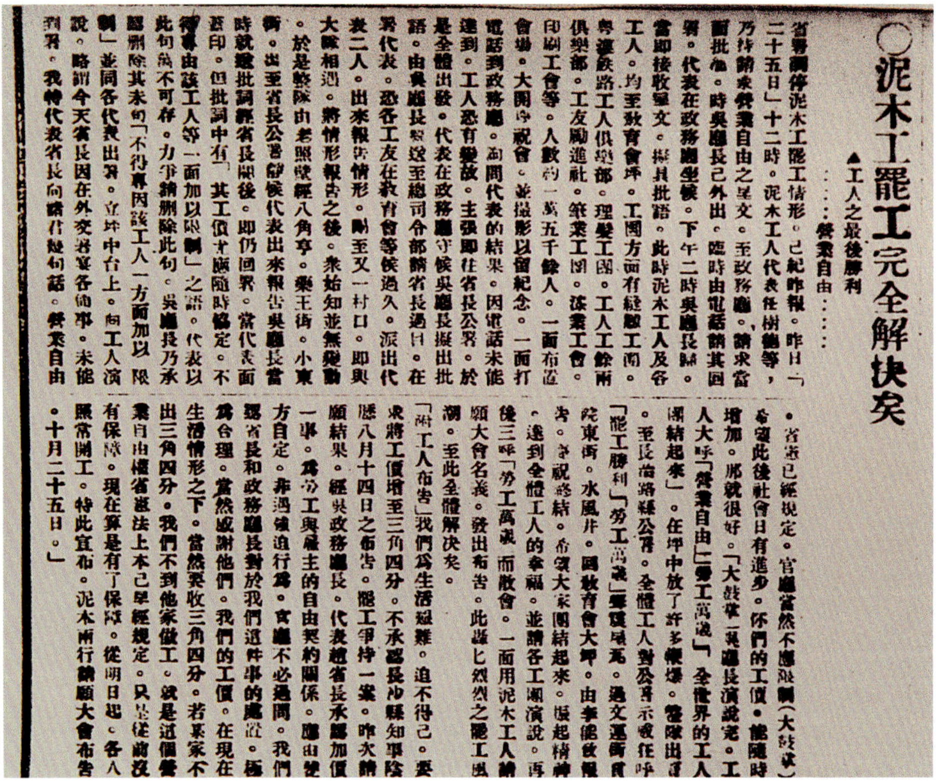

○泥木工罷工完全解決矣

▲工人之最後勝利……營業自由……

省署關停泥木工罷工情形。已紀昨報。昨日「二十五日」十二時。泥木工人代表任樹德等，乃持請求營業自由之呈文。至政務廳。請求當面批准。時吳廳長已外出。臨時由電話請其回署。代表在政務廳坐候。下午二時吳廳長歸。當即接收呈文。擬具批語。此時泥木工人及各工人。均至教育會坪。工團方面有粵漢鐵路工人俱樂部。理髮工團。工人工餘所俱樂部。工友勵進社。筆業工團。該業工會。印刷工會等。人數約一萬五千餘人。一面佈置會場。大開慶祝會。並攝影以留紀念。一面打電話到政務廳。詢問代表的結果。因電話未能達到。工人恐有變故。主張即往省長公署。於是全體出發。代表在政務廳守候吳廳長擬出批語。由吳廳長親送至總司令部請省長過目。在署代表。恐各工友在教育會等候過久。派出代表二人。出來報告情形。剛至又一村口。即與大隊相遇。將情形報告之後。衆始知並無變動。於是整隊由老照壁經八角亭。樂王街。小東街。出至省長公署靜候代表出來報告吳廳長當時就將批詞經省長閱後。即仍回署。當代表面蓋印。但批詞中有「其工價才應隨時協定。不得專由該工人等一面加以限制」之語。代表以此句爲不可存。力爭請刪除此句。吳廳長乃承認刪除其末句「不得專因該工人一方面加以限制」並同各代表出署。立坪中台上。向工人演說。略謂今天省長因在外交者宴各領事。未能到署。我特代表省長向諸君說句話。營業自由。省憲已經規定。官廳當然不應限制（大鼓掌）希望此後社會日有進步。你們的工價。能隨時增加。那就很好。「大鼓掌」吳廳長演說完。工人大呼「營業自由」「勞工萬歲」「全世界的工人團結起來」。在坪中放了許多爆爆。警隊出了。至長治路縣公署。全體工人對公署示威任呼「罷工勝利」「勞工萬歲」聲震屋瓦。過文運街貢院東街。水風井。回教育會大坪。由李能致報告。並祝勝結。希望大家團結起來。振起精神。達到全體工人的幸福。並請各工團演說。再後三呼「勞工萬歲」而散會。一面用泥木工人請願大會名義。發出布告。此轟轟烈烈之罷工風潮。至此全體解決矣。

「附工人布告」我們爲生活艱難。迫不得已。要求將工價增至三角四分。不承認長沙縣知事陰歷八月十四日之佈告。罷工爭持一案。昨次請願結果。經吳政務廳長。代表趙省長承認加價一事。爲勞工與雇主的自由契約關係。應由雙方自定。非遇強迫行爲。官廳不必過問。我們認省長和政務廳長對於我們這件事的處置。極爲合理。當然感謝他們。我們的工價。在現在生活情形之下。當然要收三角四分。若東家不出三角四分。我們不到他家做工。就是這個營業自由權省憲法上本己早經規定。只是從前沒有保障。現在算是有了保障。從明日起。各人照常開工。特此宣布。泥木兩行請願大會布告。十月二十五日。」

10月25日，泥木工会《呈省长文》得到批准，泥木工会的罢工获得完全的胜利。泥木工会和粤汉铁路、理发、笔业、印刷业等工人15000人在教育会坪召开了庆祝大会。

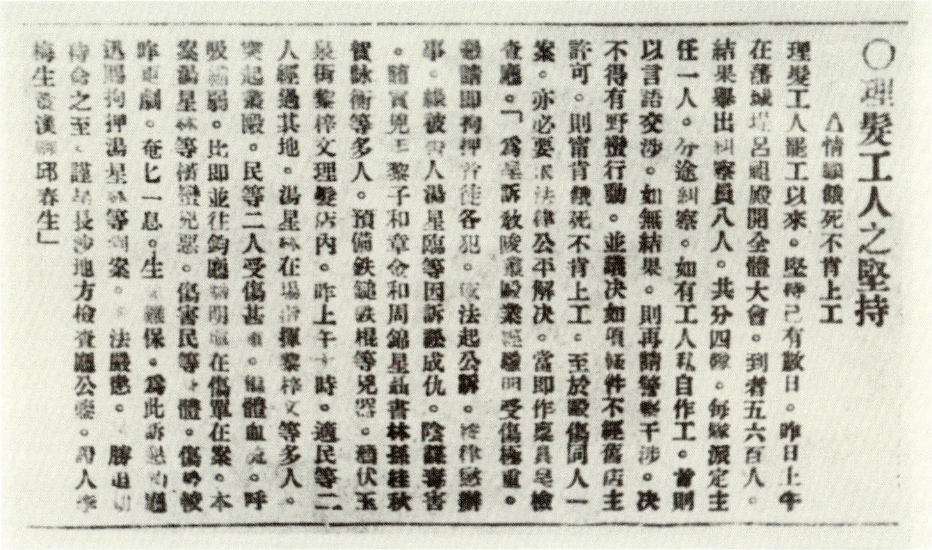

○理髮工人之堅持

△情願餓死不肯上工

理髮工人罷工以來。堅持已有數日。昨日上午在舊城垣呂祖殿開全體大會。到者五六百人。結果舉出糾察員八人。共分四隊。每隊派定主任一人。分途糾察。如有工人私自作工。當則以言語交涉。如無結果。則再請警察干涉。決不得有野蠻行動。並議決如項條件不經舊店主許可。則寧肯餓死不肯上工。至於毆傷同人一案。亦必要求法律公平解決。當即作呈具呈檢查廳。「爲呈訴敎唆霸毆業經[illegible]受傷極重。懇請即拘押首徒各犯。依法起公訴。[illegible]事。緣被告人湯星臨等因訴[illegible]成仇。陰謀害[illegible]。[illegible]買兇王黎子和章命和周錦星[illegible]書林孫桂秋[illegible]餘衡等多人。預備鐵鏈鐵棍等兇器。[illegible]伏玉泉街黎梓文理髮店內。昨上午十時。適民等二人經過其地。湯星臨在場指揮黎梓文等多人。突起毆毆。民等二人受傷甚重。[illegible]體血[illegible]。呼吸[illegible]弱。比即並往鈎廳[illegible]在傷單在案。本案湯星臨等[illegible]兇器。傷害民等身體。傷[illegible]被[illegible]昨事劇。奄乜一息。生命難保。爲此訴懇迅賜拘押湯星臨等到案。依法嚴懲。[illegible]勝[illegible]待命之至。謹呈長沙地方檢察廳公鑒。具訴人李梅生[illegible]邱春生」

10月8日，理发工人为增加工资、营业自由举行罢工。28日，理发工会成立。在泥木工人罢工胜利影响下，理发工人罢工取得胜利。

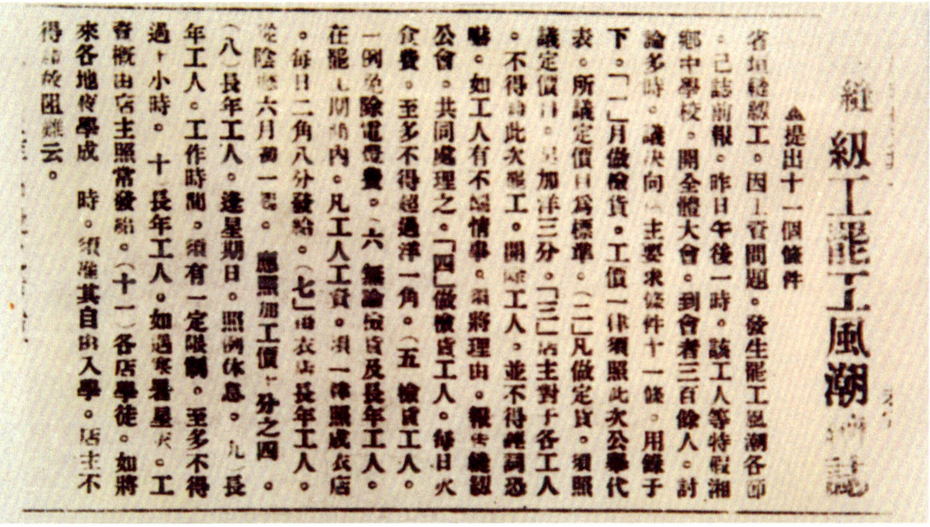

縫紉工罷工風潮（續誌）

△提出十一個條件

省垣縫紉工。因工資問題。發生罷工風潮各節。已誌前報。昨日午後一時。該工人等特假湘鄉中學校。開全體大會。到會者三百餘人。討論多時。議決向[illegible]主要求條件十一條。用錄于下。「一」月做檢貨。工價一律須照此次公舉代表。所議定價目爲標準。（二）凡做定貨。須照議定價[illegible]。另加洋三分。「三」[illegible]主對于各工人。不得藉此次罷工。開除工人。並不得藉詞恐嚇。如工人有不[illegible]情事。須將理由。報告縫紉公會。共同處理之。「四」做檢貨工人。每日火食費。至多不得超過洋一角。（五）檢貨工人。一例免除電燈費。（六）無論檢貨及長年工人。在罷工期間內。凡工人工資。須一律照成衣店[illegible]。「七」[illegible]成衣店長年工人。每日二角八分發給。[illegible]陰曆六月初一起。應照加工價十分之四。（八）長年工人。逢星期日。照例休息。（九）長年工人。工作時間。須有一定限制。至多不得過十小時。（十）長年工人。如遇寒暑星期。工資概由店主照常發給。（十一）各店學徒。如將來各地學成[illegible]時。須准其自由入學。店主不得藉故阻攔云。

9月29日，在张汉藩等领导下，长沙缝纫业的袿衣店650名工人为增加工资而罢工。在泥木等行业工人的支持下，经过5天罢工，获得胜利。

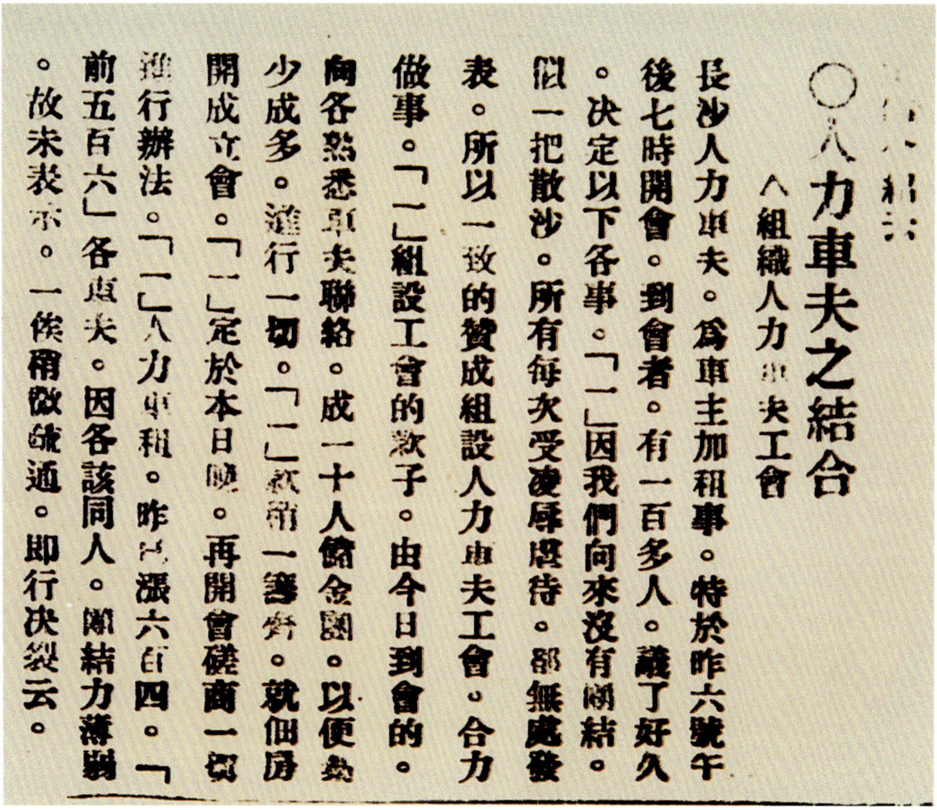

○人力車夫之結合

△組織人力車夫工會

長沙人力車夫。爲車主加租事。特於昨六號午後七時開會。到會者。有一百多人。議了好久。決定以下各事。「一」因我們向來沒有團結。假一把散沙。所有每次受凌辱虐待。都無處發表。所以一致的贊成組設人力車夫工會。合力做事。「二」組設工會的款子。由今日到會的。向各熟悉車夫聯絡。成一十人儲金團。以便集少成多。進行一切。「三」租借一筆款。就佃房開成立會。「四」定於本日晚。再開會磋商一切進行辦法。「五」人力車租。昨已漲六百四。「前五百六」各車夫。因各該同人。團結力薄弱。故未表示。一俟稍微疏通。即行決裂云。

长沙人力车夫集会，议决组织人力车夫工会，并准备就抵制车主加租采取行动。

六、全省工团联合会建立　工人运动继续发展

1922 年 11 月 5 日，湖南全省工团联合会成立，毛泽东被选为干事局总干事，郭亮为副总干事。由此，湖南工人实现了第一次大联合。省工团联合会是中共湘区执行委员会公开领导全省工人运动的机构，是全省的总工会。至 1923 年年底，省工团联合会所辖工会组织达 32 个，会员约 4 万人。1923 年“二七”惨案后，全国工人运动暂时转入低潮。在湖南，由于毛泽东和中共湘区委的正确领导，工人运动仍在继续发展。

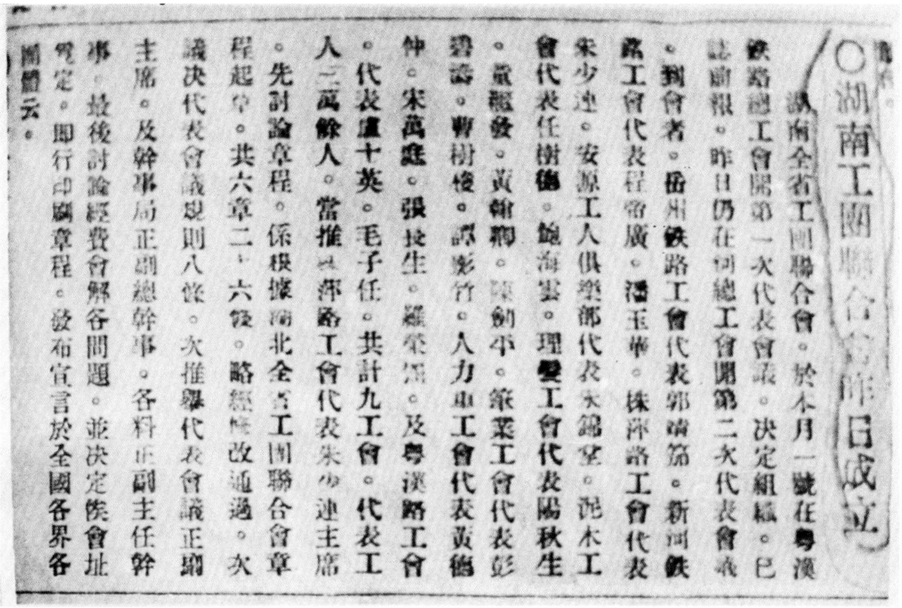

○湖南工團聯合會昨日成立

湖南全省工團聯合會。於本月一號在粵漢鐵路總工會開第一次代表會議。決定組織。已誌前報。昨日仍在該總工會開第二次代表會議。到會者。岳州鐵路工會代表郭靖笳。新河鐵路工會代表程常廣。潘玉華。株萍路工會代表朱少連。安源工人俱樂部代表朱錦堂。泥木工會代表任樹德。飽海雲。理髮工會代表陽秋生。童鏡發。黃韓卿。陳劍平。縫業工會代表彭碧濤。曹樹槐。譚影竹。人力車工會代表黃德仲。宋萬庭。張長生。羅榮熙。及粵漢路工會。代表羅士英。毛子任。共計九工會。代表工人三萬餘人。當推株萍路工會代表朱少連主席。先討論章程。係根據湖北全省工團聯合會章程起草。共六章二十六條。略經修改通過。次議決代表會議規則八條。次推舉代表會議正副主席。及幹事局正副總幹事。各科正副主任幹事。最後討論經費會解各問題。並決定俟會址覓定。即行印刷章程。發布宣言於全國各界各團體云。

湖南省工团联合会成立的报道。

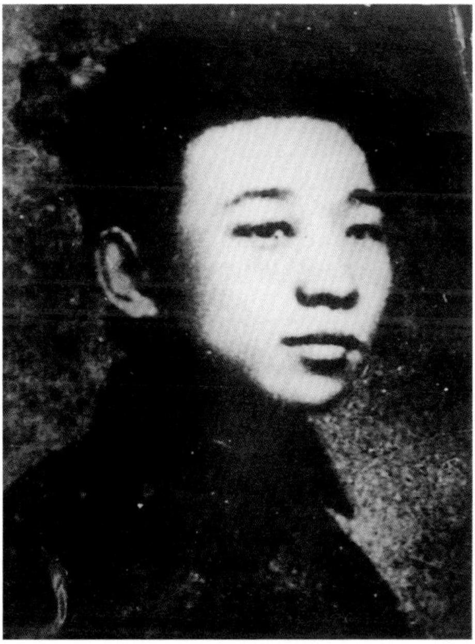

湖南全省工团联合会副总干事（后为总干事）郭亮。

湖南全省工团联合会部主任罗学瓒。

湖南省工团联合会参加工会單位統計

一九二三年

工会名称	地点
湖南造币厂工会	长沙
湖南黑铅炼厂工会	长沙
湖南第一纺织厂工会	长沙
茶居工会（即茶馆业工会）	长沙
电灯工会	长沙
粪码头工会	长沙
箩码头工会（即搬运工会）	长沙
店员工会	长沙
油漆匠工会	长沙
铜匠工会	长沙
划夫工会	长沙
邮务工会	长沙
碾谷工会	长沙
水夫工会（挑河水卖的工会）	长沙
笔业工会	长沙
织造工会	长沙
机械工会	长沙
洋务工会（在外国洋行工作的职工工会）	长沙
安源路矿工会	江西安源
湘潭锰矿工会	湘潭
锡矿山工会	新化
水口山铅锌矿工会	常宁
粤汉路长沙站工会	长沙
粤汉路岳州站工会	岳阳
人力车工会	长沙
铅印活版工会	长沙
泥木工会	长沙
缝纫工会	长沙
石印工会	长沙
理发工会	长沙
铁工厂工会	长沙
靴鞋技师工会	长沙
工会会员共计约四万人	
参加单位共计三十二个工会	

1923年年底湖南省工团联合会参加工会单位统计表。此时省工团联合会有会员约4万人。

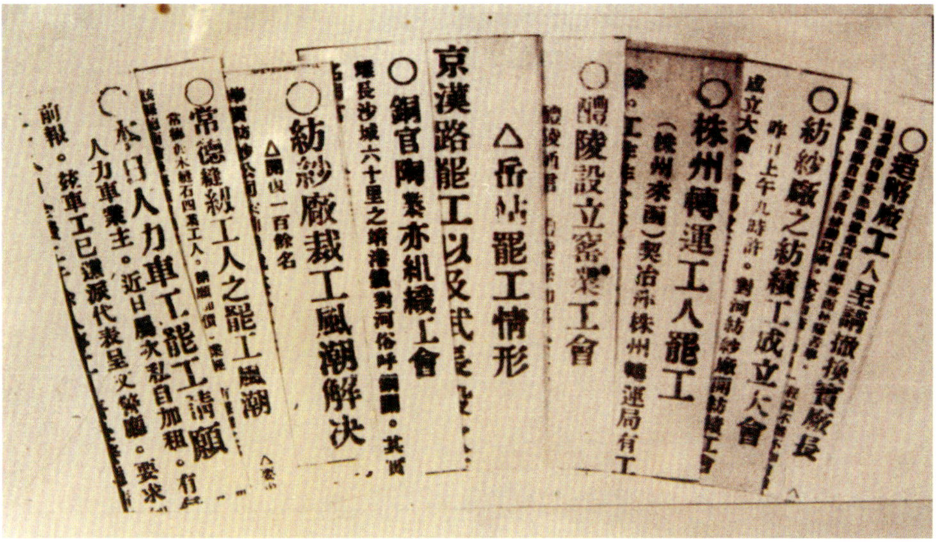

1923年“二七”惨案后，湖南各地罢工消息报导。

1923年3月下旬，日本租借旅顺、大连期满，拒不归还。中共中央指示全国各地开展反日斗争。4月5日，由省工团联合会、省学生联合会等41个团体发起成立了湖南外交后援会，主席郭亮，其宗旨为坚决收回旅顺、大连，废除二十一条，抵制日货，提倡国货，全面实行对日经济绝交，还出版发行《救国周刊》。在省外交后援会的领导下，全省都爆发了群众性的反帝爱国斗争。图为湖南外交后援会活动的报道。

在全国工运处于低潮时，安源的工人运动仍在继续发展。图为安源半边街路矿工人俱乐部旧址。

1923年2月7日，安源路矿工人消费合作社正式成立，李立三、易礼容、毛泽民等先后担任过总经理。这是老后街合作社旧址。

毛泽民（1896—1943），系毛泽东之弟，1922年底，受中共湘区委员会派遣到安源煤矿从事工人运动。1923年初倡议并筹办安源路矿工人消费合作社，任经理，1924年任总经理。

1923年5月1日，安源路矿工人俱乐部为纪念“五一”国际劳动节和庆祝俱乐部成立一周年，举行了盛大的游行活动。

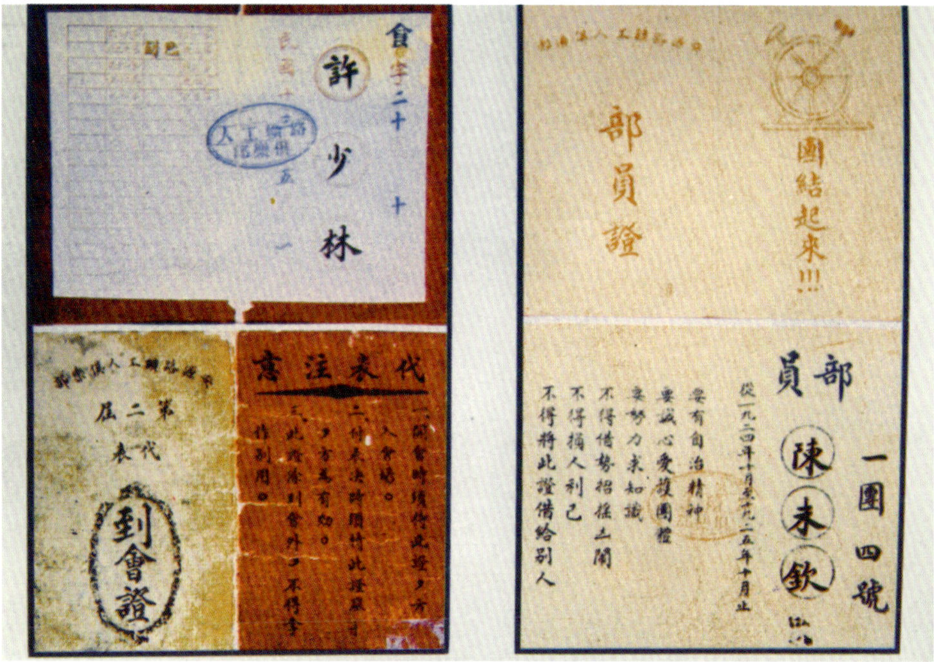
食字二十
許少林
安源路礦工人俱樂部
第二屆
代表
到會證
代表注意
一、開會時須持此證方可入會場。
二、付表決時須持此證舉手方為有效。
三、此證除到會外，不得挪作別用。
安源路礦工人俱樂部
部員證
團結起來!!!
部員
陳來欽
一團四號
從一九二四年十月起至一九二五年十月止
要有自治精神
要誠心愛護團體
要努力求知識
不得倚勢招搖生鬧
不得損人利己
不得將此證借給別人

安源路矿第二届代表到会证（1924年5月1日）和工人俱乐部部员证（1924年10月）。

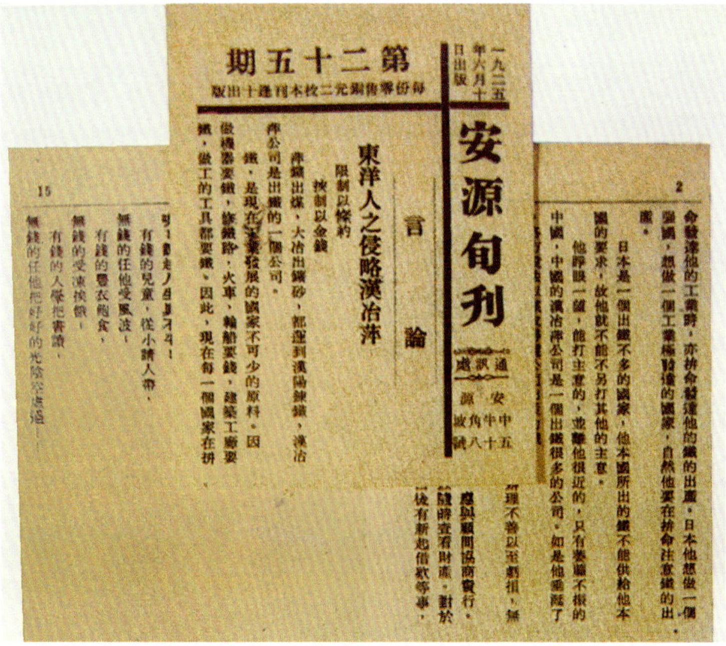
安源旬刊
第二十五期
一九二五年六月十日出版
每份零售銅元二枚 本刊逢十出版
通訊處
言論
東洋人之侵略漢冶萍
限制以條約
挾制以金錢
萍鑛出煤，大冶出鐵砂，都運到漢陽鍊鐵，漢冶萍公司是出鐵的一個公司。
鐵，是現在要發展的國家不可少的原料。因做機器要鐵，修鐵路，火車，輪船要鐵，建築工廠要鐵，做工的工具都要鐵，因此，現在每一個國家在拼

1923 年 12 月，安源路矿工人俱乐部创办了《安源月刊》，后改为旬刊。李求实、贺昌等曾任主编。这是《安源旬刊》的一期。

1923年7月1日，安源路矿工人子弟学校三校职教员及学生合影。

1924年6月15日，安源路矿工会工人学校教职员合影。第一排右起第一人为陈潭秋（湖北黄冈人，曾任工人俱乐部代理窿外主任）。第三排右起第二人为刘少奇。

第五节　湖南自治运动与谭赵战争

湖南地处南北要冲，民国以来成了南北军阀混战的战场，人民痛苦不堪，憎恶军阀的黑暗统治。20年代初，随着“联省自治”的舆论在南方各省兴起，“湘人治湘”的呼声也在湖南不断高涨起来。1920年6月，皖系军阀张敬尧被逐出湖南后，“湖南自治”思潮转变为一场强烈的运动。以谭延闿为代表的湖南地方实力派，高唱“湘人治湘”，其意在假借民意，欺骗舆论，排除异己，实现其割据一省的目的。7月22日，谭延闿代表湖南当局发表“祃电”，标志自治运动开始。11月，湘军内讧爆发，程潜派不满谭派政客独揽省内要职肥缺，要求改造湘政，杀谭派军人第十二区司令萧昌炽，谭延闿被迫辞职出走，赵恒惕独揽湖南督军、省长和湘军总司令三职。赵采用延聘省内外学者制宪的办法，于1922年元旦正式公布《湖南省宪法》。9月，赵恒惕在“普选”中当选省长，此后即以第一届“民选省长”的身份打击其他派别势力，以稳固自己的统治。

1921年夏秋间湘鄂战争后，赵恒惕北附直系，反对孙中山的广州政府。1923年8月，广州革命政府任命谭延闿为湖南省长兼湘军总司令，举兵入湘讨伐赵恒惕。赵恒惕则组织护宪军以相对抗。9月1日，谭军进入长沙。由于赵恒惕得到直系军阀吴佩孚的支持，谭军于11月下旬退出湖南，谭赵战争结束。从此湖南的政权、军权几乎都为赵派势力所把持。

一、自治运动中赵恒惕独揽大权

1921年4月公布的由专家学者制定的《湖南省宪法草案》，从条文的形式上对省长权利有所限制，对人民群众规定了较多的民主权利。但经过赵恒惕组织的审查委员会的审查修改，草案在更多的方面变成为赵恒惕在湖南推行省长独裁提供了法律依据。1922年元旦，赵恒惕正式公布《湖南省宪法》。9月，赵恒惕以当权者的政治优势，在“普选”中夺得了省长高位。此后，他即以第一届“民选省长”的身份打击其他派别势力，不断巩固了自己的权力。

1920 年 6 月 12 日，湘军进入长沙，谭延闿主持湘政，7 月 22 日他发出“祃电”，声称废除督军制，实行“湖南自治”，“还政于民”。

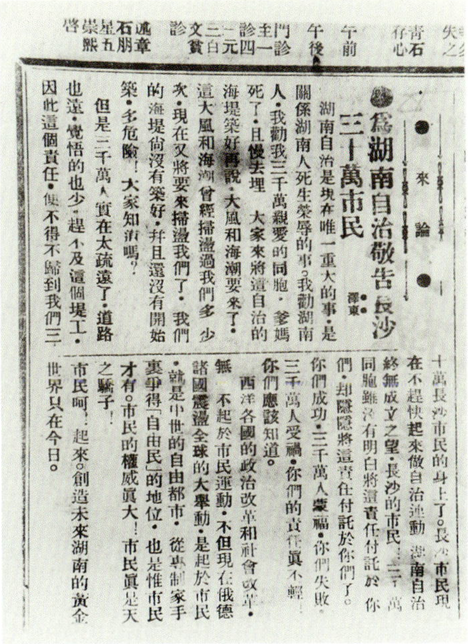

來論

為湖南自治敬告長沙三十萬市民 澤東

湖南自治是現在唯一重大的事。是關係湖南人死生榮辱的事。我勸湖南人。我勸我三千萬親愛的同胞。爹媽死了。且慢去埋 大家來將這自治的海堤築好再說。大風和海潮要來了。這大風和海潮曾經掃盪過我們多少次。現在又將要來掃盪我們了。我們的海堤尚沒有築好。并且還沒有開始築。多危險！大家知道嗎？

但是三千萬人實在太疏遠了。道路也遠。覺悟的也少。趕不及這個堤工。因此這個責任。便不得不歸到我們三十萬長沙市民的身上了。長沙市民現在不趕快起來做自治運動。湖南自治終無成立之望。長沙的市民。三千萬同胞雖沒有明白將這責任付託於你們。却隱隱將這責任付託於你們了。你們成功。三千萬人蒙福。你們失敗。三千萬人受禍。你們的責任真不輕！你們應該知道。

西洋各國的政治改革和社會改革。無一不起於市民運動。不但現在俄德諸國震盪全球的大舉動。是起於市民。就是中世的自由都市。從專制家手裏爭得「自由民」的地位。也是惟市民才有。市民的權威真大！市民真是天之驕子！

市民呵！起來。創造未來湖南的黃金世界只在今日。

以毛泽东为首的新民学会，主张“湖南的事，应由全体湖南人民自决之”。他为此发表专文，大声疾呼三千万湖南同胞要赶紧行动起来做自治运动，三十万长沙市民要肩负起湖南人民自治运动的重任。

谭延闿辞职离湘后，程（潜）派军人策动士兵闹饷，欲乘机去赵。12月25日凌晨，赵、谭两派合流，杀害程派军政要员数人，随后将程派部队全部缴械遣散。从此，湘军中只有赵、谭两派势力。图为被杀害的程派人物——前民政厅厅长易象。

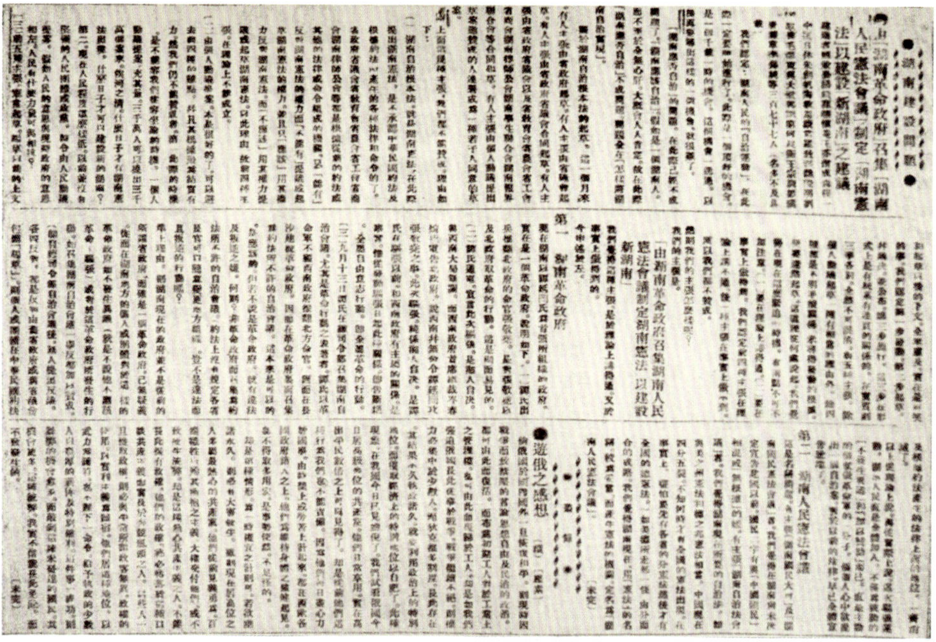

湖南建设问题

由湖南革命政府召集湖南人民宪法会议制定湖南宪法以建设新湖南之建议

第一 湖南革命政府

第二 湖南人民宪法会议

游俄之感想

为了不让省议会包办制宪与“官绅制宪”相对抗，10月5日、6日，湖南《大公报》连载杨绩荪、匡日休、朱剑凡、罗教铎、毛泽东、何叔衡、彭璜等377人提出的“建议”书。

1920年11月，程（潜）派军人以士兵闹饷为名，发动倒谭（延闿）运动，得到湘军第一师师长赵恒惕的暗中支持，谭延闿被迫辞职，赵恒惕就任湘军总司令。

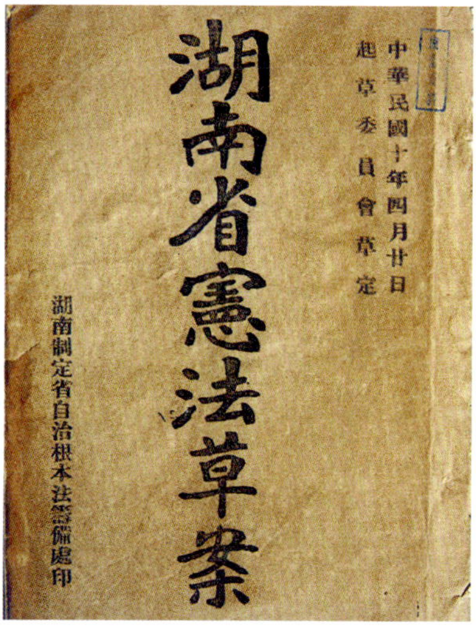

省宪草案反映了地方军阀企图将封建割据合法化的政治愿望，也体现了资产阶级改良派力图以省宪限制或反抗军阀的政治主张。

湖南省自治根本法筹备处职员起草委员会合影。

13 名省宪起草员中，有 12 人曾留学国外。他们被安排在岳麓山工业专科学校教学斋内从事省宪的起草。图为 1921 年 3 月 20 日“湖南制定省自治根本法起草委员会开幕纪念”照。

《湖南省宪法草案》和省议会组织法、省长选举法等六部法律草案于4月20日起草完毕，赵恒惕即于4月21日予以公布。图为4月20日省宪起草委员会闭会时摄影。

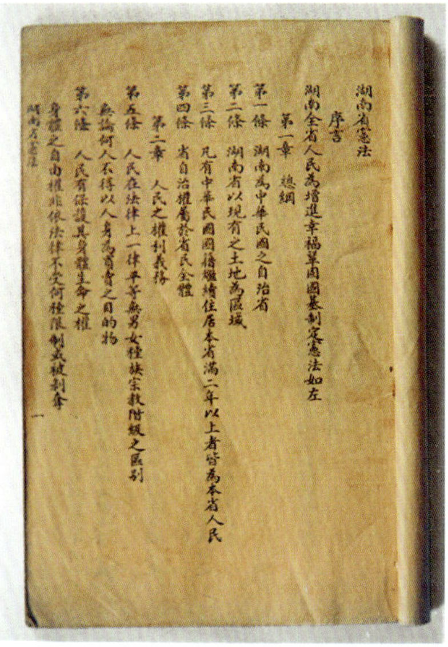
湖南省憲法
序言
湖南全省人民為增進幸福鞏固國基制定憲法如左
第一章 總綱
第一條 湖南為中華民國之自治省
第二條 湖南省以現有之土地為區域
第三條 凡有中華民國國籍繼續住居本省滿二年以上者皆為本省人民
第四條 省自治權屬於省民全體
第二章 人民之權利義務
第五條 人民在法律上一律平等無男女種族宗教階級之區別
無論何人不得以人身為買賣之目的物
第六條 人民有保護其身體生命之權
身體之自由權非依法律不受何種限制或被剝奪
湖南省憲法 一

省宪草案分 13 章，具有了一定的资产阶级民主主义精神，也反映了当时湖南人民的一些愿望与要求，但对人民享受基本政治权利的前提即人民基本的经济权益，未作必要的规定。

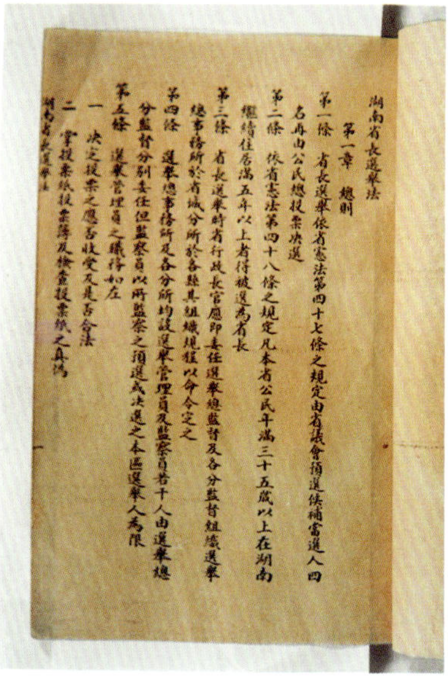
湖南省長選舉法
第一章 總則
第一條 省長選舉依省憲法第四十七條之規定由省議會預選候補當選人四名再由公民總投票決選
第二條 依省憲法第四十八條之規定凡本省公民年滿三十五歲以上在湖南繼續住居滿五年以上者得被選為省長
第三條 省長選舉時省行政長官應即委任選舉總監督及各分監督組織選舉總事務所於省城分所於各縣其組織規程以命令定之
第四條 選舉總事務所及各分所均設選舉管理員及監察員若干人由選舉總分監督分別委任但監察員以所監察之預選或決選之本區選舉人為限
第五條 選舉管理員之職務如左
一 決定投票之應否收受及是否合法
二 掌投票紙投票簿及檢查投票紙之真偽
湖南省長選舉法 一

湖南省长选举法。

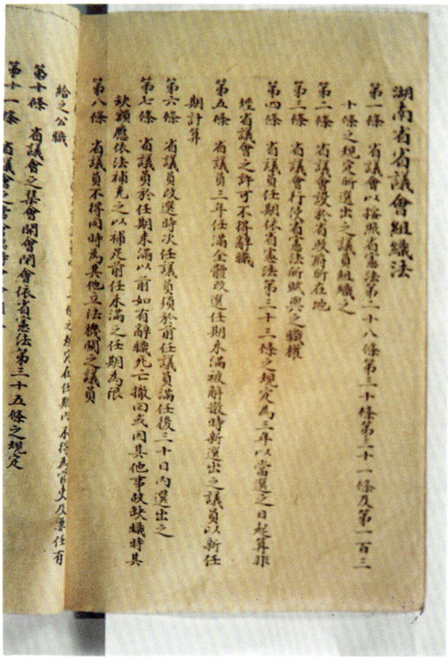
湖南省省議會組織法
第一條 省議會以按照省憲法第二十八條第三十條第三十一條及第一百三十條之規定所選出之議員組織之
第二條 省議會設於省政府所在地
第三條 省議會行使省憲法所賦與之職權
第四條 省議員任期依省憲法第三十三條之規定為三年以當選之日起算非經省議會之許可不得辭職
第五條 省議員三年任滿全體改選任期未滿被解散時新選出之議員以新任期計算
第六條 省議員改選時次任議員須於前任議員滿任後三十日內選出之
第七條 省議員於任期未滿以前如有辭職死亡撤回或因其他事故缺職時其缺額應依法補充之以補足前任未滿之任期為限
第八條 省議員不得同時為其他立法機關之議員
……給之公職
第十條 省議會之集會開會閉會依省憲法第三十五條之規定

湖南省省议会组织法。

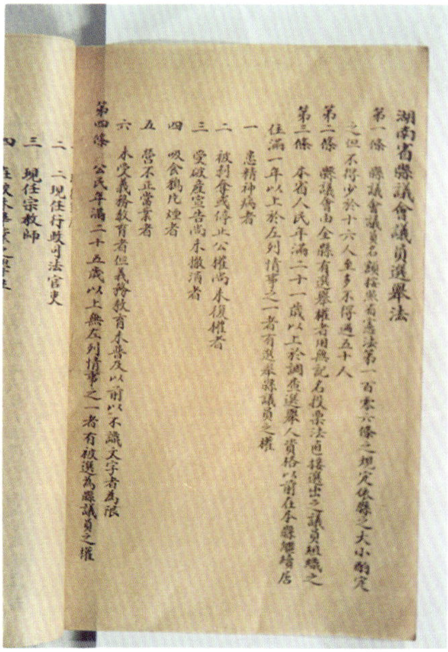
湖南省縣議會議員選舉法
第一條 縣議會議員名額按照省憲法第一百零六條之規定依縣之大小酌定之但不得少於十六人至多不得過五十人
第二條 縣議會由全縣有選舉權者用無記名投票法直接選出之議員組織之
第三條 本省人民年滿二十一歲以上於調查選舉人資格以前在本縣繼續居住滿一年以上於左列情事之一者有選舉縣議員之權
一 患精神病者
二 被剝奪或停止公權尚未復權者
三 受破產宣告尚未撤消者
四 吸食鴉片煙者
五 營不正當業者
六 未受義務教育者但義務教育未普及以前以不識文字者為限
第四條 公民年滿二十五歲以上無左列情事之一者有被選為縣議員之權
二 現任行政司法官吏
三 現任宗教師

湖南省县议会议员选举法。

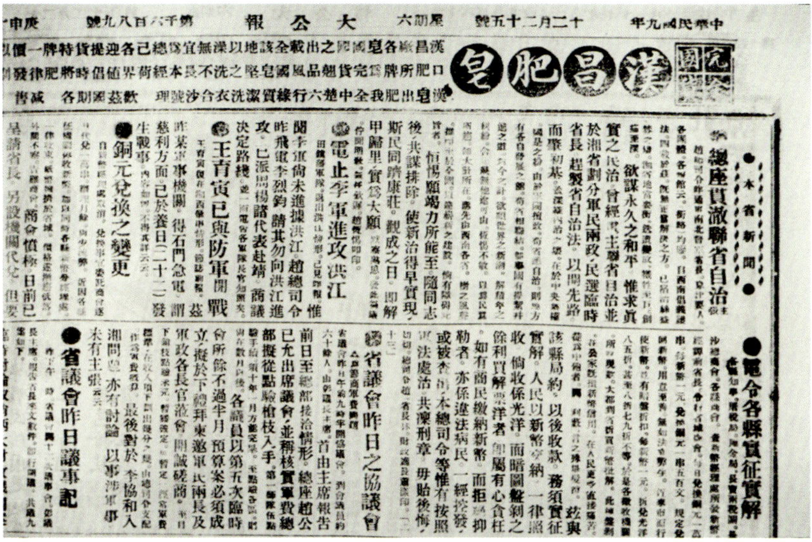
中華民國九年十二月二十五號 星期六 大公報 第六千八百九號 庚申

漢昌肥皂

●本省新聞

●總座貫徹聯省自治

●電令各縣貫徹征實解

●電止李軍進攻洪江

●王育寅已與防軍開戰

●銅元兌換之變更

●省議會昨日之協議會

●省議會昨日議事記

在制省宪的同时，赵恒惕于1920年12月24日对外发表“联省自治”主张：“苟省悉自治，则地方有各自发展之能；苟省相联结，即举国有提挈并进之道。”通电发出后，有四川、贵州、云南等14省地方军阀复电响应。图为次日《大公报》的报道。

中華民國十年九月十三號 星期二 大公報 第九千一百三十一號 辛酉八月十二日 六

德和阜新到秋季各種呢嗩毛毯絨毯 定價公平

本省新聞

●湘鄂議和詳誌

●贛軍業已退去醴陵

●省議會不參與岳陽

●各公團籲願省議會之詳情

●省憲宣講

●總部咨覆

1921年4月间，湖北人士开展驱逐督军王占元的活动，并请湘军援鄂自治。赵恒惕联络四川刘湘组织援鄂军，于7月底分两路进攻湖北，由于吴佩孚出兵干涉，湘军战败。9月1日，赵恒惕赴岳州与吴佩孚签订和约，从此，湖南的军民诸政，均听命于吴佩孚。图为9月13日《大公报》的有关报道。

赵恒惕为了正式公布省宪法，以便取得“民选省长”的资格，于1921年8月组织了省宪审查委员会，开始了对省宪的“审查”。图为省宪审查会会场。

湖南省宪法审查会开幕摄影。宪法审查期间，赵恒惕、谭延闿和林支宇各派势力的审查员明争暗斗，互不相让。

省宪审查会于1921年9月9日闭幕。经“全省公民”总投票表决，1922年元旦，赵恒惕正式公布了《湖南省宪法》。3月选举省议员，成立了新的省议会。9月，赵恒惕以当权者的政治优势，夺得了“正式省长”的头衔。

二、谭赵战争和自治运动失败

1923年8月，广州革命政府任命谭延闿为湖南省长兼湘军总司令，举兵入湘讨伐赵恒惕，赵恒惕即组织护宪军与谭军相抗，谭赵战争爆发。由于赵恒惕得到直系军阀吴佩孚的支持，谭军于11月下旬退出湖南。谭赵战争结束以后，湖南的政权、军权几乎都为赵派势力所把持。1925年5月公布的《修正湖南省宪法》，成了赵恒惕投靠北洋政府，在湖南实行军阀统治的护身符。

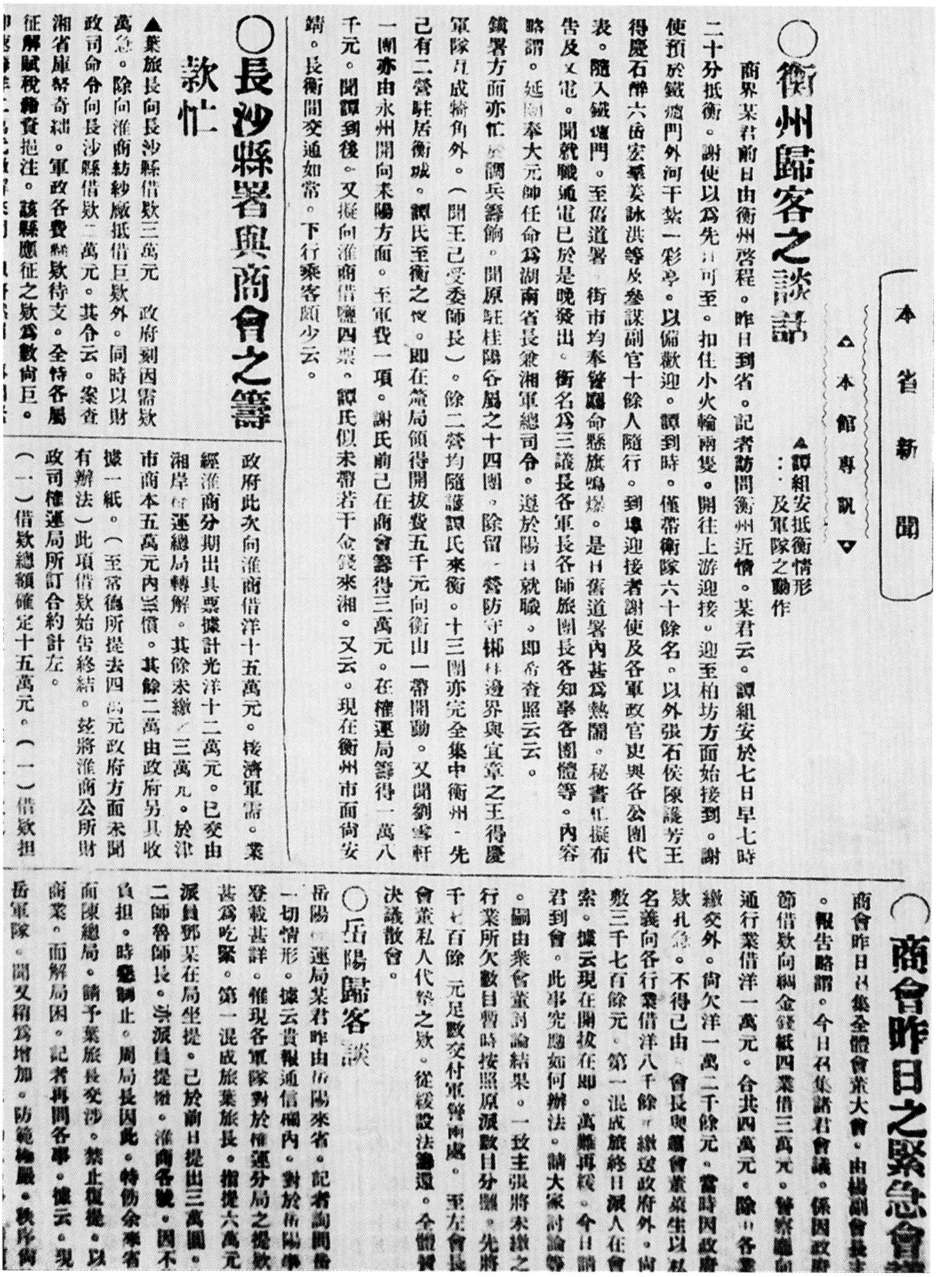

本省新聞

△本館專訊▽

○衡州歸客之談話

△譚組安抵衡情形：及軍隊之動作

商界某君前日由衡州啓程。昨日到省。記者訪問衡州近情。某君云。譚組安於七日早七時二十分抵衡。謝使以爲先日可至。扣任小火輪兩隻。開往上游迎接。迎至柏坊方面始接到。謝使預於鐵爐門外河干紮一彩亭。以備歡迎。譚到時。僅帶衛隊六十餘名。以外張石侯陳護芳王得慶石醉六岳宏鼐姜詠洪等及參謀副官十餘人隨行。到埠迎接者謝使及各軍政官吏與各公團代表。隨入鐵爐門。至舊道署。街市均奉警廳命懸旗鳴爆。是日舊道署內甚爲熱鬧。秘書汇擬布告及文電。聞就職通電已於是晚發出。銜名爲三議長各軍長各師旅團長各知事各團體等。內容略謂。延闓奉大元帥任命爲湖南省長兼湘軍總司令。遂於陽日就職。即希查照云云。鎮署方面亦忙於調兵籌餉。聞原駐桂陽各屬之十四團。除留一營防守郴桂邊界與宜章之王得慶軍隊几成犄角外。（聞王已受委師長）。除二營均隨護譚氏來衡。十三團亦完全集中衡州。先已有二營駐居衡城。譚氏至衡之次。即在鹽局領得開拔費五千元向衡山一帶開動。又聞劉寄軒一團亦由永州開向耒陽方面。至軍費一項。謝氏前已在商會籌得三萬元。在權運局籌得一萬八千元。聞譚到後。又擬向淮商借鹽四票。譚氏似未帶若干金錢來湘。又云。現在衡州市面尚安靖。長衡間交通如常。下行乘客頗少云。

○長沙縣署與商會之籌款忙

▲葉旅長向長沙縣借款三萬元　政府剋因需款萬急。除向淮商紡紗廠抵借巨款外。同時以財政司命令向長沙縣借款二萬元。其令云。案查湘省庫帑奇絀。軍政各費無款待支。全恃各屬征解賦稅藉資挹注。該縣應征之款爲數尚巨。

政府此次向淮商借洋十五萬元。接濟軍需。業經淮商分期出具票據計光洋十二萬元。已交由湘岸榷運總局轉解。其餘未繳之三萬元。於津市商本五萬元內扣償。其餘二萬由政府另具收據一紙。（至當備所提去四萬元政府方面未聞有辦法）此項借款始告終結。茲將淮商公所財政司權運局所訂合約計左。（一）借款總額確定十五萬元。（一）借款担

○商會昨日之緊急會議

商會昨日召集全體會董大會。由楊副會長主席。報告略謂。今日召集諸君會議。係因政府節借款向綢金錢紙四業借三萬元。警察廳向通行業借洋一萬元。合共四萬元。除由各業繳交外。尚欠洋一萬二千餘元。當時因政府款孔急。不得已由會長與會董葉生以私名義向各行業借洋八千餘。繳送政府外。尚數三千七百餘元。第一混成旅終日派人在會索。據云現在開拔在即。萬難再緩。今日請君到會。此事究應如何辦法。請大家討論。嗣由衆會董討論結果。一致主張將未繳之行業所欠數目暫時按照原派數目分擔。先將千七百餘元足數交付軍餉兩處。至左會長會董私人代墊之款。從緩設法歸還。全體決議散會。

○岳陽歸客談

岳陽運局某君昨由岳陽來省。記者詢問一切情形。據云貴報通信欄內。對於岳陽登載甚詳。惟現各軍隊對於榷運分局之提款甚爲吃緊。第一混成旅葉旅長。指提六萬元派員鄧某在局坐提。已於前日提出三萬圓。二師魯師長。亦派員提款。淮商各號。因不負担。時起糾止。周局長因此。特偕余來省面陳總局。請予葉旅長交涉。禁止復提。以商業。而解局困。記者再問各事。據云。現岳軍隊。聞又稍爲增加。防範極嚴。秩序尚

1923年7月12日，沅陵镇守使蔡巨猷宣布湘西独立，接受孙中山委任，任湖南讨贼军第一军长，兵分三路讨赵。7月26日，孙中山任命谭延闿为湖南省长兼湘军总司令，入湘讨赵。8月7日，谭进入衡阳，通电就职。图为《大公报》《衡州归客之谈话》一文。

宋鹤庚，湘军第一师师长，谭延闿入湘后，委任他为湘中讨贼军第一军军长。

鲁涤平，湘军第二师师长，被谭委任为湘中讨贼军第二军军长。

谢国光，衡阳镇守使，被谭延闿委任为湘中讨贼军第三军军长。

赵恒惕迅即组织护宪军与谭相对抗。湘军第一旅旅长贺耀组，被任命为“护宪军”第四路军司令，负责守卫长沙，后被委任为湘军第一师师长。

湘军第一师第二旅旅长叶开鑫，被委任为“护宪军”第六路军司令。后被委任为湘军第三师师长。

谭赵战争结束后，吴佩孚虽允许湖南仍维持自治局面，但要挟赵恒惕将省宪法加以修改。1925 年 5 月 13 日公布的《修正湖南省宪法》，承认北洋政府的权威，将虚位省长制改为省长独裁制，进一步削减了人民行使民主权利的机会。至此，湖南自治运动内的斗争，以军阀取得决定性胜利告终，资产阶级联省自治救国方案在湖南的实践彻底失败。

第六节　五四时期湖南的报刊与社会

五四时期，湖南除了早已刊行的《大公报》外，还涌现了以《湘江评论》为代表的一批进步报刊，刊登了大量反对旧文化旧道德，提倡新文化新道德的报道和文章，在推动反封建斗争，促进社会进步中发挥了重要作用。

1919年6月，湖南学联首先出版了《救国周刊》。7月14日，毛泽东主编的《湘江评论》正式创刊。在学联的领导下，长沙各校学生会出版的刊物达十余种。如湘雅医学专门学校的《新湖南》，周南女校的《女界钟》，高等工业学校的《岳麓周刊》，明德中学的《明德周刊》，长郡中学的《长郡周刊》，楚怡工业学校的《体育周报》，甲种工校的《工学周刊》，都是办得比较好的学生刊物。此外，还有《湖南教育》月刊、《求新周刊》、《长沙周刊》、《湖南学生杂志》等等。当时的长沙，有人称为"周刊的世界"。《湖南大公报》、《湖南通俗日报》也是宣传新文化的得力阵地。长沙以外，如衡阳省立三师学生蒋先云等办的《嶷麓警钟》、《先锋》，宁乡云山学校办的《宁乡旬刊》，都是传递新文化的重要媒介。

在众多的刊物中，以毛泽东主编的《湘江评论》宣传反帝反封建思想最为彻底，因而在1919年8月上旬被张敬尧派军警查封。9月，毛泽东接手主编湘雅学生会刊《新湖南》。《新湖南》继承发扬了《湘江评论》的革命战斗传统，猛烈抨击北洋军阀祸湘的种种罪行。《新湖南》出到第十期，又被军阀张敬尧查封。1919年12月以后，毛泽东等在《大公报》上发表文章，继续揭露张敬尧的黑暗统治，无情鞭挞吃人的封建礼教和宗法制度。

湖南新文化运动，对封建主义思想进行了广泛而深刻的批判。这种斗争，是从反对封建主义教育、提倡民主主义的平民教育，反对封建礼教、提倡妇女解放，反对封建迷信、提倡科学精神，反对文言文、提倡白话文等几方面来进行的。

反对封建礼教，提倡妇女解放，最突出的事件，是关于新娘赵五贞自杀事件的大讨论。1919年11月14日，长沙一个叫赵五贞的女子因不满包办婚姻，在花轿中用剃刀刎颈自杀。第二天，长沙各报刊登了这一旧礼教吃人的悲惨消息，引起了社会极大的反响，因而把湖南反封建礼教的斗争推向了前所未有的高潮。教育界、新闻界人士纷纷撰文，对封建礼教进行鞭挞。毛泽东在大公报上连续发表9篇评论赵女士自杀的文章，一针见血地指出赵女士自杀，是"婚姻制度的腐败，社会制度的黑暗"造成的，指出这是那个黑暗野蛮社会的必然产物。

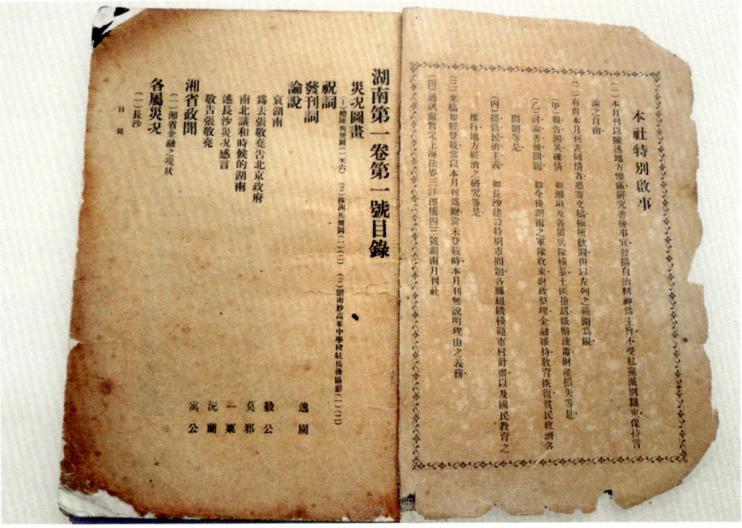
本社特別啟事
(一)本月刊以陳述地方慘痛·研究善後事宜·發揚自治精神為主旨·不受私黨派別羈束·保持言論之自由·
(二)有與本月刊表同情者·惠寄文稿·極所歡迎·但以左列之範圍為限·
(甲)報告湘災確情 如湘垣及各屬兵隊橫暴·土匪搶劫·紙幣流毒·財產損失等是·
(乙)討論善後問題 如今後湖南之軍隊收束·財政整理·金融維持·教育恢復·貧民救濟各問題等是·
(丙)提倡民治主義 如長沙建設特別市問題·各縣組織模範市村計畫·以及國民教育之推行·地方經濟之研究等是·
(三)來稿如經登載·當以本月刊為贈·倘未登載時·本月刊無說明理由之義務·
(四)通訊處暫定上海法界三洋涇橋四三號湖南月刊社

湖南第一卷第一號目錄
災況圖畫 (1)醴陵焚燒圖(一至六) (2)株洲兵燹圖(一)(二) (3)湖南妙高峯中學校駐兵後攝影(一)(二)
祝詞
發刊詞
論說
哀湖南
爲去張敬堯告北京政府
南北議和時候的湖南
述長沙災況感言
敬告張敬堯
湘省政聞
(一)湘省金融之現狀
各屬災況
(一)長沙
逸園　穀公　莫邪　一粟　沅蘭　寓公

《湖南月刊》，1919年7月20日创刊于上海。宗旨是“陈述地方惨痛，研究善后事宜，发扬自治精神”，深刻揭露张敬尧祸湘罪行，争取驱张运动的胜利。图为第一卷第一号目录。

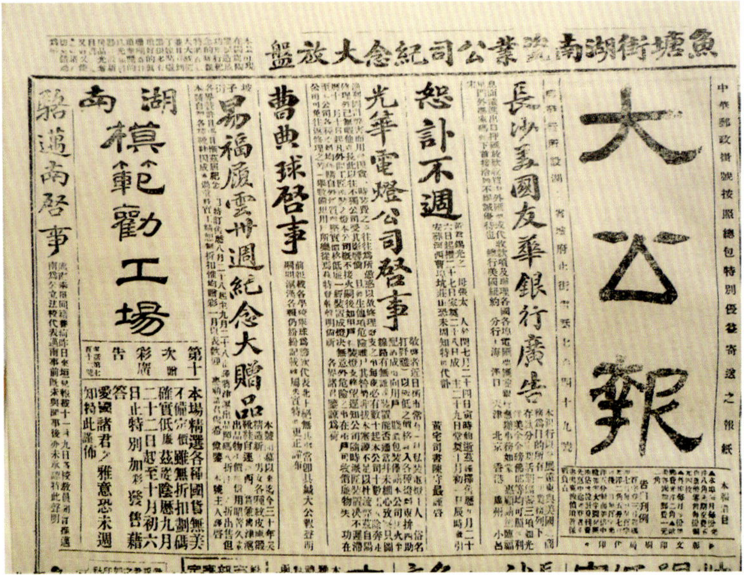
魚塘街湖南瓷業公司紀念大放盤
大公報
長沙美國友華銀行廣告
光華電燈公司啟事
曹典球啟事
易福履雲卅週紀念大贈品
湖南模範勸工場
駱邁南啟事

湖南《大公报》为湖南历史最久的民营报纸。1915年9月1日在长沙创刊。1919年支持爱国学生运动，并聘毛泽东为馆外撰述员。至1926年底，该报曾发表过大量的揭露军阀黑暗统治、介绍马克思主义和湖南工人运动、农民运动、北伐战争等情况的报道和文章。

《湖南通俗日报》为湖南历史最久的通俗报纸。创刊于1912年，初名《演说报》，以鼓吹民主革命为宗旨。该报是湖南小报和语体文报报纸的首创者。1914年改名为《湖南通俗教育报》。1920年改名为《湖南通俗日报》，何叔衡为馆长，谢觉哉为总编辑，内容更新，是湖南少有的进步报纸。

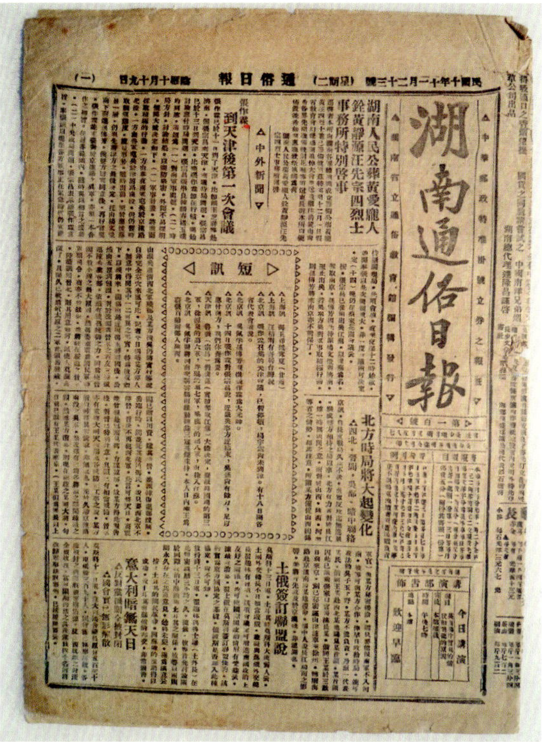
湖南通俗日報

湖南人民公葬黃愛龐人銓黃靜源汪先宗四烈士事務所特別啓事

到天津後第一次會議

短訊

北方時局將大起變化

土俄簽訂聯盟說

意大利暗無天日

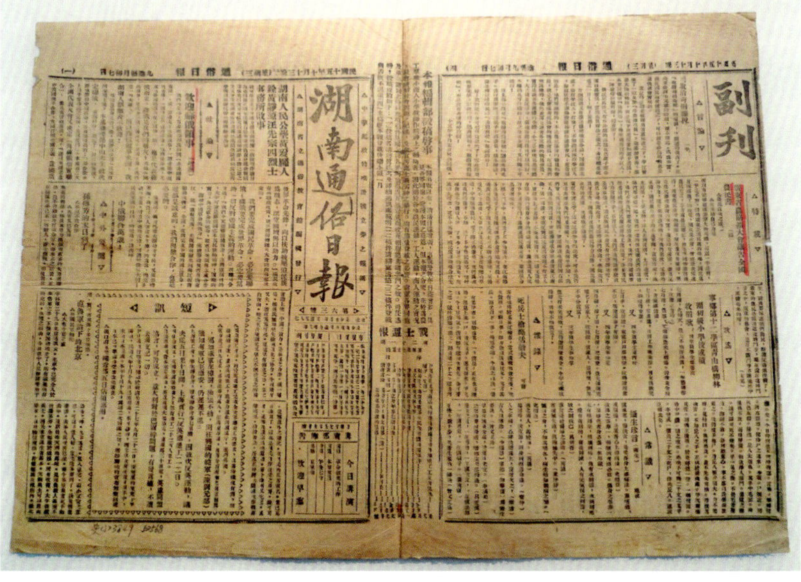
湖南通俗日報

副刊

《湖南通俗日报》副刊。

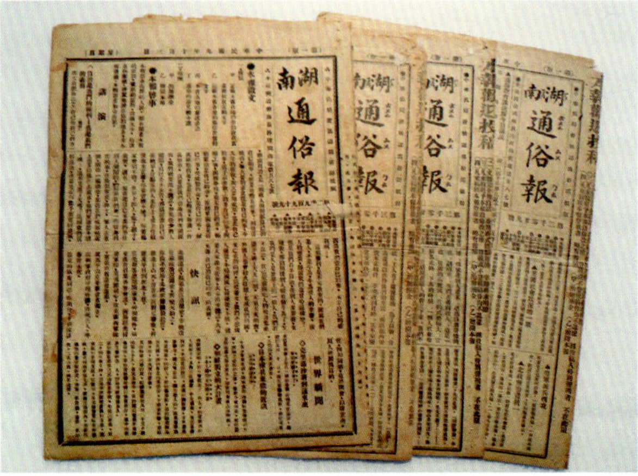

1920年时的《湖南通俗报》。

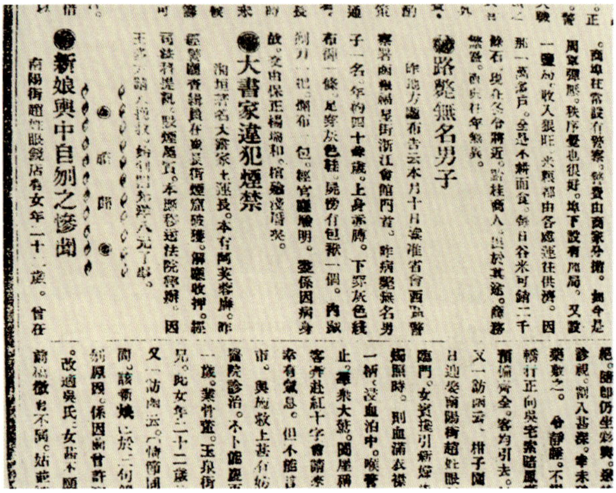

。商埠社常設有警察。然費由商家分擔。如今是周家彈壓。秩序變也很好。埠下設有厘局。又設一警所。收入狠旺。共類都由各處運往供濟。因那一萬多戶。全是不耕而食。每日谷米可銷二千餘石。現在冬令將近。皆挂商入。出於其途。商務無甚。商兵往年無異。

◉路斃無名男子

昨據方通布告云本月十日據准省會西區警察署函稱呈街浙江會館門首。昨病斃無名男子一名。年約四十余歲。上身赤膊。下穿灰色線布褲一條。足穿灰色鞋。屍傍有包袱一個。內藏剃刀一把。爛布一包。經官驗明。委係因病身故。交由保正楊端和。棺殮浸埋矣。

◉大書家違犯煙禁

湘垣著名大書家七蓮長。本有阿芙蓉癖。昨經警廳查緝員在東長街煙窟破獲。解廳收押。繼而送科提訊。以煙癮甚重。本應移送法院懲辦。因王某之請入機關。……六元了事。

◉新娘與中自刎之慘聞

南陽街趙姓眼鏡店有女年二十一歲。曾在……

絕。隨即仍坐彩輿。……診視。割入甚深。幸未……藥敷之。令靜睡。不……轎抬正向吳宅索賠風……預備齊全。客為引去。……又一訪函云。柑子園……日迎娶南陽街趙姓眼……臨門。女竟援引新嫁……觸照時。則血滿衣襟……一柄。浸血泊中。喉管……止。聚衆大鬧。闔屋稱……客齊赴紅十字會請求……來有氣息。但不能言……市。與施救上甚有妨……醫院診治。不卜能痊否……一旅。業竹董。玉泉街……兒。此女年二十二歲……又一訪函云。情節同……聞。該新娘之於二何……別原因。係因前曾許……。改適吳氏。女甚不願……

《大公报》1919年11月15日第三版首次刊登的《新娘與中自刎之惨闻》。

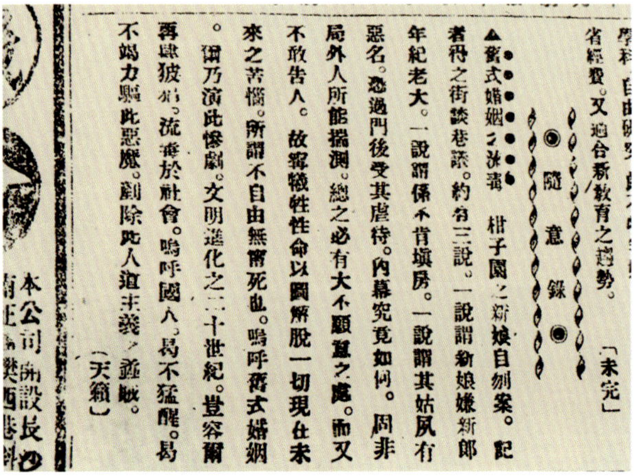

學科。自由研究……省經費。又適合新教育之趨勢。〔未完〕

◉隨意錄◉

▲舊式婚姻之流毒　柑子園之新娘自刎案。記者得之街談巷議。約有三說。一說謂新娘嫌新郎年紀老大。一說謂係不肯填房。一說謂其姑夙有惡名。恐過門後受其虐待。內幕究竟如何。固非局外人所能揣測。總之必有大不願意之處。而又不敢告人。故寧犧牲性命以圖解脫一切現在未來之苦惱。所謂不自由無寧死也。嗚呼舊式婚姻。彌乃演此慘劇。文明進化之二十世紀。豈容爾再肆猖獗。流毒於社會。嗚呼國人。曷不猛醒。曷不竭力驅此惡魔。剷除此人道主義之蟊賊。（天籟）

《大公报》11月15日第六版刊登的首次评论《旧式婚姻之流毒》。

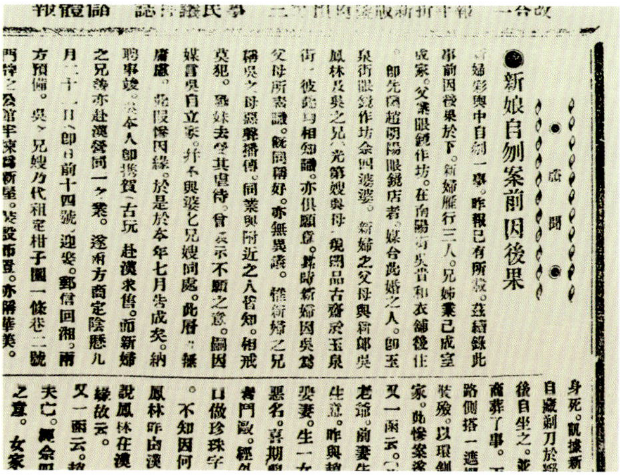

●新娘自刎案前因後果　（處　閒）

《大公报》11月16日第三版刊登的《新娘自刎案前因后果》。

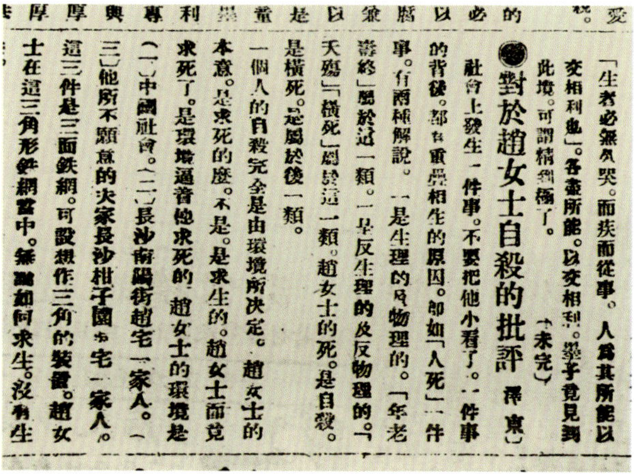

「生者必無久哭。而疾而從事。人爲其所能以交相利也」。各盡所能。以交相利。娶子覺見到此境。可謂精刻極了。（未完）

●對於趙女士自殺的批評　（澤東）

社會上發生一件事。不要把他小看了。一件事的背後。都有重叠相生的原因。即如「人死」一件事。有兩種解說。一是生理的及物理的。「年老壽終」屬於這一類。一是反生理的及反物理的。「夭殤」「橫死」屬於這一類。趙女士的死。是自殺。是橫死。是屬於後一類。

一個人的自殺完全是由環境所決定。趙女士的本意。是求死的麼。不是。是求生的。趙女士而竟求死了。是環境逼著他求死的。趙女士的環境是（一）中國社會（二）長沙南陽街趙宅一家人。（三）他所不願意的夫家長沙柑子園吳宅一家人。這三件是三面鐵網。可設想作三角的裝置。趙女士在這三角形鐵網當中。無論如何求生。沒有生

《大公报》11月16日第七版刊登毛泽东写的《对于赵女士自杀的批评》。

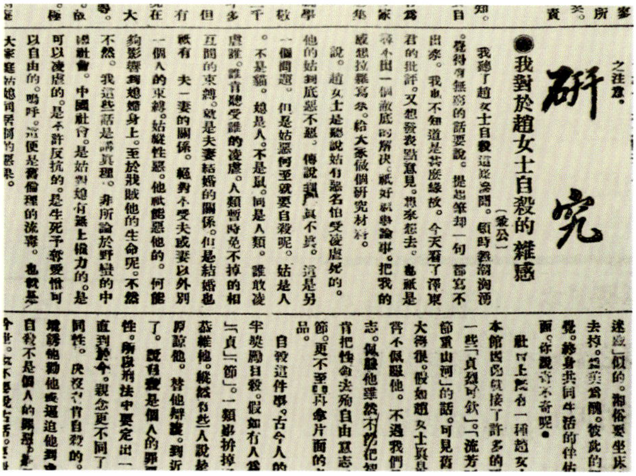

研究

●我對於趙女士自殺的雜感　（兼公）

《大公报》11月17日第六版刊登龙兼公写的《我对于赵女士自杀的杂感》。

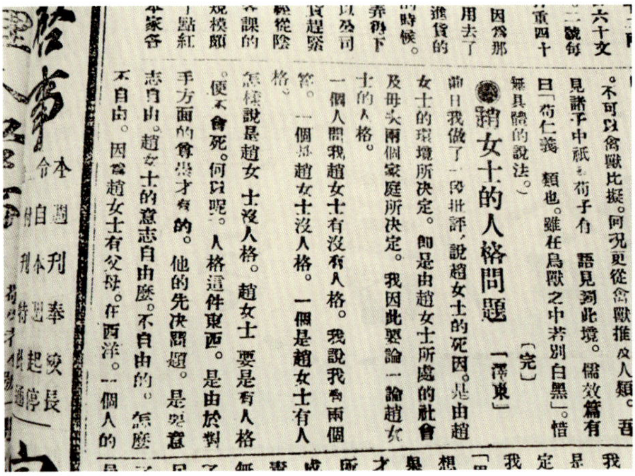

。不可以禽獸比擬。何况更從禽獸推及人類。吾見諸子中祇有荀子有語見到此境。儒效篇有曰「苟仁義類也。雖在鳥獸之中若別白黑」。惜無具體的說法。）（完）

●趙女士的人格問題　［澤東］

前日我做了一段批評，說趙女士的死因，是由趙女士的環境所決定。即是由趙女士所處的社會及母夫兩個家庭所決定。我因此要論一論趙女士的人格。

一個人問我趙女士有沒有人格。我說我爲兩個答。一個是趙女士沒人格。一個是趙女士有人格。

怎樣說是趙女士沒人格。趙女士要是有人格。便不會死。何以呢。人格這件東西。是由於對手方面的尊崇才有的。他的先決問題。是要意志自由。趙女士的意志自由麽。不自由的。怎麽不自由。因爲趙女士有父母。在西洋。一個人的

《大公报》11月18日第六版刊登毛泽东写的《赵女士的人格问题》。

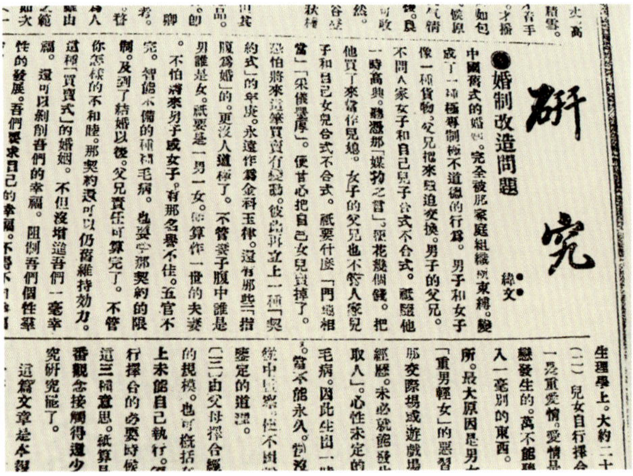

研究

●婚制改造問題　緯文

中國舊式的婚姻。完全被那家庭組織所束縛。

《大公报》11月20日第六版刊登纬文写的《婚制改造问题》。

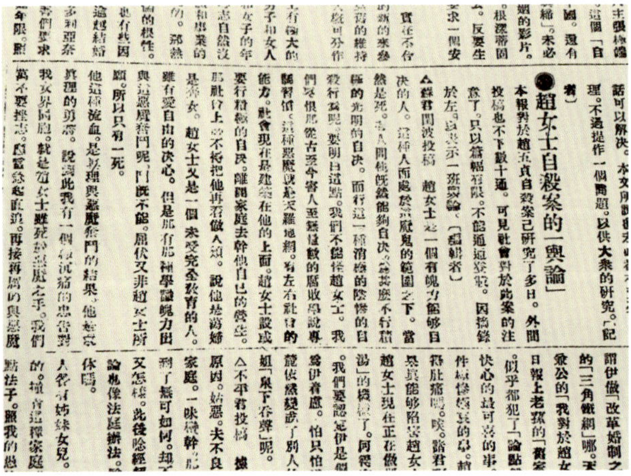

●趙女士自殺案的「輿論」

《大公报》11月20日第六版刊登该报综合的《赵女士自杀案的舆论》。

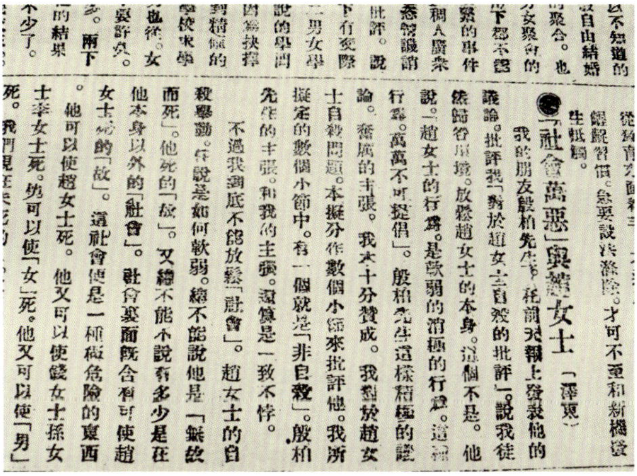

「社會萬惡」與趙女士 （澤東）

我的朋友殷柏先生，在前天報上發表他的議論，批評我「對於趙女士自殺的批評」，說我徒然歸咎環境，放鬆趙女士的本身。這個不是。他說：「趙女士的行爲，是軟弱的消極的行爲。這種行爲，萬萬不可提倡」。殷柏先生這樣積極的議論，奮厲的主張，我本十分贊成。我對於趙女士自殺問題，本擬分作數個小節來批評他。我所擬定的數個小節中，有一個就是「非自殺」。殷柏先生的主張，和我的主張，還算是一致不悖。

不過我到底不能放鬆「社會」。趙女士的自殺舉動，任說是如何軟弱，總不能說他是「無故而死」。他死的「故」，又總不能不說有多少是在他本身以外的「社會」。社會裏面既含有可使趙女士死的「故」。這社會便是一種極危險的東西。他可以使趙女士死。他又可以使錢女士孫女士李女士死。他可以使「女」死。他又可以使「男」死。我們現在未死的

《大公报》11月21日第六版刊登毛泽东写的，《社会万恶与赵女士》。

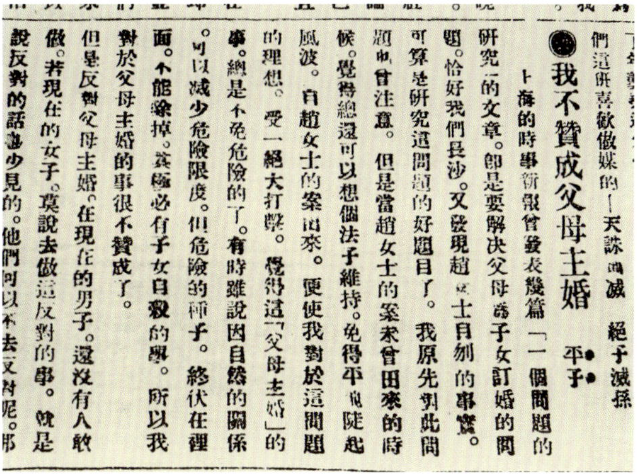

我不贊成父母主婚 平子

上海的時事新報曾發表幾篇「一個問題的研究」的文章。卽是要解決父母爲子女訂婚的問題。恰好我們長沙，又發現趙女士自刎的事實。我原先對此問題本曾注意。但是當趙女士的案未曾出來的時候，覺得總還可以想個法子維持，免得平地陡起風波。自趙女士的案出來，便使我對於這問題的理想，受一絕大打擊。覺得這「父母主婚」的事，總是不免危險的了。有時雖說因自然的關係，可以減少危險限度。但危險的種子，終伏在裏面，不能除掉。甚極必有子女自殺的事。所以我對於父母主婚的事很不贊成了。

但是反對父母主婚，在現在的男子，還沒有人敢做。若現在的女子，莫說去做這反對的事，就是說反對的話也少見的。他們何以不去反對呢。那

《大公报》11月22日第六版刊登张平子写的《我不赞成父母主婚》。

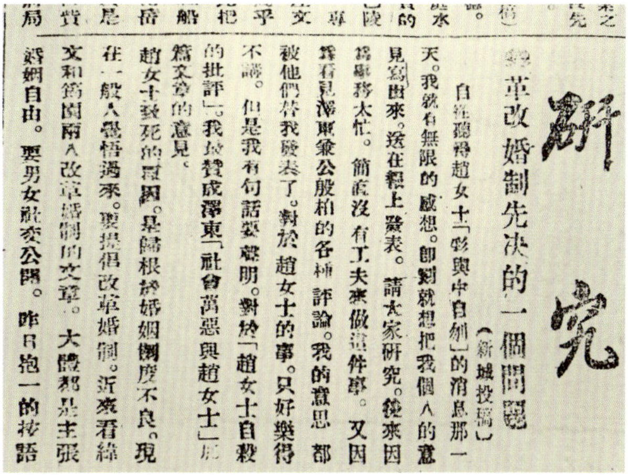

研究

革改婚制先決的一個問題 （新城投稿）

自從聽得趙女士「彩輿中自刎」的消息那一天，我就有無限的感想。卽刻就想把我個人的意見寫出來，登在報上發表。請大家研究。後來因爲事務太忙，簡直沒有工夫來做這件事。又因爲看見澤東兼公殷柏的各種評論。我的意思都被他們替我發表了。對於趙女士的事，只好樂得不講。但是我有句話要聲明。對於「趙女士自殺的批評」，我均贊成澤東「社會萬惡與趙女士」底篇文章的意見。

趙女士致死的原因，是歸根於婚姻制度不良。現在一般人覺悟過來，要提倡改革婚制。近來看緯文和筠園兩人改革婚制的文章，大體都是主張婚姻自由。要男女社交公開。昨日抱一的按語

《大公报》11月23日第六版刊登舒新城写的《革改婚制先决的一个问题》。

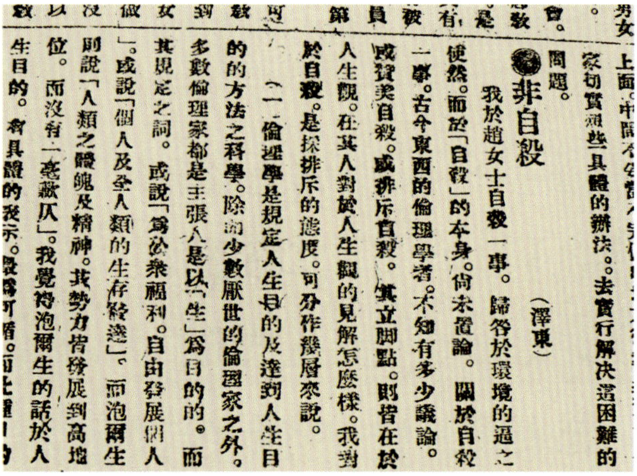

非自殺 （澤東）

我於趙女士自殺一事。歸咎於環境的逼之使然。而於「自殺」的本身。尚未置論。關於自殺一事。古今東西的倫理學者。不知有多少議論。或贊美自殺。或排斥自殺。其立腳點。則皆在於人生觀。在其人對於人生觀的見解怎麼樣。我對於自殺。是採排斥的態度。可分作幾層來說。

（一）倫理學是規定人生目的及達到人生目的的方法之科學。除了少數厭世的倫理家之外。多數倫理家都是主張人是以「生」為目的的。而其規定之詞。或說「為公衆福利」。自由發展個人」。或說「個人及全人類的生存發達」。而泡爾生則說「人類之體魄及精神。其勢力皆發展到高地位。而沒有一毫欠缺」。我覺得泡爾生的話於人生目的。有具體的表示。

《大公报》11 月 23 日第六版刊登毛泽东写的《非自杀》。

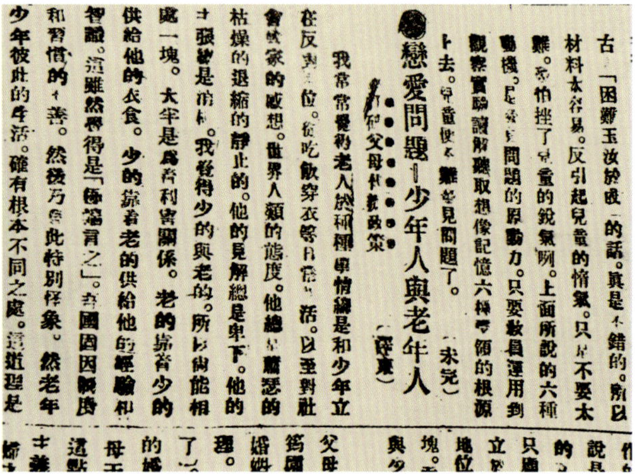

古「困難玉汝於成」的話。真是不錯的。所以材料太容易。反引起兒童的惰氣。只是不要太難。恐怕挫了兒童的銳氣咧。上面所說的六種動機。是發生問題的原動力。只要教員運用到觀察實驗讀解聽取想像記憶六種思維的根源上去。兒童便不難發見問題了。（未完）

戀愛問題——少年人與老年人 （澤東）

——打破父母代辦政策

我常常覺得老人於種種事情總是和少年立在反對的地位。從吃飯穿衣等日常的生活。以至對社會國家的感想。世界人類的態度。他總是懸隔的。他總是枯燥的退縮的靜止的。他的見解總是卑下。他的主張總是消極。我覺得少的與老的。所以能相處一塊。大半是為着利害關係。老的靠着少的供給他的衣食。少的靠着老的供給他的經驗和智識。這雖然覺得是「極端言之」。吾國因襲和習慣的「善」。然後乃有此特別怪象。然老年少年彼此的生活。確有根本不同之處。這道理是

《大公报》11月23日第六版刊登毛泽东写的《恋爱问题——少年人与老年人——打破父母代办政策》。

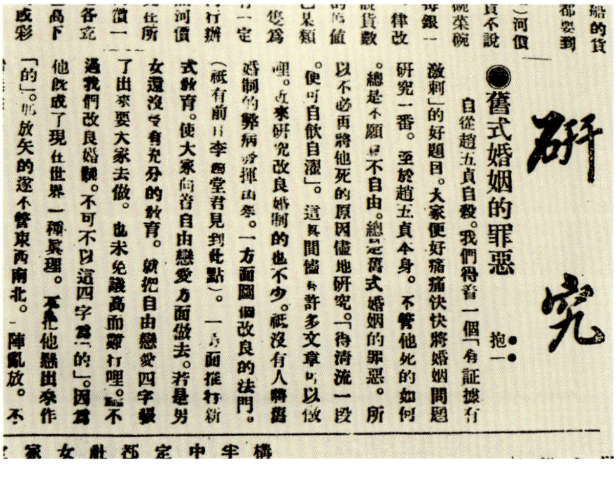

研究

舊式婚姻的罪惡 抱一

自從趙五貞自殺。我們得着一個「有證據有激刺」的好題目。大家便好痛痛快快將婚姻問題研究一番。至於趙五貞本身。不管他死的如何。總是不願意不自由。總是舊式婚姻的罪惡。所以不必再將他死的原因儘地研究。「待清流一段。便可自飲自濯」。這其間儘有許多文章可以做哩。近來研究改良婚制的也不少。祇沒有人將舊婚制的弊病發揮出來。一方面圖個改良的法門。（祇有前日李幽堂君見到此點）。一方面推行新式教育。使大家向着自由戀愛方面做去。若是男女還沒受着充分的教育。就把自由戀愛四字擬了出來要大家去做。也未免識高而難行哩。不過我們改良婚制。不可不以這四字為「的」。因為他既成了現在世界一種真理。不把他懸出來作「的」。那放矢的遂不管東西南北。一陣亂放。不

《大公报》11月26日第六版刊登李抱一写的《旧式婚姻的罪恶》。

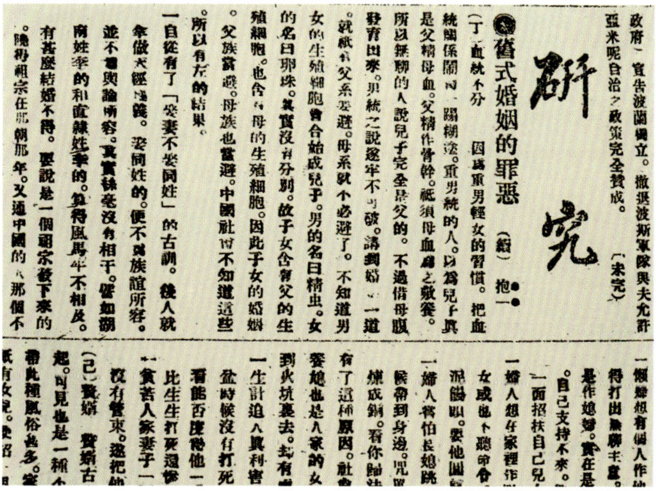

政府，宣告波蘭獨立。撤退波斯軍隊與夫允許亞米呢自治之政策完全贊成。（未完）

研究

●舊式婚姻的罪惡（續）　抱一

（丁）血統不分　因爲重男輕女的習慣。把血統關係鬧得一蹋糊塗。重男統的人。以爲兒子真是父精母血。父精作骨幹。祇須母血爲之滋養。所以無聊的人說兒子完全是父的。不過借母腹發育出來。男統之說遂牢不可破。講到婚姻一道。就祇有父系要避。母系就不必避了。不知道男女的生殖細胞會合始成兒子。男的名曰精虫。女的名曰卵珠。其實沒有分別。故子女含有父的生殖細胞。也含有母的生殖細胞。因此子女的婚姻。父族當避。母族也當避。中國社會不知道這些。所以有左的結果。

一自從有了「娶妻不娶同姓」的古訓。後人就牟做天經地義。娶同姓的。便不爲族誼所容。並不爲輿論所容。其實絲毫沒有相干。譬如湖南姓李的和直隸姓李的。算得風馬牛不相及。有甚麼結婚不得。要說是一個祖宗發下來的。隱約祖宗在那朝那年。又通中國的人那個不

《大公报》11月27日第六版刊登李抱一写的《旧式婚姻的罪恶》续。

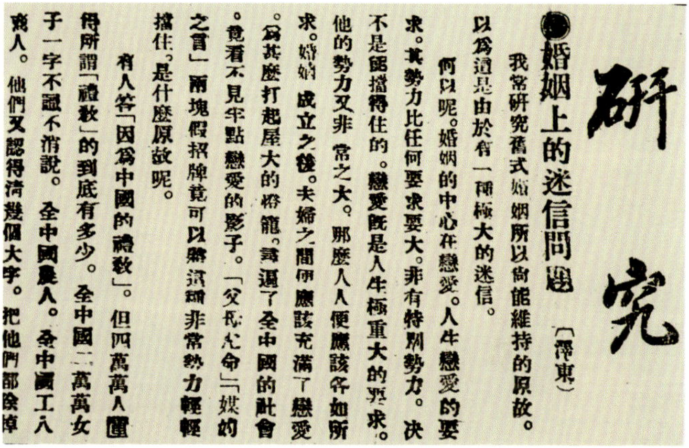

研究

●婚姻上的迷信問題（澤東）

我常研究舊式婚姻所以尚能維持的原故。以爲這是由於有一種極大的迷信。

何以呢。婚姻的中心在戀愛。人生戀愛的要求。其勢力比任何要求要大。非有特別勢力。決不是能擋得住的。戀愛既是人生極重大的要求。他的勢力又非常之大。那麼人人便應該各如所求。婚姻成立之後。夫婦之間便應該充滿了戀愛。爲甚麼打起屋大的燈籠。尋遍了全中國的社會。竟看不見半點戀愛的影子。「父母之命」「媒妁之言」兩塊假招牌竟可以將這種非常勢力輕輕擋住。是什麼原故呢。

有人答「因爲中國的禮教」。但四萬萬人懂得所謂「禮教」的到底有多少。全中國二萬萬女子一字不識不消說。全中國農人。全中國工人商人。他們又認得清幾個大字。把他們部除掉

《大公报》11月28日第六版刊登毛泽东写的《婚姻上的迷信问题》。

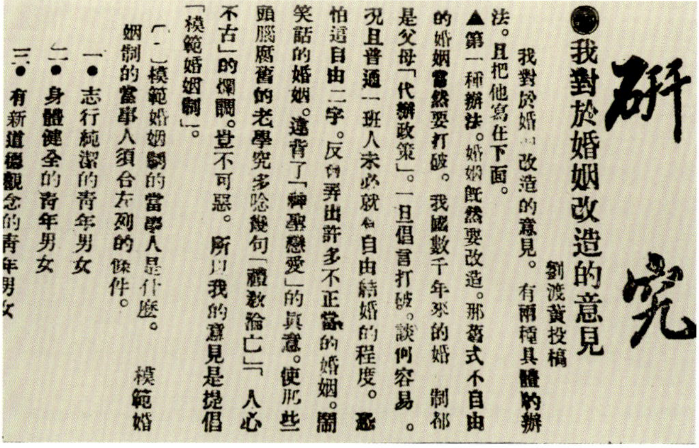

研究

●我對於婚姻改造的意見　劉渡黃投稿

我對於婚姻改造的意見。有兩種具體的辦法。且把他寫在下面。

▲第一種辦法。婚姻既然要改造。那舊式不自由的婚姻當然要打破。我國數千年來的婚制都是父母「代辦政策」。一旦倡言打破。談何容易。況且普通一班人未必就有自由結婚的程度。恐怕這自由二字。反會弄出許多不正當的婚姻。鬧笑話的婚姻。違背了「神聖戀愛」的真意。使那些頭腦腐舊的老學究多唸幾句「禮教淪亡」「人心不古」的爛調。豈不可惡。所以我的意見是提倡「模範婚姻制」。

（一）模範婚姻制的當事人是什麼。　模範婚姻制的當事人須合左列的條件。

一●志行純潔的青年男女

二●身體健全的青年男女

三●有新道德觀念的青年男女

《大公报》11月29日第六版刊登刘渡黄写的《我对于婚姻改造的意见》。

醴陵遵道学校，旧址位于醴陵市一中校园内，由美国基督教遵道会创办，最初为遵道小学，1921年改为遵道中学。1923年办高中班，为醴陵最早的高中，后并入长沙雅礼中学，1931年恢复办初级中学，1950年与湘东中学、县立中学合并为醴陵一中。此为教室图景。

武冈纸槽周氏支祠，位于武冈市大甸乡纸槽村，始建于1922年。祠堂坐西北朝东南，系二进两横四合院式砖木结构建筑，兼具中西建筑风格。占地面积911平方米。木雕技法纯熟，造型精美。除戏楼为现代重建外，其他部分均保存完整。此为周氏支祠全景。

周氏支祠内景。

1922年的长沙街景。

主　编：田伏隆

副主编：范忠程　陈建明　袁家荣

编　撰　（以姓氏笔画为序）

丁送来　马　宁　田伏隆　刘　刚　陈建明　李建毛　何誉军

张曼西　范忠程　欧金林　郑曙斌　贺　刚　闾四秋　袁家荣

袁建平　柴焕波　梁小进　曹学群　喻燕姣　游振群　傅聚良

图书在版编目（CIP）数据

湖南历史图典㊁/田伏隆主编.－长沙：湖南美术出版社，2012.4
（湖湘文库.乙编）
ISBN 978－7－5356－5326－0

Ⅰ.①湖… Ⅱ.①田… Ⅲ.①湖南省－地方史－图集
Ⅳ.①K296.4－64

中国版本图书馆CIP数据核字（2012）第065493号

湖湘文库（乙编）

湖湘文库编辑出版委员会

湖南历史图典㊁

主　　编	田伏隆
副 主 编	范忠程　陈建明　袁家荣
责任编辑	左汉中
责任校对	黎　平
整体设计	郭天民
版式设计	岳　蕾　衣莉媛
出版发行	湖南美术出版社 长沙市东二环一段622号
印　　刷	深圳华新彩印制版有限公司
版　　次	2012年4月第1版 2012年4月第1次印刷
开　　本	960×640　1/16
印　　张	21.875
书　　号	ISBN 978－7－5356－5326－0
定　　价	110.00元

ISBN-978-7-5356-5326-0

9 787535 653260 >